살릴 수 있었던 여자들

살릴 수 있었던
여자들

레이철 루이즈 스나이더
성원 옮김

죽음에 이르는
가정폭력을
어떻게 예견하고
막을 것인가

시공사

바버라 J. 스나이더에게

추천의 말

어째서 집이 여성에게 가장 위험한 장소인지를 놀라운 방식으로 설명하는 중대한 책이다. 레이철 루이즈 스나이더는 명석한 통찰과 신화를 박살 내는 연구, 강렬한 스토리텔링과 진실에 대한 열정을 통해 가정폭력을 그것이 있어야 하는 곳, 모든 것의 정중앙에 위치시킨다. 역작이다.

이브 엔슬러 《버자이너 모놀로그》 저자

이 책은 내전 지역에서 전해져온 끔찍하면서도 용기 있는 르포다. 미국 가정에 닥친 불공평하고 불균형한 위기를 공평하고 균형 있게 전달한다. 스나이더의 글에는 비할 데 없는 냉정함과 위대한 공감력이 빛나며 가장 시급한 이야기들이 뛰어난 서사 기술을 통해 전달된다.

앤드루 솔로몬 《한낮의 우울》 저자

레이철 루이즈 스나이더가 어떻게 이런 책을 쓸 힘을 가지게 되었는지 상상도 할 수 없다. 마치 종군기자의 일기 같다. 그녀는 가정폭력의 희생자들을 직접 목격함으로써 이 사적인 공포를 공적으로 드러내고자 한다. 이 책은 학대당한 사람들을 위한 애가이고, 숨진 자들을 위한 분노의 외침이고, 우리가 더 나은 인간이 되어야 하는 이유이다.”

테드 코노버 《뉴잭Newjack》 저자, 뉴욕대학교 아서 카터 저널리즘 연구소장

이 책은 가부장제가 수여한 권리와 여성에 대한 폭력 간의, 남성이 길러지는 방식과 여성이 다뤄지는 방식 간의 직접적인 관계를 볼 수 있도록 내 눈을 개안시켜주었다. ‘가정폭력’이라는 용어를 해체하여 곳곳에 만연한 공적인 위협을 사적으로 은폐할 뿐 아니라 인정조차 하지 않는 역겨운 문화를 그대로 보여주는 한편, 테러 행위와 집에서 벌어지는 테러 행위 사이의 점들을 연결한다.

카리나 초캐노 《소녀놀이You Play the Girl》 저자

스나이더의 탁월한 업적은 이 망령의 어두운 구석을, 그것을 이해하고 없애기 위한 방편으로 조명한다는 데 있다.

앤서니 루카스상 심사평

이 책은 가정폭력을 둘러싼 신화들을 해체한다. … 그 폭과 진지함과 변화를 촉발하려는 뚜렷한 욕구라는 측면에서 폭력만이 아니라 글쓰기 자체에 대한 성찰을 불러일으킨다.

〈뉴욕 타임스〉

내장을 뒤집어놓는다. 반드시 읽어야 하는 책.

〈에스콰이어〉

나는 처음 몇 챕터를 읽고 난 뒤 검사인 친구에게 그 사무실에서 일하는 모든 사람, 아니 미국에서 가정폭력을 다루는 모든 사람이 이 책을 읽어야 한다고 말했다. 이 책은 목숨을 살릴 것이므로.

〈워싱턴 포스트〉

피해자에 대한 그녀의 공감에는 힘과 전염성이 있다. 하지만 가해자에 대한 그녀의 관심 역시 그렇다. 가해자 중 일부는 변화와 속죄가 가능할지 모른다. 그리고 그녀가 아주 분명히 밝히고 있듯 개혁을 이끄는 사람들(위험을 연구하여 정량화하고, 쉼터가 도움이 되는지 아니면 상처가 되는지에 관해 영리한 질문을 던지고, 생존자들에게 조언을 해주고 필요한 지원을 받을 수 있도록 하는)은 영웅이다.

〈로스앤젤레스 타임스〉

전국의 입법가들이 반드시 읽어야 한다.

〈미니애폴리스 스타 트리뷴〉

가정폭력이라는 야만적인 범죄를 닫힌 문 뒤에서 끌어내고 미래의 희망을 보여주려는 노력에 대한 중독은 환영받아 마땅하다.

〈로스앤젤레스 리뷰 오브 북스〉

미국에서 벌어지는 가정폭력을 철저하게 파헤친 책.

〈허핑턴 포스트〉

스나이더가 모은 냉혹한 증거들은 가정폭력이 어디서나 일어날 수 있고 실제로 일어나고 있는 흔하디 흔한 전염병임을 보여준다.

〈북리스트〉

믿을 수 없는 보고서.

〈북라이엇〉

'강남역 살인'이 매일 집에서 발생하는 이유

- 대표적인 페미사이드, 아내 폭력에 대한 역작

드러나지 않는 전쟁, 비가시화의 정치학

《살릴 수 있었던 여자들》은 미국의 저널리스트 레이철 루이즈 스나이더가 가정폭력 실태, 특히 폭력 이후 가족 살해로 이어지는 고위험군 사례와 메커니즘을 추적한 책이다.

이 책의 가장 큰 성취는 아내에 대한 폭력이, 실제로 얼마나 많은 살인 사건으로 이어지는지에 착목했다는 점이다. 이 문제는 그간 아내에 대한 폭력 연구에서도 '오지'에 해당하는 영역이었다. 인류 역사상 가장 광범위하고 가장 피해자가 많은 아내에 대한 폭력은, 어처구니없게도, 여성에 대한 폭력 중에서 가장 사소하게 취급된다. 이 책은 그 강고한 벽을 부순다. 가정, 폭력, 남성성, 성역할에 대한 통념을 깨는 데 이만한 텍스트가 없다. 가정폭력은 나를 포함한 독자들이 읽어도 읽어도, 실감나지 않는 현실이다. 피해자 본인이 겪은 현실도 인식이 힘든데, 그들의 이야기를 듣고 읽는 행위는 말할 것도 없다. 그런 의미에서 이 책은 가정폭력을 주제로 한 텍스트를 넘어, 독서 자체에서 윤리적 결단을 요구한다. '가성비' 높은 공부는 이런 책을 읽는 것이다.

서두는 가정폭력의 현실이다. 2000년과 2006년 사이에 군 복무 중 목숨을 잃은 미국 군인은 3,200명인 반면, 같은 기간 미국에서 가정 내 살인 사건으로 1만 600명이 사망했다. 저자는 이 수치가 지역 경찰서의 자발적인 참여를 통해 데이터를 수집하는 FBI의 살인추가보고서 Supplementary Homicide Report에서 가져온 것이기 때문에, 과소평가되었을 가능성이 높다고 본다.

살인의 개념 자체가 성역할 규범에 따라 다르다. 남편이 아내를 구타하다가 여성이 사망한 경우는 '과실치사'지만, 아내가 정당방위로 남편에 대항하다 사망하는 경우는 '살인'이다. 때문에, 가정폭력의 현실을 파악하는 작업은 인식론적 전환이 전제되어야 한다. 연구자부터 자신의 기존 인식과 싸워야 한다. 가정폭력 연구가 연구자의 위치성, 피해에 대한 윤리, 고통에 대한 공감 등 연구방법론과 밀접한 관련이 있는 이유다.

저자는 미국의 가정폭력 현실을 보고했지만, 그 자신도 알고 있다. 성폭력, 가정폭력, 성산업에 종사하는 여성이 당하는 폭력 등 모든 여성에 대한 폭력 수치는 언제나 '절대적으로' 누락된다under-report는 사실을. 나는 여성 폭력 관련 수치를 믿지 않는다. 통계 기관의 신뢰성을 부정해서가 아니라, 여성에 대한 폭력의 성격 때문이다. 이 폭력은 객관적인 조사가 어렵다. 사회 전반의 인권 의식, 폭력에 대한 감수성, 여성주의 확산 정도에 따라 폭력 개념이 달라진다. 가해자, 피해자, 조사자, 경찰 등 관련 기관의 인식에 따라 실태가 다르게 포착된다. 심지어 가해자와 피해자가 바뀌기도 한다.

무엇을 폭력이라고 보는가(뺨 한 대~살인)에 대한 사회적 합의가 거의 불가능하기 때문이다. 가장 심각한 문제는 이 책의 지적처럼 경찰, 법관 등 법 운용자들의 성차별성이다. 한편 남성 가해자들은 아내가 소리 지르고, 바가지 긁고, 집이 더럽고, 식사가 맛이 없고, 외도를 의심하는 것을 자신(남성)에 대한 폭력으로 본다. 나는 그들, 가해자의 의견에 일리가 있다고 생각한다. 폭력 개념의 객관성은 구성원들의 의식에 따라 달라진다. 문화가 변화하지 않으면, 법은 오히려 자원이 많은 가해자

(남성)의 도구가 되기 쉽다. 이것이 바로 1970년 미국의 자유주의 페미니스트들이 포르노 입법과 성폭력 관련 법에 반대한 이유다.

아직도 명명되지 않은 폭력

가정폭력은 'domestic violence'의 번역으로, 일본에서는 영어 그대로 'DV'라고 표기한다. 그러나 '가정폭력'은 가정에서 일어나는 '약자에 대한 폭력'이 아니라, '가정에 대한 폭력'으로 인식될 우려가 있다. 전자는 피해자 중심 사고지만, 후자는 폭력 가정일지라도 가정은 유지되어야 한다는 가족 중심적 사고방식이다. 그러므로 '아내에 대한 폭력violence against wives'이 정확한 표현이다. 이와 별개로, 폭력의 현실 그 자체로 보면 테러에 가깝다. 그래서 아내에 대한 폭력에 '가부장적 테러리즘'이라는 용어를 사용하는 이들도 있다. 나는 개인적으로, 가정폭력의 현실은 테러와 고문이라는 사실에 동의하지만, 이 단어가 현실과 여론의 간극을 메우는 데 역효과를 낼지도 모른다는 두려움이 있다.

가정폭력 중 아동 학대와 살해는 대중의 큰 공분을 일으키지만, 상대적으로 아내에 대한 폭력은 그렇지 않다. 여성(주의자)들조차 아내는 남편과 같은 성인인데 '왜 저항하지 못하는가' '왜 탈출하지 못하는가'라는 의문을 갖는다. 앤드리아 드워킨Andrea Dworkin과 함께 미국의 급진주의 페미니즘의 이론을 닦은 캐서린 매키넌Catharine MacKinnon은 "감옥에 있는 죄수에게는 왜 탈출하지 못 하는가"라는 질문을 하지 않는다며, 폭력 피해 여성에게 집은 감옥과 같은 공간임을 역설한다.

대부분의 여성들에게 가정은 휴식처가 아니라 폭력과 노동의 공간이다. 이러한 가족에 대한 사회적 통념은 피해 여성을 비난하는 가장 강력한 근거이다. "고객을 가족처럼" "가정은 안식처" "가족의 소중함"

이라는 언설처럼, 가정은 현실과 극단적인 대조를 이루는 대표적인 언설이다. 가정에 대한 이 뿌리 깊은 무의식은 피해자에게 불가능한 실천을 요구한다.

왜 아내 폭력에는 미투가 없는가

2016년 강남역 사건부터 미투 운동까지, 한국 사회에서 소위 '페미니즘의 대중화'를 촉발시킨 사건의 공통점은 모두 공적 영역에서 발생했다는 점이다. 그러나 페미니즘의 대중화는 가정폭력에 대한 이해에는 상대적으로 도움이 되지 못했다. 그래서 가정폭력 관련 연구자나 운동가들은 "이 지겨운 변하지 않는 문제"의 몰역사성에 대해 개탄하곤 한다. 가정폭력은 여성운동의 영향보다 고실업, 1인 가구와 비혼 여성의 증가가 더 큰 관련성이 있다.

'정말 문제'는 이것이다. 유명 정치인, '대권주자'들의 직장 내 위력을 이용한 노동력과 성적 착취는 일상의 이슈이다. 나는 이러한 상황이 궁극적으로 여성에게 유리할까라는 문제의식을 갖고 있다. 성희롱, 정확히 말하면 성희롱에 대한 '요란한' 여론과 보도는, 젠더 권력(여성에 대한 폭력)을 남성들 간의 진영 논리로 변질시킨다. 젠더 정치가 남성들 간의 정쟁이 되는 것이다. 여성에 대한 폭력은 진영에 관련 없이 어디서나 발생하는데, 남성 문화는 이를 필요할 때만 활용한다.

여성에 대한 폭력은 이 책의 주장대로 가정폭력이 '개인만의 문제'가 아니라는 점, 개인과 사회 전체에 엄청난 폐해를 남긴다는 점, 그렇기에 사회적 차원의 공조가 필요하다는 점에서 심각한 "공중 보건의 문제"이다. 그러나 남성 문화는 이를 남성들의 이해利害관계에 의해 취사, 선택한다. 피해 여성의 생존은 고려되지 않고, 사건은 남성들끼리 상대방을 도덕적, 정치적으로 공격할 수 있는 좋은 무기가 된다.

가부장제 사회에서 여성(의 몸)은 남성 문화가 활용할 수 있는 중요한 자산이다. 매체는 성산업에 종사하는 여성이 당하는 폭력과 죽음, 유명 인사의 가정폭력은 다루지 않는다. 여성 검사가 남편에게 맞았다고 뉴스에 나오는 경우는 없다. 왜 가정폭력은 미투 운동이 없을까. 아내 폭력은 남성들이 활용할 수 있는 정쟁거리가 되기 어렵기 때문이다.

폭력 피해의 위계는 폭력의 심각성과 상황에 의해 평가되는 것이 아니라 남성 가해자에 의해 정해진다. 가해자가 누구인가, 어디에서 일어났는가(가정? 직장? 출장 중? 국회? 길거리?)만이, 사회적 의제가 되는 것이다. 요약하면, 자원이 많은 남성에게 당하는가(피해자 유발론) 그 반대인가(비가시화)에 따라, 사건은 전혀 다른 방식으로 다루어진다. 피해자 유발론이나 비가시화는 모두 여성의 상황을 변화시키지 못한다. 때문에 나는 개인적으로 유명 남성의 성희롱 사건이 지나치게 크게 의미화되는 상황이 불편하다. 이 책의 미덕은 '상대적으로 자원이 많지 않은 남성'에 의해 '비가시화된 장소'에서 일어난 가정폭력 사례들을 주목했다는 점이다.

강남역 사건은 '공공장소에서 여성을 타깃으로 한 무차별 살인'이라는 의미에서 큰 충격을 주었다. 그러나 남성에 의한 여성 살해femicide는 매일 밤, 전 세계 가정에서 일어난다. 공공장소? 남편의 폭력 중 여성이 사망하는 경우 외에, 아내 폭력이 살인으로 이어지는 가장 빈번한 시기는 아내가 탈출했는데, 남편에게 발견되는 경우다. 대학 노서관에서, 거리에서 잔인한 살인이 일어나거나 상담기관에 무기를 갖고 찾아오는 남성도 드물지 않다. 이런 곳은 공공장소가 아닌가? 공공장소에서 여성 살인 사건이 일어났는데도, 그들이 부부였다는 이유로 강남역 사건처럼 인식되지 않는 것이다.

미국과 한국의 아내에 대한 폭력

이 책의 배경인 미국 사회는 주지하다시피, 인종race이라는 사회적 모순이 심각하다. '흑인' 인구는 전체의 12~14퍼센트 정도지만, 인식상으로 인구 비율보다 훨씬 더 많이 가시화, 정치화된다. 노예의 역사와 더불어 흑인들의 인권운동과 저항이 활발하기 때문이다. 미국은 인종, 젠더, 계급 격차가 심각한 사회지만, 동시에 차별에 매우 민감한 사회이기도 하다. 그래서 최소한 공식적으로는 흑인을 "깜둥이"로 부르는 'n word'나 아시아인(특히 여성)을 '옐로우 택시'라고 말해서는 안 된다(트럼프는 이러한 규범에 '스트레스'를 받은 백인 남성 노동자들을 대변했다).

한국 사회는 그렇지 않다. 차별에 대해 사회 전반적으로 아예 차별 개념이 '없다'. 많은 이들이 한국 사회의 수많은 불평등에도 불구하고, 다른 사회보다는 비교적 동질적homogeneous인 사회라고 생각한다. 미국과 한국의 가정폭력의 차이는 심각도의 문제라기보다는 인식의 차이다. 앞서 말한 대로, 심각도 자체는 정확히 알 방법이 없다. 한국 사회에서는 아내에 대한 폭력으로 사회적으로 비판, 매장되는 남성은 거의 없다.

물론, 무엇보다 가장 큰 차이는 여성운동의 역사이다. 미국은 1960년대 기존의 계급 중심, 거시적인 사회운동에 반기를 들고 흑인과 여성을 중심으로 소위 신新사회운동으로서 정체성의 정치가 등장했고 오늘날까지 '이론과 실천'에 많은 영향을 끼치고 있다. 이러한 과정에서 이루어진 여성학 이론의 변화가 우리가 알고 있는 자유주의 페미니즘, 마르크스주의 페미니즘, 래디컬 페미니즘, 사회주의 페미니즘의 역사이다. 이 중 래디컬 페미니즘은 80년대 초 백래시로 쇠퇴할 때까지 인류 정치사를 새로 썼다. 래디컬 페미니즘은 여성의 몸, 공사 영역의 분리, 사적인 문제라고 간주되던 가족, 섹슈얼리티, 여성에 대한 폭력 등을 정치적인 문제, 정치학으로 확대시켰다.

"개인적인 것이 정치적인 것이다The personal is the political." 이 유명한 명제는 개인적인 것 자체가 곧 정치적이라는 의미가 아니다. 개인적인 문제라고 인식되었던 여성에 대한 폭력과 피해를 정치화하는 실천이 필요하고, 이 과정에서 여성은 '제2의 성'이 아니라 사회적 주체, 성원으로 인정받을 수 있다는 의미다. 최근 우리 사회 일각(?)의 여성주의 세력에서 들리는, "나, 여성의 개인적인 이슈 자체가 정치적" 혹은 "생물학적 여성주의" "여성주의의 의제를 젠더 대신 여성으로 한정하자"는 주장은 개인적인 것이 정치적인 것이다가 아니라, 신자유주의의 영향이다.

미국의 1970년대 상황으로 돌아가면, 당시 지역 사회를 기반으로 한 여성들의 모임이 조직되고 그들은 자신만이 겪는다고 생각했던 '비밀'을 털어놓기 시작했다. 자기만 '매 맞는 아내'가 아니라는 사실을 자각하게 된 것이다. 이후 여성주의 심리상담으로 발전한 의식 고양 운동CR, consciousness raising은, 많은 여성들에게 가정폭력의 실상을 알리고 공유하는 계기가 되었다. 동시대, 한국은 어떠했는가. 여성은 새마을운동과 반상회에서 국가 재건에 동참했다. 제국주의 국가와 후기 식민국가의 역사는 다를 수밖에 없다.

사회운동으로서 래디컬 페미니즘은 점차 쇠퇴했지만 이들의 유산은 미국 학계에 큰 영향을 주었다. 사회학, 사회복지학, 교육학, 의학, 신학, 인류학에서 생물학, 경영학 등에 이르기까지 거의 모든 학문이 여성주의와 '통섭通攝'을 이루면서, 여성의 경험과 해석이 아카데미에 진입하게 된다. 미국의 사법제도, 사회복지학과, 의과대학, 사범대학 등에서는 여성주의 시각을 필수로 가르치고 가정폭력에 대한 대처 훈련 커리큘럼이 일반화되어 있다. 즉 여성주의와 분과 학문이 분리되지 않고 여성주의 경영학, 여성주의 철학과 같이 기존 학문에 여성주의의 개입이 활발하게 진행되었다.

이에 비해 한국의 여성주의는 '여성학과'가 세계관이 아닌 일종의 학과로 인식되어, 게토화된 경우다. 1982년 이화여대에 여성학과 대학원 과정이 설립되어, 40여 년이 지났건만 아직도 여성학과가 있다는 사실을 모르는 이들이 많다. 한국여성학회가 발간하는 학회지 〈한국여성학〉에는 반反여성학적인 논문이 종종 투고되어, 심사위원을 당황케 할 정도다.

한편, 1991년부터 시작된 성폭력특별법 제정 운동 과정에서 여성에 대한 폭력violence against women, gender based violence의 개념을 둘러싸고, 성폭력과 아내에 대한 폭력(당시는 가정폭력으로 불림)이 같은 여성 폭력 개념으로 합의되지 못함에 따라, 성폭력과 가정폭력은 별도의 제정 운동 과정을 겪게 된다. 성폭력sexual violence은 여성학 전공자들이 1991년 한국성폭력상담소를 설립함으로써 상대적으로 '여성학'과 여성운동의 연결이 긴밀한 경우다.

반면, 아내에 대한 폭력은 1983년 '한국여성의전화women's hotline' 설립과 궤적을 함께하며, 해당 기관은 전국에 30여 개 넘는 지부를 두고 아내 폭력 추방 운동을 주도해왔다. 초기 여성 폭력 추방 운동가들의 기반은 기존의 사회운동(크리스천 아카데미)이나 70~80년대 민주화운동을 하던 여성이 '성별 분업' 차원에서 여성운동에 참여한 경우이다. 미국과 비교해서 페미니스트가 되는 경로가 달랐던 것이다.

여성주의의 사각지대

한국은 1991년부터 성폭력, 가정폭력, 성매매에 대한 제재를 세계에서 가장 빠르게 입법화한 '모범 국가'이다. 그러나 법에 비해 사회적 인프라, 소프트웨어는 턱없이 부족하다. 사법, 의료, 일반의 인식은 법을 따라가지 못하고 있다. 한국 정부의 여성 정책의 특징 중 하나는 형식적인 법제화로 남성들의 근거 없는 불만만 샀을 뿐, 실제적인 인적, 예산상의 구축은 너무나 미비하다는 사실이다. 현재 한국의 여성가족부는 남성에게도, 여성에게도 각기 다른 이유로 비난받는 부처이다. 집권자의 인식 전환과 강력한 의지가 없다면, 법 제도는 작동하지 못한다.

가부장제 국가(한국)는 여성 문제에 돈을 쓰지 않는다. 미국은 가정폭력 피해 여성 쉼터가 동네마다 하나씩 있다면, 한국에는 광역지자체마다 한두 개 있거나 NGO 활동가들의 헌신으로 유지되는 경우가 대부분이다. 아내 폭력과 이어지는 가족 내 살인 (이 책의 표현에 의하면) '예견'은, 다른 형사 사건과 마찬가지로 국가의 기본 업무이다. 간단히 말해, 한국 정부는 이 업무를 방기하고 있으며 여성이 남성에게 (평생) 구타당하고 살해당하는 현실에 대해, 완전히 무지하다.

한편, 아내 폭력과 관련한 오랜 질문이 있다. 피해 여성의 경제적, 심리적 자립을 돕는 것이 폭력 근절에 더 효과적인가, 가해 남편의 폭력을 멈추게 하는 교육이나 상담이 더 필요한가. 한정된 예산과 인력을 어디에 투입해야 할까. 이는 일반적인 여성주의 교육 현장에서도 자주 나오는 질문이다. 여성들은 말한다. "우리는 다 알고 있어요, 제발 남성들을 교육시켜주세요."

나는 이러한 고민 자체가 남성 문화의 발상이라고 본다. 젠더를 계급과 같은 사회적 모순, 권력관계로 보지 않고, 여전히 개인적 문제로 보기 때문에 나오는 질문이다. 빈부 격차를 줄이려면, 자본가를 설득해야 할까, 노동자가 투쟁해야 할까. 백인에게 관용과 다양성을 교육하면 인종차별이 사라질까. 전혀 그렇지 않다는 사실을 우리는 알고 있다. 인종, 계급, 젠더는 자원을 둘러싼 치열한 갈등 관계, 제도다. 그런데, 왜 우리는 가장 심각하고 일상적이고 오래된 억압 구조인 젠더는 '지배 세력'에게 교육을 하면 나아질 것이라고 생각할까?

나는 30여 년간 가정폭력 상담 관련 업무에 종사해왔다. 최소한 내 경험에 의하면, 가해 남편이 폭력을 멈추는 경우는 다음과 같다. 본인이 사망했을 때, 출장, 징역 등으로 잠시 집에 없었을 때, 아내가 사망했을 때(재혼한다면 또 다른 피해자가 발생하겠지만), 여성이 탈출해서 영원히 발견하지 못했을 때, 코마 상태일 때(암 투병 중인 남성도 아내를 구타한다), 자녀들의 물리적 힘이 커졌을 때….

가해 남편을 설득하기보다 피해 여성에게 일자리와 충분한 상담을 제공하고 지지하는 정책이 폭력 단절의 지름길이다. 문제는 간단하다. 남성이 길거리에서 모르는 여성을 죽을 만큼 구타한다면, 주변인들은 경찰에 신고하고 가해자는 당연히 형사처분 대상이 된다.

그러나 아내를 때리면, 법적 처벌이 아니라 상담과 교육이 필요하다고 생각한다. 나에게는 이러한 고민 자체가 너무나 이상하다. 왜 폭력 가해자 중 '남편'이라는 지위만 예외인가? 이는 그들에게 아내를 때릴 권리가 있다는 사회적 합의를 의미한다. 타인에게 폭력을 행사하는 이들 ─ 더구나 가정폭력의 특성상 자주, 심각하게, 아무 때나 ─ 에게, 왜 '따뜻한 상담'을 제공하는가. 폭력 가해자와 피해자가 누구인지는 중요하지 않다. 이는 상식의 영역이다. 행위에 의해 처벌하면 그만이다.

정희진 여성학 박사, 《아주 친밀한 폭력》 저자

차례

서문

나는 몬태나주 빌링스Billings 시내에서 렌터카를 몰고 멀리 떨어진 4층짜리 집으로 향한다. 그 집은 언덕 위에 자리 잡고 있어서 남자는 자신에게 접근하는 건 뭐든 그 안에서 볼 수 있다. 망원경으로 바깥세상을 감시하는 것이다. 산과 들판, 몬태나와 그 너머 온갖 곳으로 향하는 도주로들을. 내가 만나러 온 남자는 오랫동안 나를 피했다. 소극적인 회피. 나는 워싱턴 DC의 집에서 빌링스로 와 그의 딸과 전처와 사회복지사와 이야기를 나눈 적이 있다. 그리고 다시 왔다. 이제는 이 마을에 대해 알고 있다. 경찰과 검사 몇 명, 대변인들, 호텔 직원들, 심지어 아내가 지하 여성박물관을 운영하는 어떤 인쇄업자까지. 그리고 마침내 이번 세 번째 방문에서 그는 나를 만나겠다고 했다.

나는 나와 이야기하기 싫어하는 많은 사람들과 이야기를 나눈다. 가족을 살해한 사람들, 살해될 뻔했던 사람들, 그런 살인자를 체포한 사람들, 자신을 죽음의 문턱까지 몰고 간 이들 사이에서 어린 시절을 보낸 사람들. 폴 먼슨Paul Monson 같은 남자들은 자신이 잃어버린 것의 크기를 입 밖으로 발설하기를 싫어한다. 그들이 잃어버린 것은 상상력의 한계를 넘어서기 때문이다.

집 앞에 도착했을 때 안쪽에서 서성이는 듯한 발소리를 듣고는 폴이 대답을 하지 않을 거라고, 인터뷰에 대해 마음을 바꿨다고 잠시 생각했다. 나는 이미 빌링스에서 며칠을 보낸 상태였다. 그리고 그는 내가 올 거라는 걸 알았다. 전처인 샐리 쇼스타Sally Sjaastad는 나와 많은 시간을 보냈지만 처음으로 폴에게 나를 만나보라고 연락했을 때 그를 설득하지 못했다. 어쩌면 두 번, 아니면 세 번 실패했을지도. 솔직히 그가 나를 만나겠다고 해서 놀랐다. 창이 없는 앞문은 회색이고 온통 찌그러진 자국이다.

마침내 문이 열린다. 폴은 나를 거의 쳐다보지 않는다. 그는 약간 구부정하고, 흰 머리칼 사이 이마는 벗어지고 있으며, 얼굴이 해쓱하다. 얼굴에는 60대 초반의 나이가 드러난다. 폴은 문을 좀 더 열고 나와 눈을 맞추지 않은 채 들어오라는 몸짓을 한다. 폴은 단추를 다 채운 파란 셔츠에 청바지 차림이다. 이를 앙다물고 있는 것 같다. 그가 직접 지었다는 집은 막 이사 온 듯한 느낌이다. 장식이 많지 않고 구석 여기저기에 상자들이 입을 벌리고 있다. 망원경은 마치 사명을 다한 듯 카펫을 향해 고개를 떨구고 있다. 바깥 풍경은 산이 주를 이룬다. 폴은 내성적이고 말수가 적고 꼼꼼하다. 우리는 다이닝룸 식탁에 자리를 잡고 그는 자기 손을 보면서 부드러운 모서리를 따라 손가락을 문지른다. 식탁은 서류 더미로 덮여 있다. 나는 내 렌터카에 대해 즉석에서 이야기를 늘어놓고 덕분에 우리는 안전한 경로로 들어선다.

내게 자동차에 대해 가르친 건 아버지였다. 오일과 타이어를 교체하는 법, 유액을 확인하고 에어필터를 바꾸는 법, 피스톤의 역학에 대해. 기본적인 수준이지만 그거면 충분했다. 폴은 전기 설계 기술자이기 때문에 자동차는 그에게 편안한 주제다. 기계가 친숙한 사람. 플러그 위에 있는 와이어가 불꽃을 만들어내고 이 불꽃은 엔진을 점화한다. 이런 것들은 예측 가능하다. 수리 가능하다. 무언가가 잘못되면, 그런 건 해결 가능한 미스터리다. 나는 그가 이야기하도록 내버려둔다. 그는 자신의 모든 딸들에게 첫 차를 사주었다고 한다. 알리사Alyssa에게는 혼다 시빅을 사주었다. 미셸Michelle은 흰색 스바루였다. 멜라니Melanie는 "자동차를 잡아먹는 애"라서 여러 대를 사주었다. 그는 아직 내가 이야기하고자 하는 문제를 거론하지 않고 있음을 알고 있고, 나는 방 안에서 습기처럼 긴장을 감지한다.

로키Rocky 역시 차를 좋아했다. 폴은 로키의 작은 첫 차가 녹색이었다고 기억한다. 오펠이었던 것 같다. 로키는 둘째 딸 미셸과 결혼한 사위였다. "로키에 대한 첫 기억이 내 집 연석 쪽으로 차를 대던 모습이에요." 미셸을 만나러 왔을 때의 일이라고, 폴이 말했다. 차가 먼저고 그는 나중이다. 이후 폴은 로키가 인생의 절반을 머스탱에 공을 들이며 보냈다는 인상을 받게 되었다. "한 대는 만드는 중이었고, 다른 한 대는 부품을 얻기 위한 차였어요. 그게 그의 관심사였고, 그래서 난 그가 많은 시간을 혼자 차고에서 보낸다고 생각했죠."

폴은 자신과 로키가 전형적인 장인과 사위 관계는 전혀 아니었다고 말한다. 미셸과 로키가 함께한 근 10년 중에서 폴이 기억하는 로키와의 대화는 단 한 번, 그 머스탱에 대한 것이었다. 로키가 폴에게 페인트 색상에 대해 조언을 구했을 때였다. "뭘 해야 할지 정말로 모르겠을 땐 흰색이죠." 폴은 내게 말했다. 가장 너그러운 색. 흰색은 망치더라도 그럭저럭 봐줄 만하다. "흰색은 그 자체로 완벽한 색이거든요."

2001년 11월 로키 모저는 흰 담비에서부터 트랙터, 피아노까지 뭐든 살 수 있는 생활 광고지 〈스리프티 니켈Thrifty Nickel〉에서 총 한 자루를 구입했다. 그리고 난 뒤 집으로 향했다. 집에서는 미셸이 아이들에게 막 저녁을 먹인 뒤였다. 한 이웃은 로키가 창밖을 응시하는 모습을 목격했다. 얼마 후 그는 한 명 한 명에게 총을 발사했다. 미셸, 크리스티Kristy, 카일Kyle. 그러고는 자기 자신에게.

몬태나주 전체에 충격을 안긴 사건이었다. 미셸은 겨우 스물세 살이었고, 아이들은 여섯 살, 일곱 살이었다. 1학년과 2학년. 읽기를 배우고,

꼬챙이처럼 생긴 사람들과 막대사탕이 주렁주렁 달린 나무를 그리는 나이. 폴은 계단에 고꾸라진 카일을, 바닥에 있는 로키를 발견했다. 얼굴이 완전히 일그러지고 팔에는 매직마커 같은 것으로 휘갈긴 낙서가 어지러웠다. 미셸의 자동차가 거기 있었고, 몇 분간 폴은 딸이 살아 있을지도 모른다고 생각했다. 폴은 뒷마당으로, 차고로 달려갔다. 로키의 머스탱들이 보였다. 가족 비디오가 담긴 가방 하나도. 그다음 경찰이 왔다. 그리고 그들이 미셸을 발견했다.

내가 폴 먼슨의 집에 도착했을 때는 대부분의 언론인이 가장 중요한 이야기에 도달한 상태였다. 복잡하게 뒤얽힌 사람들과 사건의 지형과 몇 년에 걸친 조사를 통해. 2010년 여름 나는 뉴잉글랜드에 있는 친구 안드레 듀버스Andre Dubus의 집 진입로에 서 있었다. 안드레의 여동생 수잰suzanne이 차를 몰고 들어왔다. 수잰과 나머지 가족은 모두 휴가를 떠날 계획이었다. 이후 몇 시간은 앞으로 이어질 내 10년의 삶을 결정했다.

나는 해외 곳곳에서 살기도 하고 여행도 하다가 미국에 돌아온 지는 1년이 안 된 상태였다. 가장 최근에는 캄보디아에서 6년을 살았다. 적응은 힘들었다. 신참 조교수로 일하는 대학의 교수회의 자리에서 내게는 외국어나 다름없는 교육학과 관료제에 관해 아는 척하며 앉아 있곤 했다. 캄보디아에서 지내는 동안 윤간과 집단학살 이후의 사회, 빈곤과 노동자의 권리 같은, 내 새로운 생활에서 그 무엇보다도 생생하게 생존의 문제로 느껴진 이야기들을 글로 썼다. 프놈펜에서 우리 이방인들의 저녁 식사 자리에는 전쟁범죄 재판소[1]와 성매매와 현재 진행형의 폭력과 정치권의 부패에 대한 대화가 주를 이루었다. 한번은 동네 공원에서 개를 데리고 산책하는데 같은 동네 주민이라 나를 아는 어떤 오토바이 택시 기사가 내 옆으로 속력을 내며 다가오더니 나를 자기 뒷자리에 밀어 넣고 개를 내 무릎 위에 앉히더니 훈센 공원에서 최대한 빠르게 빠져나왔다. 내가 걷고 있던 곳에서 겨우 5미터 정도 떨어진 곳에서 몇 초 전 한 남자가 총에 맞았고, 오토바이 택시 기사였던 소팔은 내 안전을 지켜주고자 했던 것이다. 또 한번은 (이번에도 역시 개와 함께 있는데) 바로 그 공원에서 한 남자가 자신의 몸에 불을 질렀고, 나는 공포에 얼어붙은 채 그가 불타는 모습을 지켜보았다. 역시 프놈펜에 사는 친구 미아는 때로 인류의 최전선에 사는 듯한 기분을 느낀다고 말하곤 했다.

미국이라고 문제가 없는 게 아니다. 빈곤, 질병, 자연재해 같은 것들은 여기에서도 항상 벌어진다. 하지만 나는 원하는 바와 그것을 성취할 방법을 알고 있는 사람이라면 이런 많은 문제로부터 상대적으로 쉽게 벗어날 수 있는 곳에서 산다는 것이 어떤 것인지를 잊어버렸다. 그리고 나는 새로운 생활을 하면서 과거 수십 년간 보도했던 종류의 주제와 이야기로부터 예상하지 못한 방식으로 멀어졌다. 불행한 건 아니었다. 그저 마음이 소란스러울 뿐. 대학원에서 픽션을 공부했지만 얼마 안 가 논픽션에 끌린 것은 논픽션이 좀 더 직접적인 변화의 근원이라는 사실을 거의 한순간에 깨달았기 때문이었다. 나는 남들에게 보이지도 들리지도 않는 사람으로 지낸다는 것이, 내 몸이 받아들일 수 있는 수준 이상으로 슬퍼하는 것이 어떤 것인지 조금은 알았기 때문에 세상의 보이지 않는 구석에, 권리를 빼앗긴 사람들에게 끌렸다.

수잰과 나는 2010년 그날 안드레의 집 진입로에 서서 짧은 대화를 나눴다. 수잰의 가족은 매년 휴가차 메인의 내륙지역으로 떠나는 캠핑을 준비하며 짐을 꾸리는 중이었고, 안드레는 수잰이 왔을 때 기나긴 쇼핑 목록으로 맞이했다. 수잰은 시내에 있는 가정폭력대응기관에서 일하는데, 최근에는 가정폭력고위험대응팀Domestic Violence High Risk Team이라고 부르는 새로운 프로그램을 개발했다고 말했다. 그들의 일차적인 목적은 단순하다. "우린 가정폭력 살인이 일어나기 전에 예견해서 예방하려고 해요."

순간 앞뒤가 안 맞는 소리라는 생각이 들었다. 사실 너무 앞뒤가 안 맞아서 내가 중요한 단어를 잘못 들었다고 생각했다.

"예견한다고요?" 이렇게 말했던 것 같다. "가정폭력 살인을 **예견**한다고 말한 거예요?"

나는 여러 해 동안 취재를 하면서 캄보디아뿐만 아니라 아프가니스탄, 니제르, 온두라스 같은 곳에서 가정폭력을 접했다. 하지만 가정폭력에 중점을 둔 적은 한 번도 없었다. 가정폭력은 내가 쓰던 모든 기사와 항상 가까웠고 그래서 사실 식상하게 느껴질 정도였다. 카불에서는 소녀들이 치정 범죄로 투옥되었고, 인도의 어린 신부들은 자신을 통제하는 남성들 앞에서만 인터뷰를 했고, 티베트 여성들은 중국 정부에 의해 강제로 불임 시술을 받았고, 니제르에서는 10대 신부들이 임신 후 산도 파열로 배변장애가 생겨 따돌림을 당하다가 마을에서 버려졌고, 루마니아 여성들은 차우셰스쿠 치하에서 강제로 다산을 하다가 30대 초에 가난을 운명처럼 짊어진 할머니가 되었고, 캄보디아 길거리 노동자들은 돈 많은 쿠메르족 10대들의 주말 여흥을 위해 구타와 윤간을 당했다. 각 나라의 이 모든 여성들은 매일같이 남성들에게 자유를 빼앗긴 채 짐승 취급을 당했다. 남성들은 주로 육체적 폭력을 통해 규칙을 만들었다. 이 폭력은 내가 전 세계에서 보도했던 사실상 모든 기사 속에 똬리를 틀고 있었고, 이 그늘진 배경은 너무 분명해서 대부분의 경우 거기에 대해 질문을 던질 필요조차 없었다. 내리는 비만큼이나 일상적이었다. 수잰과 그 진입로에 서 있던 그 순간까지, 미국 내 가정폭력을 운 나쁜 소수의 안타까운 운명으로, 나쁜 선택과 잔인한 환경의 문제로 치부했다. 여자는 상처를 받는 존재로, 남자는 상처를 주는 존재로 굳어져버렸다. 하지만 난 그게 사회적 문제라고, 실은 우리가 **손 쓸 수 있는** 전염병 같은 거라고 한 번도 생각해보지 못했다. 그런데 수잰이 가정폭력을 막을 수 있는 예방 조치에 대해 이야기했고, 나는 처음으로 이 폭력이 다양한 방식으로 변주될 뿐이라는 사실을 깨달았다. 인도의 어린 신부, 불임 시술을 당한 티베트 여성, 투옥된 아프간 여성, 남편에게 학대당한 매사추세츠의 주부…. 이들의 공통점은 궁핍함, 전 세계 가정폭력 피해자에게서 볼 수 있는 주도적인 생활력의 부재였다. 캄보디아의 성매매 여성을 죽음의 벼랑으로 몰고 가는 힘은 매년 미국 전역과 전 세계에서 여성과 아이와 남성 (하지만 주로는 여성과 아이들이다) 수천 명의 목숨을 앗아 가는 것과 같은 힘이었다. 전 세계에서 친밀한 반려자나 가정폭력으로 인해 목숨을 잃는 여성은 하루 평균 137명이다.[2] 여기에는 남성이나 아이는 포함되지 않았다.

내 몸 안의 모든 것이 그날 갑자기 살아났다. 나는 20년간 전 세계에서 여성의 온갖 얼굴을 보았지만 정작 내 나라에서는 우리가 뭘 오해했고 그게 무슨 의미인지를 깊이 들여다본 적이 거의 없다는 사실을 깨달았다. 그것이 그 긴 세월 동안의 다른 이야기와 다른 얼굴에 어떻게 연결되는지를. 가정폭력의 폭력성과 그것이 지리적, 문화적, 언어적 장벽을 어떻게 가로지르는지를. 아마 이전의 모든 다른 이야기는 내가 폴먼슨을 만나 그의 거실 창에서 산을 바라보게 될 그날을 위한 준비 과정이었던 것 같다.

결국 나는 캠핑을 준비하는 수잰을 따라 직거래 장터에, 식료품점에, 주류 판매점에 갔다. 수잰을 도와 얼음과 복숭아와 햄버거 고기를 날랐다. 수잰이 운전하는 동안, 수잰의 어머니 팻이 조수석에 앉아 틈틈이 추임새를 넣는 동안, 질문을 던지고 또 던졌다. **그건 어떤 식으로 성공했어요? 얼마나 많은 사람을 중단시켰죠? 다른 것도 예견할 수 있**

어요? 내 질문은 광범위하고 끝이 없었다. 어떤 문제를 대충만 아는 많은 사람들이 그렇듯 나 역시 일반적인 생각을 별 의심 없이 따랐다. 상황이 나쁘면 피해자가 떠나면 그만이라는. 접근금지명령이면 문제 해결이라는. (그리고 만일 피해자가 접근금지명령을 갱신하러 나타나지 않으면 문제가 이미 해결된 거라는.) 쉼터로 가는 것이 피해자와 그 자녀를 위한 적절한 대처라는. 집에서 일어나는 폭력은 사적이고, 다른 형태의 폭력과는, 그러니까 가장 악명 높은 대규모 총격 살상 같은 것과는 무관하다는. 눈에 보이는 부상이 없다는 건 심각한 일이 아니라는. 그리고 어쩌면 무엇보다 중요한 것으로, 우리가 주먹에 맞는 쪽이 아닌 이상 이런 폭력은 우리와는 무관한 일이라는.

이후 몇 년간 수잰 듀버스와 그녀의 동료 켈리 던Kelly Dunne은 오늘날에도 여전히 드러나지 않을 때가 너무나도 많은 가정폭력의 범위와 역사에 대해 인내심을 가지고 가르쳐주었다. 나는 과거의 접근법이 어째서 실패했고, 오늘날에는 뭘 더 효과적으로 할 수 있을지를 배웠다. 2000년과 2006년 사이에 복무 중 목숨을 잃은 미국 군인은 3,200명인 반면, 같은 기간 미국에서 가정 내 살인 사건으로 1만 600명이 목숨을 잃었다. (이 수치는 지역 경찰서의 자발적인 참여를 통해 데이터를 수집하는 FBI의 살인추가보고서Supplementary Homicide Report에서 가져온 것이기 때문에 과소평가되었을 가능성이 높다.) 미국에서는 **1분**마다 20명이 자신의 반려자에게 폭행을 당한다. 유엔 사무총장이었던 코피 아난은 여성과 소녀를 대상으로 한 폭력은 "가장 수치스러운 인권 위반"[3]이라 말했고, 세계보건기구는 "전염병 수준의 전 세계적인 건강 문제"라고 했다. 유엔마약범죄사무소가 발표한 한 연구에서는 전 세계에서 2017년 한 해에만 여성 5만 명이 반려자나 가족에게 살해당했다고 밝혔다.[4] **여성 5만 명.** 유엔마약범죄사무소의 보고서는 집을 "여자에게 가장 위험한 장소"

라고 불렀다.5 남성 역시 가정폭력의 피해자일 수 있다는 인식이 점점 늘고 있긴 하지만, 피해자의 압도적인 다수(약 85퍼센트)가 여전히 여성과 소녀들이다.6 그리고 가정폭력 살인으로 미국에서 목숨을 잃는 여성 한 명당 약 아홉 명이 사망 직전 상태에 이른다.7 수잔 듀버스와 켈리 던이 어떻게 가정폭력 살인을 예견하는 프로그램을 만들게 되었는지에 대한 이야기는 2013년 〈뉴요커〉에 실린 내 첫 기사가 되었다.

그리고 그보다 훨씬 할 말이 많다는 사실을 깨닫게 되면서 그 글은 이 책의 씨앗이 되었다. 수년간 취재를 하면서 가정폭력은 우리가 관심을 가지기만 하면 해결할 수 있는 무언가로 보이기 시작했다. 이후 8년간 나는 가정폭력이 교육, 경제, 심신의 건강, 범죄, 젠더와 인종 불평등 등 우리 사회가 씨름하는 숱한 문제들과 어쩌다가 가까이 놓이게 되었는지를 비롯해 많은 것을 배우고 또 배웠다. 형법 개혁을 요구하는 사람들은 가해자가 잠시 감옥에 갔다가 거의 또는 전혀 치료를 받지 못한 채 민간 사회로 복귀하여 도돌이표를 찍고 있다는 이유로 기존의 가정폭력 처벌 방식에 반대하는 목소리를 높인다. 사적인 폭력에는 엄청나게 심각한 공적인 결과가 따른다. 나는 플로리다, 캘리포니아, 메릴랜드, 오하이오, 뉴욕, 매사추세츠, 오리건, 그 외 여러 곳에서 자신의 사적인 전쟁에서 살아남기 위해 몸부림치는 사람들을 만났다. 그리고 그들을 통해 우리가 그 사적인 전쟁 때문에 지역사회와 가정과 인간성의 붕괴라는 형태로, 개인적으로 또 집단적으로 얼마나 많은 비용을 치르는지를 확인했다. 중단된 삶과 잃어버린 기회라는 형태로. 피해자에게, 납세자에게, 형사사법제도에 부과된 막대한 재정적 부담이라는 형태로. 가정폭력으로 인한 보건의료 비용은 매년 납세자에게 80억 달러 이상의 부담을 지우고 피해자에게서는 매년 800만 시간 이상의8 노동 시간을 앗아 간다. 가정폭력은 홈리스 여성 절반 이상에게 홈리스 상태를 유발하는 직접적인 원인이고, 전체적으로 미국에서 홈리스가 되는 세 번째 주요 원인이다. 오늘날 투옥된 남성의 압도적인 다수가 어린 시절 집에서 폭력을 처음으로 목격하거나 경험했고, 폭력적인 가정에서 성장한 아이는 발달장애의 위험이 훨씬 높다.9 그리고 대규모 총격 사건이 해를 거듭할수록 더 심각해지는 것처럼 보이는가?

이 중 대부분도 가정폭력이다.

2017년 4월, 압력 집단인 총기안전을 위한 마을모임Everytown for Gun Safe-ty은 오늘날 미국의 대규모 총격 사건 중 54퍼센트가 가정폭력과 관련이 있다고 주장하는 보고서를 발표했다.10 이 통계는 미디어를 통해 널리널리 퍼져나갔다. 대규모 총격 사건과 가정폭력의 관계가 전국의 뉴스와 사설에 등장했는데 여기에는 한 가지 작은 차이가 있었다. 미디어는 '관련이 있다involved'는 단어 대신 '예견했다predicted'를 사용하기 시작했다. "가정폭력은 절반 이상의 경우 대규모 총격 사건을 예견한다"는 식으로. 팩트체크 웹사이트인 〈폴리티팩트PolitiFact〉의 한 기자가 노스이스턴대학교 제임스 앨런 폭스James Alan Fox 교수의 연구에 나오는 훨씬 낮은 비율을 언급하며 이 54퍼센트라는 수치에 의문을 제기했을 때11 가장 중요한 사실이 폭스 교수의 인용문에 반쯤 묻힌 채 별로 주목받지 못했다. 폭스 교수는 이 기자에게 "대규모 총격 사건의 약 절반이 극단적인 가정폭력 사건이라고 확실히 말할 수 있다"고 이야기했던 것이다.

다시 말해서 가정폭력이 대규모 총격 사건을 **예견하는 것이 아니라**, 대규모 총격 사건은 절반 이상의 경우 **가정폭력인 것이다**.

예를 들어 집에서 어머니를 살해한 뒤 샌디훅초등학교로 쳐들어가 26명을 살해한 코네티컷 뉴타운의 애덤 랜자Adam Lanza를 생각해보라. 텍사스 서덜랜드 스프링스에서는 데빈 패트릭 켈리Devin Patrick Kelley가 손수건과 밧줄로 아내를 침대에 묶은 뒤 퍼스트 침례교회로 차를 몰았다.12

미국 최초의 대규모 총격 사건이라고 일컬어지는 1966년 8월의 사건으로 더 멀리 거슬러 올라갈 수도 있다. 당시 찰스 휘트먼Charles Whitman은 오스틴 텍사스대학교에서 학생들을 상대로 총을 발포했고 16명이 목숨을 잃었다. 많은 사람들이 그의 난동은 그 전날 밤 아내와 어머니를 상대로 시작되었다는 사실을 망각했다.

나머지 46퍼센트의 대규모 총격 사건 안에도 가정폭력이 숨어 있다. 가정폭력은 많은 저격자의 배경으로 존재한다. 2016년 6월 올랜도 펄스 나이트클럽에서 49명을 살해한 오마르 마틴Omar Mateen은 앞서 첫 아내를 교살했는데, 이는 그가 살고 있던 플로리다에서는 중범죄이고, 연방법에 따르면 10년간 옥살이를 할 수도 있었다. 하지만 그는 기소조차 되지 않았다. 그리고 존 앨런 무하마드John Allen Muhammad가 버지니아, 메릴랜드, 워싱턴 DC를 3주간 돌아다니면서 사람들에게 무차별적으로 총질을 해대 공포로 몰아넣은 2002년 10월이 있었다. 인근 초등학교들에서는 그 3주간 야외 활동을 중단했고 주유소는 방수포를 치고 고객들을 숨겼다. 사실 무하마드는 별거 중인 아내 밀드레드를 오랫동안 학대한 전력이 있었다. 이 총격은 위장이었다. 그는 경찰에게 사람들을 무차별적으로 죽이면 밀드레드를 살해한다는 자신의 궁극적인 계획이 가려질 거라고 생각했다고 밝혔다. 그리고 수년간 아버지가 의붓어머니를 상대로 자행한 극단적인 학대를 지켜본 어린 딜런 루프Dylann Roof에게 돌봄서비스와 지원을 제공했더라면 어땠을까?[13] 그랬더라면 2015년 6월 사우스캐롤라이나 찰스턴에 있는 이매뉴얼 아프리칸 감리교회에서 아홉 명의 목숨을 구하지 않았을까?

슬프게도 위 사건들은 대중의 의식 속에 남아 있는 일부 사건일 뿐이다. 미국에서는 일반적으로 피해자가 네 명 이상일 때 대규모 총격 사건으로 정의하는데, 이는 절대 다수의 사건이 보도되더라도 지역 또는 광역 뉴스에만 실린다는 의미이다. 그리고 이런 기사마저 하루나 이틀이면 사라지고, 여성, 남성, 아이 수천 명이 매년 목숨을 잃는다. 이는 다음의 사실을 분명하게 보여준다. 가정폭력은 사적인 문제가 아니라 가장 긴급한 공중보건의 문제다.

이 모든 과정을 통해 나는 2015년 봄, 폴 먼슨의 흠집투성이 문 앞에 서게 되었다. 나는 그때까지 수년간 그의 가족 대부분을 알았고, 미셸의 어머니와 자매들로부터 미셸과 로키의 이야기를 들었다. 폴은 살인 사건에 대해 말하는 게 거의 불가능했다. 내가 보기에 그의 고통은 너무 압도적이었고, 때로는 죄책감이 그의 숨통을 조였다. 가정폭력에 대해 말하기는 어렵다. 이 문제를 조사하는 과정에서 가정폭력은 보도하기 가장 어려운 주제에 속한다는 사실 역시 깨달았다. 덩치가 엄청나게 크고 다루기가 어렵지만 완전히 숨어 있기도 하다. 기자는 전쟁터 가운데 서서 눈에 들어오는 것을 설명하기도 하고, 기근이나 전염병 현장에 가서 실시간으로 보도하기도 한다. 에이즈클리닉, 암센터, 난민캠프, 고아원에 방문해서 그곳에서 벌어지는 사건에 대해 글을 쓸 수도 있다. 이런 사회문제, 환경문제, 공중보건 문제나 지정학적 문제들이 어떤 모습인지를 마치 눈앞에서 펼쳐지는 듯 내부에서 바깥을 향해 글을 쓸 수도 있다. 내가 캄보디아에서 종종 그랬듯 전쟁 이후의 어떤 문제에 대해 글을 쓴다 해도, 전쟁이든 자연재해든 그 어떤 분란이든 이미 끝난 뒤이므로 인터뷰 상대가 어느 정도는 안전한 상태라고 넘겨짚을 수 있다.

가정폭력에 대한 글쓰기의 심히 어려운 측면 중 하나는 너무 강력한 일촉즉발의 상황이라서, 내 글 때문에 이미 폭발성과 위험이 극대화된 상황의 한복판에 있는 피해자가 위험해질 수 있다는 점이다. (하지만 저널리즘의 윤리는 모든 사람에게 자기 입장에서 이야기할 수 있는 기회를 줘야 한다고 명령한다.) 여러 달 심지어는 몇 년에 걸쳐 피해자를 인터뷰했지만 그 모든 시간이 물거품이 된 적이 여러 번 있었다. 가해자에게 인터뷰 요청을 하기만 해도 피해자의 안전이 위태로워질 수 있기 때문이다. 내가 1년 이상 인터뷰했던 한 여성은 자신을 보호하기 위해 나와의 대화를 중단해야 했다. 그녀는 가해자와 여러 해를 보냈는데, 그는 아파트에서 알몸의 그녀를 난방용 파이프에 대고 지지거나 그녀의 머리에 담요를 씌우고 목에 강력 테이프를 감곤 했다. 그녀가 들려준 학대와 결국 거머쥔 자유의 이야기는 내가 들어본 매우 소름 끼치는 이야기 중 하나였다. 지금도 그녀에 대해서는 이 정도의 세부 사항만 언급할 수 있다. 이것만으로는 그녀의 신원을 특정하기가 어렵고 난방용 파이프와 담요 같은 것들은 다른 사례에서도 많이 등장하기 때문이다.

가정폭력의 경우 소위 종료일이 없을 때가 많다. 어찌어찌 가해자에게서 벗어난다 해도 여성이 자녀 양육권을 가해자와 공유한다면 여전히 그와 협상하지 않을 수 없다. 자녀가 개입되지 않더라도 많은 피해자들이 학대에서 벗어난 지 한참 지난 뒤에도 경계를 늦추지 않는다. 가해자가 학대 때문에 투옥된 경우 특히 그렇다. 피해자에게 새로운 반려자가 생기면 두 사람 모두 위험에 처할 수 있다. 내가 인터뷰했던 한 여성은 이런 상황을 두고 자신의 "머리에 총구가 겨눠진 상태"라고 했다. 최소한 아이들이 다 자랄 때까지는 말이다. 가해자에게서 벗어난 피해자에게는 자녀를 이전 배우자와 만나게 하거나 아이를 이전 배우자에게 데려다주는 행위마저 위험하기로 악명 높다. 내가 아는 한 여성은 아이들을 이전 배우자에게 데려다주러 갔다가 아이들이 차량 뒷자리에서 보는 앞에서 돌 벽에 얼굴이 짓이겨지는 일을 당했다. 이혼한 지 수년이 지난 상황이었다. 내가 이 글을 쓰는 시점을 기준으로 어제인 2018년 9월 12일, 캘리포니아 베이커스필드에서 저격자의 전처와 그녀의 새 남자친구를 포함한 여섯 명이 목숨을 잃었다(구글에 '별거 중인 남편'과 '살해'라는 단어를 넣고 검색하면 1,500만 건 이상의 결과가 나온다). 학대 관계에서 벗어난다고 해서 위험이 끝났다고 보장할 수 있는 경우는 거의 없다. 이 때문에 나는 인터뷰 제의에 응할 정도로 용기 있는 사람들의 안전과 저널리즘의 윤리 사이에서 최대한 균형을 잡으려고 노력했다. 어떤 사건이나 관계에 대해서는 가능한 다양한 사람들을 인터뷰했지만, 가해자를 만나는 행위가 피해자에게 너무 위험한 경우도 있었다. 몇몇 경우에는 다른 관련자나 증인이 더 이상 생존하지 않기도 했다. 안전과 프라이버시를 위해 인터뷰 대상의 이름 중 일부는 바꿨고 신원도 비밀에 부쳤다. 나는 이름을 제외하면 정보를 바꾸기보다는 삭제하는 편을 택했다. 그리고 이 모든 사례를 본문에서 다뤘다.

가정폭력은 다른 범죄와 전혀 비슷하지 않다. 진공 상태에서 발생하지 않는다. 누군가가 잘못된 시간에 잘못된 장소에 있었기 때문에 발생하는 것이 아니다. 대학 시절 사회학과 교수가 내게 주입했듯 집과 가족은 성스러운 영역, "비정한 세상의 안식처"여야 한다. (나는 이 교수의 수업에서 이런 표현을 처음으로 접했다.) 이는 가정폭력이 일어나서는 안 되는 이유 중 하나다. 가정폭력은 내가 아는 누군가, 나를 사랑한다고 주장하는 사람이 가하는 폭력이다. 가까운 친구에게마저 털어놓지 못할 때가 많고, 많은 경우 육체적 폭력보다 감정적이고 언어적인 쏙력이 훨씬 큰 피해를 안긴다. 감옥에 갈 정도로 심하게 폭력을 저질러놓고 피해 여성을 사랑하는 마음을 접지 못하는 자신의 상황을 개탄하는 소리를 얼마나 많은 가해자로부터 들었는지 셀 수도 없을 정도다. 어쩌면 그것은 자신이 사랑에 너무 강렬하게 사로잡혀서 그 사랑 앞에 무력해진다는 생각을 깔고 있는 강력한 최음제인지 모른다. 물론 사랑도 폭력도 똑같이 자기 내부에서 비롯된다고 스스로 믿게 만드는 데 동원되는 억지 논리는 완벽한 헛소리이긴 하지만 말이다. 나는 가해자에게서 자아도취가 자주 발견된다는 사실을 알게 되었다. 그리고 중독, 빈곤, 그 외 자포자기 상태는 유독한 남성성과 결합하면 특히 치명적일 수 있다.

우리는 아이에게는 아빠가 있어야 하고, 관계는 궁극의 목적이며, 가족은 사회의 기반이고, 남자와 갈라서서 싱글맘으로 아이를 키우기보다는 같이 살면서 내밀하게 자신의 '문제'를 해결하는 게 더 낫다고 주입하는 문화 속에서 살아간다. 미셸 먼슨 모저는 자기 어머니에게 "깨진 가정"에서 아이들을 키우고 싶지 않다는 고집을 굽히지 않으면서 이 말을 되풀이했다. 한 성인이 다른 성인을 학대하는 가정은 깨진 것이 아니라는 듯, 마치 깨짐에는 정도가 있다는 듯. 이런 흉측한 메시지들은 일관성이 있다. 정치인들이 여성폭력방지법Violence Against Women Act의 재인가를 놓고 드잡이를 할 때, 그러고 나서 예산을 너무 찔끔 배정해 연방 예산에서 사실상 큰 의미가 없는 비중을 차지하게 되었을 때 우리는 이 메시지를 확인한다. 여성폭력방지법은 현재 전체 예산이 4억 8,900만 달러에 못 미친다.[14] 참고로 여성폭력방지처를 관할하는 사법부 1년 전체 예산은 현재 **280억** 달러다.[15] 이 문제에 대해 생각하는 또 다른 방법은 다음과 같은 식이 될 수도 있다. 세상에서 가장 부자인 제프 베이조스는 재산이 1,500억 달러로 추정되므로 여성폭력방지법의 현 예산을 **300년** 동안 대고도 몇십 억 달러를 가지고 근근이 생계를 유지할 수 있다.[16]

그냥 그대로 있으라는 메시지는 피해자에게 다른 방식으로도 전달된다. 피해자가 법원에서 수세에 놓여, 자신을 죽이려고 했던 사람의 얼굴을 정면으로 바라보라는 요구를 받게 되면 그들이 너무나도 잘 아는 그 사람은 실제로 다음에 그들을 죽일지 모른다. 폭력적인 가해자에게 가벼운 경고나 벌금 정도의 처벌을 부과하는 판결 속에서 우리는 이 점을 확인할 수 있다. 잔혹하게 폭행을 해도 감옥에서 며칠 보내면 끝이다. 법 집행기관※이 가정폭력을 실제 그렇듯 범죄 행위로 다루지 않고 성가신 업무, '가정 분란' 취급할 때도 우리는 이 메시지를 받는다. 나는 만일 상황이 반대였다면, 여성이 엄청난 수로 남성을 구타하고 살해했더라면 – 미국에서는 친밀한 반려자에게 총 한 가지로 살해되는 여성만 매달 50명이다 – 이 문제가 이 나라의 모든 신문 1면을 장식했을 거라고 믿는다. 그리고 오늘날의 여성에게 대체 무슨 문제가 있는지 연구자들이 알아내도록 막대한 자금이 모일 것이다.

상황이 이런데도 순진해 빠진 우리는 피해자는 왜 가만히 있느냐고 대담하게 묻는다.

미셸 먼슨 모저와 그녀의 아이들 같은 수많은 피해자는 시스템의 한계 안에서, 그리고 점점 극도로 조심하면서, 도망치기 위해 할 수 있는 모든 일을 하면서, 가해자와 헤어지려고 발버둥 치고 있는 것이 현실이다. 미셸을 비롯한 숱한 사례에서 우리는 외부자의 시선으로 그녀가 가해자와 같이 지내기로 선택한 것이라고 오해한다. 사실 천천히 그리고 조심스럽게 가해자에게서 벗어나고 있는 피해자의 모습을 제대로 알아차리지 못한 건 우리 자신인데 말이다.

우리가 가정폭력을 인류사 대부분에서 나타나는 문제로 파악하지

※ 법 집행(기)관으로 옮긴 'law enforcement'는 범죄를 수사하고 범죄자를 체포하고 교정하는 일련의 과정을 모두 포괄하는 개념이다. 맥락상 경찰의 활동을 지칭하는 좁은 의미로 사용된 경우에 한해 '경찰'로 옮겼다.

못했다는 사실을 감안하면 이런 상황은 당연한지 모른다. 유대교, 이슬람교, 기독교, 천주교에서 전통적으로 하인, 노예, 동물 같은 다른 재산을 규율하고 통제하는 것과 대동소이한 방식으로 아내를 다스리는 것이 남편의 권한이었다. 그리고 당연히 이런 신앙의 근원인 코란, 성경, 탈무드 같은 성전들은 당대 남성들의 해석일 뿐이다.[17] 이런 해석 중 일부에는 심지어 얼굴을 직접 때리는 건 삼가라, 상처가 오래 남지 않도록 하라 같은 아내 구타 방법에 대한 지침이 담기기도 했다. 9세기 고대 유대인들의 도시 수라Sura의 영적 지도자 가온Gaon은 당시의 법에 따르면 아내는 남편의 권한에 종속되어 있으므로, 남편의 폭행이 낯선 사람의 폭행보다 트라우마가 적다고 믿었다.[18] 미국에서는 청교도들이 아내 구타를 금지하는 법을 만들긴 했지만 대체로 상징적이었고 집행되는 일은 아주 드물었다. 학대당하는 아내는 오히려 남편의 폭력을 촉발했다는 혐의를 뒤집어쓰곤 했다. 이 믿음은 사실상 1960년대와 70년대 이전까지 가정폭력에 대한 수백 년에 걸친 문헌에, 배우자의 학대에 대해 작성된 거의 모든 글에 스며 있다. 사적인 폭력 사건이 어쩌다 법정에서 다뤄지는 아주 희귀한 경우에도 아내가 입은 상해가 영구적이지 않은 한 판결은 남성에게 우호적으로 치우치는 경향을 보였다.[19]

미국에서 아내 구타를 금지하는 법이 문서화된 것은 겨우 지난 세기 들어서였고, 그나마 다른 지역보다 앞서 19세기 말에 배우자의 학대를 금지하는 법안을 문서화하기 시작한 주들(앨라배마, 메릴랜드, 오리건, 델라웨어, 매사추세츠)조차도 그 법을 거의 집행하지 않았다.[20] 미국동물잔혹행위금지협회American Society Against the Cruelty of Animals는 아내에 대한 잔혹 행위를 금지하는 법보다 몇십 년 더 앞서 결성되었는데, 이는 우리가 아내보다 개를 더 존중한다는 의미라고 나는 생각한다. (1990년대의 반려동물 쉼터의 수는 가정폭력 쉼터보다 세 배 정도 더 많았다.[21]) 내가 이 글을 쓰고 있는 2018년 가을, 배우자나 가족 구성원에 대한 폭력이 완벽하게 합법인 나라가 10개국이 넘는다. 다시 말해 이곳에서는 가정폭력을 대상으로 구체적인 법이 전혀 마련되어 있지 않다. 이런 나라로는 이집트, 아이티, 라트비아, 우즈베키스탄, 콩고 등이 있다.[22] 그리고 러시아는 2017년 신체 상해로 이어지지 않은 가정폭력을 처벌 대상에서 제외했다.[23] 미국은 트럼프 행정부가 들어선 뒤 가정폭력은 보호의 사유가 아니고 그런 "외계인"은 "불행"이라는 운명에 시달리는 것뿐이라고 믿는 사람을 첫 법무부 장관으로 지명했다.[24] 집 밖에서 정부의 무력에 의해 공포스러운 상황에 직면하는 행운을 누릴 경우에는 보호를 요청할 수 있지만, 그 공포가 집 안에 존재하는 상황이라면? 아마도 그런 종류의 불행은 알아서 감당해야 할 것이다.

오늘날 가정폭력과 관련하여 미국에 존재하는 많은 조치들이 아주 아주 최근에 취해졌다. 의회는 1984년에야 학대 피해 여성과 아동을 지원하는 법을 통과시켰다. 가정폭력예방서비스법Family Violence Prevention and Services Act은 피해자에게 쉼터를 비롯한 여러 자원의 재원을 마련하는 데 도움을 주었다.[25] 스토킹은 1990년대 초까지도 범죄로 규정되지 않았고 오늘날에도 법 집행기관과 가해자, 심지어는 실제 스토킹을 당하는 피해자마저 진짜 위협으로 인식하지 않는 경우가 많다. 미국에서 살해당하는 여성의 4분의 3이 현 반려자나 전 반려자에게 사전에 스토킹을 당한 적이 있었는데도 말이다.[26] 가정폭력 살해 피해자의 약 90퍼센트는 사망에 이르기 직전 해에 스토킹과 구타를 모두 당했다.[27] 미국에서는 가정폭력 피해자를 위한 전국적인 긴급전화가 1996년에야 만들어졌다.[28]

나는 수잰 듀버스를 통해 우리가 오늘날 가정폭력에 대처하는 방식은 전국 규모의 세 가지 움직임을 통해 혁명적으로 바뀌었다는 사실을 배웠다. 첫 번째 움직임은 2003년 가정폭력대응기관 내에 수잰이 속한 고위험대응팀이 생긴 것이었다. 고위험대응팀은 가정폭력 상황의 위험도를 정량화하고 피해자 주위에 보호 대책을 수립하고자 한다. 두 번째 움직임은 2002년에 문을 연 미국 최초의 가정사법센터family justice center였다. 전직 시 검사 케이시 그윈Casey Gwinn이 샌디에이고에 문을 연 가정사법센터는 경찰, 변호사, 피해자 보상, 상담, 교육 외 수십 가지 피해자지원서비스를 한 지붕 아래 모았다. (샌디에이고의 가정사법센터는 35개 다른 기관들과 함께 문을 열었다. 다른 지역 가정사법센터에는 각자 다른 수의 파트너들이 있다.) 그리고 세 번째 움직임은 2005년 전직 경찰 데이브 사전트Dave Sargent가 메릴랜드에서 시작한 치명도평가프로그램Lethality Assessment Program이었다. 이 프로그램은 법 집행기관이 현장에서 가정폭력 상황을 처리하는 방법을 주로 다뤘다.[29]

이 세 움직임이 모두 비슷한 시기에 시작된 것은 단순한 우연의 일치가 아니다. 1970년대와 80년대의 여성운동 덕분에 피학대 여성들은 이제 막 평등이라는 개념을 받아들이기 시작한 미국 전체의 관심을 받게 되었다. 이 시기 초점은 쉼터였다. 쉼터를 짓고, 자금을 모으고, 학대당하는 여성들이 가해자에게서 떨어져 지내게 하는 일. 하지만 1990년대에는 초점이 변하기 시작했다. 미국 전역에서 대변인, 경찰관, 판사 모두가 입을 모아 두 건의 주요 사건이 변화의 원인이었다고 이야기했다. 첫 번째 사건은 OJ 심슨 재판이었다.

많은 이들에게 니콜 브라운 심슨Nicole Brown Simpson은 새로운 부류의 피해자의 얼굴이 되었다. 그녀는 아름답고 부유하고 유명했다. 그런 일이 그녀에게 일어날 수 있다면 누구에게든 일어날 수 있었다. OJ가 그녀에게 자행한 폭력의 역사가 법 집행기관에 알려지면서 그는 체포되었고, 보석으로 석방된 뒤 캘리포니아의 한 판사로부터 '전화 상담'형을 선고받았다. (이후 이 소송은 취하되었다.) 911 신고 당시 녹음된 통화 내용을 들은 사람들은 그녀를 사랑한다고 주장하는 남성에게 붙들린 여성이라는, 희귀한 장면을 마주하게 되었다. 위협과 강압과 공포가 모두 있었다. 결국 니콜은 살해당했고 이는 가정폭력 대변인※들이 여러 해동안 펼친 주장을 전면에 부각시켰다. 가정폭력은 어디서든 누구에게든 일어날 수 있다는 그 주장을. 피해자 지원 인력에 접근하지 못하는 피해자들에게 어떻게 손을 뻗을 것인가가 당시 최대 관건 중 하나였다. 하지만 니콜 브라운 심슨과 론 골드먼Ron Goldman[니콜과 함께 살해당한 식당 종업원]에 대한 기사가 지역 신문에 실릴 때, 처음으로 거의 모든 기사 옆에 피해자가 도움을 구할 수 있는 곳에 대한 정보가 같이 실렸다. 전례 없이 많은 피해자들이 갑자기 지원 기구에 연락하기 시작했다. 재판 이후 가정폭력 긴급전화, 쉼터, 경찰서로 전화가 폭주했다.[30] 가정폭력은 서서히 전국적인 의제로 자리 잡았다.

유색 인종 피해자들은 심슨 사건을 계기로 어째서 가정폭력 살인 사건이 부유하고 아름다운 백인 여성 피해자를 통해서야 대중의 시야에 들어오게 되었는가라는 정당한 문제 제기를 하기도 했다. 유색 인종 여성들은 인종 불평등이라는 추가적인 부담을 지고 있다는 사실은 차치하고라도 백인 여성과 동일하거나 훨씬 높은 수준의 사적인 폭력을 경험했다. 심슨 사건 이후 이어진 전국적인 논의 가운데 이 지점은 오늘날 그 어느 때보다 큰 규모로 미국 원주민과 이민자와 소외 계층 커뮤니티 안에서 천천히 다뤄지고 있다. 여기에는 가정폭력을 처리하는 방

※ 대변인으로 옮긴 'victim advocate'는 경찰이나 지역사회 단체에 소속되어 범죄 피해자에게 법적, 제도적, 심리적 지원을 제공하는 전문 인력이다. 한국에서는 아직 제도화되지 못했고, 경찰에서 '피해자전담경찰관'을 신설하여 사회복지, 심리, 형사법 전공자들을 채용하기 시작했다고 한다.

식을 바꿔놓은 두 번째 주요 사건인 여성폭력방지법이 한몫했다.

여성폭력방지법은 그때까지만 해도 친밀한 반려자의 폭력을 사적인 가족 문제, 형사사법제도보다는 여성들이 알아서 할 문제라고 인식하던 입법가들 앞에 반려자의 폭력이라는 문제를 던져놓았다. 여성폭력방지법은 1990년 당시 상원의원이었던 조 바이든[26대 미국 대통령]이 의회에 처음으로 제출했지만, 이 법안이 통과된 것은 OJ 재판이 마무리되고 몇 주 지나지 않은 1994년 가을이었다. 마침내 미국 전역의 모든 도시와 마을이 역사상 처음으로 지역사회에서 가정폭력을 해결하기 위한 연방의 예산을 얻을 수 있게 되었다. 이 재정 덕분에 최초 대응인을 대상으로 집중적인 훈련을 실시하고, 대변인 보직, 쉼터, 임시 주거지, 학대자 개입 수업, 법률 훈련을 만들 수 있었다. 여성폭력방지법의 재정은 피해자가 더 이상 자신의 강간 진단키트 비용을 지불할 필요가 없음을, 학대당한 반려자가 학대와 관련된 일 때문에 퇴거를 당할 경우 이제는 보상과 지원을 받을 수 있음을 의미했다. 그리고 장애가 있는 피해자나 법적인 지원이 필요한 피해자 모두 도움을 얻을 수 있었다. 이런 지원을 비롯해 오늘날 가정폭력에 대처할 때 활용하는 수많은 시스템과 서비스가 여성폭력방지법 통과에 따른 직접적인 결과이다. 바이든은 그 시기 연합통신사와의 인터뷰에서 이렇게 말했다. "(가정폭력은) 증오범죄입니다. 나의 목적은 피해 여성에게 형사법상으로뿐만 아니라 민사법상으로도 사태를 바로잡는 데 필요한 법적인 모든 기회를 제공하는 것입니다. 나는 여성의 시민권(간섭받지 않을 권리)이 위협받고 있는 현실을 널리 알리고 싶습니다."[31]

여성폭력방지법은 5년에 한 번 재인가를 받아야 한다. 2013년 재인가는 지연되었다. 공화당 의원들이 동성의 반려자, 보호구역에서 살고 있는 미국 원주민, 임시 비자를 신청하려 하는 미등록 이민자들을 대상자로 확대하는 데 반대했기 때문이다. 상원과 하원 모두에서 뜨거운 논쟁이 벌어진 뒤 결국 재인가가 통과되었다. 이 글을 쓰는 동안 다음 재인가가 갱신될 시점이 다가왔다.※ 내가 이야기를 나눴던 전국의 모든 대변인들이 자신들의 지위와 재정이 풍전등화의 처지임을 날카롭게 감지한다. 이 나라의 최고 통치권자가 여성에 대한 적대와 차별적인 의식을 드러내고 있고, 그 사람부터가 첫 아내로부터는 성폭력을 했다는 비난을 비롯, 그 외 십수 명의 여성으로부터 강제추행과 성폭행을 했다는 비난을 받은 전력이 있기 때문이다. (나중에 그의 첫 아내는 그 성폭력이 형사상의 의미는 아니지만 유린당한다는 느낌을 안겼다는 의미라고 밝혔다.32) 트럼프는 백악관에 소문난 학대자인 롭 포터Rob Porter를 비서관으로 발탁했다가 미디어와 외부에서 압력이 일자 그제야 어쩔 수 없이 내보냈다. 사실 미국인들은 총기 소유권이 생명권을 훨씬 능가하는 환경에서 살고 있다. "(트럼프의) 말과 행동은 여성에게 아주 심대한 영향을 미쳐요." 생존자이자 활동가인 킷 그루엘Kit Gruelle은 내게 이렇게 말했다. "우리는 터무니없는 속도로 퇴행하고 있어요."

얼마 전 나는 린 로즌솔Lynn Rosenthal이라는 여성과 점심 식사를 했다. 로즌솔은 최초의 백악관 여성폭력방지처 연락 담당관이었다. 이 자리는 오바마 행정부에서 만든 것으로 트럼프 행정부가 들어선 이후 2년간 공석으로 남아 있다. 나는 그녀에게 돈이 문제가 아니라면, 그리고 그녀가 필요한 모든 것을 가지고 원하는 무엇이든 할 수 있다면 가정폭력을 어떻게 해결할 것인지 물었다. 그녀는 한 지역사회를 정해서 무엇

※ 2018년 말 연방정부 셧다운의 여파로 재인가되지 못한 상태에서 법이 만료되었다가 2019년 4월에 양당의 협력으로 재인가되었다.

이 유효한지를 연구한 다음 **모든 곳**에 투자할 것이라고 말했다. "시스템의 작은 단편만 보고서 '오, 저게 마법 탄환이구나' 하고 말할 수는 없어요. 그런 게 사람들이 원하는 거긴 하죠. 우리가 한 가지에 투자할 수 있다면 그게 뭘까요? 글쎄요, 그 대답은 한 가지는 없다는 거예요." 그리고 그게 전체적인 핵심이었다. 사적인 폭력은 일상의 거의 모든 측면에 영향을 미치지만, 문제를 공적으로 해결하지 못한 우리의 집단적인 실패는 사적인 폭력이 아주 곳곳에 스며 있다는 사실을 충격적일 정도로 제대로 이해하지 못하고 있음을 보여준다.

그러므로 이 책에서 나의 목표는 가장 어두운 구석에 조명등을 비추고, 내부에서 보면 가정폭력이 어떤 모습인지를 보여주는 것이다. 책은 3부로 구성되어 있고 각 부에서는 하나의 주요한 질문을 해결하고자 한다. 1부에서는 가장 끈질긴 질문, 피해자는 어째서 가해자에게 머물러 있는가라는 질문에 답하고자 한다. (킷 그루엘은 내게 이렇게 말한 적이 있다. "은행에 강도가 들고 난 뒤에 은행장에게 '이 은행을 옮겨야 해요'라고 말하지 않잖아요.") 미셸 먼슨 모저의 삶과 죽음이 보여주듯, 남느냐 떠나느냐라는 문제 설정은 학대 관계에서 작동하는 힘들의 역학을 제대로 보지 못하고 있음을 드러낼 뿐이다.

취재가 가장 힘들었던 2부는 학대자와 함께 폭력의 핵심으로 파고든다. 우리는 피해자와 대변인, 경찰의 이야기만 듣고 학대자의 중요한 의견을 간과할 때가 너무 많다. 유독한 남성성이 만연한 오늘날의 환경에서 나는 그런 남성이 어떤 모습인지, 그는 이 사회 속에서 그리고 자신의 가정 안에서 자신을 어떻게 바라보는지를 알고 싶었다. 나는 이책을 위해 자료를 조사하는 수년 동안 폭력적인 남성에게 비폭력적인 사람이 되는 법을 가르칠 수 있는지 묻고 또 물었다. 대답은 거의 항상 이런 식으로 구분되었다. 경찰관과 대변인들은 불가능하다고 말했고,

피해자들은 그게 가능하면 좋겠다고 밝혔으며, 폭력을 저지른 남성들은 그렇다고 말했다. 내가 느끼기에 이 마지막 반응은 의견이라기보다는 의지의 표현에 더 가까웠다. 가정폭력의 세계에서 가장 흔하게 듣는 말은 "상처 받은 사람이 다른 사람에게 상처를 준다"이다. 그러면 상처 받은 사람이 자신의 고통을 다른 사람들을 향해 발산하는 대신 자기 몫으로 인정하고 정면으로 상대할 경우 어떻게 될까?

3부에서는 수잰 듀버스, 켈리 던처럼 가정폭력과 가정폭력 살인의 최전선에서 변화를 일구는 사람들을 따라간다. 나는 무엇을 할 수 있고, 누가 그 일을 하고 있는지를 살핀다. 여기서는 대변인의 활동, 사법기관, 경찰 주도의 계획을 파헤치면서 그것들이 현장에서는 어떻게 보이는지를 탐색한다.

이 책 전반에서 나는 일반적으로 피해자를 '그녀'로, 가해자를 '그'로 지칭한다. 남성이 피해자가 여성이 가해자가 될 수 있음을 인정하지 않기 때문도, 동성 반려자를 위해 쓸 수 있는 자원이 상대적으로 모자란다는 사실이나, 성소수자LGBTQ 관계와 공동체 내에서의 음산한 가정폭력 통계 수치를 몰라서도 아니다. 그보다 나의 이유는 두 가지다. 첫째, 어떤 기준으로 봐도 남성은 아직도 가해자의 압도적인 다수이고 여성은 피해자의 압도적인 다수이다. 그리고 나는 글에서 일관성을 유지하기 위해 그녀/그/그들이라는 대명사를 사용한다. 내가 피해자를 '그녀', 가해자를 '그'라고 쓸 때는 젠더에 관계없이 누구도 두 역할 중 한쪽이 될 수 있음을 인지하고 있다고 생각해주면 좋겠다.

마찬가지로 가정폭력 피해자를 '생존자' 또는 어떤 상황에서는 '의뢰인'이라고 부르는 움직임이 일고 있긴 하지만 나는 그들이 실제 생존자라는 사실, 다시 말해서 그들이 학대 관계에서 힘들게 벗어나서 자신과 가족을 위해 새로운 삶을 꾸리는 데 성공했다는 사실을 분명하게 확인하기 전까지는 이 표현을 종종 삼갔다. 덧붙여 말하자면 나는 대부분의 정보원을 성을 포함한 이름 아니면 성만으로 지칭하고 나와 더 깊은 이야기를 공유한 사람들은 이름으로만 지칭했다.

마지막으로 '가정폭력'이라는 용어는 생존자와 대변인들 사이에서 오랫동안 논란의 근원이었다. 폭력을 '가정의 것'으로 한정했을 때 폭력이 순화되는 효과가 나타나서, 가족 구성원으로부터의 폭력은 낯선 사람에 의한 폭력보다 관심을 적게 기울여도 된다는 인상을 준다. 요즘 대변인 집단 내에서는 '친밀한 반려자의 폭력'이나 '친밀한 반려자의 테러'라는 용어를 사용하는 추세다. 하지만 여기에도 분명한 문제가 있다. 반려자가 아닌 사람의 폭력을 제외한다는 점이 있다. '배우자 학대'라는 표현에도 비슷한 한계가 있다. 과거 10여 년간은 '사적인 폭력'이라는 용어가 사용되었다. 이 모든 용어들이 이런 관계 속에 작동하는 육체적, 감정적, 심리적 힘들의 특수한 역학을 포착하지 못한다는 점에서 한계가 있다. 나는 수년간 더 나은 용어를 만들어보려고 노력했지만 아직 답을 찾지 못했다. '테러'라는 단어가 폭력적인 반려 관계에 대한 내부의 느낌에 가까운 편이라고 생각하긴 하지만 말이다. 그럼에도 용어에 대한 집단적인 이해가 있으므로 나는 누군가의 말을 인용하거나 분명한 맥락상의 중복 때문에 위에서 언급한 다른 용어들을 사용할 때를 제외하고는 일반적으로 '가정폭력'이나 '사적인 폭력'이라고 지칭했다.

이제 나는 폴 먼슨의 집으로, 해가 이울어가던 그날의 오후로 돌아간다. 결국 우리는 자동차에 대한 이야기를 마무리하고 마침내 그가 피하던 주제로, 그를 사나운 슬픔으로 몰아넣은 원인으로, 지금은 이 세상에 없는 딸과 손주들에 대한 이야기로 방향을 바꾼다.

THE END

PART 1 끝

한순간에 어른이 된 아이

폴 먼슨의 집은 개방형 구조로, 거실은 식당을, 식당은 주방을 향해 뚫려 있었다. 손주들이 여기서 뛰어논다고 내게 말했다. 크리스티와 카일이 그의 집을 방문할 때면 제일 먼저 하는 일이었다. 작은 미치광이들처럼 집 안 곳곳에서 뛰어다니기. 크리스티와 카일은 로키와 미셸의 아이들이었다.

폴은 노스다코타 마이놋 출신이다. 몬태나에 온 건 직장 때문이었다. 아버지는 오래전에 돌아가셨다. 양아버지 길Gil은 런더의 키디랜드Lunder's Kiddyland라고 하는 이동용 놀이동산을 소유했고, 그전에는 농부였다. 폴은 그를 "돈이면 뭐든 할 사람"이라고 부른다. 미셸은 조부모를 사랑했다.

"사람들은 여자애들이 자기 아빠랑 닮은 남자를 따라다닌다고 생각할 때가 많아요. 하지만 난 로키한테서 나와 닮은 점을 전혀 찾을 수가 없어요."

어쩌면 로키의 에너지가 미셸을 매혹했을지 모른다고, 폴이 말한다. 아니면 그들이 처음 만났을 때 미셸은 청소년이었던 반면, 실제 나이인 스물네 살보다 훨씬 어려 보였던 로키는 그녀에게는 낯선 성인 세계에 접근 가능했기 때문이었을지도. 자기만의 집, 폭음, 그 어디에도 복종할 필요가 없는 자유 같은 것들. 만일 미셸이 열네 살에 임신하지 않았더라면, 열다섯 살에 크리스티를 낳지 않았더라면, 로키의 나이가 **훨씬**

많지 않았더라면, 그들의 로맨스는 대부분의 10대들처럼 흘러갔을 것이다. 신나는 사건과 깊은 열병, 이별과 다른 누군가와의 새로운 관계. "내가 생각하기에는 로키가 상황을 해결하고 싶어 할 정도로 충분히 나이가 많았던 거 같아요. 가정을 꾸리고 뭐 그런 거 있잖아요."

폴은 자신과 미셸이 거의 매일 점심을 같이 먹었다고 말한다. 폴은 근처에 있는 직장에 다녔고, 딸의 집에서 낮마다 쉬었는데, 로키가 그 사실을 알기는 했을지 의심한다. "내가 거기로 내 점심을 가져가면 미셸은 텔레비전에 〈제리 스프링어쇼〉를 틀어놓곤 했어요. 우린 거기 앉아서 그걸 봤죠. 난 다른 딸들보다 미셸과 더 가까웠어요. 이유는 모르겠어요. 미셸도 나랑 가까웠고요."

그러더니 폴은 고무밴드로 묶어놓은 홈메이드 DVD 무더기를 가져온다. 그는 내가 방문하기 전에 미리 사본을 만들어서 내가 가져갈 수 있도록 해둔 것이라고 말한다. 홈무비. 로키는 매년 모든 걸 영상에 담곤 했다. 특히 거의 매주 온 가족이 떠났던 캠핑 여행 같은 것들을. 그 DVD들은 특별한 사건이나 명절, 생일 같은 것들보다는 대부분 미셸과 크리스티와 카일의 일상을 보여준다. 폴은 자신이 전부 다 봤다고 말한다. 한 번 이상. 그는 단서를 찾아보았다. 뭐가 어떻게 된 건지 알려줄 만한 무언가를. 하지만 아무것도 없었다. 그들은 그냥 오래된 가족처럼 보였다. 소파에 앉아서 만화를 보고 있는 세 살의 크리스티. 손에 어린이용 낚싯대를 들고 고기를 낚으려고 개울가에 서 있는 카일. 침대에서 잠이 들었던 미셸이 카메라 때문에 잠에서 깨고, 그녀의 남편이 렌즈 뒤에서 그녀에게 큰 소리로 말하는 상황을 담은 숱한 영상들. 단서 같은 건 없었다고 폴은 말한다. 나는 몇 년이 지난 뒤에야 그 영상들을 볼 수 있을 것이다.

폴의 전처 샐리 쇼스타는 폴보다 로키에 대해 아는 게 더 없었다. 로키가 지근거리에 있었던 그 숱한 세월 동안에도. 부부의 두 딸 알리사와 미셸은 각각 열다섯 살과 열네 살일 때 폴과 함께 살기 위해 떠났다. 샐리와 폴은 그보다 몇 년 전, 미셸이 여덟 살이었을 때 이혼했고, 딸들은 대부분 샐리와 살았다. 하지만 10대가 되자 딸들은 엄마와는 누릴수 없는 자유가 아빠 집에는 있다는 사실을 알게 되었다.

때로 샐리가 폴에게 전화를 걸면 폴은 딸들이 어디 있는지 모르거나, 아무개네 집에 있다고 말했고, 그래서 그녀가 차를 몰고 가보면 그곳에 없곤 했다. 한번은 폴이 그녀에게 알려준 주소가 파인힐스에서 나온 남자아이들이 현실 세계로 돌아가기 전에 머무는 사회복귀시설로드러나기도 했다. 무언가에 중독되었거나 행동에 문제가 있는 남자아이들, 감옥에 가기엔 너무 어리지만 집에 있기에는 그들 자신에게나 다른 사람들에게 너무 위험한 남자아이들. 파인힐스는 문제가 있는 남자아이들을 위한 입주시설이었다. 그곳은 샐리가 아주 잘 아는 곳이었다. 샐리가 몬태나주를 위해서 직업재활 일을 했기 때문이었다. 그녀는 장애가 있는 사람들을 지원했고 이들이 직장을 얻을 수 있도록 애썼다.

그날 밤 샐리는 화가 머리끝까지 난 상태로 그 사회복귀시설 앞에차를 대고 당시 겨우 열세 살 또는 열네 살이었던 미셸을 찾기 시작했다. 그녀의 질문을 받은 남자는 미셸이 그곳에 있다가 코디라는 남자아이와 함께 나갔다고 확인해주었다. 샐리는 씩씩거렸다. 그녀는 남자에게 말했다. **내 딸이 다시 여기 오는 일은 없어야 해요. 다시는.** 미셸은세 시간 뒤에 나타났다.

또 한번은 샐리가 폴의 집 앞에 차를 댔는데 녹색 해치백이 앞쪽에주차되어 있었다. 샐리가 모르는 차였다. 그녀는 문을 두드렸고 아무도대답하지 않았다. 하지만 그녀는 집 안에서 무언가가 움직이는 모습을보았고 그래서 더 세게 문을 두드렸다. 역시 아무런 답이 없었다. 샐리는 자리를 떴다가 조금 뒤에 돌아왔다. 같은 상황의 반복. 그녀는 문틈에 대고 대답하지 않으면 경찰을 부를 거라고 소리쳤다. 효과가 있었다. 미셸이 문을 열었다. 그리고 텁수룩하게 층이 진 머리칼에 청바지와 티셔츠를 입은 젊은 남자가 있었다. 마치 일생 동안 턱을 앙 다물고 있었던 것처럼 턱이 단단해 보였다. 입술이 두툼하고 뺨에는 여드름 자국이 있었다. 샐리가 로키를 만난 첫 순간이었다. 로키는 수줍음을 타는 것 같았고 그녀와 눈을 마주치지 못했다. 그녀는 로키에게 가라고, 미셸의 아빠가 집에 없을 때는 거기 있으면 안 된다고 말했다. 로키는 막 가려고 했다며 웅얼거렸다.

나중에 샐리는 폴에게 그 남자아이는 미셸에게 너무 나이가 많다고 이야기했다. 그녀는 로키가 정확히 몇 살인지는 몰랐지만, 자기 차가 있을 정도로 나이가 있는 남자는 누구든 열네 살인 미셸에게는 너무 나이가 많았다. 그녀는 그들이, 그녀와 폴이 문제를 해결했다고 생각했다. 그때는. 로키가 미셸의 삶에서 사라졌다고 생각했다. 미셸이 그녀의 말에 불복하리라고는 상상도 하지 못했다. 샐리에게 미셸은 아직 어린 소녀, 묻지도 않고 허드렛일을 하고 절대 학교를 빠지지 않는 그런 아이였다. 미셸은 전혀 반항적인 부류가 아니었다. 어른이 될 때가 되자 그녀는 어른이 되었지만, 그들 누구도 그 시기가 그렇게 빨리 올 줄은 몰랐다. 미셸은 한순간에 어른이 되었다. 10대의 대부분의 시간을 송두리째 건너뛰고서.

로키는 키가 165센티미터 정도에 여위었지만 강단이 있고 성미가 급한 남자였다. 에너지가 넘쳤다. (로키의 가족은 그를 약간 다르게, 말수가 없고 때로는 교활하지만 역시 수줍음을 타는 편이라고 설명한다.) 그는 자신에게 방아쇠를 당기기 전에 그 비디오들을 챙겨서 가방에 꾸려 차고에 놓아두었다. 그는 비디오가 무사하기를 원했다. 행복한 미국 가정에 경의를. 만일 모든 게 계획대로 돌아갔더라면 그것은 생존의 이야기가 되었을 것이다. 위대한 미국의 비극. 그는 자신의 팔에 **나는 지옥에 가도 싸다** 같은 문구를 적어두었다. 하지만 아무도 거기에 눈길을 주지 않았고, 그 문구가 무엇이었는지 누구도 정확히 기억하지 못했다.

폴은 앞문에 있는 움푹하게 팬 자국들은 로키가 미셸을 괴롭히려고 문을 내리치다가 생긴 것이라고 말한다. 하지만 당시에는 그 행동이 폴에게 폭력적이라고, 위험할 정도로 폭력적이라고 각인되지 않았다. 당시에는 평가하기가 아주 힘든 것 같았지만 이제 와서 생각하면 명명백백한 그런 종류의 폭력. 가정폭력은 정확히 이런 모습이다. 그 징후를 알아보지 못한 사람은 폴만이 아니다. 하지만 폴의 집 앞문을 두드리고 발로 차고 그 안에 있는 여성에게 고함을 친 게 로키가 아니라 낯선 사람이었다고 생각해보라. 경찰을 부르지 않을 사람이 있을까? 폭력을 중단하라고 개입하지 않을 사람이 있을까? 그런데 그게 우리가 아는 사람, 아버지, 오빠, 아들, 사촌, 어머니 등과 같은 아는 사람일 때 폭력을 인식하는 데 문제가 생긴다. 지금 폴은 자신이 개입했다고, 뭔가를 했다고 말한다. 어떻게든 자기 손으로 직접 처리하려고 했다. 그것은 몬태나의 분위기에 맞는 행동, 그곳의 자유주의적이고 개인주의적인 문화에 속하는 행동이었다. 그는 시스템을 신뢰하지 않는다. 경찰이 정말로 딸을 구하기 위해 많은 일을 했다고 생각하지 않는다. 검사도 마찬가지다. "몬태나에 대한 식견을 얻을 수 있는 이야기를 하나 해주죠." 그가 가족의 부검 자료를 요청하자 검시관은 폴과 혈연관계에 있는 사람에 대해서만 알려줄 수 있다고 말했다. 미셸, 크리스티, 카일까지만. 로키는 아니었다. 하지만 로키의 아버지인 고든 모저Gordon Mosure가 요청하자 그는 얻어냈다. 네 사람의 자료 전부 다. "남자가 가족을 소유한다고 보는 관점이 핵심이에요." 그가 말했다. 가부장제가 규칙을 정한다. 폴은 고개를 젓는다. 그는 아코디언 형태의 갈색 파일을 꺼내 자신이 겨우 얻어낸 세 개의 부검 보고서를 내게 보여주었다. 카일의 보고서는 이렇게 시작했다. "이 어린 소년은 부상을 당했다… 피가… 옷을 흠뻑 적신 상태로." 검시관은 고인이 구미캔디를 먹은 지 얼마 안 된 상태였다고 지적했다. 크리스티의 보고서에는 탄환의 상처가 "금속 느낌의 눈 결정체 패턴"을 따랐다고 밝혔다. 그녀의 심장은 180그램이었다.

나는 폴의 거실에 있는 명판을 가리킨다. 커다란 흰 벽에 덜렁 매달려 있는 명판은 살짝 비스듬하다. 미셸의 고등학교 졸업장이 새겨진 명판. 빌링스고등학교 1997년 입학생. 그즈음 미셸은 이미 로키와 함께 살고 있었고 세 살이 안 되는 두 아이가 있었지만 그래도 제때 졸업했다. 미셸은 크리스티를 낳고 1년 뒤에 카일을 낳았다. 그녀는 폴의 표현에 따르면 "아이를 가진 아이들"을 위한 고등학교로 옮겼다. 원래 다니던 학교에서 여섯 블록 정도 떨어진 곳이었다. 그녀는 유모차 한 대에 두 아이를 모두 태우고 몬태나의 혹독한 겨울철 오르막에서 유모차를 밀어야 했다. "지금도 그 모습이 기억나요. 상당히 인상적인 장면이라고 생각해요." 폴이 두려워하던 순간이 지금이다. 이제 그는 명판을 안고 있다. 자리에서 일어나서 벽에서 떼어낸 뒤 보듬고 있는 것이다. 그는 한 손으로 명판 위를 부드럽게 문질러 먼지를 닦아낸다. 그러고 난 뒤 그의 손은 앞면을 더듬고 눈에 눈물이 차오른다. 그는 숨을 들이마시고 자신을 추스르려고 노력한다. 그와 같은 부모들, 특히 남자들이 나와 이야기하지 않는 것은 이 때문이다. 그들은 이 순간을 피할 수 있다면 무슨 일이든 할 것이다.

샐리 쇼스타는 다르다. 나는 여러 해에 걸쳐 그녀와 상당한 시간을 보냈다. 그녀는 딸에 대해 이야기하고, 자신이 할 수 있는 모든 것을 곱씹고 기억함으로써 딸의 삶을 보존하고 있다. 그녀는 미셸과 아이들의 모든 것을, 편지며, 아이들이 명절에 그녀를 위해 만든 미술 작품이며, 미셸이 어릴 때 끄적인 쪽지며, 지역 언론에 실린 살인 사건 기사 같은 것들을 가지고 있다. 그녀는 나를 차에 태우고 크리스티와 카일이 다녔던 학교를 지나간다. 그 학교에는 두 아이의 이름이 새겨진 벤치와 바위가 그들을 기억하는 영원한 흔적으로 남아 있다. 샐리는 그 살인 사건 이후 하룻밤 새 늙어버렸고, 4개월 동안 7킬로그램이 쪘고, 지치고 쭈글쭈글한 모양새가 되었다고 말한다. 샐리가 미셸이 살아 있던 당시 자신의 사진을 보여주었을 때 나는 그녀가 손으로 짚어주었는데도 그녀를 알아보지 못했다. 나는 압도적인 비극에 직면했을 때 여성들은 종종 이야기하고 또 이야기하는 반면 남성들은 침묵에 빠져든다는 사실을 알게 되었다. 샐리를 둘러싸고 소용돌이치는 기억들은 마치 그녀를 둘러싼 둥지와도 같다. 폴이 간직한 기억들은 그의 내부에 가라앉은 돌덩이 같다.

샐리에게 미셸은 항상 자기 나이보다 조숙한 책임감이 있어 보였다. 미셸은 시키지 않아도 잔디를 깎았고, 설거지를 했고, 카펫에 청소기를 돌렸다. 어느 해에는 미셸이 다른 자매들과 함께 런던의 키디랜드에 있는 솜사탕 기계와 몇 가지 놀이기구에서 일을 하고서 20달러를 벌었는데, 엄마가 식료품과 다른 생활비를 쓰는 데 도움을 주고 싶다고 적은 카드와 함께 이 돈을 봉투에 담았다. 봉투를 열어본 샐리는 울음을 터뜨렸다.

"미셸이 학교를 그만두었더라면 훨씬 수월했을 거예요." 폴이 내게 말한다. 그의 목소리는 고요하고 약간 고르지 못하다. 그는 손등으로 눈을 문지른다. "아이가 임신을 한 건 자랑스럽지 않았지만 그 부분은 상당히 자랑스러웠어요. 미셸은 포기하지 않았죠."

　　미셸 먼슨 모저 같은 여성들에게는 이런 착실함이라는 공통점이 있다. 무슨 방법을 써서라도 자기 자신과 아이들의 삶을 유지하는 투지와 결연함. 그들은 중단하지 않는다. 그들은 우리 대부분은 이해하지 못하는 무언가, 내부에서 바라본 무언가, 논리를 거스르는 것 같은 무언가를 이해하기 때문에 폭력적인 결혼 관계를 유지한다. 그것은 바로 집에 있는 것도 위험하지만 집을 떠나는 것은 거의 항상 그보다 훨씬 더 위험하다는 사실이다. 많은 이들이 미셸이 그랬듯 계획을 세운다. 그들은 그 자리에서 때를 엿본다. 아이들의 안전을 지킨다. 최전선에서 아슬아슬하게 균형을 유지한다. 극도의 경계 태세 속에서 인내하며, 무사히 빠져나갈 수 있을 때를 꾸준히 노린다. 할 수 있는 한 그들은 그렇게 한다.

껍딱지 자매

미셸과 로키는 어느 평일 방과 후, 10대들이 우르르 어울려 놀던 한 집에서 처음 만났다. 당시 알리사에게 제시카라고 하는 절친이 있었는데 처음에는 제시카가 로키와 사귀는 사이였다. 이 둘은 겨우 몇 주, 아마 한 달 정도 사귀었을 것이다. 알리사는 이 낯선 더벅머리 남자의 존재를 알아차리지도 못했다. 나중에 미셸이 자신의 감정을 고백했을 때에야 로키를 떠올릴 수 있었다. 그는 근육이 발달한 편이었고 얼굴에는 작은 여드름 자국이 있었다. 머리칼은 어깨 길이에 층이 있었다. 잘생겼다고, 소녀들이 말했다. 재밌는 남자.

알리사는 미셸이 순식간에 로키에게 빠져들었다고 말했다. 그는 거리감이 없으면서도 믿음직해 보였다. 자신보다 열 살이 더 많았고, 마약 혐의로 텍사스에서 1년간 감옥에 있었지만 미셸은 신경 쓰지 않았다. 그에게는 직업과 자기 집이 있었다. 그녀에게 관심을 보이는 성인 남자에게는 매력적인 뭔가가 있었다. 부모의 감시하에 있지 않아도 된다는. 자유를 누릴 수 있다는.

알리사와 미셸이 애초에 폴의 집으로 옮긴 것은 바로 이런 자유에 대한 욕구 때문이었다. 폴은 말수가 적었고, 생각과 감정을 잘 드러내지 않았다. 모든 것을 사리에 맞도록 정리하고 항상 냉정하게 계산을 하는 편이었다. 약간 과음을 했을지도 모른다. 하지만 남자들은 대부분 그런 식이다. 특히 몬태나처럼 "호남자"라는 표현이 5월의 눈폭풍만큼이나 일상적이어서, 시원한 맥주 몇 잔 정도는 단숨에 들이켤 수 있고, 총을 쏘는 법과 제물낚시를 그럭저럭 할 줄 알기만 하면 카우보이에서부터 변호사까지 누구든 의미할 수 있는 곳에서는 말이다. 로키는 호남자였다. 그 당시 알리사와 미셸과 멜라니가 알고 지낸 남자아이들 대부분이 호남자였다.

로키와 미셸이 만난 날 그들은 모두 제시카가 아이를 봐주던 부부의 집에 있었다. 빌링스에서는 남녀 관계와 우정이 지리적인 지층처럼 중첩된다. 모두가 모두를 환하게 알거나 최소한 들어본 적은 있다. 그 집에는 당구대와 차고가 있어서, 10대들은 그 차고에 모여들곤 했다. 로키가 차를 몰고 오는 모습을 본 미셸은 가슴 깊은 곳에서 강한 끌림을 느꼈을 것이다. 그들은 거의 그 자리에서 커플이 되었기 때문이다. 이틀 아니면 사흘 만에 모든 일이 끝났다고 알리사가 말했다. 로키와 미셸은 그 첫 주가 끝날 무렵 사랑해마지 않는 사이가 되었다.

미셸이 샐리에게 임신 사실을 털어놓았을 때, 샐리는 로키를 미성년자 강간으로 고소하고 싶었다. 샐리는 그 정도 나이의 남자가 미셸 같은 10대를 좋아한다고 믿을 수 없었다. 걔 뭐 잘못된 거 아니야? 하지만 미셸은 엄마가 경찰서에 가기만 하면 로키와 아기와 함께 도망칠 거라고 엄포를 놓았다. 샐리는 속이 뒤집혔다. 미셸이 정말로 도망을 간다고? 영원히? 내가 미셸을 찾을 수 없는 상황이라면 어떻게 보호할 수 있을까? 자동차 운전도 할 수 없는 어린 미셸이 작은 아기와 함께 이 세상 저 멀리 사라져버리면.

결국 샐리는 상담사의 조언을 구했고, 상담사는 일단 기다렸다가 최대한 상황을 받아들이고 딸을 응원하기 위해 노력하라고 충고했다. 로키는 미셸에게 싫증이 나리라. 샐리는 상담사가 이렇게 말했다고 기억한다. "그 남자는 바깥에 나가지도 못하고 아무것도 못하는 여자친구를 계속 좋아하지는 못할 거예요." 미셸은 죽기 전까지 술집에 단 한 번밖에 가보지 못했다. 친구와 함께 휴가를 가본 적도 없었다. 한 번도 집으로 친구들을 부르지 못했다. 독서 모임이나 요가 모임, 젊은 엄마 모임 같은 곳에 속해보지 못했다. 사실 무언가에 속해본 적이 전혀 없었다. 로키가 곧 그녀의 세상이었다.

알리사는 미셸과 로키가 만났을 당시 자신이 만나던 나이 많은 남자가 미셸이 로키에게 그렇게 빠져들게 된 데 영향을 미쳤을지도 모른다고 생각한다. 알리사와 미셸은 절친이었다. 항상. 걸음마를 배우던 시절부터. 가족 비디오를 보면 그들은 항상 옆에 붙어 있다. 껌딱지 자매. 거실에 있는 줄무늬 소파에서 한 덩어리로 같이 뒹굴고 킬킬대고. 알리사가 보조 바퀴 없이 자전거 타는 법을 배우던 날 미셸은 풀밭에서 그녀가 앞에 흰 바구니가 달린 분홍색 자전거를 타고 비틀거리며 인도를 따라 달리는 모습을 지켜보았다. 알리사는 카메라 화면에서 사라졌다가 약간 더 안정감 있는 모습으로 뿌듯한 미소를 지으며 다시 나타난다. 그녀는 자전거를 멈추지만 발을 제때 내리지 않아서 넘어지고 엉덩이를 페달 위에 쿵 하고 찧는다. 그녀가 울어대자 샐리가 아이를 일으켜 세운다.

다음 장면은 미셸의 차례. 그녀의 은색 자전거에는 레드바나나 같은 안장이 올라가 있다. 그녀는 자전거를 타고 알리사와 똑같은 인도를 내달리고 다시 돌아오는데, 돌아올 때는 손을 흔들고 있다. 은빛 달처럼 넉넉하고 자신감 있게 씩 웃으며, 한 손으로 자전거를 조종하고 반대편 손을 카메라 뒤에 있는 아빠를 향해 높이 흔드는 미셸.

자매는 모두 가까웠다. 막내인 멜라니는 주의력결핍과잉행동장애

ADHD가 있었고, 부모의 이혼 후 최악의 시기를 겪었다. 비명을 지르고, 물건을 발로 차고, 화를 이기지 못했다. 샐리가 워낙 멜라니에게 매여 지내다 보니 미셸과 알리사는 알아서 하도록 내버려둘 수밖에 없었다. 미셸과 알리사는 앞머리를 한껏 부풀리고 립스틱과 마스카라를 바르고 에어로스미스와 AC/DC 음악을 들었다. 미셸은 10대답게 스티븐 타일러에게 흠뻑 빠졌다. 이들은 파이어니어 공원이나 노스 공원을 배회했다. 가끔은 빌링스시를 에워싸고 있는 8,000만 년 전의 사암 퇴적물인 림스Rims까지 가기도 했다. 림스는 도보 여행자와 배낭 여행자, 개와 산책을 나온 사람들, 갈 곳 없는 10대들이 모여드는 곳이다. 일출과 일몰 때면 그곳은 세도나의 붉은 암석들을 연상시키는 맹렬한 아름다움으로 환해진다. 림스에 서 있으면 빌링스의 계곡 지형 전체와 그 너머까지 볼 수 있다. 그 풍경 속에 담긴 수백만 년의 세월과 무심하게 흘러가는 시간의 흐름까지도.

하지만 림스에서 연상되는 것이 하나 더 있다. 매년 그 위에서 발견되는 시신이 한 구 있을 것이다. 자살을 한 사람 또는 경찰을 피해 달아나다가 부상을 당하거나 목숨을 잃고 새크리파이스Sacrifice 벼랑에서 떨어진 누군가. 옐로스톤 강 쪽으로 돌출한 이 사암 노두는 가장 높은 정상의 낙하 거리가 150미터 정도다. 새크리파이스란 이름이 붙은 배경에는 두 명의 크로Crow족 원주민들이 고향에 돌아와보니 부족 전체가 천연두로 전멸한 상황이었고, 그래서 이 벼랑에서 몸을 던졌다는 이야기가 있다.[1]

림스는 빌링스에서 가장 유명한 랜드마크이자 마멋, 뮬사슴, 팔콘, 박쥐, 매, 그리고 서부방울뱀을 비롯한 여러 뱀들의 서식지이다. 등에 다이아몬드 무늬가 있고 독을 품은 방울뱀. 결국 로키는 이런 뱀을 손에 넣어 미셸과 두 아이가 사는 집으로 가져갔다.

그가 안에 무엇을 품고 있든

로키는 미셸과 비슷하게 군중 속에 있거나 새로운 사람들로 둘러싸여 있을 때 말수가 없었다. 그는 문제가 많았고 반항기가 있었지만 야외 활동을 사랑했다. 낚시, 캠핑 같은 것들. 자기 아버지와의 공통점이었다. 사실 야외 활동을 즐기는 것과, 조용한 성격과, 심지어 진짜 이름인 고든까지 모두가 아버지와의 공통점이었다. 로키라는 별명은 그가 아기였을 때 권투선수 로키 마르시아노에 대한 찬사로서 아버지가 그에게 지어준 것이었다.

고든과 첫 아내 린다Linda 사이에는 세 아이가 있었는데 그중 로키가 맏이였다. 당시 그들은 오하이오주 컬럼버스에 살았다. 로키에게는 남동생 마이크와 여동생 켈리가 있었다. 아이들은 적당히 친했다. 싸우기도 했고, 어울려 놀기도 했고, 서로를 무시하기도 했고, 지켜주기도 했다. 마이크와 켈리는 첫째인 로키를 우러러봤다.

그 시절, 그 나이가 아니었더라면, 고든은 린다와 결혼하는 일은 절대 없었을 거라고 말한다. 공군에서 4년을 보내고 나서 사회에 나와보니 성혁명이 미국을 휩쓸고 있었다. "내가 죽어서 천당에 간 줄 알았어요." 내게 이렇게 말하는 그의 얼굴은 기쁨이나 향수의 기색이 전혀 없이 딱딱하게 굳어 있었다. 그는 한 소녀를 만났고, 그녀가 임신을 했고, 그는 성혁명에 대해서는 전부 잊어버렸다. 의무와 명예를 중요하게 여기던 자신의 감각으로 곧장 되돌아갔고, 자신이 임신시킨 소녀와 결혼하는 것이 올바른 처신이라고 생각했다. "그녀의 어머니와 아버지는 이렇게 말했죠. '아기에게는 아버지가 필요한 법일세.' 요즘이라면 이렇게 말할 텐데 말이에요. '아기에겐 아버지가 있는데, 뭐 어쩌라고.' (하지만) 난 물러서지 않고 그녀와 결혼했어요." 아이들을 원치 않았던 것은 아니었다. 그는 아이들을, 세 아이 모두를 사랑했다. 로키가 다루기 힘들어진 뒤에도 그를 사랑했다.

그들이 이혼했을 때 린다는 세 아이에 대한 모든 양육권을 고든에게 넘겼다. 그는 린다와 헤어지고 나서 상당히 빨리 직장에서 새로운 사람을 만났다. 세라Sarah였다. (린다는 내게 대놓고 공식화하기를 꺼리면서도 자신이 아직 고든과 헤어지기 전에 고든과 세라가 데이트를 시작했다고 주장했다.) 그의 세 아이들은 세라의 아이들이 될 것이었다. 세라는 아이들을 키웠다. 그녀는 아이들을 사랑했다. 훈육도 했다. 그들이 컬럼버스에 살던 시절, 로키와 마이크가 거실에서 싸움을 한 적이 있었다. 세라는 로키가 동생을 사정없이 들쑤셨고, 결국 마이크가 폭발했다고 말한다. "마이크가 혼났어요. 그래서 내가 고든에게 말했죠. 마이크가 아니라 로키라고요." 세라가 내게 말했다. 마이크는 활기가 넘쳤다. 곧잘 고함을 치곤 했다. 하지만 문제를 일으키는 주범은 로키였다. "로키는 항상 다른 아이들에게 누명을 씌워서 혼나게 만들었어요."

고든과 세라는 오하이오에서 결혼을 하고 나서 이틀 뒤에 세 아이들과 함께 고든의 새 일자리가 기다리고 있는 몬태나로 이주했다. 그들은 아이들에게 아무런 예고를 하지 않았다. 린다에게도. 이제 그들은 아이들에게 그 일에 대해 이야기했어야 했다고, 속도를 늦췄어야 했다고 생각한다. 아이들에게 익숙해질 시간을, 어쩌면 한 번 정도 방문해볼 시간을 줬어야 했다고. "가장 현명한 방법은 아니었을 거예요." 세라가 말한다. 린다는 그들을 찾기 위해 사설탐정을 고용해야 했다고 말했다. 고든은 그녀가 자신들을 상당히 바로 찾아냈다고 말한다. 린다는 고든의 옛 동료들을 통해 새 직장 상사를 알아냈지만 꾸준히 연락을 하지는 않았다. 린다는 편지와 카드를 산발적으로 보냈고, 아이들을 다시 만난 건 5년 뒤였다.

"온갖 생각이 다 들어요. 내가 상황을 바로잡기 위해서, 손주들을 구하기 위해서 뭔가 할 수 있었을 거라는 기분을 항상 느껴요." 고든이 말했다. "계속 이혼 문제를 되짚어서 생각해요. 그게 어떤 식으로든 아이들에게 영향을 미치지 않을까? 하지만 매년 수백만 명의 아이들이 이혼에 말려들잖아요?"

학교에서는 항상 작은 말썽이 있었다. 하지만 몬태나로 이사한 후 고든과 세라는 아이들이 자신들이 생각했던 것보다 훨씬 뒤처졌다는 사실을 알게 되었고, 과외 교사를 고용했음에도 아이들은 별로 나아지지 않았다. 세 아이 모두 졸업을 하지 못했다. 고든은 전처인 린다가 아이들에게 텔레비전만 보여주거나, 낮 시간에 쇼핑이든 뭐든 어딜 갈 때마다 아이들을 끌고 다녔다고 주장한다. "아이들에게 철자법과 그런 온갖 걸 제대로 가르치지 않으니 애들이 아무것도 몰랐어요." 린다와 이야기해보니 당연히 그녀는 상황을 다르게 기억했다. 고든은 자신이 갈등을 직시하기보다는 회피하는 성향의 아버지였음을 인정한다. 세라마저도 고든이 절대 감정을 드러내지 않는다고 말한다. "정치 문제가 텔레비전에 나오기 전까지는요. 그러면 어머, 이런, 집에서 지붕이 떨어져 나갈 지경이 돼죠. 그래도 고든은 우리 집에 직접적인 영향을 미치지 않는 것들에만 반응할 거예요. 하지만 그게 우리 집이고, 우리 애들이고, 뭐 그런 것들이라면 절대 반응하지 않아요. 그런 시대에 어린 시절을 보낸 탓도 있을 거예요."

"나는 피하는 데는 선수예요." 고든이 말한다.

로키는 거의 이사 직후부터 말썽을 부렸다. 열두 살이었던 그는 과음을 했고, 사소한 절도에 가담했다. 에어로스미스, 블랙사바스 같은 좋아하는 밴드의 카세트테이프를 훔쳤다. 한번은 오토바이를 훔치기도 했다. 세라는 뒷마당 잡초 속에서 울타리 너머로 던져진 [도수를 올린 와인인] 매드독 20/20 병을 발견하곤 했고 그게 로키의 짓이라는 걸 알았다. 마이크가 공격적인 부분에서는 로키가 소극적이었다. 로키가 7학년이던 무렵에 세라와 고든은 아이에게 도움이 필요하다는 것을 알았다.

그들은 로키를 말썽을 피우는 남자아이들의 소굴인 파인힐스로 보냈다.

그들은 로키를 상담센터에 보냈다.

모든 사람이 이혼에 초점을 맞췄다고 고든은 말한다. 상담사들도, 학교의 교사들도. 그것이 무엇이 잘못되었고, 로키가 어디서 탈선했으며, 아이가 어째서 세라의 표현에 따르면 눈이 머리 뒤로 돌아가고 혀가 풀어질 때까지 술을 마시기 시작했는지와 같은 모든 질문의 답이라는 듯이. 하지만 고든은 생각하곤 한다. **어떻게 이렇게 될 수가 있지? 이혼을 하고 나서 싸움은 끝났는데. 그게 중요한 게 아니었나?** 한번은 어떤 가족 상담 자리에서 상담사가 로키에게 어머니가 떠났을 때 슬펐는지 묻자 그는 "아니오. 더 나아졌는걸요" 하고 답했다. 세라가 로키에게 정말 그렇게 믿는지 묻자 그는 이렇게 말했다. "그럼요, 엄마가 떠나니까 더 나아졌죠. 그러고 나서 나는 아빠랑 더 많이 어울리게 됐고 엄마와 아빠 둘이서 크게 싸우는 일은 없으니까요."

이혼과 갑작스러운 이사가 문제의 원인이었다 해도, 로키가 어디에서 틀어지기 시작했는지 짚어낼 수 있다 해도, 로키 안에서 뭐가 잘못되었건 그것을 교정하려 했던 시도는 그럼 뭐가 되는가? 심리요법. 입주 치료. 파인힐스의 사명이 온통 그게 아니었던가? 그들의 아들을 교정하는 것? 로키의 고통과 분노가 어디에서 출발했든 그게 뭐가 중요한가? 열세 살, 열네 살의 로키는 무엇 때문에 인사불성이 되도록 술을 마시게 되었나? 어쩌다가 가게에서 손에 잡히는 건 뭐든 들고 나오게 되었나? 무엇 때문에 그는 부모가 통금과 알코올에 대해 정한 규칙에 동의했다가 마치 누구에게도 대답하지 않았던 것처럼 규칙을 어기고 또 어겼던 걸까? 때로 세라는 로키가 태어날 때부터 양심이 없었던 거라고 생각했다. 그는 매력적일 수도 있고 영악할 수도 있다. 엉큼할 수도 있고 사랑스러울 수도 있다. 웃길 수도 있고 말수가 적을 수도 있다. 고든은 알코올 치료 상담사 중 한 명이 로키에 대해 이렇게 말했던 것을 기억한다. "그가 안에 무엇을 품고 있든, 포기하지 않을 거예요."

세라는 로키가 여자를 많이 신뢰하지 않았다고 내게 말한다. 여자를 많이 좋아하지는 않았다고. "린다가 떠났을 때 그들 모두가 그 이야기를 제대로 하지 않았던 것 같아요. 고든과 아이들도 그렇고, 린다와 아이들도 그렇고. 그게 로키에게 영향을 미쳤을 거라고 생각해요. 그 아이는 맏이고 제일 사랑받았으니까요." 그다음에는 그들의 이사를, 갑자기 오하이오에서 몬태나로 떠나온 일을 언급한다. "거길 떠날 때 어째서 모두가 그 문제에 대해서 이야기하지 않았을까요?" 지금은 그게 그녀에게 너무 터무니없는 일로 보인다. 그들은 무엇이 두려웠던 걸까? "터무니없다"는 건 적절한 단어가 아니다. 그걸 제대로 담을 수 있는 단어는 없다. 어째서 그들은 그 문제를 놓고 같이 이야기하지 않았을까? 그 모든 이야기를. 가족으로서. 모든 것이 지난 뒤에야 눈이 멀 정도로 환한 빛 속에서, 공포를 짊어지고 살아가면서 하는 생각이지만, 어떻게 그들은 이혼이나 재혼이나 새로운 주로의 이사 같은 이 세상에서 흔해빠진 것들에 대해 탁 터놓고 정직하게 이야기하는 것이 너무 나쁜 일이라서 입 밖에 낼 수 없다고 믿을 수 있었을까? 만일 그렇게 했더라면 로키에게 설명이 필요한 무언가가 해소되었을까? 어떻게든 그의 고통을 제자리에 돌려놓았을까?

세라와 고든 모두 로키가 절대 성숙해지지 않았다고 말한다. 미셸이 로키의 인생에 들어왔을 때, 그녀는 워낙 어렸지만 곧 엄마가 되었고, 그보다 더 어른스러워졌다. "로키에게는 그게 절대 이해가 되지 않을 거예요." 고든이 말한다. "미셸은 대단히 성장했지만 그는 그렇지 않았어요. 그리고 기본적으로 배우는 게 많아질수록…" 그는 말을 중단한다. 그는 로키가 어릴 때 마약과 알코올을 복용해서 감정 발달에 문제가 생긴 건지도 모른다고 생각한다.

세라와 고든은 이렇게 살아간다. 자신들이 무엇을 할 수 있었을지를 끊임없이 탐색하는 데 골몰한 채로. 온 가족에게 박혀버린 트라우마는 가정폭력 살인 사건의 잔재다. **우리가 뭘 놓쳤을까?** 그들은 심지어 미셸과 크리스티와 카일을 애도할 수도 없다. 두 사람의 마음은 순식간에 그들이 아직 여기 있어야 한다는 안타까움으로 치달아버리기 때문이다. 대학을 졸업하는 크리스티, 어쩌면 전공을 정하는 카일. 아니면 나이 든 아빠와 함께 낚시를 다니는 카일. 간호사복을 입고 꼬물거리는 신생아에게 몸을 기울이는 미셸. 이들은 로키가 현실에서 한 짓에서 도망치지 못한다. 로키라는 존재를, 로키 안에 있던 모든 좋은 점을 완전히 무색하게 하는 그 최후의 행위로부터.

한번은 세라가 마지막 일이 있기 1년쯤 전에 캠핑을 갔다가, 이들이 가족으로 살아남았다는 사실에서 믿을 수 없는 안도와 감사를 느낀 순간이 있었다고 내게 말했다. 로키가 파인힐스에 들어가고 그다음에는 텍사스의 교도소에 들어갔던, 마이크가 반항을 하고 온갖 싸움을 걸던 그 모든 끔찍하고 혼란스러운 10대가 지나고. 마침내, 마침내, 그녀는 그들이 보통의 가족이 되었다고 생각했다. 하지만 이제 그 기억은 더 이상 유효하지 않다. 그녀는 그 시절을 회상할 때마다 후회에서 헤어나지 못한다. 그들이 무엇을 놓쳤던가, 등잔 밑 어디가 어두웠던가.

그들은 책임이 없다.

머리로는 이 사실을 알고 있다.

하지만 감정적으로는 그렇게 느끼지 못한다.

"생각을 멈추고 싶어요." 고든이 내게 말한다. "하지만 선택의 여지가 없어요."

그들은 한없이 늘어지는 슬픔 속에서 살아간다. 일종의 감정적인 지옥. 이런 슬픔과 분노는 그들만 겪는 일이 아니라는 걸 알지만, 죄책감은 온전히 그들의 몫이라고 믿는다. 미셸의 가족 역시 이 모든 걸 짊어지고 있다. 분노, 슬픔, 하지만 무엇보다 믿을 수 없을 정도로 거대한 죄책감의 무게를. **우리가 뭘 놓쳤을까?**

하지만 뭘 살펴봐야 할지를 모르면 놓칠 수도 없는 법이다.

로키가 미셸을 처음으로 집에 데려왔을 때 미셸은 로키만큼이나 말수가 적었다고 세라는 기억한다. "미셸은 나중에 사실은 아주 다른 사람이라는 게 확인되었죠." 로키의 조용함과는 달랐다. "그녀는 사람들이 조용한 사람은 멍청하다고 생각한다는 사실을 어떻게 알게 되었는지에 대해서 많이 이야기했어요. 그녀는 사람들이 자신에 대해서 그렇게 생각한다는 걸 알았지만 뭔가 말할 만하다는 느낌이 들지 않는 이상 말이 없었고 모든 걸 받아들였죠."

초창기에는 미셸이 그렇게 자주 들르지 않았다. 록우드에 로키의 트레일러 주택이 있었기 때문이다. 하지만 세라와 고든은 로키가 이 소녀에게 진지하다는 걸 금방 알 수 있었다. 미셸이 임신했을 때 이들은 그녀의 실제 나이를 알게 되었고 격하게 화를 냈다. 세라는 로키에게 미셸의 부모가 고발하면 "우린 널 경찰서로 끌고 가지도 않겠지만 지켜주지도 않을 거야"라고 말했다고 기억한다.

미셸은 열다섯 번째 생일에 임신했다는 사실을 알게 되었다. 1993년 9월이었다. 아기 크리스티는 4월에 나올 예정이었다. 샐리는 격분했다. 그녀는 딸을 제대로 지켜보지 않은 폴을 탓하고 싶었다. 열네 살짜리와 어울린 로키를 탓하고 싶었다. 로키의 부모를 탓하고 싶었다. 자신을 탓하고 싶었다. 하지만 그 무엇도 문제를 해결해주지는 않을 것이었다. 미셸은 로키가 멋진 남자라고 말했다. 멋진 남자. 그들은 그에게 기회를 줘야 했다. 미셸이 로키에 대해 알듯 그에 대해 알아가야 했다.

1993년 12월, 샐리는 공휴일을 맞아 세 딸들을 노스다코타의 마이놋으로 데려갔다. 미셸에게 허리 통증이 있었지만 모두가 여덟 시간 동안 차를 타고 와서 그런 줄 알았다. 하지만 그다음에는 먹지 못했고, 메스꺼워하다가 열이 나는 것 같았다. 샐리는 덜컥 겁이 났다. 미셸은 아직 임신 6개월밖에 안 된 상태였다.

이들은 마이놋에서 돌아왔고 샐리는 미셸을 병원에 데려갔다. 병동 간호사들에게 딸이 진통 중이라고 말했다. "내가 애가 셋이잖아요. 미셸이 이렇게 빨리 진통을 한다는 게 무슨 의미인지 알았죠." 하지만 몇 시간이 지나도록 미셸을 들여다보러 오는 사람은 없었다. 샐리는 의사들이 미셸을 신경 쓰지 않는다고 느꼈다. 그저 되는 대로 살아가는 10대 엄마로 보였을 테니까. 샐리는 화를 주체할 수 없을 지경이었다. 이후 2주간 미셸은 응급실을 들락거렸다.

병원 직원들이 미셸이 진짜로 진통 중이라는 사실을 깨달았을 때는 너무 늦어서 진통을 중단시킬 수가 없었다. 아기가 나오고 있었다. 아기가 살 수 있을지는 아무도 장담하지 못했다. 샐리는 겁에 질렸다. 딸을 위해서, 손녀를 위해서. 힘겹게 세상에 나온 아기는 폐가 너무 작고 발달이 덜 되어서 집중치료실에 들어가야 했다. 아기가 그 주를 넘길지, 그 달을 넘길지, 자기 인생을 제대로 살지는 고사하고, 그날 밤을 넘길 수 있을지조차 아무도 알지 못했다. 그들은 아기에게 크리스티 린Kristy Lynn이라는 이름을 지어주었다. 로키의 성 모저Mosure를 따랐다. 아기는 어린 엄마의 판박이였다. 경계가 분명한 윗입술, 창백한 안색, 탐색하는 듯한 눈동자.

크리스티는 사실상 찻잔만 했다. 그리고 미셸은 간호사들이 작디작은 딸을 어르며 폐에 공기를 주입하고 모니터링하고 말을 거는 모습을, 몇 날 며칠 몇 시간씩 지켜보았다. 미셸이 보기에 딸의 생명을 유지시켜주는 것은 기계도, 의사도, 심지어 자신도 아니었다. 간호사였다. 그들은 기적의 일꾼들이었다. 크리스티는 병원에서 몇 달을 지냈다. 사실상 미셸의 실제 출산 예정일까지 지냈다. 그때까지도 산소를 외부에서 주입받았고 미셸과 샐리가 주시하는 가운데 모니터링 기계를 달고 있었다. 미셸과 아기 크리스티는 미셸이 어린 시절을 보낸 샐리의 집 위층 침실로 옮겨왔다. 로키는 매일 그 위로 올라가서 함께 시간을 보냈다. 샐리는 그에게 그 정도는 해줘야 했다. 그는 찾아왔고, 전화를 걸었다. 샐리는 그가 그곳에서 살게 할 생각은 없었지만 매일, 하루 종일, 그곳에서 지내는 것은 허락했다. 열성과 걱정을 안고, 할 수 있는 모든 방법을 동원해서 돕고 싶어 하던 로키. 샐리는 그가 별로 마음에 들지는 않았지만 그 헌신성은 존중했다. 그리고 미셸과 로키는 사랑하는 것처럼 보였다. 서로를, 그리고 아기를.

아빠는 맨날 살아나

1994년 7월, 크리스티가 6개월이던 어느 날 퇴근을 하고 집으로 돌아온 샐리는 미셸이 남긴 쪽지를 발견했다. 미셸은 엄마에게 자신과 로키와 크리스티가 "진짜 가족"이 되기 위한 노력을 해야 한다고 적어놓았다. 미셸은 새로운 어린 가족에게 기회가 주어진 것은 딸 덕분이라고, 로키의 작은 트레일러 주택으로 들어가서 살 것이라고 했다. 이루 말할 수 없이 충격을 받았다고 샐리가 폴에게 말했다. 물론 그들은 미셸이 돌아오도록 강요할 수 없었다. 그들이 할 수 있는 것은 최대한 응원하는 것, 그들이 미셸을 위해 그곳에 있다는 것을 미셸에게 알리는 것이 전부였다.

폴은 그들 셋이 그 작은 트레일러 주택에서 산다는 걸 참을 수가 없었다. "내가 팔을 뻗으면 두 벽에 닿을 정도였어요." 그래서 그는 외곽에 작은 땅을 샀고 직접 새 집을 짓기 시작했다. 언젠가 내가 그와 만나게 될 집을. 앞문에 움푹 팬 자국이 난 집. 그는 새 집으로 이사한 뒤 자신이 살던 집을 로키와 미셸에게 임대했다. 그들이 그 형편없는 트레일러에서 벗어날 수 있도록.

미셸은 약속을 지켰다. 크리스티를 자녀가 있는 고등학생을 위한 돌봄센터에 맡기고 다시 고등학교에 다녔다. 가족들에게는 놀랍게도 미셸은 다시 임신을 했고, 크리스티를 낳은 지 1년여 만에 카일을 낳았다. 열여덟 살도 안 되어서 두 살 미만의 두 아이가 생겼지만 미셸은 용케 해나갔다. 그 당시 폴은 크리스티를 유모차에 싣고, 카일을 아기띠로 안은 미셸이 빌링스의 혹독한 겨울에 3킬로미터를 걸어서 돌봄센터까지 가는 모습을 가끔 보곤 했다. 미셸은 절대 도움을 청하지 않았다. 결국 폴은 미셸이 학교까지 직접 차를 몰고 갈 수 있도록 낡은 차를 사주었다. 미셸은 때맞춰 졸업했다.

돈이 빠듯했다. 미셸과 로키가 처음 만났을 때 로키는 한 지진 연구팀에서 서부의 모든 주를 돌면서 일했다. 이 일 때문에 빌링스에서 멀리 떨어진 곳에서 하루 열두 시간, 일주일 내내 일을 해야 할 때도 있었고 그래서 로키는 일을 그만두었다. 가족과 오랫동안 떨어져 지내고 싶지 않았기 때문이다. 그는 잠시 일을 구했다가 이런저런 이유로 일자리를 잃었다. 건축 일을 하거나, 지붕 수리 일을 했다. 주로 몸을 쓰고 보수는 충분하지 않은 일들. 미셸은 자신도 보탬이 되고 싶다고 로키에게 말했다. 그녀는 집 뒤로 500미터쯤 떨어진 모텔에서 청소부로 일하면 어떨까 생각하고 있었다. 워낙 가까워서 만일 아이들이 그녀를 찾으면 집으로 달려올 수도 있고 차로 출퇴근할 필요도 없었다. 하지만 로키는 불같이 화를 내면서 아이들 엄마가 모텔에서 온갖 손님들과 자게 만들지는 않을 것이라고 말했다. 그가 워낙 화를 내서 미셸은 알리사에게 연락해 집으로 와달라고, 자신을 지지하는 의미에서 집에 같이 있어달라고 부탁했다. 그는 완전히 이성을 잃었고 흥분한 상태로 서성이면서 미셸이 심지어 그런 생각을 즐기는 거라며 분통을 터뜨렸다. 그날 이후로 미셸이 집 밖에서 일을 구하겠다는 이야기를 하는 모습을 아무도 보지 못했다.

로키의 통제는 작은 것에서부터 서서히 진화해갔다. 대부분은 불법적인 행동은 아니었다(스토킹을 하긴 했지만 말이다. 결국 로키는 미셸을 스토킹했는데, 스토킹은 통제 행위의 일부일 때가 많다. 스토킹은 미국 50개

주 전체에서 범죄이지만, 초범이 아닐 때만 3분의 2 이상의 주에서 중범죄로 기소될 수 있다[1]. 샐리와 알리사에 따르면 첫 2, 3년 안에 로키가 미셸의 취직만 통제하는 게 아니었다는 사실이 분명해졌다. 그는 미셸이 화장을 못 하게 했다. 친구를 부르지 못하게 했다. 날씨만 허락하면 거의 주말마다 캠핑을 가자고 고집을 부렸다. 미셸은 로키 없이는 외출을 하지 못했다.《위압적인 통제: 남성은 어떻게 여성을 사적인 삶에 가두는가 Coercive Control: How Men Entrap Women in Personal Life》를 쓴 에번 스타크Evan Stark는 가해자가 피해자에게 손을 대지 않고도 일상의 모든 부분을 지배하고 통제하는 방법을 묘사하기 위해 "위압적인 통제"라는 용어를 만들었다. 스타크의 연구는 가정폭력이 나타나는 관계 가운데 무려 20퍼센트에서 육체적인 학대가 전혀 없을 수 있음을 보여준다. 애비 엘린Abby Ellin은 2016년 〈뉴욕 타임스〉 기사에서 이렇게 말한다. "피해자에게 위압적인 통제는, 관계의 초기일 때 아니면 한쪽이 감정적으로 취약할 때, 사랑으로 잘못 해석될 수 있다."[2] 성인 남자의 꾐에 넘어간 10대 소녀처럼 특히 취약할 때는. 먹고살 방법이 전혀 없는 어린 엄마처럼 특히 취약할 때는.

2012년 스타크는 이런 학대자로부터 피해자를 보호하는 법이 필요하다는 주장을 담은 보고서를 작성했다. "위압적인 통제에서 사용되는 대부분의 전략들은 법적인 평가 잣대에서 벗어나 있고, 학대로 인식되는 경우가 드물며, 개입의 대상이 전혀 되지 못한다." 특히 그는 일상적인 활동들, 특히 전통적으로 여성과 연관 지어지는 양육, 가사, 성관계 같은 것들을 감시하거나 통제하기 같은 전략을 언급했다. 통제는 "돈과 음식, 교통수단에 대한 접근에서부터, 옷 입는 법, 청소법, 요리법, 성적인 행동법에 이르기까지 온갖 것들을" 아우른다.[3] 오늘날 미국의 법학계는 이런 상황에 놓인 사람의 현실적인 황폐함을, 결국 자아의 소멸로 이어질 수밖에 없는 자유의 박탈 상태를 전혀 파악하지 못하고 있다. 노스캐롤라이나의 활동가 킷 그루엘은 이런 피해자를 자기 집 안에 갇힌 "소극적인 인질"이라고 부른다. 스타크는 육체적 부상만을 극단적인 가정폭력의 징후로 봐서는 안 된다고 주장한다. 그가 보기에 미셸 같은 여성들은 수감자와 다를 바 없기 때문이다. 이런 상황에 놓인 사람들이 반려자가 자신의 외모를, 자신이 먹는 음식을, 자신이 입는 옷을, 자신이 연락하는 사람들을 어떻게 통제하는지 이야기하는 일은 흔하다. 학대자는 수년에 걸쳐서 한때 존재했던 가능한 모든 탈출 경로(가족, 친구, 지역사회)를 서서히 잘라낸다. 궁극적으로 위압적인 통제는 누군가의 자유를 송두리째 빼앗는 것이다.

스타크는 영국에서 2015년에 통과된 위압적 통제법을 만드는 데 일조했다. 이 법에 따르면 위압적 통제 행위는 5년형까지 받을 수 있다.[4] 프랑스 역시 '심리적 학대'에 대한 별도의 형법이 있다. 하지만 미국에는 그런 법이 전무하다.

알리사는 미셸과 함께 차를 몰고 가던 어느 날 오후를 기억한다. 크리스티가 태어난 뒤였지만 카일을 임신하기 전이었다. 알리사는 미셸이 열여섯 살이었을 거라고 생각한다. 갑자기 그들 뒤편에서 로키가 차를 몰고 황급히 따라붙더니 다가오는 차량들을 향해 돌진하다 차를 급선회하여 자신의 운전석을 알리사의 운전석 쪽으로 붙였다. 그는 창문을 열고 미셸을 향해 고함을 치기 시작했다.

"로키가 왜 죽지 않았을까요?" 알리사는 지금 이렇게 묻는다. "미친 짓을 그렇게 많이 했는데, 그 간 큰 짓을 말이에요. 그런데 단 한 번도 다친 적이 없어요." 로키는 벼랑에서 호수로 뛰어내렸고, 6미터 정도 벌어진 협곡을 거기에 가로 놓인 가느다란 나무를 기어서 건넜고, 메타암페타민에 완전히 취했지만 병에 걸리거나 뼈가 부러지는 일은 없었다. 마치 어떤 외부적인 힘이 그를 다치지 않게 막아주기라도 하는 것처럼. 마치 감히 그를 위협하는 그 무엇보다 그가 더 강하다는 듯이. 그는 목숨을 걸고서라도 미셸에 대한 통제를 포기하지 않으리라는 것을 미셸에게 모든 방식으로 보여주었다.

위압적 통제의 또 다른 중요한 요소는 피해자를 자신의 가족에게서 고립시키는 것이다. 이 고립은 지리적인 위치와는 아무런 관계가 없을 때가 많다. 고든이 로키에게 비디오카메라를 선물한 크리스티의 첫 생일 이후 미셸의 가족들은 DVD에 거의 나오지 않는다. 로키는 아이들이 뒷마당에서 노는 모습이나, 크리스마스처럼 보이는 날 세라와 고든의 집에서 아이들이 선물을 열어 보는 모습을 영상에 담았다. 아니면 넷이서 캠핑하는 모습 같은 것을. 영상에는 마이크의 딸이 가끔 나오기도 한다. 크리스티와 카일에게는 가장 나이가 많은 사촌이다. 하지만 미셸의 가족은? 영상만 본 사람이라면 미셸은 천애 고아라고 생각할 수도 있다. 샐리와 미셸은 몇 분 거리에서 살았지만 샐리는 쉬는 날에 미셸을 거의 보지 못했다. 로키는 자기가 찾아오면 미친 듯이 화를 냈다고 샐리가 내게 말했다. 그는 크리스티와 카일이 외할머니 집에서 자는 것도 종종 허락하지 않았다. (크리스티와 카일은 샐리를 "부가"라고 불렀다.) 한번은 샐리가 그 집에 들렀더니 미셸이 "엄마, 여기 이렇게 자주 오지 말고 엄마 인생을 가져요"라고 말하기도 했다.

그 이후로 뭔가가 샐리를 불편하게 만들었다. 당시 샐리는 그 말에 너무 충격을 받아서 자신이 무엇 때문에 그렇게 불편한지 생각해내지 못했다. 그녀는 미셸에게 자기 인생이 있고, 신경 쓸 자기 가족이 있다는 걸 이해했지만, 그들은 항상 친밀한 관계였다. 미셸이 첫 임신을 했던 그 혼란스러운 해에도 미셸은 샐리에게 의지했다. 미셸이 샐리에게 너무 자주 오지 말라고 말하리라고는 샐리로서는 상상도 하지 못했다. 그 말이 미셸의 입에서 나오다니. 하지만 그냥 입만 빌린 건 아닐까? "그건 미셸의 말이 아니었어요." 샐리가 말했다. 그녀가 키운 미셸이 할 법한 말은 아니었다. 샐리는 이제 그 의미를 이해한다. 피해자는 가족 앞에서, 경찰 앞에서, 검사 앞에서 공공연하게 학대자의 편을 들곤 한다는 것을. 경찰이 떠난 지 한참 뒤, 심지어는 고소장이 접수되고 형이 정해진 뒤에도, 피해자는 자신의 삶과 아이들의 삶을 놓고 학대자와 계속 협상해야만 하니까. 경찰이 출동했을 때 피해자가 학대자의 편을 드는 것은 많은 법 집행관들이 넘겨짚는 것처럼 심리적으로 불안정해서가 아니다. 미래의 안전을 위해 치밀하게 계산을 했기 때문이다. 샐리는 이 사실을 딸 바로 옆에서 확인했다. 당시에는 자신이 무엇을 보고 있는지 알지 못했지만.

오늘날 사람들이 미셸에 대해 이야기할 때 주로 그녀의 흔들림 없는 태도, 스트레스 앞에서의 차분함, 아이들에 대한 전적인 헌신을 언급한다. 하지만 미셸은 자신의 가족들에게도 고집스러웠다. 그리고 자존심을 세웠다. 그녀는 자기 부모에게 되돌아가서 그들이 옳았다고 인정하고 싶지 않았다. 그녀는 통계적으로 드문, 반대편 유형이 되고 싶었다. 모든 상황을 이겨낸 사람. 그녀는 아이들을 "부서진 가정"에서 키우지 않겠다는 생각을 굽히지 않았다. 그리고 이는 모든 부모가 어느 정도는 계산하려고 애쓰는 불가능한 공식 중 하나였다. 부모가 아예 없는 것보다 불완전한 - 로키의 경우에는 메타암페타민에 찌들고 학대 성향이 있는 - 부모를 갖는 게 아이에게 더 나쁠까? 아이를 망가뜨릴 수 있다고 느끼는 숱한 상황들 가운데, 어느 것이 가장 피해가 적을까?
그리고 미셸은 로키를 사랑했다. 최소한 초기에는. 그는 그녀를 웃게 했다. 그는 생기가 가득했다. 아이들에게 텐트 치는 법과 낚시하는 법, 해먹을 매다는 법을 가르쳤다. 목표물을 향해 비비총을 쏘는 법을 가르쳤다. 아이들이 어렸을 때는 비행기를 태워주고 기저귀를 갈았다. 뒷마당에 있는 그네에 태워 밀어주고 겨울에는 아이들을 따뜻하게 입혀 함께 썰매를 타러 갔다. 그는 미셸을 통제하고 학대하고 메타암페타민에 찌들었다. 그리고 수줍음을 타고 자신감이 없고 다정하기도 했다. 그것은 오랫동안 그녀가 함께 살아가는 데 무리가 없는 균형처럼 보였다.

샐리는 어째서 미셸이 그 세월 동안 자신에게 아무것도 털어놓지 않았는지 알지 못한다. 그저 미셸의 자존심과 관련이 있을 거라고, 그리고 자신이 미셸의 아빠와 이혼한 데 대해 죄책감을 느끼지 않도록 딸이 배려했을지도 모른다고 짐작한다. 그래서 미셸은 샐리에게 털어놓기보다는 종종 시어머니인 세라와 이야기를 나누었다. 미셸은 아마 로키의 끝없는 마약 복용에 대한 이야기를, 아니면 이들의 생활이 서로 단절된 것처럼 보인다는 이야기를 했으리라. 로키는 밤새 차고에서 자기 차에 심혈을 기울이고, 손에 집히는 건 뭐든 피우고, 메타암페타민에 취해 정신이 나가버리는 동안 미셸은 집 안에서 아이들과 함께 지내는 생활에 대해. 같이 〈제리 스프링어쇼〉를 보면서 점심을 먹었던 폴처럼 미셸과 시간을 보냈던 사람들조차도 실제로 그녀의 생활이 어떤지 알지 못했다. 로키가 집에 있을 때 같이 있어본 적이 없기 때문이다. 멜라니는 미셸과 깊이 있는 대화를 길게 나누지 않았다. 그녀는 주로 차고에서 로키와 함께 마약을 했다. 그래서 세라였다. 하지만 세라와 있을 때도 미셸은 속을 다 드러내지 않았다. "후반 몇 년에 자기 가족에 대해서, 자기가 왜 어떤 생각을 하게 되었는지에 대해서 이야기했어요." 세라가 말했다. "학교에서 들었던 아동 발달 수업을 통해서 사람의 마음이 어떻게 작동하는지, 어째서 사람들이 어떤 행동을 하는지, 행동 패턴 같은 것들에 대해서 통찰이 깊어졌죠. 그녀가 얼마나 똑똑하고 순하던지 결국 아주 존경하지 않을 수가 없었죠."

그리고 미셸은 똑똑했다. 로키에게서 벗어나는 것은 자신이 하룻밤에 할 수 있는 일이 아니라는 걸 알 정도로 충분히. 그렇게 하려면 꼼꼼한 계획과 준비가 필요하리라. 떠남은 한 번에 끝나는 사건이 절대 아니다. 그것은 과정이다.

모든 일이 벌어지고 난 뒤, 미셸이 세상을 떠난 뒤, 샐리는 미셸이 자기 인생을 지키기 위해 로키와 싸워왔을 뿐만 아니라 엄마인 자신에게 입도 벙긋하지 않았다는 사실을 알고 충격을 받았다. 미셸은 세상을 떠나기 몇 주 전에야 엄마에게 말문을 열었지만 그마저도 많은 내용을 생략했다. 샐리는 이 많은 내용에 대해서 나중에 알게 되었다.

세라는 살인 사건이 벌어지기 전 몇 개월간 미셸이 그 집에서 나올 수 있도록 세심한 방식과 노골적인 방식 모두를 동원해서 몇 가지를 시도했다. 한번은 게이트웨이 하우스라고 하는 빌링스의 지역 가정폭력 쉼터를 비롯한, 지역 가정폭력지원서비스에 대한 안내 책자를 미셸의 집에 두고 오기도 했다. 그녀는 이 문제를 미셸과 이야기하려 했지만 미셸이 들으려 하지 않았다. 그녀는 미셸에게 애리조나에 있는 자기 언니의 집에 아이들을 잠시 맡겨보자고 제안했지만 미셸은 거절했다. 그녀는 미셸을 신경 써서 이런 제안을 하긴 했지만 자신이 경계를 침범하고, 부탁받은 적도 없는데 미셸의 인생에 개입하는 건 아닌가 걱정하는 마음도 들었다. 미셸에 대해서는 작은 일에서도 이런 느낌을 종종 받곤 했다. 홈비디오 중 한 편을 보면 그녀가 미셸의 뒷마당에서 크리스티와 함께 앉아 있는 모습이 나온다. 카일은 그네를 타고 있고, 로키는 그들 모두를 찍고 있다. 아직 두 살이 안 된 카일은 머리칼이 텁수룩하고 지저분하다. 세라는 카일이 머리를 다듬은 적이 있는지 묻고, 로키는 아니라고, 그런 적 없을 거라고 말한다.

"내가 뒤쪽을 조금 다듬어줄 수 있어." 그녀가 말한다. 목소리에는 불안이 가득 실려 있다. 여름날이고, 아이들의 얼굴에는 먹다 남은 과자 부스러기가 들러붙어 있다. "미셸이 그러겠다고 하면 말이지. 내가 참견하고 싶은 건 아니야."

그녀는 이 말을 두 번, 세 번 한다. 그녀는 그렇게 할 수 있지만 미셸의 기분을 상하게 하고 싶지는 않다. 미셸이 원치 않는 행동을 하고 싶지는 않다. 이 순간에는 시사하는 바가 있다. 시어머니인 세라가 온화하게 작은 일들까지 미리 신경 써야 하는 걸까?

"다시 자랄 텐데요 뭐." 로키가 그녀에게 말한다. "그냥 머리카락이 잖아요."

2017년, 나는 고든과 세라의 집 뒤편 현관에 앉아 있다. 빌링스 교외 지역의 화창한 봄날, 그늘막 아래의 테이블에. 세라는 아이스티와 크래커와 치즈를 대접했다. 어머니의 날이다. 그들 둘은 아무 계획이 없다. 폴과 마찬가지로 고든은 그 살인 사건에 대해서 이제껏 누구와도 이야기를 나눈 적이 없었다.

부부의 개 두 마리가 떨어진 치즈를 찾으려 우리 주위에서 킁킁댄다. 정성스레 돌본 듯한 밝은 녹색 풀이 자라나는 뒷마당은 최소한 도시의 기준, 그러니까 내 기준에서 보면 좀 중구난방이다. 마당 한쪽 끝에는 라벤더와 금낭화 정원이 있다. 정원 가운데는 큰 돌이 있고 그 안에는 청동 명판이 박혀 있다.

로키의 아버지는 그 아들처럼 작은 남자다. 키가 170센티미터 정도

일 것 같다. 그리고 말수가 대단히 적다. 그가 말을 할 때면 나는 그의 말을 듣기 위해 몸을 앞으로 기울여야 한다. 낚시가게 이름이 적힌 야구 모자에, 회색 에디바우어 셔츠, 물고기가 그려진 천 벨트를 차고 있다. 이 남자는 강에서 손에 제물낚싯대를 들고 긴 장화를 신은 모습이 제격인 사람이다. "난 어리석게도 그 아이를 믿었어요." 고든이 내게 말한다. 고든은 로키의 총(미셸의 할아버지가 물려준 가보)을 빼앗고 난 뒤 이게 마지막이라고 생각하던 시기를 이야기한다. 내가 아기 때부터 성인이 될 때까지 키운 사람이 살인을 할 수도 있다고 믿으려면 — 그 일이 일어나기 전에는 — 어마어마한 상상력이 필요하다. 그리고 그 일이 일어난 뒤 고든은 이렇게 질문한다. "어떻게 그걸 지나칠 수가 있지? 그 일에 대해 생각하기 시작하면 멈출 수가 없어요. 그 생각이라는 게 '왜일까, 왜일까, 왜일까?'거든요. 그리고 당연히 그 이유를 전혀 모르니까."

고든은 미셸이 공황 상태에서 전화를 건 날 밤에 대해 이야기한다. 로키가 그들을 죽이겠다고 위협했다고, 미셸이 말했다. 로키는 미셸 할아버지의 사냥용 소총을 가지고 있었다. 고든이 황급히 건너가서 미셸과 아이들을 데려왔다. 로키는 이미 집을 떠난 상태였다. 얼마 후 미셸은 자기가 로키와 대화하는 법을 안다고 고든을 설득했고, 네 사람은 집으로 돌아갔다. 고든이 말했다. "내가 로키를 다른 방으로 데려가서 물었어요. '아들? 왜 그러니? 이러면 안 되잖아.'" 로키는 자신도 안다고, 안다고 말했다. 물론 그는 알았다. 고든은 총에서 총알을 빼냈고, 차고와 다른 곳에서 발견할 수 있는 탄약이란 탄약은 모두 수거해서 자기 집으로 가져갔다. 위기를 면했다.

정신이 나갔었다고, 고든이 내게 말했다. "그 아이를 꾸짖었죠. '이런 짓은 하면 안 되는 거야.' (로키는) 절대 그들에게 해가 되는 짓은 안 한다고 말했어요. 어리석게도 그 아이를 믿었죠." **내가 어리석게도, 그를**

믿었다.

　고든은 조용히 울기 시작한다. 세라가 고든에게 손을 뻗는다. 그에게 당신 잘못이 아니었다고 상기시킨다. 나는 고든의 내부에서 무언가가 완전히 바스러진다고 느낀다. 죄책감, 자책. "그건 그냥", 그가 입을 떼다가 숨을 들이쉰다. "상황을 바로 잡았어야 했다고, 손주들을 지켰어야 했다고 생각해요. 그게 우리 남자들이 하는 일이니까요, 그렇지 않아요? 그리고 자문하게 돼요. '왜 난 뭐가 어떻게 돌아가는 건지 파악할 정도로 똑똑하지 못했던 걸까? 왜 그걸 몰랐을까? 아무것도?'" 그는 내게 로키가 말이 없었고, 아주 온화한 면도 있었다고 말한다. "그 아이가 그런 일을 하리라고는 상상도 못 했어요." 고든의 목소리가 갈라지며 잦아든다. 나는 폴 먼슨에 대해 생각한다. 이 남자들이 이 엄청난 고통을 숨기느라 얼마나 안간힘을 쓰고 있는지를. 남자들이 자신의 눈물은 수치스럽다고 믿게 만든 세상이 얼마나 불공평한지를.

　몇 년이 흐르면서 미셸이 성숙했고, 로키의 통제력에서 벗어났다고 세라가 말한다. 많은 캠핑 비디오에서 미셸은 내성이 생겼음을 거의 끊임없이 표출한다. 능글맞게 웃기는 해도 환한 미소를 짓는 일은 거의 없다. 눈을 굴린다. 카메라로부터 눈길을 돌리고, 바위 위에 앉아서 몸을 웅크리고 접힌 팔꿈치 사이에 고개를 묻는다. 그녀는 로키처럼 카메라를 위해 과장된 연기를 하지 않는다. 행복하지 않을 때는 행복한 척하지 않는다. 촬영당하는 게 싫다는 걸 감추지 않는다. 영상을 보면 몇 시간에 걸쳐 그녀는 큰 바위 위에서 꼼짝하지 않고, 아이들이 물가에서 낚시를 하거나 얼음장처럼 찬 강물에 발끝을 담그는 모습을 지켜본다. 숲 속의 재잘거림 - 노래하는 새들, 돌을 타 넘으며 꼬르륵거리는 물, 나뭇가지가 부러지는 소리 - 이 무한한 오케스트라를 연주하는 가운데. 이 자연의 음악은 고립 그 자체의 소리처럼 들리기 시작한다. 망치질을 하는 외로운 딱따구리의 슬픔.

로키는 카메라 렌즈 뒤에 있다. 렌즈는 바위와 자작나무를 훑으며 흔들리다가 그의 젊은 아내에게 머문다. 곧게 뻗은 긴 갈색 머리칼. 그녀는 아래쪽 바위 위에서 딸 크리스티를 안고 있다. 크리스티는 분홍색 트레이닝복에 너무 크고 모자가 달린 위장 무늬 자켓을 입고 있다. [샌프란시스코 미식축구팀인] 포티나이너스 니트 모자. 아이는 불행해 보인다. 말이 없다. 복잡한 문제를 고민하는 듯, 아이치고는 생각이 많은 표정이다. 어떻게 바위를 넘어갈까 같은 생각을. 카일은 프레임 안에 없다. 다른 어딘가에 있다. 카일은 바보짓을 하면서 킬킬대며 웃는 아이다. 카메라 뒤편에서 로키의 목소리가 아내를 향해 "웃어" 하고 말한다. 그녀가 렌즈를 쳐다본다. 반쯤은 능글맞게, 반쯤은 환하게 웃는다. 그러고는 미셸은 아이들과 함께 거대한 바위 위에 걸터앉았다. 크리스티가 엄마에게 기댄다. 그들은 똑같이 생겼다. 길쭉한 팔다리와 이가 드러나는 미소가 닮았다. 카메라가 소나무에서 발밑의 캐나다엉겅퀴로 이리저리 흔들리더니 갑자기 캠핑카 안이다. 미셸과 크리스티는 리놀륨 테이블에 서로 마주보고 앉아 있다. 크리스티 뒤편의 창틀에 두루마리 휴지가 놓여 있다. 아이는 한 팔을 테이블 위로 뻗고 그 위에 몸을 기대고 기침을 한다. "아픈 소녀네." 로키가 말한다. "넌 행복해 보이지 않는구나." 그의 말에 아무도 대꾸하지 않는다. 견종이 핏불인 밴딧이 밖에 있는 그들의 텐트 속 침낭 위에 편하게 자리를 잡고 있다. 카일은 미키마우스 셔츠를 입고 통나무 위에 앉아 있다. 멀리서 폭포수가 떨어지는 소리, 봄새 소리가 들린다. 야영지의 적막함은 앞서 있었던 집 안 장면과 대비된다. 끝없이 배경에서 쿵쾅대던 헤비메탈 음악과. 아이들이 텔레비전을 볼 때도, 마당에서 놀 때도, 테이블이나 소파에 앉아 있을 때도, 헤비메탈 음악이 마치 치통처럼 끊이지 않고 따라다닌다.

다음 장면은 큰 바위 뒤편이다. 폭포가 로키 주위의 돌무더기 둘레에 리본처럼 풀려난다. 로키는 밴딧을 부른다. 개는 움직이지 않는다. 다시 부른다. 운이 없다. 로키가 손을 뻗어 개의 앞발을 잡고 끌어내려 한다. 하지만 개의 근육과 반항심과 두려움이 잔물결을 일으킨다. 로키는 한 번 더 시도하다가 포기한다. 밴딧이 자신의 힘을 의식하지 못한 채 몸을 웅크리고 물러난다. "그렇지, 밴딧." 미셸이 말한다. "너무 위험해." 비디오가 중단된다.

작은 캠핑카의 맨 위쪽 침상에 엎드린 몸. "빅마마가 침대에서 자고 있어요." 크리스티가 말한다.

미셸이 웅얼댄다. "빅마마."

크리스티가 카메라를 들고 있다. 로키는 캠핑카 캐비넷에서 깨끗한 양말을 찾는다. 카일은 자기가 "캠코더"해도 되는지 묻는다. 두 아이 모두 이 단어를 동사로 사용한다. 크리스티가 불평하지 않고 카일에게 카메라를 넘기는 동안 화면이 흔들린다. 카일은 아빠의 몸을 아래에서 잡는다. 청바지, 밤색 티셔츠, 테두리가 검은 흰색 야구 모자. "빅대디." 카일이 말한다.

"내 이름이 뭐야?" 빅대디가 묻는다.

"로키 모저."

"로키 뭐라고?" 빅대디가 묻는다.

아이들은 자신이 없다.

"로키 에드워드 모저."

고든의 중간이름이 에드워드다.

카일의 시점에서 보면 아빠는 가로등처럼 크다. 너무 커서 머리가 구름에 닿을 것 같다.

"어째서 난 한 번도 미셸이 아니야?" 빅마마가 로키에게 말한다. "마마라고만 하고." **어째서 난 한 번도 미셸이 아니야?**

2001년 봄부터 찍은 한 비디오에서는 미셸이 카메라 뒤에 있다. 드문 일이다. 크리스티는 소매가 없는 파란색과 노란색 조끼를, 카일은 낚시 조끼를 입고 있다. 로키는 약간 떨어져서, 제물낚시줄이 현란한 아라베스크 무늬를 그리며 앞뒤로 날고 있는 허벅지 깊이의 강을 헤치며 걷고, 밴딧은 근처 모래를 쿵쿵댄다. 미셸이 카메라를 먼 풍경 쪽으로 옮긴다. 로지폴소나무, 노간주나무, 전나무. 그들은 개울에서 낚시를 한다. 아마 모리스 개울인 것 같다. 앤털로프 개울이거나. 이제는 아무도 모른다. 로키 뒤편에 화성암 형성물이 쌓여 있다. 미셸은 아이들에게 지금이 몇 월인지 아느냐고 묻는다.

"몰라요." 카일이 말한다.

"몰라?"

그들은 한동안 말이 없다. 그러다가 크리스티가 말한다. "4월."

"4월. 5월" 미셸이 말한다. "무슨 요일일까?"

하지만 아이들은 대답이 없다. 그들은 모래 위에 앉아 있다. 카일은 낚시를 하고 크리스티는 물을 바라본다. 밴딧이 풍경을 가로지르며 달린다. 목에 커다란 흰색 반점이 있고 털은 밝은 갈색이다. 카메라가 빠르게 풍경을 지나 가족들을 지나 아래로, 아래로, 아래로, 미셸 자신의 손을 보여준다. 왼손, 결혼반지. 그녀는 잠시 그렇게 멈춘다. 의도적이라는 걸 이해할 정도의 길이만큼만. 그녀의 손가락은 가늘고 길다. 결혼반지는 좁쌀만 한 다이아몬드가 촘촘히 박힌 밴드 위에 사각으로 커팅된 작은 다이아몬드가 올라가 있다. 결혼반지 자체가 다이아몬드라고 할 수 있다. 카메라가 멈춰서 이것을 보고, 이것을 기록하고, 멀리 움직인다. 다시 위로 움직이다가 끊어진다.

다음 프레임에서 로키는 거대한 바위들과 여러 폭포수 줄기 사이에 다리처럼 쓰러져 있는 나무를 조심조심 건너고 있다. 그는 카메라를 의식하며 능글맞게 웃고, 싱글거리고, 가라테 키드처럼 한쪽 무릎과 두 팔을 위로 뻗는다. 아이들이 웃는다. **아빠 미쳤다!** 로키는 한쪽 끝까지 가서 바위 위로 뛰어올라 주위를 둘러본 다음 두 팔을 벌려 균형을 잡으면서 되돌아온다. 로키가 잎이 무성한 등대풀 사이로 안전하게 돌아오자 카일이 말한다. "아빠는 맨날 살아나!"

미셸은 사냥용 라이플을 나무 위 과녁을 향해 발사한다. 빗맞는다. 다음은 로키의 차례다. 다음은 녹색 수영복을 입은 크리스티. 그리고 카일. 총은 아이들보다 키가 크다. 이번에는 알리사와 그녀의 남자친구 이반 안Ivan Arne이 그들과 함께 있다. 이반은 정리되지 않은 금발을 하나로 묶어서 등 뒤로 늘어뜨리고 있다. 로키는 가족 사진사를 자처한다.

"알리사, 언니가 내 일 해도 돼." 미셸이 말한다. 알리사가 몇 번은 카메라를 넘겨받아서 촬영해도 된다는 의미다. 이반이 손도끼를 들고 장작 쪽으로 간다.

로키가 낚싯대에 줄을 묶고 나서 이반과 함께 물가로 가 던진다. 물살이 빠르게 흐르고 바위 위로 흰 포말이 부글부글 솟아오른다. "자기야" 로키가 미셸에게 말한다. "당신은 일이 없어."

곰이 다가올 때

나는 어느 날 밤 이반의 집에서 그를 만난다. 그 집에서 같이 사는 대형견 여러 마리가 이반이 직접 훈연해서 종이 접시에 담아 내게 대접한 고기 주위로 끊임없이 냄새를 맡으며 돌아다닌다. 내가 이제까지 접해본 중 가장 맛있는 고기다. 미국 다른 지역의 뒷마당에 보통 그릴이 있듯 몬태나에서는 마당에 훈연기가 있다. 내 관점에서 그것은 문화적 독특함이다. 개인이 소유할 수 있다는 사실조차 몰랐는데 여기 와서 보니 모든 사람이 소유하고 있는 물건. 알리사도 딸과 함께 이반의 집에 있다. 알리사와 이반은 오래전에 헤어졌지만 친한 친구로 남았다. 사람들이 들락날락한다. 가죽 자켓을 입고 오토바이를 몰 것 같은 거친 남자들이 나와 악수를 하고, 이반의 고기를 빤히 쳐다보고, 밖에서 서성대며 고기를 훈연하고 맥주를 마신다. 이반의 머리카락은 비디오에서보다 더 짧아졌고 얼굴은 더 둥글지만 여전히 바이킹의 후손 같은 외모다.

이반은 어릴 적 로키의 절친이었다. 어린 시절 이들은 아타리Atari사의 비디오게임을 했고, 동네에서 오토바이를 탔다. 이반은 로키가 항상 절도나 음주 같은 말썽을 부렸지만 집에서는 이런 말썽에 대해 침묵을 지켰다고 말한다. 어느 날 로키가 그냥 사라졌는데 알고 보니 남은 한해를 더 잘 지내려고 파인힐스에 들어간 것이었고, 그다음에는 한동안 플로리다에 가서 생모와 함께 지냈다. 로키의 생모가 플로리다로 이사했기 때문이다. 그 뒤 이반은 로키의 소식을 전혀 접하지 못했다.

이반은 로키와 미셸의 아기들이 태어난 뒤에 다시 로키와 연락이 닿았다. 그 후 이반과 알리사가 데이트를 했고 동거에 들어갔다. 로키는 가끔 집에 와서 이반과 어울렸지만 미셸은 거의 한 번도 오지 않았다. "로키는 미셸의 나이에 대해서는 절대 이야기하지 않았어요." 이반이 내게 말했다. "그 녀석이 통제한다는 건 알았지만 학대를 한다는 건 전혀 몰랐어요."

처음에 로키와 이반은 같이 파티를 하면서 코카인을 흡입하고 술을 진탕 퍼마셨다. 하지만 얼마 후 이반은 자기는 할 만큼 했다고 선언했다. 그는 서서히 속도를 늦췄고, 파티를 중단했고, 학교에 나갔고, 한 컨설팅 회사의 전송 설계사가 되었다. "그 녀석은 그만두지 않으려 했어요. 그만둘 생각이 전혀 없었죠. 저는 '이 자식아, 그러다가 너 죽어. 뭐 하는 거야? 할 만큼 했잖아' 하고 말하곤 했고요. 그러면 로키는 '난 괜찮아'라고 답하곤 했죠."

둘은 몇 주씩, 가끔은 그 이상 말하지 않고 지내기도 했다. 로키는 사적인 생활이라고 여기는 부분, 그러니까 미셸과 아이들에 관련된 일체의 것들에 대해서는 이견을 허용하지 않았다. 이반은 20대 초에 알리사와 데이트를 시작했고, 알리사를 통해 미셸의 집에서 무슨 일이 벌어지고 있는지 듣게 되면서 천천히 로키 앞에서 그 주제를 놓고 이야기해 보려고 시도했다. "로키는 '이 자식아, 너 알 바 아니거든' 하고 말하곤 했죠. 자기가 알아서 한다는 거죠. 자기 가족이니까 신경 끄라고."

이반은 상황이 나쁘다는 건 알았지만 얼마나 나쁜지는 몰랐고, 뭘 해야 할지도 몰랐다. 미셸이 몇 번 알리사와 이반의 집으로 두어 시간 피신을 왔을 때 그녀는 로키가 무슨 일을 저지를지 모르겠다고 토로했다. 미셸은 그가 자신을 또는 아이들을 어떤 식으로 위협했는지 모호하게 이야기했다. 이반은 그녀가 자기에게 뭘 물어보는지 깨닫지 못했다고 말했다. 자신은 로키와 함께 자란 친구 중에서 미셸이 아는 유일한 사람이고, 그녀는 남편이 자신을 죽이고, 아이들을 죽이겠다는 위협을 정말로 감행할지를 알고 싶었고, 알아야 했다는 사실을. 이반은 미셸이 대부분의 가정폭력 피해자들이 수치심과, 두려움과, 경제적 여건을 놓고 저울질하면서 사용하는, 이런 종류의 암호를 말하고 있었다는 사실을 이해하지 못했다. 이반은 그녀에게 "난 녀석이 널 다치게 한다는 건 상상도 할 수 없어, 특히 아이들은 더욱 더"라고 말하곤 했다. 아이들은 절대.

이반이 몰랐던 사실, 미셸이 말하지 않았던 사실은 로키가 미셸에게 화가 나면 때로 아이들을 미셸과 떼어놓곤 했다는 점이었다. 로키는 아이들과 함께 몇 시간씩 사라지곤 했고, 같이 영화관에 가거나, 캠핑을 가거나, 어디로든 가버렸고, 그러면 미셸은 두려움에 사로잡혀서 집에서 꼼짝하지 않았다. 어쩌면 이번에는 로키가 돌아오지 않을지 모른다는 생각에 이성을 잃었다. 아이들은 인질이 되었다. 그녀를 복종시키는, 양보하게 만드는 수단. 그녀가 떠나지 못하게 만드는 수단. 로키가 돌아올 때쯤이면 미셸은 그저 그들이 무사하다는 사실에 고마워할 뿐이었다. 그는 미셸을 때릴 필요가 없었다. 그는 자신에게 필요한 모든 통제 장치를 가지고 있었다.

알리사와 멜라니는 그 시절 다른 누구보다 미셸의 집에서 많은 시간을 보냈다. 그즈음 멜라니는 마약이 완전히 상습화된 상태였다. 로키는 멜라니가 고등학생이었을 때 뜻하지 않게 메타암페타민을 제공했고, 그녀는 처음으로 집중이 가능하다는 느낌을 받았다. 그녀에게는 일종의 자기 치유였다. 며칠 연속으로 정신이 맑아서 학교 숙제를 하고 친구들과 어울리고, 그러고도 자신에게 닥친 일은 뭐든지 해낼 시간이 있었다. 멜라니는 로키를 좋아하지 않았고, 그와 어울리는 것도 내키지 않았지만 그는 멜라니에게 마약을 제공했고, 그래서 그의 광기를 참았다. 멜라니와 로키는 집에서 떨어진 차고에 나가서 시간을 보내곤 했다. 그는 차고에서 머스탱 한 대의 후드를 올리고, 바퀴를 떼어놓고, 이야기를 하고, 하고 또 했다. 명절날 식탁에서 눈을 내리깔고 앉은 조용한 남자와는 완전히 딴판이었다. 멜라니는 그가 마약 거래에 조금씩 손을 댔고 약간의 여윳돈을 은밀하게 벌었다고 말한다. 건설 일을 했던 로키는 겨울철에는 일이 없을 때가 많았고, 미셸이 일하는 걸 허락하지 않았기 때문에 돈이 항상 빠듯했다.

한번은 로키가 주 경계를 넘어 노스다코타로 마약 거래를 하러 가는데 멜라니를 데려간 적이 있었다고 그녀가 말했다. 그는 주 경계를 넘다가 자신이 붙잡히면 더 큰 죄로 기소되기 때문에 멜라니를 데려가는 거라고 했다. 멜라니는 그들이 붙잡혔을 때 마약이 자신의 것이라고 말하기만 된다는 것이다. 그녀는 미성년자고 문제를 일으킨 적이 거의 없으니 괜찮다고 그가 약속했다. 멜라니는 어리고 멍청했고 마약을 원했기 때문에 그를 따라갔다. 그들은 미셸이 잠든 뒤 출발해서 미셸이 깨어나기 전에 집으로 돌아오는 식으로 마약을 밀매했다. 로키는 한 번 갈 때마다 멜라니에게 마약을 30그램쯤 주었다. 이런 순간들이 한 번씩 멜라니의 기억을 사로잡았다. 특히 그녀가 자기 아이를 갖게 된 뒤부터. 그녀는 몇 년간 한동안 마약을 하지 않았지만, 마약에 대한 끌림은 항상 존재하고, 그녀가 회피하는 모든 것과 얽힌 기억들은 튼튼한 예인선처럼 그녀를 끌어당긴다.

멜라니는 몇 년이 지나면서 로키의 편집증이 점점 심해졌고 마약이 논리와 이성을 집어삼켰다고 말한다. 한번은 로키가 FBI가 그를 주시하고 있다고, 그들 둘 모두를 관찰 중이라고 말한 적도 있었다. 최대한 조심해야 한다고. 그는 그들이 자기 집 뒤쪽의 골목에 카메라를 설치해놓았다고 생각했다. 멜라니는 그게 마약에 쩔어서 하는 소리라는 걸 알았지만 아무 말 없이 그의 고함 소리를 무시하려고 애썼다. 그가 자신의 정맥에 마약을 주사하기 시작한 이후로 멜라니는 더 이상 참을 수가 없었다. 그녀는 당시 10대 후반이었는데, 어느 날 밤 로키가 연방요원들이 골목에 있는 쓰레기통에서 나올 거라고 말했고, 그 후 더 이상 그와 어울릴 수 없었다고 한다. 진이 빠졌다. 로키는 사실 살인 사건이 있기 전해에는 마약을 하지 않았다. 하지만 그의 마음이 너무 심하게 망가져버린 뒤였다.

알리사는 로키가 처음부터 그녀 역시 마약으로 계속 꼬드기려 했지만 거절했다고 말한다. 알리사는 로키가 달려오는 차량을 향해 차를 몰고 와서 미셸에게 소리를 지른 그날 이후로 그를 절대 신뢰하지 않았다. 자신이 부당한 대우를 당했다고 느끼면 복수를 위해 자기 자신과 다른 사람들의 목숨을 어떻게 위협하는지를, 그가 얼마나 광기에 사로잡혀 있는지를 엿보았던 것이다. 때로 그는 알리사가 자주 놀러 온다는 이유로, 미셸이 알리사와 많은 시간을 보낸다는 이유로, 미셸에게 소리를 지르곤 했다. 하지만 그가 아무리 강요해도 미셸이 알리사를 피할 일은 없을 것 같았다.

하지만 미셸은 알리사에게 자신이 로키에 대해 참는 것이 얼마나 많은지 모두 털어놓지 않았다. 그리고 그들의 결혼 생활은 대부분의 결혼 생활에서 맞닥뜨리게 되는 일반적인 압력에서도 자유롭지 못했다. 돈 문제, 어린 자녀들, 집 안팎에서의 기대와 책임들.

샐리는 미셸이 항상 대학에 가고 싶어 했지만 아이들이 학교에 들어갈 때까지 기다려야 한다고 생각했다고 말한다. 카일이 유치원에 다니기 시작하자 미셸은 곧바로 빌링스에 있는 몬태나 주립대학교에 등록하고 장학금을 신청했다. 학교는 어떤 장학금이든 신청 자격을 얻으려면 부모의 소득신고서를 제출해야 한다고 안내했고 미셸은 가슴이 내려앉았다. 이미 그녀는 독립한 지 여러 해가 지난 상태였다. 부모님은 대략 그녀가 열다섯 살이었을 때부터 그녀에게 간섭하지 않았다. 그래서 그녀는 학교에 그건 불가능하다고, 장학금 신청 자격을 얻을 수 있는 다른 방법이 있어야 한다고 말했다. 남자친구의 소득을 제외하면 자기 소득이 전무하고 저축도 없는 성인이었던 그녀는 자신은 자동적으로 신청 자격을 충족할 거라고 생각했던 것이다.

결혼을 하세요, 그러면 자격이 생겨요. 그들이 말했다.

바로 그날 오후 샐리는 미셸의 전화를 받았다. 미셸은 돌아오는 수요일 오후에 치안판사 앞에서 결혼을 할 예정이라면서 샐리가 참석할 수 있는지 물었다. 난데없고도 실망스러운 소식이었다. 미셸과 로키는 그때까지 약 8년을 함께 살았다. 미셸의 입장에서 자신이 그렇게도 헤어지려고 애쓰던 남자와 제도적인 문제 때문에 결혼을 해야 한다는 것은 인생 최대의 아이러니였다.

결혼 사진에서 극도로 마른 미셸은 종아리 길이의 파스텔톤 드레스를 입고 있다. 크리스티와 카일은 미셸과 로키가 케이크를 자르는 테이블 아래의 풀밭을 기어 다닌다. 양가 부모와 다른 손님 몇 명이 왔고, 공원에 있는 피크닉용 차양 아래서 피로연이 열렸다. 날씨는 화창하고, 모든 게 파릇한 녹색이었다. 미셸은 웃지 않았다.

그해 가을 미셸은 몬태나 주립대학교에서 필수 과정을 수강하기 시작했다. 간호사가 될 계획이었다. 그녀는 크리스티가 집중치료실에 들어갔을 때 간호사들이 크리스티를 어떻게 보살폈는지 절대 잊지 않았고, 딸을 살려준 게 간호사들이라고 철석같이 믿었다. 대학 교정은 미셸의 집에서 걸어갈 수 있을 정도로 가까웠다. 그래서 그녀는 아이들을 학교에 데려다주고 난 뒤 자기가 다니는 학교에 가곤 했는데, 항상 로키가 따라왔다. 가능한 날이면 언제나. 그녀가 간다고 말한 곳으로 가는지, 한다고 말한 일을 하는지 확인하려고. 그는 자신이 미셸을 따라다닌다는 사실을 굳이 숨기려고 하지도 않았다. 마치 그녀가 알기를 바란다는 듯. 그녀가 자신은 그의 통제를 받는 사람이고, 로키가 그녀에게 학교라는 사치를 허용하고 있긴 하지만 한발만 삐끗해도 모든 걸 앗아 가버릴 거라는 메시지를 받기를 바란다는 듯.

오후나 저녁에는 공부를 하는 게 힘들었다. 항상 아이들이 엄마를 찾았고 로키가 방해했다. 그래서 도서관에서 공부해야 할 것 같다고, 그러지 않으면 수업을 패스할 가망이 없다고 로키에게 말했다. 하지만 그는 안 된다고 했다. 그녀는 같은 수업을 듣는 다른 학생들과 스터디 모임이 있다고 말했다. 모두 도서관에서 모임을 가졌다. 하지만 그래도 로키는 안 된다고 했다. 미셸은 집에서 공부하면 되고, 그게 안 되면 대학에 다닐 생각은 말라는 거였다. 그래서 미셸은 거짓말을 했다. 수업을 하나 더 신청했다고 말하고 몰래 도서관에 가서 평화롭고 조용한 가운데 공부를 했다. 그녀는 혹시나 실수로 수업에 가지 않아서 로키에게 들키는 일이 없도록 그 일정을 시간표에 적어두어야 했다. 세상을 떠날 때까지 미셸은 이 거짓말을 로키에게 들키지 않았다.

2001년 가을, 미셸은 로키가 바람을 핀다고 의심하기 시작했다. 그녀는 증거가 있다고 주장했지만 로키는 부정했다. 알리사는 미셸과 이 문제에 대해 이야기한 적이 있고 그녀가 이미 로키에 대해서 너무 많은 것을 참아왔기 때문에 이번엔 그냥 넘어가지 않을 거라고 말했다고 기억한다. 샐리의 생각은 약간 다르다. "미셸은 로키와 헤어질 이유가 필요했어요. 그 아이는 자존심이 너무 세서 그냥 나오지는 못했거든요. 그리고 로키가 자길 찾아내리라는 걸 알았어요." 불륜은 미셸에게 일종의 구실을 제공했다. 결혼을 청산할 모두가 수긍할 만한 사유. 미셸은 병에 걸린 것 같아서 무섭다고 말했고, 그래서 샐리는 미셸을 데리고 리버스톤 진료소에 갔다. 미셸은 공부를 할 수 없다고 말했다. 공포와 분노 때문에 너무 소진된 상태라는 것이다. 미셸에게는 항상 약간의 건강염려증이 있었다고 샐리가 말했다. 그리고 미셸은 과제를 해야만 했다. 의사는 미셸에게 항우울제를 처방했다. 나중에 미셸은 로키가 약을 발견했고 자신은 약에 의지하는 "사이코 아내"는 용납할 수 없다며 집어 던졌다고 샐리에게 털어놓았다.

9월 말 어느 오후, 미셸이 아이들을 데리고 샐리의 집에 나타나서 아이들을 좀 봐달라고 부탁했다. 미셸은 집에 가서 불륜 문제에 대해서 로키에게 따질 거라고 말했다. 샐리는 미셸이 자신에게 무슨 일이 있어도 로키가 아이들을 데려가지 못하게 해야 한다고 말했다고 기억한다. 그러고 나서 미셸은 떠났다.

한 시간 반쯤 뒤 로키가 샐리의 집에 나타났다. 샐리는 로키가 흰색 스바루를 갓길에 대는 모습을 보고 미셸의 지시에 따라 앞문으로 달려가 문을 잠갔다. 그의 눈빛을 보고 겁에 질렸다고, 그녀는 나중에 말했다. 샐리에게 로키는 항상 식사할 때도 말없이 앉아 있는 남자거나, 자동차에 앉아 있는 그림자 같은 존재였다. 그런데 이번에 보니 분노로 일그러진 그의 얼굴은 충격적이었다. 그는 마당을 쿵쿵거리며 가로질러서 뒷문에 도착했지만 그녀가 걸쇠를 걸어버린 직후였다. 그는 문을 향해 자기 몸을 던졌고 문에 금이 가는 소리가 났다. 그녀는 크리스티와 카일에게 거실로 가라고 했다. 임신 6개월 차였던 멜라니도 거기 있었다. 로키는 작은 몸을 계속 문에 부딪쳤고, 샐리는 문에 금이 가는 소리를 한 번 더 들었다. 샐리는 멜라니에게 911에 신고하라고 소리쳤다.

크리스티와 카일은 소파에 있었다. 아이들의 모습에서 샐리는 지금까지도 그녀의 간담을 서늘하게 만드는 무언가를 보았다. 아이들은 무서워하지도, 히스테리를 부리지도 않았다. 비명을 지르지도, 울지도 않았다. 아이들은 긴장감이 실린 눈으로 가만히 있었다. **맙소사.** 샐리는 생각했다. **이 아이들이 전에도 이걸 본 적이 있구나. 아빠가 이러는 걸 본 적이 있어.**

샐리는 유리가 깨지는 소리를 들었다. 로키가 뒷문 창문을 깬 것이다. 주방을 가로지르며 쿵쿵대는 발소리가 들렸다. 샐리는 크리스티와 카일 위로 몸을 던지고 소파를 꽉 쥐었다. 아이들을 아빠에게서 지키려고. 로키가 샐리의 목과 한쪽 팔을 잡더니 아이들에게서 떼놓았다. 그는 크리스티를 붙들고 허리를 감싸 안았다. 크리스티는 샐리에게 "괜찮아요, 부가. 나 갈게요"라고 말한 것 말고는 아무런 소리를 내지 않았다. 멜라니가 911에 신고를 했다. 샐리는 아직도 카일을 몸으로 약간 막고 있었다. 로키의 팔에서 피가 사방으로 흘러내렸다. 로키는 앞문으로 빠져나가지 못하게 막으려던 멜라니를 밀치며 지나갔다. 그는 한 팔로 멜라니를 거칠게 밀쳤다. 그러더니 차로 가서 마치 동네 축제에서 상품으로 받은 커다란 인형이라도 되는 것처럼 크리스티를 던져 넣었다. 로키는 샐리의 집에서 쌩하고 떠나갔다.

몇 분 만에 상황이 종결되었다.

신고를 받고 출동한 경찰은 무성의했다고 샐리가 말했다. 경찰은 샐리에게 자신들이 로키를 무슨 혐의로 기소하기를 원하냐고 물었다. '아니, 그건 당신들 일 아닌가요?' 그녀는 이렇게 생각했다고 기억한다. 살인 사건이 일어난 지 1년 뒤, 당시 경찰서장이었던 론 투싱Ron Tussing은 지역 기자들에게 자신들이 좀 더 "동정적으로" 행동할 수도 있었을 거라고 인정한 뒤, 하지만 "이런 사건은 피해자보다는 우리에게 확실히 더 일상적"이라고 덧붙였다.

결국 로키는 샐리의 집을 부수고 들어왔다는 이유로 경범죄로 기소되었다. 샐리가 보기에 그날 접수된 경찰 보고서는 그 순간의 폭력을 과소평가했다. 깨진 유리, 비명, 로키의 몸에서 화산처럼 뿜어져 나오던 분노를. 로키가 "장모가 사는 집의 뒷유리창을 깨고 안으로 들어가 아홉 살짜리 딸을 데리고 나왔다"라고만 적혀 있었다. (크리스티는 일곱 살이었다.) 하지만 샐리는 그날 밤 부서진 유리와, 벽에 뿌려진 피와, 멜라니의 부상을 사진으로 찍어두었다. 멜라니는 팔꿈치부터 손목까지 멍이 들었다. 샐리에게도 찰과상과 그의 피가 굳은 딱지가 남았다. 그리고 텅 빈 채 얼어붙은 아이들의 눈동자와 소름 끼치도록 차가운 로키의 눈동자는 샐리의 기억으로만 남아 있다. 이후 그녀는 로키의 표정을 순전한 악마라고 묘사하게 된다.

그날 밤 미셸과 카일은 샐리의 집에서 잤다. 2001년 9월의 마지막 날이었고, 로키와 함께 지낸 이후 처음으로 미셸은 샐리에게 그와 함께한 몇 년에 대해 털어놓기 시작했다. 그가 자신의 움직임을, 자신이 누구와 어울릴지를 어떻게 통제하는지, 자신이 알리사를 만나지 못하게 하려고 어떻게 노력하는지, 아이들을 어떻게 지렛대로 이용하는지, 그들 셋을 어떻게 위협하는지. 아이들 앞에서 구타당한 이야기들. 많은 사람들이 내게 로키가 육체적인 학대를 했다고 생각하지는 않는다고 말했다. 고든과 세라도, 폴도, 멜라니도. 그 누구도 명백한 증거를 보지 못했다고 내게 말했다. 세라는 자신이 언젠가 미셸의 몸에서 멍을 본 적이 있긴 했지만 그게 다였다고 말한다. 하지만 샐리와 알리사 모두 로키의 학대는 육체적이었다고 이야기하고, 미셸은 몸소 진술서에 로키의 육체적인 학대에 대해 적었다가 나중에 이 진술서를 철회했다. 샐리는 나와 함께 자신의 소파에 앉아서 내게 이 이야기를 한다. 구석에는 미셸과 두 아이의 사진이 큰 액자에 걸려 있다. 샐리의 집은 미셸이 아이들과 함께 살다가 숨진 곳에서 겨우 1킬로미터 정도 떨어진 곳에 있다. 미셸이 수업을 듣던 몬태나 주립대학교와 공항에서 가까운 빌링스의 조용한 모퉁이. 미셸의 집 바로 뒤에는 성빈센트 병원 응급실용 주차장이 있다. 그녀가 사망한 곳에서 말 그대로 몇 발짝 떨어진 곳에.

샐리는 그날 밤 로키가 최근에 어딘가에서 입수해서 거실 우리에 넣어둔 방울뱀에 대해 처음으로 들었다. 미셸은 겁에 질려 있었다. 로키는 그녀가 잘 때 뱀을 침대에 넣거나 그녀가 샤워할 때 몰래 집어넣겠다고 말했다. 살인이 기이한 사건처럼 보이도록. 샐리는 그 자리에서 딸의 상황이 자신이 대충 알고 있는 가정폭력보다 수위가 훨씬 높다는 점을 간파했다. 앉아서 귀를 기울였지만 정확히 뭘 해야 할지에 대해서 아는 게 너무 없다는 느낌이 들었다. 샐리는 폴에게 전화를 걸어서 그 뱀을 없애달라고 요청했다. 그녀는 미셸에게 로키를 상대로 접근금지명령을 받으라고 사정했다. 미셸은 엄마에게 그러겠노라고 약속했다.

"저는 미셸에게 그걸 전부 적어두라고 했어요." 샐리가 말했다. 미셸은 그 말을 따랐다. 미셸은 진술서에 이렇게 적었다. "그는 아이들 앞에서 나를 때린다. 한번은 화요일 밤 뒤쪽 현관에서 아들 카일이 보고 있을 때였다. 그는 내 아이들과, 내 자매들과, 자신의 부모들 앞에서 살해 위협을 했다. 내가 그를 떠나면 나와 자기 자신과 아이들을 죽이겠다는 거였다."[1]

그러는 동안 로키와 크리스티는 그날 밤을 차에서 보냈다. 나중에 크리스티는 그들이 "캠핑"하러 갔다고 말하곤 했다. 아침이 되어 그는 가족용 캠핑카에 있는 물건을 가지러 집으로 돌아갔다가 체포되었다. 아마 그는 크리스티를 데리고 주말에 숲으로 캠핑을 갈 계획이었던 것으로 보인다. 대신 그는 구치소에 갔다.

미셸은 접근금지명령을 신청했다. 사유는 반려자와 가족폭행 경범죄였고, 주 법무장관실에서는 그것을 샐리의 앞선 고소와 함께 묶어서 보관했다. 행정적 실수로 이 두 가지가 결합되면서 나중에 예기치 못한 커다란 후폭풍이 일어나게 된다. 몬태나에서는 반려자와 가족폭행 경범죄 기소가 세 건이면 이를 중범죄로 기소할 수 있다.[2]

로키가 유치장에 들어간 그 토요일 밤, 알리사는 미셸의 생일을 축하해주기 위해 그녀를 술집에 데려갔다. 미셸이 술집에 간 건 처음이었다. 로키를 겁내지 않고 자매끼리만 외출한 것도 처음이었다. 미셸은 긴장을 풀지 못했다고 알리사가 말했다. 그녀는 아이들에 대해, 자신이 로키에게 한 짓이 옳은지에 대해 걱정했다. 미셸은 아이들을 아빠에게서 떨어뜨려놓고 싶은 게 아니었다. 그저 아이들의 아빠가 바뀌기를 원할 뿐이었다.

"그 애는 한 잔을 마셨어요." 알리사가 말했다. 그러고 난 뒤 그냥 집에 가서 아이들과 같이 있고 싶어 했다. 미셸은 스물세 살이었다.

"로키는 미셸에게 바깥세상은 위험한 곳이라는 확신을 심어주려 했죠. 로키의 영향력이 엄청났어요. 로키는 미셸이 (그 위험이) 자신이라는 걸 알아차리지 못하기를 바랐어요. 그는 안전한 사람이 아니라는 걸."

월요일, 세라와 고든이 500달러의 보석금을 내고 로키를 구치소에서 빼냈다. 세라는 그들이 로키를 보석으로 빼낸 것은 처음이었고, 자신은 반대했지만 고든과 대립하지 않기로 결심했고, 미셸에게 연락해서 알려주었다고 말한다. 그녀의 말에 따르면, 그 주말에 로키가 잔뜩 흥분한 상태로 울면서 전화를 걸어서 자신은 나쁜 짓을 절대 하지 않았다고, 그저 아버지로서 아이를 데려오려 한 것뿐이었다고 말했다. 그러자 고든이 보석 보증인에게 전화를 걸었는데 상대가 마침 여성이었다. 그녀는 "이런 여자들" 가운데 온갖 일들을 모두 폭력 문제로 만들어버리는 사람이 얼마나 많은지 이야기했다. 그들은 미셸에게 전화를 걸어 자신들이 로키를 데려갈 거라고 말했다. 당시 세라와 고든은 접근금지명령이 중요하다고 믿었다.

샐리의 말에 따르면 미셸은 "이성의 끈을 놓았다." 미셸은 전화기에 대고 소리치기 시작했고, 그러자 그들은 자신들이 로키를 남동생 집으로 데려가서 (그게 무슨 의미든) 상황이 정리될 때까지 그곳에서 지내게 하겠다고 약속했다. 세라는 로키가 마이크와 함께 있으면 그를 더 잘 파악할 수 있을 거라고 생각했다. 그리고 그들은 어쩌면 그가 이미 변했을지 모른다고 생각했다. 그때까지 그는 6개월가량 마약을 하지 않았다. 그리고 미셸에게는 아직 보호명령서가 있었다. 세라는 미셸이 "흥분한" 상태였다고 말했다. "그 아이는 내가 알던 미셸이 아니었어요." 미셸은 이성을 잃고 한순간에 화를 냈다가 두려움에 떨었다. 그녀는 자신은 쉼터로 가지 않을 거라고 말했다. 그녀가 왜 가야 하는가? 집은 그녀의 것, 아버지 폴의 것이었다. 그리고 어찌 되었든 로키는 그들을 찾아낼 것이다. 미셸은 이국적인 댄서가 되어 아이들을 부양해야겠다고 말했다. 그러니 자기는 괜찮다고, 그들 모두가 괜찮을 거라고 말했다. 아빠가 그녀에게 호신용 스프레이를 주었다는 것이다. 호신용 스프레이가 그녀를 지켜줄 것이다. 호신용 스프레이가 안전하게 지켜줄 것이다.

"합리적인 대화가 불가능했어요." 세라가 말했다.

미셸의 반응은 피해자 대부분이 보이는 반응이었다.

그녀는 아이들에 대해서 생각했다.

그녀는 형사사법제도에 대해서나, 가정폭력지원서비스 중에서 자신이 활용할 수 있는 게 무엇인지 같은 것에 대해 생각하지 않았다. 빌링스의 어느 지역으로 가면 로키가 보호명령서가 있는 자신에게 접근하지 못하는지 계산하지 않았다. 그녀의 반응은 자동적이었다. 싸울 것인가, 도망칠 것인가? 곰이 당신에게 다가온다면 어떻게 하겠는가? 두 다리로 우뚝 서서 비명을 지르며 몸이 커 보이게 만들 것인가 아니면 죽은 척할 것인가? 만일 이 곰이 당신에게 정신을 차릴 약간의 시간을 허용할 경우 그 자리에 앉아서 당신이 이용할 수 있는 야생동물보호서비스가 무엇인지 생각하지는 않을 것이다.

그다음에는 이런 문제가 있다. 이 곰이 당신에게만 다가오는 게 아니다. 당신의 아이에게도 다가온다. 어떻게 할 것인가?

로키가 석방되었을 때 그녀의 집에 지방검사가 있을까? 그녀를 지켜줄 준비를 하고서? 총을 든 경찰이 거기서 미셸과 아이들은 로키의 성질을 돋울 생각이 아니었다고 설득해줄까? 미셸의 가족들이 거기 있을까? 어디서든, 어떤 시스템에서든 누군가가 로키가 무슨 짓을 하든 막아줄까? 방울뱀이 새벽 3시에 그녀의 침대로 미끄러져 들어오는 걸 막아줄까? 할아버지가 물려준 라이플에서 발사된 총알을 피할 수 있게 해줄까? 멜라니는 미셸이 고든과 세라의 전화를 받은 그 순간 태도가 바뀌었다고 말했다. "접근금지명령에 대한 자신감이, 모든 게 바뀌었어요."

미셸은 자신의 진술을 철회했다.

일체의 가정폭력 상황에서 가장 심하게 오해당하는 순간 중 하나다.

미셸은 겁쟁이라서, 자신이 과잉 반응을 했다고 생각해서, 로키가 전보다 위험하지 않아졌다고 믿어서 철회한 게 아니었다. 그녀가 미쳐서, 유난을 떠는 사람이라서, 이게 생사가 걸린 문제가 아니라서 철회한 게 아니었다. 자신이 거짓말을 한 거라서 철회한 게 아니었다. 살기 위해 철회했다. 아이들을 살리기 위해 철회했다.

피해자들이 가만히 있는 것은 갑자기 움직였다가는 곰을 도발하게 된다는 걸 알기 때문이다.

그들이 가만히 있는 것은 성난 반려자를 가라앉히는 데 가끔은 효과가 있는 수단을 수년간 개발해왔기 때문이다. 애원, 회유, 약속, 공공연한 연대의 표현, 그리고 자신의 목숨을 구해줄 수 있는 유일한 존재일지 모르는 사람들(경찰, 대변인, 판사, 변호사, 가족)에게 등을 돌리는 행위까지.

그들이 가만히 있는 것은 곰이 자신에게 다가오는 게 보이기 때문이다.

우리는 왜 피해자가 가만히 있느냐고 물어서는 안 된다. 그보다 내가 보기에 더 나은 질문은 어떻게 우리가 이 사람을 보호할까이다. 이이상 토를 달 필요가 없다. 그녀가 어째서 가만히 있었는지, 그녀가 뭘 했는지 또는 하지 않았는지 파고들 필요도 없다. 그저 단순한 질문 하나 '어떻게 우리가 그녀를 보호할까?'면 충분하다.

로키가 남동생의 집에 도착한 지 몇 분도 되지 않아서 미셸은 로키와 통화하며 계획을 세우고, 약속을 하고, 그녀의 인생을 놓고 – 그녀라면 이런 식으로 표현하지 않았겠지만 – 협상을 했다. "언니는 뭘 해야 할지 생각할 시간이 더 필요했어요." 멜라니가 말했다. "그리고 이젠 알겠어요. 그게 다 겁이 나서였다는 걸. 언니는 로키가 감옥에서 나왔다는 걸 안 순간 갑자기 돌변했어요."

전직 지방검사 스테이시 파머Stacy Farmer(지금은 테니Tenney로 성이 바뀌었다)는 히스테리 상태의 미셸이 빌링스 지방검사 사무실로 난입했다고 나중에 내게 설명했다. 미셸은 모든 걸 철회했다. **남편은 절대 위협하지 않았어요. 뱀 같은 건 없었어요. 다 제 탓이에요. 로키는 훌륭한 남편이**

에요. 훌륭한 아빠고요. 시스템이 그녀의 가족을 이렇게 몰아갔다. 스테이시 테니는 미셸이 거짓말하는 걸 알았다고 말했다. 물론 미셸은 거짓말을 하고 있었다. 하지만 완강하게 부정하는 증인에게 검사가 무엇을 할 수 있을까? 증거도, 목격자도 없었다.

몇 년 뒤 나는 한 가정폭력 대변인의 말을 들으며 미셸에 대해, 이 순간에 대해 떠올리게 된다. "우리는 법정에 나타나지 않는 사람, 접근 금지명령을 갱신하지 않는 사람이 가장 위험한 상황에 처해 있다는 걸 이제는 알아요."[3]

스테이시 테니는 뱀 문제가 모든 걸 압축하고 있다고 말했다. 그것은 아주 구체적인 세부 사항, 전체 이야기에서 매우 명백한 사실이었지만 경찰이 집에 가서 확인했을 때 뱀은 없었다. 만일 뱀이 있었더라면 물증을 확보했으리라. 하지만 그들은 뱀을 찾지 못했다. (그들이 제대로 찾아보았는지는 분명하지 않다. 차고를 확인했을까? 몬태나 경찰 보고서는 공공 기록물이 아니기에 열람이 불가능하다.) 그녀의 말과 그의 말이 대립했고, 이제는 그녀가 자기 말을 번복하고 그의 편을 들고 있었다. 그들이 무엇을 할 수 있을까? 법원 기록물 중 샐리의 주장을 지지하는 입장에서 보관된 진술서는 그녀의 집에서 있었던 폭력 사건을 단 두 문장으로 서술했다. "피고는 아홉 살짜리 딸을 데리고 가려고 장모의 집에 들어가려는 과정에서 뒷문의 창문을 부쉈다. 피고는 아내와 집안 문제로 다투던 중 그녀가 딸을 그곳에 데려다 놔서 화가 난 상태였다." 샐리나 멜라니를 공격한 사실에 대해서는 아무런 언급이 없었다. 벽에 뿌려진 피, 아이들의 멍한 표정에 대한 샐리의 설명, 그 순간의 공포와 로키의 무시무시한 힘에 대해서도.

"형사사법제도는 비협조적인 증인을 위해 만들어진 게 아니에요." 테니가 내게 말했다. 그리고 테니의 인식에는 엄청나게 큰 결함이 있었다. 당시 그들 모두가 로키와 미셸의 이력에 대해 제대로 아는 바가 없었던 것처럼. 나는 이후 수년간 전국의 검사에게서 같은 말을 듣게 된다.

하지만 이런 말도 들었다. 살인 재판은 피해자의 협조 없이도 이 나라에서 매일 일어난다고.

로키는 보석으로 나오자마자 미셸의 전화를 받음으로써 접근금지 명령을 어겼다. 나중에 그녀는 로키에게 아이들과 이야기할 권리가 있다고 말했다. 그들은 다음 날 오후 노스 공원에서 만났다. 미셸과 알리사가 방과 후에 어울리면서 담배를 피우던 곳이었다. 미셸에게는 또 다른 생처럼 느껴졌을 것이다. 로키가 그녀에게 뭐라고 말했는지 정확하게 아는 사람은 아무도 없지만 그는 집에 돌아가는 것을 그녀가 허락하도록 설득했다. 어쩌면 그녀에게 각종 비용을 지불하고, 식탁에 차릴 음식과 아이들이 걸칠 옷을 장만하는 게 자신의 노동임을 상기시키는 방법을 찾았는지도 모른다. 그는 미셸에게 필요한 것들을 제공했다. 동시에 그녀가 스스로 필요한 것들을 조달하지 못하도록 막기도 했다. 그리고 모두가 서로를 알고 지내는 손바닥만 한 빌링스에서 미셸이 어디에 숨을 수 있었겠는가? 두 아이를 학교에서 끌고 나와 셋이 함께 빙하 꼭대기에서 고립된 생활을 할 수는 없는 노릇이다.

이제 그녀는 관료주의를 그들의 집, 그들의 생활이라는 사적 영역으로 끌어들였다. "미셸이 로키에 대해 말하면서 많은 경계가 무너졌어요." 알리사가 말했다. "그녀는 다른 사람들에게 그가 실제로 어떤 인간인지를 노출했죠. 전에는 한 번도 해본 적 없는 일이었어요. 그래서 로키는 통제력을 약간 잃게 되었는데, 미셸은 죽지 않으려고 그걸 다시 그에게 돌려줘야 했어요."

그해 초 미셸은 노스다코타의 할아버지에게서 약간의 유산을 받았다. 그녀는 그 돈으로 주말 가족여행을 위해 캠핑카를 샀고, 나머지는 몰래 아버지에게 드렸다. 그들이 로키의 작은 트레일러 주택에서 나온 이후로 아버지에게서 빌려 살고 있는 집에 대한 계약금이었다. 그것은 미셸의 장기 전략의 일환이었다. 미셸은 신용도, 취업 이력도 없기 때문에 아빠가 은행 역할을 할 것이었고, 그 집에 대한 서류에는 그녀의 이름만 올릴 것이었다. 언젠가 그녀가 로키를 법적으로 쫓아낼 수 있도록. 물론 로키는 전혀 모르는 사실이었다.

하지만 이 모든 게 계획대로 풀렸더라도 단기적인 생존은 어떻게 할 것인가? 미셸에게는 소득도, 취업 경험도 없었다. 로키는 샐리네 집 문을 부순 그날 미셸의 부모가 한집에 살더라도 그를 말리지 못하리라는 사실을 몸소 보여주었다. 어쩌면 그녀는 다른 주로 도망쳐야 했는지도 모른다. 유괴 혐의로 감옥에 갈 위험을 무릅쓰거나, 어느 날은 수영을 가르쳤다가 다음 날이면 아이들을 총으로 위협하는 아빠 손에 아이들이 크도록 버려둔 채. 알리사는 자신이 떠올릴 수 있는 온갖 터무니없는 생각들을 제안했다. 어쩌면 미셸은 캘리포니아로 갈 수도 있다. 가발을 쓰고, 온몸에 문신을 하고, 이름을 바꾸고, 아예 이 나라를 뜨는 건 어떨까. 캐나다 같은 데로. 세라는 미셸에게 돈을 줄 테니 애리조나에 있는 이모 집으로 가라고 제안했다. 미셸의 옛 친구는 다른 주에 있는 숲 속 오두막을 빌려주겠다고 했다. 하지만 미셸은 알리사에게 이렇게 말했다. "내가 어딜 가겠어? 그 남자가 모든 에너지와 모든 돈을 쥐어짜서 찾아낼 텐데."

알리사는 당시 상상할 수 있는 모든 시나리오를 생각해보았다고 말한다. 미셸의 신원을 바꾼다, 미셸을 숨긴다, 어떤 식으로든 로키를 제거한다. "별생각이 다 들더라고요. '누가 로키를 죽이면 좋겠어. 안 그러면 그가 미셸을 죽일 테니' 하는 생각도 했어요."

미셸은 다른 모든 피해자들과 같은 이유로 고소를 철회했다. 성공 가능한 다른 선택지가 있다고 믿지 않기 때문이다. 로키는 그날 바로 집으로 돌아왔다.

그 사실을 알게 된 세라는 즉시 샐리에게 전화를 걸었다. 두 사람 모두 미셸이 이미 접근금지명령을 철회했다는 사실을 모르고 있었다. 세라와 샐리는 각각 경찰에 신고했다. 세라는 경찰에게 로키가 위험한 인물이라고 말했다. 샐리는 경찰에게 로키가 자신을 폭행하고 집 안에 난입해서 고소했다고 말하려고 전화를 걸었다가 자신의 고소가 기각되었음을 알게 되었다. 행정적인 실수였다. 미셸의 고소와 동일한 사건 일람표에 보관되었던 샐리의 고소가, 미셸이 고소를 철회하면서 같이 철회된 것이었다. 샐리는 이 서류상의 오류가 자신의 딸을 죽음으로 몰아넣었다고 믿는다. 이 일 때문에 계속 고소를 진행할 수 없었다고.

얼마 후 샐리와 세라에게 미셸의 전화가 걸려왔다. 미셸은 경찰이 아이들 앞에서 로키를 체포하려고 했다며 화를 냈다. 두 사람은 난감했다. 미셸이 전화를 걸기 전까지 이들은 미셸이 이미 고소를 취하했다는 사실을 알지 못했다. 미셸은 그들에게 자기 걱정은 할 필요가 없다고 말했다. 어쨌든 그녀에게는 호신용 스프레이가 있었다.

이렇게 해서 미셸과 로키는 양가 가족 모두와 관계를 끊었다. 10월은 더디게 흘러갔다. 매주 두어 번 손주들을 보는 데 길들여졌던 세라와 고든은 뚜렷한 공백을 느꼈다. 한번은 로키가 보석금을 돌려주기 위해 차를 몰고 왔을 때, 미셸이 아이들과 함께 차 안에 있어서 고든이 밖으로 나갔다. 세라는 아직 화가 풀리지 않아 따라가지 않았지만 창문을 통해 고든을 보며 활짝 웃는 손주들의 모습을 지켜보았다. 나중에 고든은 미셸이 자신과 포옹할 수 있도록 아이들을 차 밖으로 내보내려 하지 않았다고 세라에게 말했다. "미셸이 그랬다니 믿을 수가 없었어요." 세라가 내게 말했다. "우리가 아이들을 본 게 그때가 마지막이었어요." 그녀는 잠시 말을 멈추고 위를 쳐다보았다가 이렇게 덧붙였다. "아니 그 아이들 모두라고 해야 하나."

뒷마당에 앉아서 세라가 이 순간을 내게 설명하는 동안 고든은 말없이 얼굴을 손에 파묻고 흐느꼈다.

추수감사절 전 화요일, 알리사는 퇴근 후 미셸의 집으로 차를 몰았다. 전날 밤부터 미셸에게 전화를 걸었고 그날도 온종일 전화를 걸었지만, 미셸은 전화를 받지도 다시 걸지도 않았다. 집은 어둡고 조용했고, 그 순간 어떤 느낌이 알리사를 사로잡았다. 정확히 뭐라고 말할 수는 없었지만, 그녀는 차를 세우고 들어가서 확인하려 했으나 몸이 말을 듣지 않았다. 그녀의 몸은 계속 앞으로 가라고 했다. 그녀는 차를 몰았다.

알리사는 세라에게 전화를 걸어서 미셸과 통화한 적이 있는지 물었다. 세라는 자신들은 10월 이후로 연락이 끊긴 상태라고 말했다. 전화를 끊은 세라는 고든을 바라보며 이렇게 말했다. "알리사가 미셸을 못 찾겠다는데."

알리사는 마지막으로 아버지에게 전화를 걸었다. "아빠" 그녀가 말했다. "뭔가 잘못된 거 같아요."

살기 위한 선택

얼음장같이 추운 2월의 아침, 재클린 캠벨Jacquelyn Campbell이 디트로이트 외곽의 거대한 강의실에 서 있다. 그녀 뒤편의 대형 스크린 세 개가 워낙 커서 강의실이 왜소해 보일 정도다. 그녀는 이곳에 모인 100여 명에게 자신이 30년 전에 만든 위험평가Danger Assessment를 가르치는 아침 수업을 위해 자신의 집이 있는 볼티모어에서 날아왔다. 원래 응급실에서 의료인들을 도와 잠재적인 가정폭력 피해자를 알아내기 위해 작성하던 위험평가는 오늘날 친밀한 반려자의 폭력을 파악하고 처리하는 데 가장 중요한 도구일 것이다. 피해자가 주어진 위험평가 질문에 대답하는 방식은 그다음 단계를 결정한다. 가해자를 체포할지, 재판에 넘길지, 유죄로 볼지. 그리고 피해자가 고발을 할지, 쉼터로 보내질지, 법적 절차를 밟도록 도움을 줄지. 때로는 훨씬 냉혹한 결과를 판가름할 수도 있다. 누군가가 살지 아니면 죽을지. 위험평가는 미국과 그 외 나라에서 친밀한 반려자의 폭력을 이해하고 처리하는 방식을 바꿔놓았다. 문화적이고 정치적인 장애물을 무너뜨렸고, 경찰, 변호사, 판사, 대변인, 의료진 등에게 채택되었다. 연구와 정책을 뒷받침할 수 있는 자료를 제공했고 숱한 목숨을 구했다.

트위드 자켓에 검은 블라우스를 입고, 숱이 많은 짙은 적갈색 곱슬머리에 두툼한 목걸이를 한 캠벨은 키가 크고 우아하다. 그녀의 목소리는 시청자에게 끔찍한 뉴스를 전달해야 하지만 위로하는 듯한 어조를 유지하는 공영라디오 진행자의 것 같다. 어머니가 위중하다거나 집에서 키우던 개가 세상을 떠났다는 소식을 들을 때 사람들이 원하는 종류의 목소리이다. 그녀는 가족의 폭력에 대해, 사람들이 서로에게 할 수 있는 최악의 일에 대해 이야기하고 있지만, 그녀의 목소리에는 당신은 이제 안심해도 된다고 약속하는 심리치료사의 장담이 실려 있다. 2017년 1월 한 달 동안 미시건 한 곳에서만 86명의 여성과 다섯 명의 어린이가 목숨을 잃었다고 그녀가 청중에게 말한다. 피해자 중 다수가 이 방에 있는 사람들과 안면이 있다.

참가자들이 이 강의실에 모인 것은 가정폭력에 대해 이야기하기 위해서였다. 정복경찰과 사복경찰에서부터 지방검사와 기소검사, 가정폭력 대변인과 정신 건강 상담사, 의료계 종사자, 쉼터 자원봉사자까지 모두가. 캠벨의 슬라이드에는 음산한 가정폭력 통계가 하나하나 열거된다. **아프리카계 미국 여성의 두 번째 사망 원인, 원주민 여성의 세 번째 사망 원인, 백인 여성의 일곱 번째 사망 원인.**

캠벨은 미국에서 매년 학대당하던 여성 1,200명이 목숨을 잃는다고 말한다.[1]

이 수치에는 어린이가 포함되지 않는다. 그리고 반려자를 살해하고 난 뒤 스스로 목숨을 끊는 학대자들도. 우리가 신문에서 일상적으로 접하는 살인 후 자살. 그리고 여기에는 동성 간의 관계도 포함되지 않는다. 한쪽 반려자가 '커밍아웃'을 하지 않을 수도 있기 때문이다. 그리고 여기에는 자매, 이모, 할머니처럼 피해자와 함께 종종 목숨을 잃는 다른 가족 구성원도 포함되지 않는다. 무고한 행인도. 텍사스에서는 한 사위가 장모를 노리고 예배를 보러 들어가서 26명의 교인을 함께 살해했고, 위스콘신에서는 한 스파에서 전 반려자에게 고객이 살해당하는 과정에서 직원 두 명이 목숨을 잃기도 했다. 이 목록은 끝이 없다. 그리고 여기에는 살인 사건을 보고하지 않은 사법구역들도 빠져 있다. FBI 의 살인추가보고데이터에 살인 사건을 보고하는 것이 의무 사항은 아니기 때문이다. 그렇다면 매년 가정폭력 때문에 사망하는 사람은 몇 명일까? 행인, 다른 가족 구성원, 가해자의 자살까지 포함하면? 더 이상 견디지 못하고 목숨을 끊는 피해자까지 포함하면? 절대 사고가 아닌 것으로 드러난 사건들, 자동차 밖으로, 또는 벼랑에서 떠밀리거나 나무를 들이받은 피해자들, 영원히 어떤 범주에도 속하지 못하는 비극들까지.

이 방에서 캠벨은 신도들 가운데 있다. 가정폭력이 어떻게 작동하는지 그 기초를 이해하는 사람들. 이 중에는 그 통계를 개인적으로 알고 있는 사람들이 많다. 통계 수치를 머리로 알고 있다는 의미에서가 아니라 이 힘든 폭력의 순환 속에 갇힌 여성, 남성, 어린이의 얼굴을 알고 있다는 의미에서. 캠벨은 최근 메릴랜드에서 17세 남자친구에게 살해당한 26세 여성의 이야기를 들려준다. 메릴랜드에서 살인은 산모 사망의 주요 원인이다. 뉴욕과 시카고도 마찬가지라고 캠벨이 말한다. 외국 군대와 테러리스트와 술 취한 운전자는 우리를 죽일 필요가 없다. 우리가 너무 유능하게 우리 스스로를 죽이기 때문이다.

이 메릴랜드 커플, 26세 여성과 17세 남성에게도 2개월 된 아이가 있었는데, 이 여성에게는 세 명의 다른 남자들에게서 얻은 세 아이가 더 있었다. 다섯 살짜리 아이가 비명을 지르며 지켜보는 가운데 그녀는 총에 맞아 목숨을 잃었다. 이제 막 걸음마를 시작한 두 아이가 한달음에 달려왔고, 역시 엄마가 죽은 걸 보았다. 트라우마가 남게 된 세 아이, 그리고 한 명의 신생아. 걸음마를 하는 아이 중 하나는 친부에게 학대를 당한 이력이 있었다. 사망한 여성은 어릴 때 아버지에게 학대를 당했다. 17세의 남자친구는 어린 시절 너무 끔찍한 방식으로 학대를 당해서

5년간 자신의 가정에서 다른 곳으로 보내졌다. 수년간 여러 세대에 걸쳐 쌓이고 쌓인 학대의 층들.

이후에 이 네 아이가 어떤 후유증을 겪었는지 살펴본 캠벨과 다른 연구자들은 신생아가 사망한 어머니의 부모 손에 양육되고 있다는 것을 알게 되었다. 어머니를 학대했던 그녀의 아버지 역시 포함해서. 다른 세 아이 모두 학대자들에게 양육되고 있었다. 17세 남자친구가 12년의 형기를 마치고 출소하면 그때쯤 청소년일 이 신생아의 양육을 책임지게 될 가능성이 높았다. 학대의 순환은 복잡한 한 가정 안에서 이런 모습으로 꾸준히 이어진다. 캠벨과 다른 연구자들이 메릴랜드 공무원들에게 "우리가 이 아이들이 (12년 뒤에) 휘말리게 될 또 다른 사건을 지켜볼 거예요" 하고 이야기하자, 하원의원이 마지못한 기색으로 그들은 미래에 무슨 일이 벌어질지에는 관심이 없다고 캠벨에게 말했다고 한다. 학대를 목격한 아이들이 어떻게 성인이 되어 이 순환을 영속시키는지에 대해서는. 그들은 즉답을 원했다. 지금 당장 그들이 무엇을 할 수 있을까? 하지만 그녀의 핵심은 **미래**였다.

"이건 예방에 대한 장기적인 관점의 문제예요." 그녀가 말한다. 사람들에게 아이를 학대하지 않고 양육하는 법을 어떻게 가르칠지, 아이들과 부모에게 손을 내밀고 수준 높고 밀도 있는 상담을 제공하는 시스템을 어떻게 만들지. 부모 중 한 명이 살해당한 뒤라도 아이들은 종종 운이 좋아야 단 **한 차례**의 정신 건강 상담을 예약할 수 있다.

좋은 소식도 있다고 캠벨이 말한다. 그러자 그 방에서 몇 명이 웃음을 터뜨린다. 사실 그때까지 분위기가 상당히 침울했기 때문이다. 캠벨은 "훌륭한 가정폭력법과 자원을 갖춘" 주에서는 남성과 여성 모두 (특히 남성이긴 하지만) 자신의 반려자에 의해 목숨을 잃을 가능성이 낮다고 말한다. 그렇다, 남성. 그들은 젠더 차이에서 인과관계를 발견한다.

남성 사망자가 적은 주는 경찰이 훌륭하게 대응하고, 보호 기능을 하는 법이 잘 갖춰져 있고, 피해자를 지원하기 위한 자원이 어느 정도 있는 곳이다. 즉, 캠벨의 말에 따르면 "학대당한 여성들이 그를 죽이는 것 말고는 다른 방법이 없다고 느낄 가능성이 적다." 실제로 1976년 이후로 여성에게 살해당하는 남성이 약 4분의 3까지 줄었다.[2]

학대당하는 여성들이 학대자를 살해하지 않고도 자유의 몸으로 돌아갈 수 있는 주가 있다는 것이다. 전국 통계는 없지만 이 데이터를 수집하는 주가 일부 있다. 예를 들어 2005년 뉴욕주에서는 여성 수감자의 3분의 2가 자신이 살해한 사람에 의해 학대당한 전력이 있었다.[3] 여전히 많은 주에서 피해자가 자신을 변호할 때 반려자의 폭력을 참았던 기나긴 이력을 사용할 수 없게 되어 있긴 하지만 말이다. 일급살인으로 노스캐롤라이나에 투옥된 라티나 레이Latina Ray라는 여성은 10년간 학대를 견뎠다고 내게 말했다. 반려자의 구타가 너무 심해서 그녀는 왼쪽 시력을 완전히 잃었지만 그에게서 오랫동안 괴롭힘을 당했던 이력은 재판에서 전혀 사용하지 못했다.[4] 그녀는 반려자의 총을 가지고 그를 쏘기 전까지 교통 위반 딱지 한 장 끊어본 적이 없었다. 범죄자 식별용 사진(머그샷)을 보면 그녀는 황갈색 피부에 한쪽 눈이 짓이겨진 아름다운 여성이다.

나는 캠벨의 강의를 들으면서 피해자 가족들이 가장 흔하게 던지는 질문을 떠올린다. 우리가 무엇을 할 수 있었을까? 우리가 보고도 놓친 게 뭘까?

하지만 그건 사실 가족들의 문제가 아니다. 분명 가족들이 더 많은 사실을 눈치챌 수도 있고, 캠벨에 따르면 때로 피해자들은 친구나 가족에게 학대 사실을 털어놓기도 한다. 하지만 고려해야 할 집단이 하나 더 있다. 모든 살해 피해자의 절반 이상이 어떤 시점에 의료 전문가들을 만났기 때문이다. 다시 말해서 캠벨 같은 사람들에게 달린 것이다. 응급실만이 아니라, 1차 진료를 담당하는 주치의, 산부인과 의사, 그 외 다수의 전문가 같은 사람들 말이다. 이런 사람들은 잠재적인 살인 피해자와 접촉하는 최초의 또는 유일한 개인일 때가 많다. 나는 로키가 미셸에게 성병을 감염시켰다고 생각했을 때 샐리가 미셸을 데려갔던 진료소에 대해 생각한다. 건강보험양도와책임에관한법Health Insurance Patient Privacy Act 때문에 미셸에 대한 그 어떤 정보도 흘릴 수 없지만, 그들은 그녀에게 항우울제를 처방할 정도로 충분히 많은 것을 보았다. 그들은 또 어떤 것을 보았을까? 무엇을 놓쳤을까? 미셸의 인생 속 폭력이 언급되었을까? 아이가 둘인 스물세 살의 젊은 기혼 여성이 성병 검사를 받고 (그게 어떤 모습이었건) 항우울제가 필요한 상태처럼 보였다면, 그것은 그녀의 인생을 조금 더 깊이 캐보기에 충분한 적신호가 아니었을까?

캠벨은 사망 당시 팔에 깁스를 하고 있던 한 여성의 서류를 읽은 적이 있다고 말한다. 이 여성은 총알이 관자놀이를 관통해서 목숨을 잃었다. 경찰 보고서나 응급실 기록에는 가정폭력에 대한 언급이 한마디도 없었다. 깁스는! 이 깁스는 어디서 온 거란 말인가. 보고서를 보면 누구도 굳이 그걸 물어보지 않았다. 캠벨이 만났던 또 다른 여성은 학대자에게 총을 맞고 몸이 마비되었지만, 병원에서 퇴원한 뒤 다시 그에게 돌아갔다. 캠벨이 이 여성에게 가정폭력지원서비스에 대해 설명을 들은 적이 있는지 묻자 그런 적은 없지만 소개를 받고 싶다고 했다. 그녀는 학대자에게 돌아간 것은 자신을 돌봐줄 사람이 아무도 없었기 때문이라고 말했다. 캠벨은 너무 화가 나서 이 여성이 처음에 실려 갔던 외상센터로 쳐들어갔다. 그곳에서는 자신들은 가정폭력을 진단할 시간이 없다고 말했다고 한다. 캠벨은 이 외상센터가 마비된 여성에 대해 작성한 진료 기록지를 흔들며 **남편이 쏜 총에 맞음**이라고 적힌 부분을 짚어

보였다.

쉬는 시간 동안 참가자들은 핸드폰을 확인하고 커피를 보충한다. 내가 한 경찰에게 어떻게 여기 오게 되었는지 묻자, 그는 자기가 사는 오번 힐스의 시장이 최근에 가정폭력을 더 효과적으로 해결하라는 공문을 내려보냈다고 말한다. 그들은 위험평가에 대해 이런 식으로 교육을 받는 중이다. 일주일 전에는 목조름을 식별하는 방법에 대한 교육을 받았다. 나중에 캠벨은 강연 중간에 잠시 시간을 내어 강의를 듣고 있는 두 명의 정복경찰을 올려다보며 "여성을 안전하게 지키는 역할을 맡고 있는 두 분께 감사합니다"라고 말했다.

강의가 끝나자 캠벨에게 감사 인사를 하려는 사람, 그녀에게 현장의 이야기를 들려주고자 하는 사람, 그녀의 연구가 추상적인 "목숨들"이 아니라 생면부지의 이 여성을, 어쨌든 엄마 없이 자라는 비극을 면한 이 아이를 어떻게 구했는지에 대해 이야기해주고 싶어 하는 사람들로 중앙 통로에 긴 줄이 만들어졌다. 이 세상에 유명 인사라는 게 있다면 그게 바로 캠벨이었다.

캠벨은 데이턴 도심에서 보건교사로 직장 생활을 시작했다. 그녀는 남녀를 가리지 않고 대부분의 학생을 알았다. 그녀와 주로 많은 시간을 보내는 건 여학생들이긴 했지만. 임신을 하게 된 여학생들이 그녀의 사무실에 와서 자기 인생 이야기를 했다. 어쩌다가 선택의 여지도, 주체성도 없는 처지가 되었는지. 어쩌다가 자기 삶을 전혀 통제할 수 없다고 믿는 것처럼 보이게 되었는지. 상황이 그렇다 보니 그녀는 데이턴 곳곳에 있는 사회복지기관들을 알게 되었고, 가끔은 상담사에게 전화를 걸어서 여학생들의 문제를 상의하곤 했다. 애니라고 하는 한 10대 여자아이가 그녀에게 오더니 자신이 임신을 했고 부모가 자신의 인생을 비참하게 만들고 있다고 말했다. 캠벨은 애니에게 각별한 친밀함을 느꼈고, 어떤 불꽃 같은 것을 본 것 같았지만, 어떻게 도와야 할지 감이 오지 않았다. 10대 아빠인 타이론 역시 캠벨이 아는 아이였다. 애니가 임신하기 전까지는 그 둘이 사귀는 사이라는 걸 몰랐지만, "그 아이는 매력적이고 유쾌했어요." 캠벨은 타이론에 대해 이렇게 말했다. "아주 사랑스러운 녀석." 물론 타이론은 평생 한 여자에게 헌신할 준비가 되어 있지 않았고, 애니는 집에서 너무 힘들어했다. 그래서 그녀는 복지 원조를 받아서 혼자 아파트로 들어갔다. 애니는 학교를 자퇴했지만 캠벨과는 꾸준히 연락을 하며 자신이 어떻게 지내는지 소식을 전했다. 때로 캠벨은 위기의 어린 어머니 프로그램을 통해, 애니를 알고 있는 또 다른 상담사를 통해 애니의 근황을 확인하기도 했다. 캠벨은 애니가 보람 있는 인생에 이르는 길을 찾기를 기도했다.

그러던 1979년의 어느 날, 애니의 상담사가 캠벨에게 전화를 걸어서 알려줄 소식이 있다고 했다. 애니가 타이론에게 열 번도 넘게 칼에 찔렸다는 것이었다. 캠벨은 충격으로 정신을 차릴 수가 없었다. 그녀는 이런 일이 일어난 직후에 모든 사람들이 하는 행동을 했다. 자신이 무엇을 놓쳤는지, 어떻게 개입했더라면 막을 수 있었을지, 어쩌다가 그렇게 끔찍한 잘못이 일어나게 되었는지 알아내려고 애썼다. 그녀는 장례식에 갔고 무너지지 않으려 노력했다. 나중에 그녀는 이 문제에 대해 생각하다가 애니의 눈이 여러 차례 검게 멍 들었던 사실이, 애니가 두루뭉술하게 "우리는 잘 안 맞아요" 같은 말로 빙빙 돌려 이야기했었다는 사실이 떠올랐다. 아니면 "우린 문제가 있어요" 같은 말. 애니는 어떤 말로 상황을 설명해야 할지 몰랐고, 캠벨은 아직 폭력의 언어에 무지했다. 애니는 이야기했지만 캠벨은 알아차리지 못했다. 급소를 가격당한 기분이었다. 그녀는 애니의 말을 들어주고 그냥 그곳에 있어주는 것이 자신이 할 수 있는 전부라고 생각했다. 내가 질문을 할 수 있을 정도로 똑똑했더라면. 추가적인 질문을 할 정도로, 조금 더 강하게 확인해볼 정도로, 캐묻는 걸 너무 두려워하지 않을 정도로 똑똑했더라면.

그래서 캠벨의 커리어에서는 무엇을 질문할지를 공부하는 것이 전부가 되었다.

캠벨은 항상 공중보건에 관심이 있었지만 애매한 끌림 이상의 직업적인 목표는 없었다. 간호 업무가 좋긴 하지만 그 이상을 할 수 있을 것 같다는 기분. 그녀는 그 이상을 하고 싶었다. 그녀는 당시 남편의 직장을 따라 데이턴으로, 디트로이트로, 로체스터로 옮겨 다녔다. 공중보건에 대한 관심을 살려 웨인 주립대학교 석사 과정을 시작했다. 논문심사위원회는 "지역사회 속으로 들어가서 무언가를 예방하라"는 모호한 과제를 안겼다. 그녀는 사람들이 안전벨트를 착용하게 만드는 것 같은 캠페인을 떠올렸다.

이들의 지시는 이후 그녀의 인생을 바꿔놓았다.

캠벨이 대학원에서 공부를 시작했을 때는 가정폭력 살인에 대한 문헌이 거의 없었다. 그녀는 보건교사 시절을, 체념조로 자신의 미래에 대해 이야기하던 젊은 여성들을 떠올렸고, 젊은 아프리카계 미국 여성의 주요 사망 원인을 파보면 좋겠다고 마음먹었다. "나는 그들에게 유방 검진받는 법을 가르치게 될 거라고 생각했어요." 그녀가 말했다. 하지만 그녀는 젊은 아프리카계 미국 여성의 주요 사망 원인이 살인이라는 사실을 확인하고 충격을 받았다. 살인이라니? 어떻게 그렇게 많은 젊은 흑인 여성이 **살인** 때문에 죽을 수 있지?5

캠벨은 데이턴에서 알게 된 과거 도심 지역의 많은 학생들과 계속 연락을 하고 있었고, 그래서 이제는 20대가 된 이 아프리카계 미국 여성들을 연구 대상으로 선택했다. 그녀는 존스홉킨스 간호대학에 있는 사무실에서 공중보건의 출발점은 사망자 통계표라고 내게 말했다. 그녀의 사무실 밖에는 대학원생들이 "폭력 서랍"이라고 하는 문서 보관함 옆에서 그녀를 만나려고 진을 치고 있었다. 그녀가 논문심사위원회에서 살인은 어째서 임상 데이터가 거의 없는지를 설명하자 이들은 그녀에게 직접 만들어보라고 이야기했다. 그래서 그녀는 자신의 석사학위 논문을 위해, 그리고 나중에 로체스터대학교에서 박사학위 논문을 쓰기 위해 데이턴과 디트로이트와 로체스터에서 경찰 살인 사건 서류를 열심히 파헤쳤고, 동시에 여러 도시에서 학대 경험이 있는 여성들을 인터뷰했다. 그러자 패턴이 눈에 보이기 시작했다. 오늘날에는 명백해 보이지만 당시에는 아무도 진단하지 못했던 패턴이.

캠벨은 갑자기 그때까지만 해도 주로 가설에 머물러 있었던 것을 정량화할 수 있게 되었다. 예를 들어 가정 내 살인 사건의 최대 위험 요소는 가정폭력 전력이라는 사실 같은 것을. (그녀가 초창기에 데이턴 경찰 보고서를 가지고 연구한 결과 가정 내 살인 사건 피해자의 50퍼센트가 과거에 최소 한 번은 가정폭력 때문에 경찰의 방문을 받은 적이 있었다.) 위험도는 구체적인 시간 흐름에 따라 바뀌었다. 위험도가 극에 달할 때는 피해자가 학대자와 헤어지려고 시도할 때였고, 그 후 3개월간 아주 높은 수준으로 유지되다가 이후 9개월간 아주 조금 떨어졌다. 1년이 지나면 위험 수준은 가파르게 하락했다. 그러니까 어쩌면 로키 모저는 영원히 억류당할 필요가 없었는지 모른다. 그는 그저 충분히 오랜 시간 동안 억류당하기만 하면 되는 것이었다. 미셸이 자기 자신과 아이들을 부양할 수 있을 정도로 생활을 추스를 수 있는 시간이 필요했듯, 로키는 자신의 삶이 미셸 없이도 굴러갈 수 있다는 걸 이해할 시간이 필요했던 것이다. 한순간에 임의로 벌어진 것 같은 무언가가 캠벨이 보기에는 정량화와 분류가 가능한 일처럼 보였다. 최소한 캠벨이 인터뷰했던 여성의 절반은 상황의 심각성을 인식하지 못했고, 이 점은 오늘날에도 여전하다고 캠벨은 말한다.

그리고 미셸 먼슨 모저처럼 상황의 심각성을 알거나 감지한 사람들마저도 자신이 사랑하거나 한때 사랑했던 이 사람, 함께 아이를 낳고 서로가 서로에게 열정을 바쳤던 이 사람, 인생의 크고 작은 일들을 함께 공유하고 있는 이 사람이 정말로 자신의 목숨을 앗아 갈 수 있다고 상상하려면 인식의 절대적인 도약이 필요하다. 가정폭력을 다른 모든 범죄와 달라지게 만드는 것은 사랑이다. 서로에게 그리고 온 세상에 대고, **당신은 내게 가장 중요한 사람입니다**라고 말했던 관계. 그런데 한순간에 이 관계가 죽음을 몰고 올 수 있다니? 이 사실을 납득하려면 정신적으로, 지적으로, 감정적으로 상상을 뛰어넘어야 한다. 샌디에이고의 손꼽히는 가정폭력 대변인인 게일 스트랙Gael Strack은 이렇게 말한다. "내가 사랑하는 사람이 주저 없이 내 목숨을 빼앗을 수 있다는 인식에 대한 트라우마요? 어떻게 그걸 안고 살 수가 있나요?"

캠벨은 수년에 걸친 연구 끝에, 거의 무한한 일련의 조합으로 모아 놓았을 때 잠재적인 살인을 예고하는 고위험 요인 22가지를 결국 규명해냈다. 이런 위험 요인 중 약물 남용, 총기 소지, 극단적인 질투처럼 어떤 것들은 포괄적이다. 살해 위협, 목조름, 강제 성관계 같은 것들은 이보다는 구체적이다. 친구와 가족으로부터 고립되어 있거나, 같은 집에 생물학적 부모가 다른 아이가 있거나, 임신 중에 학대자가 폭행이나 자살 위협을 하거나 스토킹을 할 때도 모두 치명률이 증가했다. 아이들을 위협하거나, 기물을 파손하거나, 과거 1년 내에 피해자가 헤어지려는 시도를 한 적이 있거나, 총기에 접근이 가능하고, 마약이나 알코올을 남용하고, 일상 활동을 통제하는 경우도 모두 위험 요인에 해당한다. 캠벨이 유일하게 꼽은 경제적 요인은 만성 실업이었다. 그녀는 후자 중 많은 지표들이 직접적으로 폭력을 유발하는 것은 아니고 위태로운 상황에 기름을 부을 수 있다고 빠르게 덧붙인다. 중요한 것은 단 하나의 위험 요인이 존재하는 상태가 아니라, 각각 가중치가 다른 이런 요소들의 특수한 결합이다. 캠벨은 피해자들이 상황이 어떤 식으로 악화되었는지를 직접 확인할 수 있도록, 일종의 학대 목록을 만들어 사건을 시간순으로 배열하도록 했다. (캠벨은 많은 사람들이 시간순 배열을 하지 않고 위험평가를 하는데, 이 경우 단계적인 악화에 대한 중요한 정보를 얻을 수가 없고, 피해자가 자신의 상황을 집합적인 전체로 인식함으로써 어떤 깨달음을 얻고 진정으로 강해지는 게 어렵다고 말한다. 나는 경찰에서부터 대변인들까지 미국 전역에서 다양한 위험평가가 실시되는 것을 보았는데, 시간순으로 배열하는 경우는 거의 보지 못했다.)

캠벨은 초기 연구에서 목조름이 위험 신호 중 하나라고 지적했는데, 알고 보니 주먹질이나 발길질보다 훨씬 중요한 지표였다. 가정폭력 피해자의 60퍼센트가 학대 관계가 이어지는 동안 어떤 시점에 목졸림을 당하고[6] (수년에 걸쳐 종종 반복적으로) 목조름 가해자의 압도적인 다수는 남성이다(99퍼센트).[7] 의식을 잃을 정도로 목졸림을 당한 사람들은 그 사건 이후 뇌졸중, 혈전, 흡인(자신의 구토 때문에 숨이 막히는 것)으로 최초 24시간에서 48시간 이내에 사망할 위험이 가장 높다. 이런 사고는 뇌로 공급되는 산소를 끊어버리기 때문만이 아니라, 머리에 둔력외상을 동반하는 경우가 종종 있기 때문에 가볍든 심각하든 뇌손상을 유발할 수 있다. 하지만 응급실에서 가정폭력 피해자가 목졸림이나 뇌손상 검사를 받는 경우는 드물고, 피해자 스스로도 그 상황을 잘 기억하지 못하는 경향이 있어서 자신이 의식을 잃었다는 사실을 인지조차 못 할 때가 종종 있다. 이는 공식화된 진단이 드물고, 폭행과 부상이 과소평가되며 학대자가 더 가벼운 혐의로 기소당한다는 의미이다.[8]

목졸림예방교육연구소Training Institute on Strangulation Prevention의 최고경영자 게일 스트랙은 오늘날 가정폭력 분야에서 목졸림과 관련 사안에 대해 두각을 나타내는 인물 중 하나다. 그녀가 1995년 샌디에이고시에서 지방검사보로 일할 때 "자신이 담당한" 두 10대 소녀가 살해를 당했다. 한 소녀는 사망하기 – 이 아이는 여자친구들 앞에서 칼에 찔렸다 – 몇 주 전에 목졸림을 당해서 경찰이 출동했다. 하지만 경찰이 찾아갔을 때 이 소녀는 신고를 취소했고 아무런 기소도 이루어지지 않았다. 다른 소녀는 목졸림을 당한 뒤 불태워졌다. 두 소녀 모두 가정폭력지원서비스를 알아보고 안전 계획을 세운 적이 있었다. 스트랙은 샌디에이고가 공격적인 가정폭력 대비의 최전선에 있다고 믿었다. 심지어 샌디에이고에는 가정폭력전담자문위원회와 법원이 있었다. "분화 조직이 없는 곳이 없었어요." 스트랙은 이렇게 말한다.

교육연구소의 공동 설립자인 스트랙과 케이시 그윈, 그리고 당시 스트랙의 상사는 두 소녀의 죽음에 책임을 느꼈다. 그 분야의 많은 다른 사람들처럼 그들은 자신들이 무엇을 놓쳤는지 자문했다. 어떤 공동체에서 대중의 이목을 끄는 살인 사건이 일어나면 이 사건이 결국 변화를 촉발할 때가 자주 있다. 기금이 순식간에 마련된다. 새로운 프로그램에 대한 교육과 실행 계획이 세워진다. 던이나 스트랙이나 캠벨 같은 사람에게 도와달라고 연락을 한다.

스트랙은 상황을 거슬러 올라가 사망으로 이어지지 않은 가정폭력 목조름 사건 300건의 사건 파일을 연구했다.[9] 목조름은 가정폭력 살인 사건의 가능성을 극적으로 증가시키는 것으로 확인되었다. 하지만 연구에 따르면 피해자 중에 경찰 보고서용으로 사진 촬영을 할 만큼 부상이 눈에 띄는 경우는 15퍼센트에 불과한 것으로 나타났다. 이 때문에 경찰들은 때로 사건을 과소평가하고 부상을 "목에 찰과상, 긁힘, 자상, 빨개짐" 같은 식으로 열거하곤 했다.[10] 그리고 응급실에서는 피해자에게 CT 촬영이나 MRI 검사를 해보지도 않고 그냥 돌려보내는 경향이 있었다. 대부분의 목조름은 내상을 남기고, 목조름 행위는 살인 전에 범인이 자행하는 끝에서 두 번째 학대로 드러나는 경우가 많다고 스트랙과 가정폭력 대응 커뮤니티는 믿는다.[11]

"통계적으로 이제 우리는 손이 목 위로 한번 올라오면 그다음 단계는 살인이라는 걸 알고 있어요." 샌디에이고 가정사법센터 가정폭력 부서에서 근무하는 샌디에이고 경찰서 형사이자 임상의인 실비아 벨라 Sylvia Vella가 말한다. "그들은 뒤로 돌아가지 않아요."[12]

이 부분에 이의를 제기하는 연구자들도 있다.[13] 연구와 데이터가 어떻든 간에 인간의 행위는 예측이 불가능하고 때로는 불가해하며, 수치는 무오류의 해법일 수 없다. 목을 조른 적은 있어도 살인은 하지 않는 사람들이 있듯, 목을 조른 적은 한 번도 없지만 살인을 하는 가해자도 있다.

스트랙이 연구한 300건의 목조름 사건 중에서 피해자가 소변이나 대변을 본 경우도 많았다. 이는 공포로 인해 나타나는 행동이다. 스트랙은 응급실 담당의인 조지 매클레인George McClane과 이야기를 나누었는데, 그는 완전히 다른 관점을 제시했다. 대소변을 보는 것은 땀을 흘리는 것이나 소화처럼 우리의 의식 아래에서 일어나는 육체적 기능이고, 이는 자율신경계에 의해 통제된다. 뇌간에 있는 천골신경 – 이는 공교롭게도 뇌에서 가장 마지막에 죽는 부분이다 – 이 괄약근을 통제한다. 그러니까 대소변을 보는 행위는 공포에 빠졌다는 신호가 아니라, 이 피해자들이 거의 죽음 직전까지 이르렀다는 증거였던 것이다. 그리고 이

모든 사건은 경범죄로 기소되었다.[14]

스트랙은 가정폭력 관련 종사자(경찰에서부터 긴급출동요원, 쉼터 직원, 변호사에 이르기까지)에게 목졸림의 징후를 파악할 수 있도록 교육하는 일에 돌입했다. 1990년대 중반 이후로 스트랙과 그원은 전국을 돌아다니면서 목졸림 사건에서 해부학, 수사, 기소, 피해자 안전을 망라하는 교육 프로그램을 진행했다. 그원은 교육생이 5만 명이 넘는다고 추정한다. 2011년 스트랙과 그원은 여성폭력방지처의 재정을 가지고 목졸림예방교육연구소를 설립하는 데 힘을 보탰다.[15] 샌디에이고에 본부를 둔 이 연구소는 의사, 간호사, 판사, 생존자, 경찰, 검사 등 자문 집단의 도움을 받아 "교육자들을 교육하기" 위한 나흘짜리 프로그램을 샌디에이고와 전국에서 실시한다. 나는 여러 일화를 통해 전국의 경찰서에서 교육이 너무 적거나 (기껏해야 두어 시간) 전무하기도 하다는 사실을 확인했다.

2013년 그원, 스트랙, 그 외 가정폭력 대응 커뮤니티 내에서 주도적으로 목소리를 내는 여러 명이 대법원양형위원회에 목졸림과 질식의 각별한 위험을 개괄한 보고서를 제출했다. 이후 대법원은 양형위원회 보고서에 목졸림과 질식을 구체적으로 언급한 표현을 추가하면서[16] 유죄로 확인된 범인에 대해 형기를 늘릴 것을 권고했다. 현재 45개 주[17]가 목조름을 중범죄로 기소한다. 그리고 그원에 따르면 "여러 분야의 인력으로 구성된 팀과 함께 목조름을 중범죄로 기소한 모든 관할구역에서 살인이 줄어들었다." 예를 들면 2012년부터 2014년 사이 애리조나주의 마리코파 카운티에서는 가정폭력 살인율이 30퍼센트 떨어졌다.[18] 그원과 그의 동료이자 스코츠데일의 경사이며 목졸림예방교육연구소의 전국 교수진인 대니얼 린컨Daniel Rincon은 일차적으로 살인율 경감이 자신들의 전국 규모 팀(긴급출동요원에서부터, 응급 의료진, 형사, 범죄 현장 전문가 등으로 이루어진)이 실시한 교육의 결과이고, 다음으로는 목졸림 피해자를 검사할 때 법의학 간호사를 투입한 결과라고 주장한다. 마리코파 카운티는 끊어진 혈관, 지문, 그 외 다른 흔적 같은 물증을 확인할 수 있는 고해상도 디지털카메라 역시 구입했다. 교육과 법의학 검사를 실시하기 전에는 목졸림 사건 중 기소되는 건은 14퍼센트뿐이었다. 하지만 이제는 이 수치가 62퍼센트에 가깝다.[19] 마리코파 카운티의 검사 빌 몽고메리Bill Montgomery는 이 프로그램이 워낙 도입된 지가 얼마 안 되어서 직접적인 인과관계를 설정하기는 어렵지만 "객관적인 데이터를 보면 우리가 가정폭력 목졸림 사건에 주목해 수사하고, 기소하고, 고소하는 능력을 향상시킨 곳에서 가정폭력 살인이 크게 줄었다고 이야기할 수 있다"고 내게 말했다. 이 글을 쓰고 있는 2016년 현재 켄터키, 뉴저지, 사우스캐롤라이나, 노스다코타에는 목조름을 중범죄로 간주하는 법이 없다. 오하이오나 워싱턴 DC도 마찬가지다.[20]

하지만 어떤 종류의 고발을 위해서든 목조름과 뇌손상 모두 확인과 진단이 필요하다. 목조름을 가지고 학위 논문을 쓴 실비아 벨라는 연구를 통해 알게 된 20대 후반의 한 여성을 기억한다. 그녀의 목과 귀 주위에 멍이 너무 심하게 들어서 벨라는 이 여성을 바로 응급실로 보냈고, 응급실 의료진은 절단된 경동맥을 발견했다. 이 여성은 병원에서 벨라에게 전화를 걸어 가명으로 보안이 확실한 방에 들어와 있다고 말했다. "아무도 어째서 그녀가 뇌졸중을 면했는지는 몰라요." 벨라가 내게 말했다. "의사들은 '그녀가 살아났다니 믿을 수가 없군' 하는 식이었죠."

목조름은 의학 문헌에 상당히 잘 기록되어 있지만 외상성 뇌손상은 이제서야 포괄적인 가정폭력 대응 커뮤니티 내에서 언급되는 정도다. 외상성 뇌손상 증상이 나타나는 가정폭력 피해자의 대다수가 공식적인 진단을 전혀 받지 못하는데, 그 이유 중 하나는 이들에게 눈에 띄는 부상이 거의 없기 때문이다. 그래서 응급실 인력들은 대개 이 검사를 하지 않는다.[21] "지금은 응급실 형편이 아주 좋아요. 아이가 운동하다가 다쳐서 온다거나, 누가 자동차 사고를 당했거나, 뇌진탕후증후군 때문에 찾아오는 사람들한테는 말이에요. 하지만 어째선지 (가정폭력) 피해자에게는 그만큼 좋지가 않아요." 캠벨이 말했다. 그녀는 가정폭력에서 비롯된 뇌손상이 피해자의 중추신경계에 미치는 영향을 검토한 연구의 주 저자였다. 그 증상으로는 시각과 청각상의 문제, 발작, 이명, 기억상실, 두통, 까무러침이 있다. "우린 '좋아요, 멍에 대한 기억이 없다고요? 전에 목졸림이나 머리 손상을 당한 적이 있나요?'라고 말하지 않아요. 그러니까 이 매뉴얼을 학대당한 여성들에게 더 잘 적용해야 하는 거예요."

헬프HELPS라고 하는 응급실용 검사 도구가 있긴 하지만 그 목적은 잠재적인 외상성 뇌손상이 있는 가정폭력 피해자를 확인하는 것이라서 사용이 광범위하지도, 표준화되지도 않았다. 메릴랜드 노스웨스트 병원의 도브DOVE라고 하는 가정폭력대변집단의 책임자인 오드리 버긴 Audrey Bergin은 자신들의 응급실에서는 헬프를 사용하지 않지만, 가정폭력 사건의 경우 의료 기록을 검토하고 외상성 뇌손상이 일어날 수 있는지 확인하는 전담 간호사가 포함된 프로그램을 운영한다고 말한다. 얼마 전까지만 해도 그녀의 직원들마저도 이런 환자들에게 "골치 아프다"는 꼬리표를 붙였다고, 그녀는 이메일을 통해 이야기했다.[22] "경찰은 이들이 술에 취했다고 일축할 수도 있고, 주 검사는 이들에게 정신질환이 있다고 생각할 수도 있어요. 의료진마저도 이들이 지나치게 호들갑을 떤다고 무시할 수 있죠. 우린 이들을 대신해서 다른 기관들이 이런 행동과 증상을 유발하는 건 외상성 뇌손상이라고 이해하는 데 도움을 주는 개입을 했어요."

진단과 치료의 장애물은 이보다 훨씬 기초적인 차원일 때도 있다. 모든 병원이 MRI 장비를 갖추고 있지 않고, 갖추고 있다 해도 주 7일 하루 24시간 동안 인력을 가동할 수 없기도 하다. 시골이나 저소득 지역의 피해자는 거의 확실히 외상센터로 이송되어야 하는데, 이는 엄두를 낼 수 없을 정도로 돈이 많이 든다. 여기에다 응급 의료진과 응급실 직원들의 교육 및 의식 부족까지 더하면, 많은 피해자들은 눈에 보이지 않고, 진단과 치료가 이루어지지 않고, 지원을 받지도 못하는 손상의 결과를 안고 평생을 살아가야 한다. 심지어 이런 손상에 대한 서사는 피해자가 제정신이 아니다, 또는 어쨌거나 피해자 탓이라는 식으로 피해자에게 적대적이다.[23] 대변인들은 일자리와 자녀 양육권을 잃은 여성에 대해 이야기한다. 의학적으로, 정서적으로, 재정적으로 거의 또는 아무런 지원을 받지 못하는 여성들에 대해 이야기한다. 벨라는 연구 과정에서 알게 된 한 여성은 목졸림으로 인한 뇌손상 때문에 "인생이 완전히 파괴되었다"고 회상한다. 일자리를 잃었고, 부모님 집에 다시 들어가 살게 되었고, 어디를 가든 도움을 받아야 했다. "현관까지 가서 어디에 가려고 했는지를 기억하지 못하는 상황이었죠." 그녀는 자신이 연구했던 또 다른 여성은 읽고 쓰는 능력을 상실했고, 아동보호서비스기관에서 그녀가 아이들을 돌볼 수 없다고 판단하고 아이들을 데려갔다고 한다. (벨라는 이 여성이 읽는 법을 다시 습득했고 이후에 양육권을 되찾았다고 이야기했다.)

가정폭력 피해자들이 반려자의 법적 처벌이 불가피한 사건을 잘 기억하지 못하는 건 드문 일이 아니다. 이들은 집의 이쪽에 있었는데 갑자기 정신을 차리니 다른 곳에 있었다고 말하고, 사건의 진행 과정을 기억하지 못한다. 일어난 일에 대한 이들의 설명은 모호하고, 경찰과 법원은 증명의 부담을 이들에게 지운다. 가정폭력과 관련한 교육을 받지 않은 사람들은 이들이 거짓말을 한다고 생각한다. 히스테리를 부린다고 보기도 하는데, 이는 증상의 일환일 수 있다. 연구자들이 전투병과 축구 선수, 자동차 사고 피해자에게서 배웠던 사실이 이제서야 가정폭력 대응 커뮤니티 안에서 퍼지고 있다. 그것은 바로 부실한 기억, 의견의 번복, 세부 사항에 대한 말 바꾸기는 분노, 과잉 경계, 두통 같은 다른 표지들과 함께 외상성 뇌손상의 증상일 수 있다는 것이다.

캠벨은 이런 위험 요인들을 위험평가의 도구라고 부른다. 원래 의도는 과거의 자신을 염두에 두고 응급실 간호사들이 사용하게 하는 것이었다. 사실 위험평가는 응급실뿐만 아니라 위기관리센터, 쉼터, 경찰서, 법률 사무실, 법원 같은 곳으로도 확대될 수 있다. 미국 전역에서, 그리고 결국은 세계 여러 나라에서도 사용될 수 있다. 이는 우리가 가정폭력 피해자를 바라보고 대하는 방식을 바꾸게 될 것이다.

캠벨은 연구를 통해 여성들이 종종 자신이 처한 위험 수위를 파악하지 못한다는 사실을 확인했는데, 이는 그들이 더 큰 맥락 속에서 자신의 위험이 어디에 위치하는지 파악하는 법을 모를 수 있다는 뜻이다. 이들은 상황이 고조되고 있음을 깨닫지 못할 수 있다. 친밀한 반려자의 살인을 알리는 구체적인 예측 변수를 알지 못할 수 있다. 아이들은 안전하리라 넘겨짚고 모호한 보호 수단을 시도할 수도 있다. '아이들이 옆에 있는 한 나를 해치지 못할 거야'라는 식으로.

이제 미셸의 가족들은 로키가 그녀에게서 아이들을 떼어놓은 것은 억압적인 통제의 표시였다는 걸 알고 있다. 그때는 몰랐다. 그들이 그때 몰랐던 사실이 하나 더 있다. 학대자가 총기에 접근 가능한 상황은 가정폭력 살인의 가장 수위 높은 위험 지표 세 가지 중 하나이다. 폴 먼슨은 로키가 총에 손을 댈까 봐 한 번도 걱정해본 적이 없었다. 몬태나에서는 모두가 총을 소지하거나 최소한 상당히 쉽게 손에 넣을 수 있다. 빌링스의 한 경찰은 몬태나에서는 성인이 되면 사람들이 사실상 총을 던져준다고 내게 말하기도 했다. 샐리는 이제 스토킹에 대해, 중독 문제에 대해, 불안정한 취업 상황에 대해 알고 있다. 샐리와 폴은 너무 늦은 뒤에야 알게 되었다. 후회와 죄책감이 그들 주위에 안개처럼 짙게 깔리고 이제서야 알게 된 것을 다시는 잊을 수 없을 테지만, 그걸 좀 더 빨리 알았더라면 하는 생각에서 헤어나지 못한다.

하지만 미셸은 로키가 위험한 상태라는 걸 알았다. 완전히는 알지 못했을지라도. 그녀에게는 눈치가 있었다. 본능적으로 고발을 거부했던 걸 보면 알 수 있다. 그녀가 죽기 전 일요일에는 알리사와 이반의 집에서 로키가 얼마나 비열한지, 그녀가 얼마나 두려운지, 벗어나겠다고 얼마나 굳게 결심했는지 이야기했던 걸 보면 알 수 있다. 다양한 요소들이 결합한 특수한 맥락 때문에 일촉즉발의 상황이 만들어진 것이었다. "그녀는 완전히 돌아선 상태였어요. 확실히 알 수 있었죠." 이반이 내게 말했다. 알리사와 멜라니도 여기에 동의했다. 그녀의 생애에서 마지막 주말 내내 그 문제에 대해 이야기한 방식을 보면 미셸에게는 여지가 없었다. 그리고 알리사와 이반과 멜라니가 보기에 확실했다면 로키에게도 당연히 확실해 보였을 것이다. 그것이 그의 내부에서 무언가에 불을 당겼을 것이고, 그는 겁에 질려 이판사판의 심정이 되었을 것이다. 이번에는 그녀가 진심이었다. 아이들을 안전하게 지키기 위해 샐리의 집으로 보냈던 걸 보면 미셸은 알았다. 접근금지명령을 신청하고, 시스템이 자신에게 도움이 될지 확인해보기 위해 발끝을 담갔던 걸 보면.

하지만 그녀는 살해당하기 수년 전부터, 수주 전부터, 수개월 전부터 쌓인 이 모든 단서들을 어떻게 짜 맞출지를 알지 못했다. 그녀가 진짜로 얼마나 큰 위험에 처해 있는지를 알려줄 그림을 그리는 데 도움이 될 수 있었을 단서들. 그녀는 상황이 고조되고 있었음을 알지 못했다. 로키와 공동전선을 펴야 한다는 것을 직관적으로 알기는 했지만.

대신 미셸은 그 많은 다른 여성들이 그녀보다 앞서 이미 보았던 것을 보았다. 학대자는 시스템보다 더 강력해 보인다는 사실을.

그런데 미셸은 이 메시지를 정확히 어떻게 받았을까? 로키가 샐리의 집에 무단으로 침입하고, 멜라니를 온 힘을 다해 때리고, 자기 몸으로 크리스티와 카일을 감싸며 안전하게 지키려던 샐리의 목을 잡아끌고, 결국 크리스티를 납치해 갔기 때문이다. 이 모든 행동의 해석이 중요하다. 로키는 그 집에 무단으로 침입했고, 두 여성을 공격했고, 자기 아이를 잡아끌고 갔다. 행동 하나하나가 미셸이 준비하던 안전 조치들(아이들을 엄마에게 맡기기, 로키를 혼자 상대하기, 결국 완전히 떠나겠다고 선언하기)이 뭐든 간에 그가 원하는 것보다 더 약하다고 미셸에게 신호를 보냈다. 경찰은 마치 피해자인 샐리와 멜라니가 전체 상황을 너무 연극적으로 꾸미고 있다는 듯이 행동했다. 자기 아이를 데려간 어떤 남자. 어쨌거나 자기 아이인 것을. 젠더화된 메시지는 중요하다. 남자는 강하고 여자는 약하다는 식의. 남자는 힘이 있고 여자는 힘이 없다는 식의. 남자는 이성적이고 여자는 히스테리를 부린다는 식의. 폭력적인 학대자건, 법을 준수하는 경찰이건, 먼슨 사건의 양쪽 극단에 있는 남자들은 이 여성들에게 메시지를 보냈다.

로키가 보석금을 내고 풀려났을 때 이는 미셸에게 훨씬 중요한 메시지였다. 이번 메시지의 내용은 **나는 너보다 더 강할 뿐만 아니라 시스템은 너의 안전보다 나의 자유를 더 중시한다**는 거였다. 로키는 자유를 얻기 위해서라면 누구든 (이 경우에는 고든과 세라) 조종했고, 그렇게 미셸에 대한 자신의 통제력을 유지했다. 하지만 이제는 그냥 통제만이 아니었다. 통제와 격분이었다.

이 작은 개별적인 순간들을 통해 로키는 미셸에게 훨씬 긴박한 무언가를 보여주었다. 그녀가 그를 억누르려 해도, 시스템을 이용해서 그를 억제하려고 해도 결국 그가 승자가 되리라는 사실을. 그리고 그녀가 그 두 메시지를 파악하지 못할 때를 대비해서 그는 그녀에게 자신이 점점 심하게 행동하리라는 것을, 그녀가 이 세상에서 가장 중요하게 여기는 것, 즉 아이들을 앗아 가리라는 것을 확실히 각인시켰다.

그래서 미셸은 숱한 세월 동안 많고 많은 피해자들이 했던 일을 했다. 어쩌면 그들이 인식조차 하지 못했을 그 일이란, 항상 위험 인물이었지만 이제는 위험한 데다 분노로 가득한 동시에 겁에 질리기까지 한 남자 앞에서 그들 모두를 안전하게 지키기 위한 최후의 노력이다. 이제는 곰이 된 남자. 미셸은 그 남자의 편을 들었다. 그녀는 시스템으로 되돌아가서 접근금지명령을 취소하고, 자신의 진술서를 부인함으로써 자신의 충성심을 보여주려 했다. 그녀는 그의 호의를 유도하며 되돌아가려고, 약간의 시간을 벌어서 안전하게 떠나는 방법을 찾아내려고 했다. 다르게 생각하면 미셸 먼슨 모저가 계속 그렇게 가만히 있지 않으리라는 것은 분명했다. 그녀는 생존자가 되는 법을 알아내려고 애쓰는 피해자였다. 그녀가 스스로를 이런 식으로 생각한 적은 없었지만 말이다.

상황이 이 정도로 위급할 때는 이미 너무 늦은 경우일 때가 많다. 증거를 토대로 한 기소(증인을 토대로 한 기소가 아니라. 뒤에서 더 자세히 설명하겠지만 이 때문에 피해자들은 법정에서 증언을 할 필요가 없다)나, 감정적, 심리적 동학을 이해하도록 교육받은 경찰관, 치명도를 판단하고 가해자가 쉽게 조작할 수 없는 억제 전략을 제시할 수 있는 판사 같은 사람들이 이런 종류의 행위의 맥락을 파악하고 이를 해결할 수 있는 적절한 조치를 갖고 있지 않는 한. 나는 미셸에 대한 위험평가를 작성해본 적이 있다. 그녀는 16점에서 18점 사이였다. (그녀의 사례에서는 정확히 알 수 없는 문항이 두 개 있다.) 이 점수는 가정폭력 살인의 위험도가 가장 높은 범주에 속한다.

사람들이 "왜 그 여자는 그 남자랑 헤어지지 않은 거야?" 같은 질문으로 당사자의 속을 그렇게 뒤집어놓는 이유는 바로 이런 중요한 순간들을 제대로 이해하지 못하기 때문이다.

미셸 먼슨 모저를 보라. 어느 해 어느 장소에서 일어난 친밀한 반려자의 살인이든 마찬가지일 것이다. 그녀는 할 수 있는 모든 방법을 시도했다. 시도하고 또 시도했지만, 문제는 떠나느냐 남느냐가 아니다. 사느냐 죽느냐다.

그들이 떠나지 않은 것은 살기 위한 선택이었다.

그리고 그들은 죽었다.

미셸 모저는 아이들을 위해, 그리고 자신을 위해 떠나지 않았다. 자존심을 위해 떠나지 않았고, 사랑을 위해 떠나지 않았고, 두려움 때문에 떠나지 않았고, 자신이 통제할 수 없는 문화적이고 사회적인 힘들 때문에 떠나지 않았다. 그리고 이런 맥락을 간파하는 훈련을 충분히 받은 모든 사람이 보기에 그녀의 떠나지 않음은 떠나지 않음이라기보다는 자유를 향해 조심조심 걷는 것에 더 가까워 보였다.

추수감사절 기도

추수감사절 전 월요일, 미셸은 학교에 가서 크리스티와 카일을 데려왔다. 크리스티의 친구가 잠시 놀러 왔다가 떠났다. 미셸은 아이들에게 저녁을 먹였다. 어쩌면 아이들과 잠시 놀아주었을지도 모른다. 잠깐 텔레비전을 봤을지도 모른다. 그녀는 아버지의 집으로 건너가 명절을 준비하기 위해, 노스다코타에서 오는 할머니를 맞을 준비를 하기 위해 집 청소를 거들기로 되어 있었다. 하지만 그녀는 나타나지 않았다. 한 이웃이 오후 5시쯤에 로키가 창문 안을 엿보는 모습을 보았다.

알리사가 전화를 하고 또 했다. 월요일 밤, 화요일 아침, 화요일 오후, 화요일 저녁.

세라와 고든처럼 샐리는 미셸이 모든 고소를 취하한 9월의 그 사건 이후로 연락이 끊긴 상태였다. 그녀는 핼러윈에 미셸이 아이들의 의상을 보여주려고 데려왔을 때 한 번 아이들을 보았다. 세라는 로키가 보석으로 풀려난 날, 그가 샐리의 집에 난입한 것을 놓고 대립했던 그날, 로키를 딱 한 번 보았다. 그의 설명은 멜라니가 그녀에게 했던 설명과 너무 달라서 세라는 아마 처음으로 '로키가 병적인 거짓말쟁이인가 보다…' 하고 생각했다고 말했다. "내가 그랬죠, '너 아프구나.'" 그것은 그녀가 그에게 한 마지막 말이 되었다.

빌링스의 눈과 추위가 엄습해왔다. 미셸은 알리사에게 이제 로키의 불륜에 대한 증거를 더 많이 찾았다고 말했다. 구체적으로 무엇인지는

128

말하지 않았지만. 추수감사절 전 금요일, 미셸은 아이들과 함께 여행 가방 하나를 들고 폴의 집에 나타났다. 그녀는 드디어 로키를 떠날 것이라며 그날 밤을 이곳에서 보내도 될지 물었다.

아침이 되자 미셸은 무슨 일이 있어도 로키가 아이들을 데려가지 못하게 해야 한다며 폴의 다짐을 받았다. 로키는 폴의 집을 미리 살피고 있었음이 틀림없다. 미셸이 떠나자마자 문 앞에 나타나서 폴에게 아이들을 몇 시간만 데리고 있게 해달라고 사정했기 때문이다. 그는 아무 짓도 하지 않을 거라고 약속했다. 그저 아이들을 데리고 가서 〈해리포터〉를 보여주고 싶다고 했다. 끝나면 곧바로 데려오겠다고. 그리고 폴은 그를 믿었다.

로키는 그날 밤 한 호텔에서 아이들과 함께 보냈고, 미셸은 걱정 때문에 이성을 잃을 지경이 되었다. 그녀는 멜라니와 알리사에게 이야기했고, 알리사와 이반의 집으로 가서 여러 시간을 보냈다. 전에는 거의 할 수 없었던 일이었다. 이들은 뜨거운 욕조에 앉아서 이번에는 미셸이 어째서 더 이상 참을 수 없는 지경이 되었는지에 대해 이야기했다. 그녀는 로키가 절대 바뀌지 않을 거라고 절대적으로, 완전하게 확신했고, 그와 헤어지겠다는 결심을 굳힌 상태였다.

일요일, 로키가 다시 폴의 집에 나타났다. 이번에는 문을 발로 차고 주먹질을 해댔고, 고래고래 미셸을 불러댔다. 그는 6주 전 샐리 집에서 그랬듯 문을 향해 자신의 몸을 던졌다. 이때 팬 자국을 몇 년 뒤에 내가 보게 된다. 하지만 이번에는 집 안으로 침입할 수 없었고, 그는 전략을 바꿔 미셸에게 크리스티가 집에서 피를 토하고 있다고 말했다. 물론 미셸은 그게 거짓말이라는 걸 알아차리지 못할 정도로 어리석지는 않았지만, 어쨌든 로키와 함께 집으로 돌아갔다. 그렇게 하지 않을 엄마가 있을까? 물론 크리스티는 괜찮았다. 결국 미셸은 그날 밤은 로키에게 아이들을 맡겨두고 다시 아버지의 집으로 돌아왔다.

월요일, 크리스티와 카일은 학교에 갔다. 아이들은 다가오는 명절에 대한 소소한 이야기를 썼다. 크리스티는 주말에 호텔 수영장에서 즐겁게 수영했던 일에 대해, 추수감사절이 되면 이모들(개미들ants이라고 적었다)을 만나고 할머니가 노스다코타에서 찾아오면 같이 큰 식탁에 둘러앉아서 **하나님이 우리 모두를 위해 베풀어주신 좋은 일에 대해 기도할 거**라고 적었다. 카일은 자전거 타는 법을 배운 일에 대해 적었다.

아이들이 마지막으로 교실에 앉아 있는 동안 아빠는 생활 광고지 〈스리프티 니켈〉 최신판을 집어 들고 중고 45구경 라마 권총을 판매하는 사내를 발견했다. 나중에 이 판매자는 로키가 아내를 위해 이걸 사는 거라고 언급했다고 경찰에 말할 것이었다. 사내는 선물일 거라고 넘겨짚었다. 배경 확인이나 사흘의 대기 시간은 법적 의무 요건이 아니었다.

미셸은 학교에서 아이들을 데리고 집으로 갔다. 그녀 이름으로 된 집으로. 그동안 로키는 세라와 고든의 집에서 지내겠다고 합의한 상황이었다. 미셸은 아이들에게 저녁을 먹였고, 밤이면 늘 하는 일들을 시작했다. 아이들의 칫솔은 치약만 묻은 채 덩그러니 놓여 있었다. 잠자리에 들기 전 어느 시점에 로키가 나타났다.

미셸은 **도망쳐야 해**라고 생각했을까.

어떻게 로키를 여기서 내보내지라고 생각했을까.

난 할 만큼 했어. 더 이상 굴하지 않아라고 생각했을까.

아무도 알 수 없다.

로키에게는 〈스리프티 니켈〉에서 구한 총이 있었고, 휘발유 한 통이 있었고, 집을 불태워서 그들이 사고로 죽은 것으로 위장하겠다는 계획이 있었다. 끔찍한 비극. 화재로 불탄 집. 그는 씹던 껌 뭉치를 미셸의 차에 있는 점화장치에 붙여놓았다. 그녀가 도망가려 할 때를 대비해서.

130

로키가 집 안에 들어오자 미셸은 공황 상태에 빠져서 아이들을 지하실로 데려갔으리라. 미셸의 지갑이 찢어지고 그 안에 있던 내용물이 흩어져 있었다. 아마 미셸은 아빠에게서 받은 호신용 스프레이를 미친 듯이 찾았을지도 모른다. 로키는 먼저 그녀를 쏘았다. 네 발. 가슴에 두 발, 머리에 한 발, 어깨에 한 발. 그녀는 지하실 안쪽 깊은 방에 쓰러졌다. 아이들은 아빠가 엄마를 쏘는 모습을 모두 보았으리라. 아이들은 달렸다. 두 아이 모두. 크리스티가 머리에 총을 맞았고, 계단 아래에 쓰러졌다. 그다음 계단 맨 위까지 거의 다 올라갔던 카일 역시 아빠의 총에 맞고 계단 중간쯤까지 굴러떨어진 후 멈췄다. 피가 맨 위에서 아래로 흘러내린 흔적이 있었다.

로키는 가족 비디오를 챙겨 가방에 넣었고 그 가방을 차고에 두었다. 그는 휘갈겨 적은 메모를 남겼다. **나는 바람 피는 인간이 아니다. 나는 온 마음을 다해 미셸을 사랑한다. 죽음이 우리를 갈라놓을 때까지.**

그러고 난 뒤 집에 휘발유를 뿌렸고, 성냥을 켰고, 지하실로 갔고, 자신을 향해 총을 발사했다. 불은 뜨겁고 느리게 탔다.

그는 총으로 죽지 않았다. 연기 흡입으로 죽었다. 그는 아마 죽은 가족들에게 둘러싸여 자신이 저지른 짓에 대해 생각했으리라. 어쩌면 그때 자기 팔에다 **나는 악마다**라고 적었는지 모른다. 아니면 **나는 지옥에 가도 싸다**라고.

그들은 월요일 밤에 사망했다. 네 명 모두.

집은 검게 그을렸지만 활활 타지는 못했다. 겨울이었고, 창문이 굳게 닫혀 있어서 화염이 산소를 전혀 공급받지 못했던 것이다. 불길이 타닥타닥 잦아들고, 모든 게 검게 그을리고 손상된 채로 남겨질 때까지 연기는 원을 그리며 소용돌이쳤다. 벽은 마치 녹아내린 것 같았다. 경찰이 집 안에 들어왔을 때는 이상하게도 텔레비전이 아직 켜진 상태로 파란 화면만을 송출하고 있었다. 알리사 역시 이 모습을 기억한다. 파란 화면, 그리고 텔레비전의 검은 플라스틱 부분이 모두 녹아 있었던 것을. 논리로는 설명할 수 없는 풍경이었다. 그을음이 모든 것을 담요처럼 덮고 있었다. 벽에도, 바닥에도, 창에도. 가구는 대부분 불에 탔다.

　미셸이 화요일 저녁까지도 자신의 전화를 받지 않자 알리사는 아빠에게 전화를 걸었다. 그리고 그들은 샐리에게 전화를 걸었다. 그리고 이들 셋이 그 집으로 갔다. 그들이 차에서 내려 캄캄한 집 앞에 발 딛는 순간 냄새를 맡을 수 있었다. 매캐한 연기 냄새, 휘발유 냄새. 폴은 그 집 열쇠를 가지고 있었다. 문을 열려는 순간 폴은 난데없이 끔찍한 생각이 들었다. 어쩌면 로키가 위장 폭탄 같은 걸 설치했을지 모른다는 생각이. 그래서 샐리와 알리사에게 아무것도 만지지 말라고 이야기했다. 심장이 두방망이질하는 가운데 폴이 문을 열었고, 조심조심 안으로 들어갔다. 그는 미셸의 이름을 불렀다. 여기저기서 삐걱대는 소리만 날 뿐 내장을 후비는 불길한 정적이 흘렀다. 그리고 그들을 기절시킬 것 같은 냄새. 그들은 구역질을 했다. "난 알았어요." 알리사가 나중에 말했다. "난 알았어요. 바로 알았어요." 샐리는 지하실 계단에서 아이들을, 맨 아래에서는 로키를 보았다. 찡그린 표정이었다. 샐리는 지금도 그 얼굴을 잊을 수가 없다. 눈을 뜨고 응시하는 듯한 그 얼굴. 악마 그 자체라고 샐리는 말한다. 악마의 얼굴. 그녀는 그게 정말 로키라는 걸 확인하기 위해 오랫동안 쳐다봐야 했다. 그녀는 그 얼굴을 절대 잊지 못할 것이다. 고통과 분노로 뒤틀린 얼굴. 한때 누군가의 사랑을 받기도 했던 사람의 얼굴. 나중에 그녀는 그의 얼굴에는 자기 내부의 '혼란'이 고스란히 담겨 있었다고 생각하게 되었다. "로키에게는 고통이 많았어요." 그녀가 말했다. "걸어 다닐 수는 있어도 내면은 부상자였다고나 할까." 그녀가 이 사실을 파악하기까지 오랜 시간이 걸리긴 했지만.

샐리는 미셸을 보지 못했다. 하지만 그녀는 알았다. 알 수 있었다. 그녀는 바로 그곳에서 계단에 선 채로 오줌을 쌌고, 집 밖으로 달려 나가 도롯가로 갔다. 이웃집에 가서 경찰에 신고했고, 깨끗한 바지를 빌렸다.

알리사는 앞마당 중간으로 달려 나와 무릎을 꿇고 구토를 했다.

폴은 미셸을 찾아 뒷마당으로 달려갔다. 어쩌면, 어쩌면 아직 그녀가 어딘가에, 어떻게든 살아 있을지 모른다고 생각하며. 그는 로키가 머스탱을 보관해놓은 차고로 달려갔고, 거기서 비디오테이프와 로키의 메모를 발견했다.

경찰이 도착했다.

그리고 그들이 미셸을 찾았다.

난 여기서 더 이상 살 수 없어

그들 모두가 검게 그을린 집에서 발견된 다음 날인 추수감사절 밤, 세라는 식료품점에 갔다. 평소 그녀는 그 안에서 길을 잃고 헤매곤 했다. 주로 고든이 장을 봤기 때문이다. 이제 그녀는 멍한 상태였다. 모든 친척이 명절을 보내러 와 있었고 그들이 알던 생활은 끝이 났지만, 어쨌든 그들 모두 아직 인간이면 해야 하는 단순한 행위를 계속 이어가야 했다. 먹고, 자고, 씻고, 옷을 입고. 그들은 퍼킨스 레스토랑에서 추수감사절 저녁 식사를 먹었다. 거의 아무 말 없이. 그녀는 추수감사절 밤이면 가게에 사람이 없을 거라고 생각했고 그래서 그 안으로 달려왔는데, 계산대 줄에 예전 동료가 자기 딸과 함께 서 있었다. 여자는 세라에게 인사를 했고, 추수감사절을 잘 보냈기를 빌었다. 세라는 여자의 인사에 답했지만 뭐라고 말했는지는 기억하지 못한다. 여자는 딸을 소개했고 같은 도시에 손주들과 온 가족이 다 있는 게 얼마나 행복한 일인지 말했다. 그녀는 손주들 사진을 꺼내 세라에게 보여주었다. 아주 사랑스러웠다. 그러다가 물었다. 그런데 세라는 손주들이 있던가요?

뭐? 손주가 있냐고?

불과 하루 전, 그녀에게는 손주가 넷이었다. 이제는 둘이다. 그건 넷이라는 의미인가, 둘이라는 의미인가? 살인 더하기 살인 더하기 살인을 수학적으로 계산하면 뭐가 나오는가? 그녀는 뭐라고 답해야 할지 알 수 없었다. **있어요… 있었어요. 넷이었는데, 이젠 둘이에요. 그 아이들을**

잃었어요. 그녀는 불쑥 내뱉듯이 말한다. 뭐라고 해야 할지 알 수가 없었다.

그 아이들이라고요? 그 여자는 이렇게 말했다. **둘 다요?**

그리고 세라는 처음으로 큰 소리를 내어 그 말을 했다. **애들 아빠가 애들을 죽였어요.**

이미 전국적인 뉴스였다. 빌링스에서부터 솔트레이크시티, 스포켄까지.

계산대의 컨베이어 벨트가 멈췄고, 계산원이 계산대 뒤에서 나와 두 팔로 세라를 감쌌다. 네 여성이 가게의 형광등 아래 그렇게 한 덩어리가 되어 서로를 껴안았다. 형용할 수 없는 고통 속에서 잠시.

이 정도의 상실을 겪고 나면 다른 사람이 된다. 미셸의 가족들은 캠벨이 애니의 죽음에 대해 알았던 순간 했던 일을 똑같이 했다. 그들은 자신들이 무엇을 놓쳤는지, 어떻게 하면 개입할 수 있었을지 자문했다. 가족들은 자책에 빠졌다. 자신의 고통을 내부로 돌렸다. 샐리, 폴, 알리사, 멜라니, 고든, 세라, 이반. 이들 모두 질문의 망령을 짊어지고 있다. 샐리는 살이 쪘고 하룻밤 새 나이가 들었다. 알리사는 정신이 멍해졌고, 이반과 다퉜고, 마치 종이 안에 갇힌 것처럼 몇 년 동안 한 그림에 같은 선을 강박적으로 그렸다가 지우면서 그 안에 미셸을 잡아두려고 애썼다. 세라와 고든은 슬픔과 죄책감 사이의 얕은 공간에서, 그들만의 영원한 연옥에서 살았다. 세라는 미셸의 가족을 언급하면서 "그들처럼 우리도 그 아이들을 모두 잃었어요"라고 말한다. "하지만 우린 그 모든 수치심까지 안고 있죠."

샐리는 꿈을 꿨다. 수년간 이어지는 끝없는 꿈들. 미셸과 아이들이 나오는 꿈. 그녀의 집에서 설명할 수 없는 일이 벌어지는 꿈. 카일이 갖고 놀던 장난감이 몇 달 동안 작동하지 않다가 갑자기 경보음을 울리는 꿈. 카일의 존재감이 느껴지는 꿈. 무언가가 그녀의 손을 부드럽게 쓸어내리고 미셸이 거기 있다는 걸 알아차리는 꿈.

멜라니는 임신 중이었고, 그래서 샐리는 몇 달간 할머니였다가 더 이상 할머니가 아니었다가 이제 다시 할머니가 될 상황이었다. 그들은 아이의 이름을 미셸이라고 지었다. 아이는 전혀 알 길이 없는 이모를 기리기 위한 작은 노력.

몬태나에서는 지금도 미셸 먼슨 모저의 죽음이 일으킨 파문을 느낄 수 있다. 로키와 미셸의 가족, 사회복지사, 경찰과 이야기를 나누기 위해 수차례 빌링스를 찾다가 한번은 빌링스 지방검사 사무실을 방문했다. 지금 근무 중인 지방검사는 벤 핼버슨Ben Halverson이라고 하는 창백한 금발의 앳되어 보이는 남자다. 내가 전화로 미셸의 사건에 대해 이야기하고 싶다고 하자 그는 잠시 말을 멈추더니 목이 메는 듯한 소리로 "그건 지금도 뇌리에서 떠나지 않는 사건이에요" 하고 말했다. 벤 핼버슨은 미셸이 살해당했을 당시 10대였다. 그는 그녀를 전혀 알지 못한다. 그녀의 가족 중 누구도 만나본 적이 없었다. 그는 개인적으로 가정폭력과 관련된 그 어떤 경험도 해본 적이 없다고 내게 말했다. 그는 어린 시절 부모님과 함께 컨트리클럽에 다녔고, 거기서는 누구도 가정폭력에 대해 이야기하지 않았다. 하지만 그녀의 죽음은 그의 공부에 동력이 되었다.

벤 핼버슨과 이야기를 하러 간 날, 무릎에 가정폭력 서류를 한 무더기 올려놓은 스테이시 테니가 나타났다. 그녀는 나와의 만남을 준비하기 위해 그 서류를 전부 다시 살펴본 상태였다. 그들이 누구를 어떻게 기소했는지를 알려주기 위해. 어떤 의미에서 미셸의 죽음 이후 그들이 진행한 일들이었다.

인간적인 면만 보면 그녀는 부드럽고 조용하다. 여러 해 동안 발레 수업을 들었을 것 같은 우아한 여성. 그녀 주위에서 실크스커트가 가볍게 펄럭였다. 그녀는 미셸의 죽음으로 자신이 얼마나 크게 충격을 받았는지 이야기했다. 그녀는 사건 파일을 다시 보고 또 봤고, 미셸의 가족들과 마찬가지로 자신이 무엇을 놓쳤는지 알아내려고 했다. 그리고 그녀가 놓친 부분은 미셸이 그녀에게 말하지 않은 부분이었다. "지금이라고 해서 내가 다른 뭔가를 할 수 있을지는 자신이 없어요." 그녀가 말했다. 이렇게 말하는 그녀는 거의 육체적인 고통에 시달리는 사람 같았다. 미셸의 고소 서류와 같은 사건 일람표에 있던 샐리의 고소 서류를 기각한 건 그녀의 사무실이었다. 최초 보고서를 작성하면서 상황의 심각성을 축소하고 애당초 로키를 기소하기 위해 그녀의 사무실에서 사용할 수 있는 정보를 많이 제공하지 않은 건 경찰이긴 했지만. 나는 그녀가 나와 이야기하겠다고 응한 것부터가 용감한 행동이라고 생각했다.

샐리는 나를 차에 태우고 크리스티와 카일이 다녔던 초등학교로 데려다주었다. 그곳에는 크리스티와 카일을 기리며 운동장 한구석에 심은 나무 한 그루와 명상을 위한 벤치, 그리고 아이들의 이름이 각인된 명판이 있다. 크리스티의 선생님은 너무 슬픔에 겨운 나머지 그해 남은 기간 동안 휴직을 했다. 샐리는 때로 살아 있는 손주가 빌려온 도서관 책을 우연히 보게 될 것이고, 거기에는 예전에 크리스티나 카일이 오래전 책을 빌렸을 때 적어놓은 이름이 있을 거라고, 그건 마치 피부에 전기가 통하는 느낌과 비슷할 거라고 이야기한다.

그들이 세상을 떠난 지 1년쯤 지난 어느 날 밤, 샐리는 미셸이 강 건너편에서 스스로의 세례식을 거행하는 꿈을 꾸었고, 자신의 귀가 타는 것 같은 느낌이 들었다. "그 아이들이 죽은 뒤로 항상 기도하곤 했어요, 제발 그 아이들을 저에게 보내달라고요." 샐리는 이 타는 듯한 느낌과 함께 미셸의 예전 방이 있는 위층으로 올라가야 한다는 충동을 느꼈다. 그곳에는 크리스티가 있었고, 아이는 자신의 부가에게 말했다. "우린 팬

찮아요. 아빠가 자살을 한 건 별로 행복하지 않아서였어요." 샐리는 그게 자신에게 위로가 되었다고 말했다.

폴은 로키가 모두를 살해하고 난 뒤 그 집을 완전히 밀어버리고 싶어 했지만 샐리는 빌링스시가 허락하지 않을 거라고 말했다. 그래서 그는 그 집에서 완전히 손을 떼려고, 인생에서 아주 몰아내려고 공짜나 다름없는 가격에 집을 팔았다. 어느 날 새 주인이 샐리에게 전화를 걸어, 자신이 그을음을 없애려고 벽에 모래를 분사했는데, 그을음 속에 작은 발자국이 있더라고 말했다. "난 이제 영혼의 세계를 확신해요." 샐리가 내게 말했다. "전엔 그런 건 전혀 안 믿었죠."

알리사는 아이들을 구하는 꿈을 반복해서 꾼다고 말했다. 아이들을 카펫 속에 둘둘 말고, 매트리스나 찬장에, 벽장에, 로키에게서 떼어놓을 수 있는 어딘가에 숨기는 꿈. 그녀는 미셸의 그림을 그렸지만, 코를 제대로 그리지 못했고, 그래서 시간만 나면 지우고 다시 그리기를 반복했다. 어느 밤 혼자 있는데 누군가 그녀의 이름을 속삭이며 부르는 소리를 듣고 그 그림이 자신을 향해 미소를 짓던 날까지. 그 후로는 더 이상 그 그림에 손대지 않았다. 알리사는 그들, 미셸과 로키와 아이들이 캠핑을 하던 곳으로 차를 몰고 가서 숲을 사진에 담았는데 나중에 사진을 인화해보니 나무 사이로 아이들을 안고 있는 미셸의 얼굴이 보였고, 로키와 밴딧도 거기에 있었다.

미셸은 아이들과 함께 특대형 관 하나에 같이 묻혔다. 팔로 아이들을 하나씩 감싼 상태로. 알리사는 어느 날 밤 내게 사진을 보여주었는데 그들 셋이 거기 눈을 감고 누워 있었다. 그리고 잠시 미셸이 나의 동생이기도 한 것 같은 기분이 들었다. 그런데 나는 그녀를 잃었고, 그 사진에서 고개를 돌려야 했다. 알리사에게는 《트라우마 이후의 삶Life After Trauma》이라는 책이 있었는데 그 책을 전부 다 읽고 그 안에 있는 퀴즈도 다 풀었다. 그 책은 그녀에게 이미 알고 있는 사실을 알려주었다. 그녀가 슬픔에 겨워한다는 사실을, 그녀에게 외상후스트레스가 있다는 사실을, 동생을 그리워하는 마음을 어떻게 할 수가 없다는 사실을.

샐리는 자기 집에서 더 이상 살 수가 없을 것 같다고 말했다. 그녀가 세 딸을 키운 집이었다. 너무 고통스러웠다. 그리고 알리사는 샐리에게 그 집이 아니면 어디든 다른 곳에서는 살 수 없다고 말했고, 그래서 엄마에게서 집을 샀다. 그래서 지금도 아직 그 집에서 산다. 샐리는 길 아래편에서 지낸다. 이제 여러 해째 마약에 손을 대지 않고 말짱하게 지내는 멜라니는 멀지 않은 곳에 첫 집을 막 샀고, 샐리는 이걸 자기 인생 최대의 위안으로 여긴다. 마침내 멜라니가 잘 지내리라는 것, 마약이 그녀의 목숨을 앗아 가지 않으리라는 것, 자신이 딸을 하나 더 잃는 일은 없으리라는 것을.

이반은 알리사와 싸우고 싸우다가 결국 헤어졌다고 말한다. 그는 그 살인 사건 때문에 알리사와의 관계를 유지하기가 왠지 힘들어졌다고 말한다. 이반에게 알리사는 인생을 건 사랑이었고, 로키의 행동은 최소한 잠시나마 그의 삶 역시 파괴했다. "그들은 (로키를) 증오했어요." 이반은 알리사의 가족에 대해 이렇게 말했다. "이해할 만하죠. 하지만 그 녀석은 나한테는 어린 시절 친구였어요. 항상 그런 식은 아니었죠." 이반은 살이 쪘고, 몇 년간 인사불성이 되도록 폭음을 했고, 그러다가 다시 빠져나가는 길을 찾아 일상으로 돌아갔다. 그에게는 개와, 딸에 대한 공동 양육권과, 끝내주게 맛이 있는 훈제고기와 일과 집이 있고, 이제는 그럭저럭 괜찮다고 볼 수 있다.

세라와 고든은 내면으로 침잠했다. 세라는 직장에서 1년간 거의 아무도 그 살인 사건에 대해 언급하지 않았다고 말한다. 가장 가까운 친구라고 생각했던 동료마저도. 한참 시간이 지난 뒤 그 동료는 무슨 말을 해야 할지 몰라서 아무 말도 하지 않았다고 그녀에게 말했다. 매일 퇴근해서 돌아오면 집과 남편은 침묵 속에 가라앉아 있었다. 그들은 그 사건에 대해 말할 수 없었다. 그들은 슬퍼할 수 없었다. 그들은 고통을 나눌 수 없었다. 그들은 마치 누군가가 그들을 서 있는 곳에 그대로 얼려버린 것처럼 거기서 꼼짝할 수 없었다. 그들은 치유법을 찾아낼 수 없었다. 세라는 심리치료사를 찾아갔지만 고든은 입을 꾹 다물었다. "고든은 점점 안으로 파고들었어요. 그냥 입을 열지 않았죠." 세라가 말한다. "그러다가 어느 날 결국 내가 말했어요, '이건 못 참겠어. 밤에 이 집에 들어오는 건 꼭 먹구름 속으로 걸어 들어가는 것 같아.'"

그녀는 짐을 꾸렸다. 그즈음 그녀와 고든은 결혼한 지 수십 년째였고 그녀는 고든이 없는 인생을 상상할 수도 없었음에도, 집을 나왔다. 시내에 혼자 콘도를 빌렸고, 고든에게 돌아가지 않겠다고 말했다. "이런 종류의 일들은 가정을 파괴하죠." 그녀가 말한다. "이혼을 하고 싶진 않았지만 그냥 그런 식으로 계속 살 수는 없었어요."

이 일은 고든의 내면에 있는 무언가를 건드렸다. 이 무언가는 그가 이미 아주 많은 것을 잃었다고, 그녀까지 잃을 수는 없다고 말했는지 모른다. 그래서 말을 하고 마음을 여는 것이 고든 같은 남자에게는 지각변동 수준의 일이었음에도 그는 떨어지지 않는 발을 끌고 심리치료사를 찾아갔고, 항우울제를 처방받았고, 아내와 함께 부부 상담도 받았다. 오래전에 했어야 했다고 생각했던 일이었다. 그동안 세라는 고든과 따로 살았고, 고든이 그녀의 아파트로 찾아왔고, 그녀를 밖으로 데리고 나가서 그녀를 되찾기 위해 애쓰며 데이트를 했다. 세라는 6개월간 고든에게 자신이 돌아갈지 아직 모르겠다고 말했다. 그녀의 친구들은 이건 자신들이 본 것 중에서 가장 이상한 별거라고 말했다. 그런데 심리치료가 도움이 되었다. 고든이 그녀에게 그 일에 대해 조금 이야기한 것이다. 많은 이야기는 아니었지만 그의 과묵함을 생각하면 그에게 는 많은 말이었다. 세라는 이 사실을 알아차렸고, 그가 얼마나 열심히 노력하는지, 그가 얼마나 힘들어하는지를 이해했다. 결국 그녀는 돌아 갔다. 그리고 그들은 마당 뒤편에 손주들이 좋아했을 만한 엉뚱한 것 들로 작은 정원을 꾸몄다. 알록달록한 깡통 거북이, 향을 올려놓는 오 래된 접시로 만든 새 모이 그릇, 흰색 페인트로 칠한 금속 염소. 그들은 미셸을 위해서는 러시안세이지와 금낭화를 심었다. 멀리서 보니 그 가 운데엔 작은 바위가 있었다. **영원히 우리 가슴속에. 고든 에드워드 "로 키" 모저.** 로키에게는 무덤이 없다. 그들은 아들을 화장을 한 다음 뭘 더 어떻게 해야 할지 알 수 없었다. 그는 누구에게서든 멀리 떨어져 있 다. 나는 폴 먼슨에 대해, 그가 흰색을 어떻게 묘사할지에 대해 생각했 다. 그 자체로 전부인 색. 뭘 해야 할지 모를 때를 위한 최선의 선택. 로 키는 세라와 고든을 제외한 거의 모든 사람의 시야에 잡히지 않는 그 '추모 정원'에, 그들의 집에 영원히 숨어 있다.

그래서 그들 모두 삶을 지속할 방법을, 살아 있는 사람들 사이에서 지내는 방법을 알아보았다. 세라는 결국 빌링스에 있는 지역가정폭력쉼 터에서 자원 활동을 했다. 그녀는 어떤 식으로든 종교적인 성향은 아니 지만, 가끔 무지개를 보면 그게 아이들이라고 믿는다고 말했다. "터무니 없는 소리지만 사람은 손에 넣을 수 있는 걸 택하는 법이지요" 하고 그 녀가 말한다.

그리고 샐리는 빌링스의 신문에서 미셸과 크리스티와 카일의 무의 미한 죽음에서 일말의 위안을 찾아낼 수 있는 무언가를 접한다. 그들의 죽음이 자기 가족이 아닌 많은 사람들에게 상당한 의미일 수 있게 만 드는 무언가를. 그래서 그녀는 자신의 차를 몰고 두 시간을 달려서 매 튜 데일이라는 남자를 찾아 보즈먼으로 갔다.

거대한 빈틈

범죄학자이자 노던애리조나대학교 교수인 닐 웹스데일Neil Websdale은 오래전 눈 수술을 받을 일이 있었다. 수술 당일 아침, 담당 안과 의사 진료실에 도착한 그를 맞이한 간호사는 이렇다 할 설명도 없이 수술받을 눈 위에 커다란 X자를 그렸다. 연구자이기도 하지만 태생적으로 호기심이 많은 웹스데일은 대체 왜 자신에게 그런 표시를 하느냐고 물었다. 간호사는 "의사 선생님이 아픈 눈에다가 수술하시기를 바라지 않으세요?" 하고 말했다.

물론 그는 그러기를 원했다. 하지만 자신의 눈에 이런 표시를 해야한다는 사실이 신경 쓰였다. 그럼 의사가 원래는 이런 상황에서 판단 착오를 하기도 한단 말인가?

간호사는 의료사고에 대한 연구를 읽어보라고 말했다. 놀랍게도 매년 미국에서 얼마나 많은 사람들이 온당치 않은 방식으로 수술을 받는지, 그 시기에는 수만 명에 달한다고 간호사는 말했다. 그녀는 특히 그에게 항공기 사고에 대한 〈애틀랜틱〉의 기사들과 의료사고에 대한 문헌을 읽어보기를 권했다. 나중에 그는 그녀가 추천해준 문헌들을 읽긴 했지만, 그날은 일단 수술 대기실로 들어갔고 환자 운반용 침상에 누운 모든 사람들의 한쪽 눈에 X자가 그려져 있는 모습을 보았다. "그건 실수로 다른 눈을 수술하는 사태를 예방하는 간단한 해결책이었죠." 수년 뒤 그는 방을 가득 메운 사람들에게 화상으로 이야기했다. "그리고 의료, 항공, 핵연료 부문에서 일어나는 실수를 탐구해보면 문제를 바로 잡기가 상당히 쉽다는 걸 알 수 있어요. 열린 태도로 비극과 사고를 예리하고 자세히 분석하기만 한다면 말이죠."

웹스데일은 대부분의 하루를 자신이 살고 있는 플래그스태프의 희박한 공기를 가르는 상쾌한 달리기로 시작하는 청춘 같은 60대다. 바싹 자른 머리칼은 은색이고, 눈은 밝은 청자색이다. 그는 아론 소킨Aaron Sorkin[영화 〈소셜 네트워크〉 등을 만든 영화감독]의 시나리오에 나오는 말이 빠른 캐릭터처럼 통계와 사실과 이론을 줄줄 읊는다. 영국 악센트가 수십 년의 미국 생활로 부드러워진 그는 타고난 이야기꾼이다. 그는 자신의 관점이 논란의 여지가 있다는 사실을 인정한다. 예를 들어 그는 피해자만큼 학대자도 어쩌지 못하는 상태라고 믿는다. "모든 사람이 피해자가 왜 도망치지 않느냐고 물어요." 그가 내게 말했다. "하지만 학대자가 왜 계속 머물러 있느냐고 묻는 사람은 없죠." 또 다른 예로는 그가 가정폭력의 역설이라고 부르는 것이 있다. 친밀한 반려자의 학대에 대한 문헌과 대변인 모두 학대자는 권력과 통제와 관련이 있다고 말하지만 웹스데일이 보기에 학대자는 막강한 동시에 무력하다. 통제력을 쥐고 있지만 통제 불가능한 상황이기도 하다.

웹스데일은 어떤 면에서 의미와 은유를 꾸준히 탐색하는, 연결 고리와 시스템 중심의 인물이다. 수술 전 X자 표기. 천재성. 이런 간단한 해법. 저기 어딘가에 다른 해법들이 발견되기를 기다리고 있지 않을까? 우리의 가장 중대한 실수를 바로잡을 해법들이. 그는 그날 간호사가 읽어보라고 권했던 것에서 그치지 않았다. 다른 산업들도 살펴보았다. 연방항공국뿐만 아니라, 핵연료 산업과 의료 산업까지. 그들은 산업 내부의 실수를 해결하기 위해 어떤 식으로 노력할까? 실수를 최소화할 수 있는 시스템을 어떻게 구축할까? 그는 연방교통안전위원회에 대해 공부하면서 이들이 조사를 통해 어떻게 비행기 사고의 예방 가능성을 점점 높였는지를 알게 되었다. 교통안전위원회는 사고의 시각표를 만들고, 티켓 판매원에서부터 조종사, 승무원, 기술자, 항공교통 통제와 기상 상황까지, 중요한 모든 세부 사항을 하나하나 들여다보았다. 그들은 시스템 내부의 빈틈을, 승무원이 간과한 순간들을, 아직 자리를 잡지 못한 안전 메커니즘을 살폈다. 그들은 개별 전문가로서가 아니라, 직함과 직위를 넘나들며 지식을 나누는 하나의 팀으로 일했다. 그는 의료사고와 핵연료에 대한, 우리가 체르노빌과 후쿠시마 이후에 무엇을 배웠는지에 대한 문헌을 읽었고, 마이클 더피라고 하는 동료와 이야기를 나눴다. 로스앤젤레스 카운티 의료서비스부 아동 학대예방팀의 의료 조정관이었던 더피는 아동 사망자와 아동 학대 사례를 살펴보면서 해법을 찾기 시작한 상태였다. 웹스데일의 머릿속에서 천천히 아이디어가 만들어지기 시작했다. 이 온갖 다른 분야에서 얻은 모든 정보를 가정폭력 살인 사건에 적용하는 방법. 시스템의 효율성이 높아서 사람들이 사무실과 업무에 파묻히는 상황이 줄어들면 아마 우리는 교통안전위원회가 항공 운행을 훨씬 안전하게 만든 것과 같은 방법으로 친밀한 반려자의 살인율을 낮출 수 있을 것이었다.

당시 웹스데일은 플로리다를 여행하면서 세 번째 책 《가정폭력 살인 사건의 이해Understanding Domestic Homicide》에 들어갈 내용을 조사하고 있었다. 이 책을 위해 플로리다에서 일어난 살인 사건과 오래된 경찰 보고서를 살펴보고 법 집행기관과 이야기를 나누던 그는 다른 산업과 관련해서 자신이 읽었던 내용이 자신이 조사한 살인 사건 파일들과 결국 겹쳐진다는 사실을 알게 되었다.

그는 당시 플로리다 주지사였던 로턴 차일즈를 통해 연방의 기금을 받아서 미국 최초의 가정폭력사망사건조사팀을 만들었다. 교통안전위원회의 모델을 가정폭력 살인 사건에 맞게 각색하여, 그의 표현에 따르면 "비난하고 수치심을 안기는" 것이 아니라, 사람들과 시스템이 더 나은 기준과 더 효율적인 프로그램에 대한 책임감을 갖추게 하는 것이 기본적인 취지였다. 웹스데일은 비행기는 여러 이유에서 사고를 일으킨다는 사실을 배우게 되었다고 말한다. 기술적인 결함, 인간의 실수, 안전장치의 고장 등 여러 요인이 복합적으로 작용하는 것이다. "그리고 그건 가정폭력 살인 사건에서도 발견할 수 있어요." 그가 말한다. 어떤 한 가지 요인을 지목하고 바꾼다고 될 일이 아닌 것이다. 대신 일련의 작은 실수들, 불발된 기회, 실패한 소통들을 복합적으로 들여다봐야 한다.

사망 사건 조사는 교통안전위원회의 사고 조사와 똑같은 방식으로 진행된다. 팀 구성원들은 한 사건의 시간표를 작성하고, 피해자와 가해자에 대해 최대한 많은 정보를 수집하고, 시스템의 운영 당사자들이 개입할 수 있었지만 하지 않았던, 또는 다른 방식으로 개입할 수 있었던 순간들을 점진적으로 찾아나선다. 웹스데일이 플로리다에서 시작한 프로그램은 이제 미국 전역으로, 그리고 국제적으로 확산되었다. 지금은 미국 40여 개 주와 영국, 오스트레일리아, 뉴질랜드 등에 사망사건조사팀이 있고 이 중에는 여러 팀을 거느린 곳도 많다.[1]

미셸 먼슨 모저가 살해당한 지 1년쯤 지났을 때 빌링스의 지역 신문에 실린 한 기사가 샐리의 눈을 사로잡았다. 기사에 따르면 몬태나에 가정폭력사망사건조사위원회Domestic Violence Fatality Review Commission라고 하는 새로운 팀이 꾸려질 예정이었다. 이곳의 목표는 주 내에서 매년 발생하는 피해자의 수를 줄이는 데 주안점을 두고 가정폭력 사망 사건을 조사하는 일이 될 것이었다. 그 순간 샐리는 미셸에게 무슨 일이 있었는지에 대한 답을 얻을 가능성을 보았다. 딸의 목숨을 구할 수 없었더라도, 최소한 어쩌면 같은 상황에 놓인 다른 가족들을 도울 수는 있으리라. 샐리는 로키에 대한 고소 서류가 미셸이 취소한 진술서와 같은 일람표에 보관되는 바람에 뜻하지 않게 기각된 순간을 지목할 수도 있었다. 하지만 그것은 시스템의 잘못이 아니라 인간의 잘못처럼 보였다. 그리고 그 폭행 혐의가 유지되었을 경우 그게 어떤 결과로 이어졌을지는 아무도 장담할 수 없었다. 무엇보다 로키는 형사상의 비행 혐의 외에는 다른 혐의를 받아본 적이 없었다.

샐리는 새로 구성된 사망사건조사위원회에 대한 작은 컨퍼런스가 열리고 있던 보즈먼으로 차를 몰고 갔다. 기조 연설자가 발언을 마친 뒤 샐리는 그에게 다가갔다. 그의 이름은 매튜 데일Matthew Dale이었고 몬태나 사법부에서 소비자보호청과 피해자서비스청(이곳은 소비자보호청 안에 있다)을 책임지는 인물이었다. 그와 웹스데일은 수년간 우정을 이어왔다. 샐리는 데일에게 미셸과 크리스티와 카일에 대해 이야기했고, 그는 귀 기울였다. 그녀는 그에게 자신의 사건을 맡아달라고 단도직입적으로 요청했다. 몬태나 가정폭력사망사건조사팀이 맡을 최초의 사건으로. 그들 모두 답을 찾기 위해 힘을 모을 것이었다. 어떻게 했더라면 미셸과 아이들이 살았을지에 대한 답을.

나는 사망사건조사팀이 무슨 일을 하는지 감을 잡기 위해 미줄라 외곽에 있는 작은 마을로 향했고 박제 장식이 주를 이루는 호텔에 투숙했다. 대성당처럼 높은 천장에는 사슴뿔 샹들리에가 매달려 있었다. 한쪽 벽에는 사슴머리가 걸려 있다. 두툼한 나무 들보가 천장을 가로지르는 그곳에는 집처럼 편안하고 따뜻한 느낌이 있었다. 저 안쪽에 있는 방에서는 미국 전역의 호텔에서 볼 수 있는, 카펫이 깔린 특색 없는 컨퍼런스 센터의 긴 테이블에 32명이 앉아 있었다. 바깥에는 불가사의한 아름다움이 펼쳐져 있었다. 10월의 산 정상에는 이미 눈이 덮여 있었고, 방 한쪽을 따라 미끄러지는 유리문으로 된 벽에서 보면 가을 낙엽들이 주차장을 가로지르며 굴러다녔다. 호텔은 작은 강을 끼고 있었고, 미국 서부에서는 보기 드문, 날카롭게 벼린 수정 같은 공기가 눈을 자극했다. 이곳으로 모든 사람들을 불러 모은 주제만 아니라면 이것은 어떤 극한의 야외 모험을 위한 회합일 수도 있었으리라. (이 팀의 원칙에 따라 나는 사건 피해자의 신원을 밝히지 않는 데 동의했고, 따라서 이름이나 지역 같은 정보와 직장이나 나이 같은 구체적인 표지는 삭제했다.)

루스는 남자친구에게 살해당했다. 자기 방어를 위해 웅크리고 있다가 등과 손에 여러 발을 맞았고, 그러다가 머리에 한 발을 맞았다. 법 집행기관은 이런 종류의 살인을 처형이라고 부르곤 한다. 남자친구가 그녀보다 높이 우뚝 서 있고 그녀의 웅크리고 있는 자세는 이 커플의 역학에 대해 뭔가를 알려준다. 권력과 통제에 대해. 그녀가 사망한 방에는 사방에 총알이 박혀 있다. 마치 그녀가 마지막 자세로 몸을 웅크리기 전에 밖으로 도망가려고 뛰어다니기라도 한 것처럼. 우리는 이 남자를 티모시라고 부를 것이다. 티모시는 루스를 살해한 뒤 그 집 바깥을 여러 바퀴 돌면서 걸었다. 일반적으로 사랑했던 사람을 살해하고 나서 스스로 목숨을 끊기까지 많은 시간이 걸린다. "자살보다는 다른 누군가를 죽이는 게 더 쉽거든요." 웹스데일이 말한다. 결국 티모시는 자신을 향해 방아쇠를 당겼다. 피와 혼란과 법석의 현장, 그야말로 아수라장이었던 루스의 죽음과는 달리, 티모시의 자살은 깔끔했다. 두 발이 발사되었고 그걸로 끝이었다. 몇 시간 뒤 그 팀은 이 이미지와 그것이 의미하는 바에 대해 이야기할 것이다.

몇 년간 몬태나에는 가정폭력 살인 사건이 세 건뿐이었고, 몇 년은

10여 건인 적도 있었다. 루스가 살해당한 해에는 주 전체에서 11건이었다.[2]

매튜 데일은 이 이틀짜리 모임을 주재한다. 이 팀은 여러 달에 걸쳐 정보를 수집, 공유하고, 예전 기록을 찾고, 친구, 가족, 동료, 커뮤니티 구성원, 이웃, 법 집행관, 성직자, 치료사, 판사, 보호관찰관과 가석방 담당관, 과거 교사, 베이비시터, 그 외 피해자와 가해자 두 사람 모두의 삶에 관련된 거의 모든 사람을 인터뷰했다. 사망사건조사팀은 자기 주에 있는 모든 친밀한 반려자 살인 사건을 검토하는 게 아니라, 피해자의 목숨을 구했을 수도 있는 절차 또는 시스템의 교정에 대한 정보를 얻을 만한 엄선된 소수 사건을 검토한다. 행인이나 아이들이 목숨을 잃었을 수도 있고, 일기, 편지, 소셜미디어 게시물, 이메일 등 통찰력을 얻을 만한 무언가가 남아 있을 수도 있다. 어쩌면 너무 나이가 많거나, 너무 어리거나, 극도로 부유하거나, 만성적으로 가난한, 평범하지 않은 커플이었을 수도 있다. 어쩌면 가족들이 미셸 먼슨 모저의 경우처럼 협조적일 수도 있다. 티모시와 루스의 사건에서는 두 사람 모두 기록 정보를 남겼다. 편지, 소셜미디어 게시물, 법 집행기관의 기록과 중첩되는 이력들.

굵고 텁수룩한 머리카락에 달리기 선수 같은 체격의 데일은 왜소한 남자다. 그는 격식을 차릴 필요가 없는 일을 하면서도 매일 넥타이를 매고 벨트에 핸드폰을 달고 다닌다. 그는 소집된 팀원들(몬태나주 여기저기서 차를 몰고 왔는데, 이 중에는 여덟 시간 거리에서 온 사람도 있다)에게 범죄 현장 사진은 개인 컴퓨터로 볼 수 있긴 하지만 전체에게 보여주지는 않겠다고 이야기한다. 예상대로 사진은 비극적이고 기괴하며 끔찍하도록 슬프지만, 시사하는 바 역시 있다. 루스는 주방에서 무릎을 꿇고 앞으로 고꾸라진 자세로 발견되었다. 침대에 누운 티모시는 양손에 총이 한 자루씩 있었고, 팔은 심장 부근에서 교차했으며 총알이 가슴에 구멍을 남겼다. 세세한 내용은 나중에 등장해서 가해자에 대해, 그리고 두 사람의 관계에 대해 중요한 점들을 드러낼 것이다.

몬태나 사망사건조사팀은 두 가지 이유에서 주목할 만하다. 첫째, 그들은 철저하게 분석한다. 데일은 길고 넓은 분석이라고 부른다. 다른 팀은 조사 내용이 적은 대신 더 많은 건수를 다룬다. 몬태나팀은 많아야 1년에 겨우 두 건을 조사한다. 둘째, 몬태나는 인구 구성상 입법가와 판사(실제로 정책을 바꿀 힘을 가진 사람들)에게 접근하는 것이 상대적으로 용이한 주이다. 사실 몬태나주 법무장관은 이 팀의 구성원이고, 최소한 한 명의 판사 역시 여기에 속해 있다. 몬태나 같은 곳은 뉴욕시처럼 인구 밀도가 훨씬 높은 곳에 비해 법을 바꾸기가 훨씬 쉽다.

이런 팀에는 규제나 집행 기능은 없지만, 이들은 개별 사례를 통해 어떤 식으로 시스템을 바꾸면 차이를 만들 수 있었을지를 판단하려고 노력한다. 어쩌면 사법 시스템이 그 학대자를 감금하거나, 피해자를 안전하게 지키는 데서 나아가 더 큰 역할을 할 수 있지 않았을까? 경찰이 뭔가 다른 일을 할 수는 없었을까? 아니면 지역 교회는? 사실 기본적으로 가능성의 수는 무한하고, 따라서 조사팀은 그 가능성을 확인하기 전에 어느 정도는 결과를 검토해야 한다. 그들이 이 특정한 살인 후 자살 사건을 맡기로 한 것은 여러 이유 때문이었다. 첫째, 피해자는 자신의 죽음을 예감했다. 그녀는 남자친구와 헤어지자마자 자신의 장례식에 대해 이야기할 정도로 자신이 위험한 상황임을 알고 있었다. 가해자 역시 지역 경찰이 언젠가 그와 관련된 폭력 사건이 일어나리라 예상할 정도로 지역 경찰과 얽힌 이력이 있었다. 그를 아는 한 경찰관은 그것을 "경찰을 이용한 자살"이라고 불렀다. 이는 어떤 사람이 가령 무기를 내려놓으라는 명령을 따르지 않음으로써 자신을 쏘도록 경찰을 유도하는 상황을 말한다. 몬태나는 아무도 알 수 없는 이유로 미국 전체에서 경찰을 이용한 자살 비율이 가장 높은 곳에 속한다. 그러면 그는 이미 위험 인물로 알려져 있었고 그녀는 자신의 생명이 위태로움을 감지했는데, 어째서 시스템은 그녀를 보호하지 못했을까? 시스템이 무엇을 더 할 수 있었을까? 앞으로 무엇을 더 할 수 있을까?

커다란 종이가 앞 벽에 붙어 있고 데일은 팀원들에게 기밀 유지를 당부하며 회의를 시작한다. 모든 파일은 이후에 바로 폐기해야 한다. 그들은 이 모임 전에 몇 달에 걸쳐 고인들을 아는 가족, 친구, 동료들을 인터뷰했고 이제 고통스러운 세부 사항들이 드러날 시간이다.

어쩌면 사망 사건 조사에서 가장 중요한 요소는 팀원들이 공개적으로 거론하지 않는 어떤 것인지 모른다. 그것은 바로 자신들이 몸담고 있는 시스템, 선의를 가지고 열심히 일하는 사람들로 가득한 시스템은 어째서 누군가가 그녀의 목숨을 앗아 가는 것을 내버려둘 정도로 제 기능을 하지 못하는가라는 질문인지 모른다. 내가 관찰하는 이틀 동안 웹스데일은 "비난하지도 수치스러워하지도 말라"는 말을 종종 되뇌었는데, 이는 아주 중요한 의미를 가진 것으로 확인되었다. 웹스데일은 항공 부문은 지난 20년 동안 상당히 안전해진 반면, 의료사고는 아직도 예상보다 훨씬 자주 일어나고 있다고 내게 말했다. (사실 병원에서 의료 과실로 인한 죽음은 지금 미국에서 세 번째로 주요한 성인의 사망 원인이다.3) 웹스데일은 오늘날의 비행이 전보다 안전해진 큰 이유로 교통안전위원회가 인간의 실수를 열린 태도로 부각시키는 문화를 활성화한 것을 꼽는다. "요즘 조종석에서 안전 문제가 있으면 기장이 부조종사와 승무원들과 뭐 그런 사람들의 말에 귀를 기울여요" 하고 웹스데일이 말했다. 하지만 의료계는 고질적인 위계 질서 때문에 의사 소통이 막혀 있다. 그는 의사가 신이고 신의 뜻에 대해서는 절대 토를 달지 않는 수

술실 문화를 언급했다. 하지만 웹스데일의 말에 따르면 미국을 통틀어 가장 잘 운영되는 시스템은 (경찰이건 대변인이건 사회복지사건 보호관찰관이건 판사건, 심지어는 가족 구성원이건) 하나의 팀으로 움직이는 데 중점을 두는 경우다.

데일은 피해자의 삶에 대해 우리가 알고 있는 사실이 무엇이냐는 질문으로 말문을 연다. 한 팀원에게 루스의 생애에 대한 정보를 최대한 모으는 임무가 맡겨진 상태였다. 루스는 서부에서 어린 시절을 보냈지만 인생의 많은 시간 동안 떠돌았다. 그녀의 장성한 두 자녀는 모두 서부에서 살았다. 베키라고 하는 한 팀원이 벽에 붙어 있는 종이에 매직으로 루스의 생애에 대해 알려진 내용들을 적기 시작한다.

루스는 양로원 보조원으로 일했고 아이들의 아버지와는 오래전에 이혼을 했다. 그녀와 티모시는 온라인으로 만났고 바로 데이트를 시작했다. 편지에서 티모시는 그녀를 만난 지는 겨우 한 주밖에 안 되었지만 자신이 꿈꾸던 여성을 찾았다고 고백했다. 조사팀은 살인 사건 이후에 찾아낸 편지와 메모들을 통해 루스의 사고방식에 대해, 그리고 때로는 티모시의 상태에 대해 독자적인 통찰력을 얻는다. 루스는 티모시가 사는 몬태나 트레일러 단지를 여러 차례 방문했고, 3개월 뒤 그가 자기 집에 들어와 함께 살자고 하자 그렇게 했다. 한두 달 내에 그녀는 유타에 있던 자신의 가구와 가재도구를 대부분 팔고 자기 차에 남은 짐을 싣고 몬태나로 와서 그와 함께 살았다. 그는 그녀에게 이 트레일러는 임시용이라고, 자신들은 곧 작고 좋은 집을 얻게 될 거라고 약속했다.

요양원에서 일자리를 찾을 수 없었던 그녀는 사무실 청소 일을 시작했지만, 티모시는 장애수당과 잡역부로 짬짬이 일해서 번 얼마간의 돈에 의지했다. 그건 루스가 야간 근무와 주말 근무를 해야 한다는 의미였고, 이 때문에 티모시는 그녀가 근무 중이라는 걸 알면서도 그들의 관계에 불안감을 느꼈던 것으로 보인다. 그들의 상황은 순식간에 급변했다. 그는 그녀가 너무 많이 일한다고 화를 냈고, 그러다가 돈이 하나도 없다고 불평했다. 그녀가 요리를 하지 않으려고 하거나, 주방을 청소하지 않을 때, 그리고 한번은 그녀가 정오까지 잠을 잤을 때도 화를 냈다. 아이들을 위해 남겨둔 것으로 보이는 공책을 보면 루스는 티모시에게서 벗어날 수 없다고 느꼈다고 적었다. 그녀는 인근 주에 있던 괜찮은 직장을 그만두었고, 자신이 가지고 있던 사실상 모든 것을 팔았으며, 그래서 지금은 이 "관계에 최선을 다해야" 한다고 느꼈다. 그녀는 그에게 통증이 있고 이 통증 때문에 자신이 변덕스럽게 행동하고, 그녀가 너무 피곤해서 성관계를 원치 않거나, 그와 함께 낚시를 가고 싶은 기분이 아닐 때 같은 작은 사건에도 폭발을 하는 거라는 그의 말을 그대로 믿었다. 그녀는 이제까지 아프다는 게 실제로 무엇을 의미하는지를 가까이서 살펴왔기 때문에 통증이 사람을 어떻게 망칠 수 있는지, 잘못된 약물이 결합되면 인성에 어떤 악영향을 미칠 수 있는지를 이해했다고 적었다. 사실 그녀는 자신이 바로 이런 종류의 문제에 도움을 주기 위해 티모시에게 보내졌을지 모른다고, 이건 어쩌면 정해진 운명 같은 것인지 모른다고 생각했다. 그가 다정할 때, 아침에 커피를 따르는 그녀의 뒤로 다가올 때, 텔레비전 앞에 놓인 소파에서 그가 온몸으로 그녀를 감쌀 때는 그녀가 아는 따뜻하고 편안한 사람이었기 때문이다. 그녀는 누군가를 사랑하는 게 아주 오랜만이었다. 수십 년간 그녀는 외로움 속에서 지냈다. 그리고 이제는 더 이상 혼자가 아니었다.

　여기 모인 팀원들은 루스의 인생에 무언가 또는 누군가가 개입했더라면 지금도 그녀가 살아 있을까라는 질문을 마음 한구석에 품고 있었다. 그녀의 친구들이 이 폭력에 대해 알았을까? 알았더라면 언제 알았을까? 그녀가 교회에 다녔을까? 다녔더라면 다른 교인 중 누구라도 아는 사람이 있었을까? 혹시 목사가 알지 않았을까? 그녀가 눈에 보일 정도의 부상을 지니고 사람들에게 모습을 드러냈을까? 근무 이력은 어떤가? 결근한 적이 있나? 과거에 폭력성을 띠게 된 다른 연애 관계를 경험한 적이 있나? 그랬다면 그 연애는 어떻게 되었나? 살인 사건을 모든 것을 바꿔놓을 수 있었을 단 한순간으로 축소하는 것이 가능할까? 이들의 관계가 너무 빠르게 진지해졌다는 사실 역시 중요하다. 짧은 구애(이것을 첫눈에 반한 사랑이라고 치자)는 사적인 폭력의 특징이다. 로키와 미셸 역시 해당된다.

조사팀이 그녀의 시각표를 완성하자 여러 장이 채워졌고, 시간은 오전 중반이었다. 이제 벽에 있는 남은 공간은 티모시로 채울 것이다. 곧 방 안이 온통 종이로 도배된다.

몬태나 조사팀은 지역 관련자들에게 전체 맥락에 도움이 될 만한 각자의 사망 사건 조사 결과를 제시해줄 것을 요청한다. 이들은 정규 팀원은 아니지만 살인 사건에 대한 토론에 도움을 준다. 티모시와 루스의 사건에서는 지역 경찰관 여러 명이 와서 티모시에 대해 아는 바를 이야기한다. 그는 퇴역 군인이었고 개를 사랑했다. 과대망상이 있었고, 어떤 수색 구조팀에서도 일해본 적 없으면서 수색과 구조에서 세운 공적을 자랑하곤 했다. 여러 차례 사고(자동차 사고, 사륜형 오토바이 ATV 사고)를 당했고, 처방 진통제를 복용했고, 재향군인국과 지역의 몇몇 의사 등 이런 약을 공급받는 곳이 여러 군데인 것 같았다. 많은 몬태나 사람들이 그렇듯 집에 작은 무기고가 있었다. 많은 사람들과는 달리 모든 무기를 완전히 장전하고 언제든 전쟁을 치를 태세였다는 차이가 있긴 했지만 말이다. 웹스데일은 총격 현장이나 사건 현장의 세부 사항에서 학대자가 느낀 분노가 두드러지게 부각되는 경우가 많다고 말한다. 일반적으로 피해자의 시신에는 여러 발의 총탄이 박혀 있는데, 이는 범인이 치사에 필요한 만큼 발사한 이후에도 오랫동안 계속 총격을 했다는 증거이다. 심지어는 피해자에게 약실에 있는 모든 총알을 퍼붓기도 한다. 이런 범죄 현장은 범인이 품고 있던 분노의 수위를 보여준다. 가장 저항을 많이 하는 사람이 가족 중에서 먼저 살해당하기도 한다(미셸 먼슨 모저의 경우처럼). 아니면 커플 사이에서 긴장을 유발한 의붓자식에게 과도한 수의 총알을 퍼붓기도 한다. 한 피해자에게서는 치명적인 총알 한 개만 발견되고 다른 피해자에게서는 여러 발이 박혀 있는 경우도 있다. 이런 것은 그저 쓸데없는 세부 사항이 아니라고 웹스데일은 말한다. 이런 것들은 범인의 마음 상태를 파악하는 단서이자, 커플의 특수한 심리 상태를 보여주는 세부 사항이며, 정신 건강 전문가가 어떤 개입을 할 수 있었을지를 알려주기도 한다.

티모시와 루스의 사례에서 이 팀은 과거에 보았던 다른 사건과의 연관성을 이야기하기 시작한다. 티모시는 결국 둘이 살 집을 구했고 트레일러에서 그 집으로 이사를 갔지만 그 집은 황무지 한가운데 있어서 루스가 완전히 고립되었다. 가짜 무용담을 지어내기를 좋아하는 티모시의 성향은 자신의 무능함에 대한 내면의 불안을, 그리고 어쩌면 병적인 자아도취를 보여주었다. 그는 퇴역 군인의 일원으로서 다양한 서비스를 받기 위해 재향군인국을 들락거렸고, 지역 경찰과 언쟁이 붙어 경찰에게도 잘 알려지게 되었다. 한 경찰관은 그를 요세미티 샘[워너브라더스가 제작한 만화영화 〈루니 툰즈〉에 나오는 악당] 같은 사람이라고 불렀다. 다른 경찰관은 그가 법망을 교묘하게 피하는 방법을 정확하게 알았다고 말했다. 다른 주에서 그를 상대로 여러 건의 접근금지명령이 발부된 상태였지만, 몬태나의 법 집행기관은 그 사실을 알지 못했다. 시스템들이 주를 넘어서 소통하는 일은 드물기 때문이다. 어쩌면 루스도 그 사실을 몰랐을 것이다. 드론으로 화장지를 배송받고 로봇이 카펫을 청소하는 오늘날의 과잉 연결된 세상에서도 우리는 폭력적인 사람과 그들의 전력에 대해서는 주 경계를 넘어서는 그리고 민사법정과 형사법정의 경계를 넘어서는 데이터베이스를 만들어낼 수 없는 모양이다. 그의 전 여자친구 중 한 명은 자신의 안전을 위해 계속 소셜미디어로 그를 추적하면서 근처에 없다는 걸 확인한다고 한 조사팀원에게 말했다. 지금은 자기 가족과 1,000킬로미터 이상 떨어진 곳에서 살고 있고 그와는 오랫동안 말 한마디 하지 않고 지냈는데도 말이다. 몇 번은 그에게 임시접근금지명령이 발부되었는데, 그게 만료되기를 기다렸다가 상대가 그것을 갱신하지 않으면 다시 접근을 시작하기도 했다. 그는 그런 식으로 법을 위반하지는 않으면서도 경계를 오갔다.

"그가 만났던 다른 여성들은 모두 그를 상대로 임시접근금지명령서를 발부받았어요." 팀원 중 한 명이 말한다. "하지만 루스는 아니었죠. 그는 자신을 떠나지 않은 여성을 살해한 거예요."

조사팀은 그가 결혼을 한 적이 있지만 아주 짧은 기간이었음을 알게 되었다. 그의 아내는 한 목사에게 도움을 요청했는데, 이 목사가 티모시와 그의 전처에 대한 자신의 경험을 이야기하기 위해 오늘 이 자리에 참석했다. 콧수염이 있는 목사는 키가 크고, 그날 나와 함께 그 방에 있던 거의 모든 사람처럼 허리에 총을 차고 있다. 여기는 몬태나이기 때문이다. 은퇴한 법의학 간호사인 한 조사팀원이 총에 대한 혐오감을 워낙 드러내놓고 표현해서 다른 팀원들이 계속 그녀를 놀린다. 그녀는 그 말을 입에 올릴 때마다 스웨터 조끼를 입고 뜨개질을 하면서 손에 뜨개바늘을 들고 있다. 권고 사항을 정리할 때가 되자 그녀는 베키의 거대한 매직을 들고 흰 종이에 온통 **총, 총, 총**이라고 적는다. "살인 사건을 없애고 싶어요?" 그녀가 묻는다. "총을 없애야 해요." 그녀는 우리가

155

그곳에 있는 이틀간 수시로 이렇게 말한다.

목사는 티모시의 이혼한 아내에 대해 이야기한다. 그는 접근금지 신청을 하러 그녀와 함께 갔고, 판사에게 그녀가 얼마나 두려운지 이야기하라고 설득했다. 판사는 그녀의 요청을 기각했다. 하지만 목사는 그녀가 위험한 상황이라는 걸 알았고 그래서 개입했다. "우리가 그녀에게 새 차를 마련해줬어요." 그가 말한다. 티모시가 그녀를 추적하지 못하게 하기 위해서였다. 그리고 교회는 그녀에게 안전한 거처를 제공했다. 하지만 그 후 교회가 위협을 받았다. "우린 교회를 위협한 게 티모시였다고 확신해요." 목사가 말한다.

지역 경찰은 티모시의 기이한 이력에 익숙했지만 이런 사실에 대해서는 전혀 알지 못했다. 그가 결혼한 적이 있다는 것도 몰랐다.

이런 경우 판사에게 책임을 돌리기가 쉽지만, 판사는 티모시가 다른 여성들을 스토킹한 전력이나 그의 전 여자친구들이 그를 상대로 접근금지명령서를 발부받았다는 사실을 전혀 알지 못했다. 이런 사건의 대부분은 그가 몬태나가 아닌 다른 주에 살고 있을 때 일어났기 때문이다. 그리고 어쩌면 그보다 훨씬 중요한 점은 접근금지명령이 일반적으로 민사법정 소관이라는 사실인지 모른다. 이 명령을 어기고 난 뒤에야 이것은 형사사건이 된다. 그리고 티모시는 (물론 아는 사람이 별로 없긴 하나) 접근금지명령의 대상이 된 전력은 있어도 형사 고소를 당한 전력은 없었다. 법원과 법원 사이, 관료제와 관료제 사이, 주와 주의 경계선 사이에는 시스템 차원의 거대한 빈틈이 있다.

그러므로 바로 이 지점에서 조사팀의 역할이 아주 중요해진다. 이들은 루스와 티모시의 생을 시간대에 따라 표현했다. 팀은 지역 경찰과 지역 성직자가 가지고 있는 정보에 귀를 기울였다. 그 사건이 일어난 경제적이고 문화적인 배경에 대해 조금 알게 되었고, 이제는 이 모든 것을 종합하여 위험 신호로 꼽을 만한 것들을 찾을 것이다. 그는 경찰들의 기억에 남을 정도로 말썽을 일으켰다. 일자리가 불안정했다. 스토킹 전력과 접근금지명령서를 받은 전력이 있었다. 상당량의 진통제를 복용했다. 과대망상과 심각한 자아도취, 그리고 사람을 교묘하게 조종하는 성향이 있었다. 그는 군대에서 한 일에 대해 거짓말을 했고, 아무도 근거(예를 들어 지역 신문기사)를 찾을 수 없는 영웅담과 용맹함에 대한 이야기를 소셜미디어에 올렸다. 범죄 현장에서 그의 죽음은 깔끔했고, 그는 침대에 편안하게 누워 있었다. 피는 거의 없었다. 하지만 루스의 죽음은 광기가 느껴지는 혼란과 공포를 전달했다. 루스의 경우, 그를 구하고 싶다고 밝히면서 이 세상이 그를 어떻게 저버렸는지에 대한 글을 남겼지만 그녀 역시 그를 구하지는 못했다. 그녀도 일자리가 불안정했지만, 지역에서 거의 지원을 받지 못했다. 가족이나 친구가 전혀 없었던 것이다. 그녀가 가끔 나갔던 교회의 목사뿐이었다. 루스와 티모시의 관계는 아주 빠르게 아주 진지해졌고, 루스는 거의 완벽하게 고립되었다. 티모시는 그녀가 필요하다고 주장하면서 그녀가 집 밖을 나가지 못하게 했다. 빠른 구애, 고립과 통제, 실업, 약물, 자아도취와 거짓말과 스토킹 같은 위험 신호는 가정폭력 분야의 모든 사람에게 이미 익숙한 것들이다.

그다음은 티모시와 루스가 시스템과 어디에서 상호작용을 했는가를 살펴보면서 개입이 가능했을 지점을 살피는 것이다. 이들은 2년에 한 번씩 몬태나 입법기관을 위해 준비하는 보고서에 넣을 권고 사항을 제시하기 위해 조금씩 천천히 나아간다. 한쪽 눈에 X자를 그려서 실수를 예방하듯이.

그들이 처음 지목하는 곳은 티모시가 치료를 위해 찾았던 재향군인국이다. 다음은 이혼한 아내가 찾아갔던 법원이었다. 경찰은 그를 알았고, 그에게는 스토킹과 보호명령 이력이 있었다. 또한 한 주에 여러 차례 방문하는 재택건강보조원도 있었는데 그녀는 자신의 상관에게 그의 불안정한 상태에 대해 경고하려고 했지만 신경 쓰지 말고 자기 일이나 하라는 말을 들었다. 그리고 루스가 나갔던 교회의 목사가 있었다. "개입 지점이 다섯 곳이군요." 매튜 데일이 말한다. "재향군인국, 정신건강 관리인, 경찰, 사법기관, 그리고 성직자."

대변인 중 한 명이 손을 들고, 확신이 안 서서 동료에게 전화를 걸어봤는데 사실 루스가 오래전에 그녀의 사무실을 찾아온 적이 있었음을 알게 되었다고 말한다. 그녀는 루스를 본 적이 없었지만 동료 한 명이 보았다. 그날 루스는 차에 자신이 가진 모든 것을 싣고 왔다. 그 대변인은 이게 티모시와 사귀던 중의 일인지 아닌지, 아니면 루스가 실제로 어떤 서비스를 받았는지에 대해서는 정보가 전혀 없었지만, 조사팀의 입장에서 이것은 가능한 개입 지점이 하나 더 있다는 의미였다. 홈리스 쉼터까지 감안하면 놓친 기회가 하나 더 늘었다.

둘째 날 점심시간쯤 조사팀은 참석자 전원에게 권고 사항을 발표해달라고 한다. 은퇴한 간호사가 말한다. "총, 총, 총. 총을 없애야 해요." 조사팀 중 경찰 몇 명이 웃는다. "여긴 몬태나라고요." 다른 누군가가 말한다.

"그게 뭐?!" 그녀가 말한다. 그녀는 매력적인 할머니지만 반대 의견에 대해서는 가차 없다. 그녀는 몬태나에서는 절대 이길 수 없는 싸움이라는 걸 알지만 그렇다고 해서 싸움을 단념하지 않는다.

권고 사항이 방 여기저기서 나온다. 다섯 개, 열 개, 열다섯 개. 목표는 생각을 일단 다 꺼낸 뒤 가장 현실적인 것들, 집행 비용이 거의 또는 전혀 들지 않거나, 입법기관이 크게 반대하지 않을 것들로 좁히는 것이다. 매우 중요한 것 중 하나는 티모시를 상대했던 지역 경찰이 그에게 접근금지명령을 받은 이력이 있다는 사실을 몰랐던 점이다. 이는 이들의 주요 권고 사항 중 하나가 된다. 즉 경찰은 다른 주에서 발부된 이런 명령의 이력에 접근할 수 있어야 한다. 데일은 음주운전법령의 사례 역시 모방해야 한다고 말한다. 지금 몬태나에서는 음주운전이 개인에 대한 중요한 기록이다. 음주운전처럼 간단하게 조정하면 임시접근금지명령이 만료된 뒤에도 시스템에 그 이력을 남길 수 있다.

그 외에도 여러 권고 사항이 있는데, 대부분 작은 변화처럼 보이고, 다른 사망 사건 검토에서 가져온 것들도 있다. 성직자를 교육 시간에 초청해서 가정폭력 대처법을 알리기. (웹스데일은 "경찰이나 가정폭력 대변인보다 성직자와 이야기를 나누는 여성들이 더 많다"고 내게 말한 적이 있다.) 다른 의사들이 재향군인국의 의료 행위와 처방에 전자적인 방식으로 접근할 수 있는 방법에 대해 상의해보기. 법원 내 기술 격차 좁히기. 끝날 무렵에는 20여 개의 권고 사항이 나열되었지만 데일과 조사팀은 더 줄일 것이고 결국 보고서에는 몇 개 포함되지 않을 것이다. 보고서는 그 팀이 이미 수행한 최소한 네 건의 검토를 다루긴 하겠지만 프라이버시를 위해 권고 사항은 구체적인 어떤 사건과도 연결 고리를 갖지 않는다. 그래서 이 조사팀이 내가 참관했던 그 시기에 해당되는 보고서를 발행했을 즈음, 나는 이 중에서 겨우 두세 가지의 권고 사항이 티모시와 루스의 사례에서 나왔을 것이라고 추측했는데, 그 내용은 치명도 및 위험평가 사용을 확대할 것, 그리고 판사와 법 집행관, 의료 노동자들에게 가정폭력 사건의 복잡함과 맥락에 대해 교육하기였다.

이런 권고 사항은 실망스러울 정도로 작은 변화처럼 보인다. 하지만 몬태나를 비롯한 여러 주에서는 이렇게 작아 보이는 수정을 통해 근본적인 변화를 경험했다. 매튜 데일은 학대자를 상대로 적극적인 접근금지명령서를 발부받은 한 여성의 사례를 즐겨 이야기한다. 접근금지명령이 발부되었음에도 남성은 명령을 위반했고 경찰이 출동했을 때 현장의 경찰은 아주 사소한 이유로 그녀가 가지고 있던 명령서를 읽을 수가 없었다. 명령서가 종이에 인쇄되어 있었는데 시간이 지나면서 그 종이가 너덜너덜해진 것이다. 법원에서 발부되었지만 중재 기간을 거치면서 읽을 수 없게 된 것이었다. 그 결과 몬태나는 결국 희망카드라고 하는 것을 만들었다. 이 카드는 운전면허증 크기에 비닐 코팅이 되어 있고, 사진, 보호명령 유효 기간, 그 외 가해자의 신원을 알 수 있는 정보가 담겨 있다. 피해자는 여러 장의 희망카드를 발부받아서 동료나 자녀가 다니는 학교의 교사와 관리인 등 보호명령에 대해 알 필요가 있는 다른 누구에게든 나눠줄 수 있다. 아이다호와 인디애나에서도 이 희망카드 제도를 시행하고 있고, 10여 개의 다른 주들이 몬태나에서 참조했다.

미셸 먼슨 모저와 그녀의 아이들은 몬태나 사망사건조사팀이 맡은 첫 사건이었다. 미셸의 사망 사건 조사 결과를 기준으로 삼을 경우, 지금이라면 로키는 보석으로 풀려나지 못했으리라. 그러니까, 그는 더 오래 구류되었으리라. 그러면 가정폭력 대변인들에게는 의뢰인과 관계를 형성하고, 안전 계획과 위험평가와 시간의 경과에 따른 사건의 추이를 검토하고, 쉼터나 다른 응급 계획 같은 서비스를 제공하고, 피해자와 그 가족들이 보거나 경험하면서도 알아차리지 못한 것에 대한 전후 맥락을 일깨워줄 시간이 더 많이 주어질 것이다. 미셸에게는 시간이 없었다. 곰이 그녀를 쫓아왔다. 가정폭력 대변인이 그녀를 만나고 위험평가를 실시했으리라. 빌링스에는 이제 케이티 내시라고 하는 가정폭력 전담 경찰관이 있다. 내시가 순찰을 도는 경찰을 통해 경찰서에 들어온 모든 가정폭력 사건에 대해서 그렇듯 미셸을 지원했으리라. 그들이 집의 자물쇠를 바꾸고 미셸과 크리스티와 카일을 보호소나 호텔에 머칠 보내고, 로키에게 GPS 발찌를 채우는 등의 안전 계획을 제시했으리라. 로키는 어쩌면 몇 가지 중범죄로 추가 기소되었으리라. 가택 불법 침입과 불법 체재, 기물 파손, 유괴 시도, 형사적인 위험 상황 조성 등등으로. 경찰은 집에 들러 미셸의 안전을 확인했으리라. 판사는 로키에게 학대자 개입 수업을 들으라는 명령을 내렸으리라. 가능성의 범위는 끝이 없다.

몬태나팀은 그녀의 사례를 근거로 다른 권고 사항도 만들었다. 그들은 반려자 폭행 또는 가족 폭행과 관련하여 체포된 사람에게는 누구나 자동적인 비접촉명령을 권고했다. 또한 학대자가 형기를 마치고 난 뒤든 보석으로 풀려나는 경우든 석방을 앞두고 있을 경우든 피해자에게 조심하라는 경고를 보내는 체계적인 방법도 권고했다. 그렇게 했더라면 미셸은 로키가 풀려나기 훨씬 전에 경고를 들었으리라. 또한 그들은 미셸처럼 자신의 증언을 취소한 모든 피해자에게는 지역 지원서비스를 비롯한 가정폭력 관련 정보를 제공할 것을 권장했다. 바라건대 그들은 향후 몇 년 내에 증거 기반 기소에 대해서도 더 적극성을 띨 것이다.

몬태나와 다른 주의 보고서에 매년 등장하는 권고 사항들이 있다. 여기에는 위험평가의 꾸준한 사용 증대, 민사법정과 형사법정 또는 대변인과 경찰관 사이에 아주 자주 나타나는 기술 격차의 종결 같은 것들이 있다. 더 많은 교육 역시 권고 사항 목록에 반복해서 오른다. 하지만 최소한 몬태나에서 총기 규제는 여기에 해당되는 일이 드물다.

샐리는 미셸이 로키가 보석으로 풀려났음을 알게 된 순간에 대해 내게 강조하고 또 강조했다. 미셸은 순식간에 돌변했다. 로키와 헤어지겠다는 그녀의 굳은 의지가 모두 사라졌다고 샐리가 말했다. "미셸은 로키가 좀 있으면 들이닥칠 거라고 정말로 생각했어요." 그녀가 내게 말했다. 어쩌면 이런 권고 사항들이 미셸 먼슨 모저와 그녀의 아이들을 살렸을지는 절대 알 수 없을지 모른다. 그것은 마치 부정문을 증명하는 것과 비슷하다. 확실한 것은, 아무 일도 하지 않으면 아무것도 바뀌지 않는다는 사실뿐이다. 그리고 내가 몬태나에서 이야기를 나눈 모든 사람들이 완전히 절대적으로 확신하는 것은 무엇일까? 그것은 바로 미셸 먼슨 모저의 죽음이 다른 많은 목숨을 살렸다는 점이다.

그리고 이다음에
무슨 일이 일어날지

폴 먼슨이 내게 건넨 홈무비를 시청하는 데는 오랜 시간이 걸렸다. 샐리는 초창기에는 그저 미셸의 목소리를 들으려고 그 테이프를 보고 또 보았다고 내게 말했다. 그리고 폴 역시 그 테이프를 수차례 봤지만 아무것도 찾을 수 없었다. 자신이 딸과 손주들을 왜 잃었는지를 납득할 수 있게 설명해주는 순간 같은 건 없었다.

내가 그 비디오를 오랫동안 가지고만 있었던 이유 중 하나는 폴이 찾지 못했다면 나 역시 아무것도 찾을 수 없으리라는 생각 때문이었다. 하지만 솔직히 말하자면 나는 그 비디오를 보는 게 무섭기도 했다. 로키가 가정적인 남자라는 걸 확인하고 싶지 않은 건가 싶기도 했다. 아니면 폴처럼 단서를 찾고 또 찾다가 아무것도 찾지 못할 것이 두려웠거나. 아니면 그들의 삶의 질감이 로키와 미셸과 그녀의 아이들 역시 우리 모두와 마찬가지로 깨지기 쉽고, 연약하고, 불안과 분노와 결핍감에 시달렸음을, 그리고 다음에는 우리 또는 우리 가족, 친구, 이웃 중 누구든 미셸과 같은 상황에 놓일 수 있음을 내게 일깨워줄까 봐. '**나는 당신이 생각하는 그런 전형적인 피해자가 아니에요**'라는 식의 말을 하지 않는 피해자를 나는 아직 어디서도 만나본 적이 없다.

하지만 이유는 또 있었다. 나 같은 작가나 저널리스트들이 잘 받아들이지 않는 이유. 나는 미셸과 로키의 살아 있는 가족들을 만난 뒤로, 미셸과 크리스티와 카일, 그리고 심지어 로키의 죽음이 이미 나의 세상을 변형하고 나의 관점을 뒤틀고 있음을 느꼈다. 한동안 나는 내가 만나는 모든 남성을 잠재적인 학대자로, 모든 여성을 잠재적인 피해자로 보지 않기 위해 의식적인 노력을 해야 했다. 이런 식으로 인생을 헤쳐나가고 싶은 사람은 없다. 나는 그렇게 생각했다. 지금도 그렇게 생각한다. 그래서 나는 그 비디오들을 보기 전에 1년 내내 폭력과 관련된 일체의 것들과 거리를 두었다. 운동을 했고, 책을 읽었고, 그림을 그렸고, 심리치료사를 만났고, 학대와 살인과 경찰 보고서를 멀리했다.

그리고 마침내 그 해가 지나고 나서 최근 어느 여름날 그 모든 것으로 되돌아갔다. 나는 친구들과 지내고 있었고, 그 비디오들은 내 하드드라이브에 있었다. 나는 비디오를 보기 시작했다. 모두 순서가 뒤죽박죽이었다.

첫 번째 비디오에서는 분홍색 트레이닝복에 모자가 달린 위장무늬 자켓을 입은 크리스티를 엄마가 큰 바위에서 내려준 뒤 아빠의 어깨에 올려주었다.

로키는 카메라 뒤에서 아내를 향해 "웃어, 웃으라고" 하고 말한다.

다른 장면에서는 평소 같지 않게 술에 취한 미셸이 황갈색 오버올 반바지를 입고 주방에서 중심을 잡으려고 애쓰고 있다. 숨이 넘어가도록 웃는다. 로키 역시 웃고 있다. 그는 미셸에게 똑바로 걸어보라고 하더니 다시 뒤로 걸으라고, 알파벳을 거꾸로 말해보라고 한다. 그녀는 맥주를 한 모금 마시다가 약간 쏟는다. 로키는 "잠시 후 다시 돌이오겠습니다"라고 말한다. 마치 속보를 전하는 기자처럼. 다음 장면에서 그녀는 아직 술에 취한 채로 욕실 바닥에 있다. 이번에는 검은색 속옷을 입고 있는데 엉덩이까지 내려져 있다. 이 장면은 너무 사적이라서 불편하다. 침략적이다. 그가 말한다. "누가 널 이렇게 했지?" 그는 웃는다. 그녀는 싱긋 웃지만 눈이 감겨 있다. "날 내버려둬." 그녀가 말하고 또 말한

다. 그다음, 잠시 화면이 끊기고 난 뒤 미셸이 메스꺼워하고 로키는 그
녀가 변기에 대고 토하는 모습을 찍고 싶어 한다. 그녀는 짜증을 내지
만 무방비 상태이고, 자기 몸을 추스르려고 하지만 사지가 널브러져 있
다. 그가 말한다. "잠시 후 다시 돌아오겠습니다, 여러분. 다시 이곳으로
돌아오겠습니다."

　한 번씩 크리스마스나 가족 행사 때 찍은 영상이 있고, 그건 거의 세
라와 고든의 집이지만, 비디오에 등장하는 인물 대부분은 그들 넷뿐이
다. 캠핑하는 모습이 제일 많다. 로키가 카일을 살살 부추겨서 자기와
함께 얼음장 같은 물속으로 뛰어들게 만들지만 크리스티는 따라서 뛰
지 않는다. 아니면 크리스티에게는 물속으로 뛰어들라고 이야기하지 않
았거나. 성역할에 대한 기대가 이미 확립되었다. 나중에 로키는 카메라
를 바위 위에 설치하고 보기 드물게 네 명이 화면에 잡힌다. 미셸과 카
일은 구명조끼를 입고 있다. 크리스티가 카메라로 다가와서 미소를 짓
고 "난 사과를 먹고 있어요" 하고 말한다. 사과는 그녀의 손보다 두 배
정도 크다. 내가 본 중에서 가장 활기 있는 모습이다. 크리스티는 조용
한 아이였다. 주로 관찰을 하고 말을 많이 하지 않는다. 카일은 서툰 연
기자 같았다. 크리스티가 가족을 향해 걸어간다. 로키와 카일이 바위에
서 같이 뛰어내린다. 그리고 잠시 후 미셸이 뛰어든다. 보이지는 않지만
미셸이 바위 뒤에서 차가운 물 때문에 비명을 지른다. 세 사람이 물속
으로 뛰어들고 나니 바위 위에는 사과를 들고 혼자 서 있는 크리스티만
남았다.

　아이들이 해먹에서 애벌레처럼 논다. 톰 페티의 노래가 우렁차게 울
려 퍼진다. "착한 사랑은 찾기가 어려워." 잠시 후 로키가 강 바닥에서
수건을 집어 든다. 수건을 챙기면서 "안 추워, 따뜻해" 하고 말하고 또
말한다. 정신 승리. "넌 혼이 쏙 빠져봐야 해." 그가 공기 주입식 노란 카

누에 카일을 태우고 작은 급류를 수직으로 내려간다. "멍청한 짓 하지 마." 미셸이 그에게 소리친다. 그는 카누를 바로잡는다. 멀리 있는 설산이 롱샷으로 잡히고, 폭포는 너무 멀어서 소리가 들리지 않는다. 카누의 노를 들고 구명조끼를 입은 카일이 습지의 낮은 풀을 헤치며 걷는다. 카일은 드넓게 펼쳐진 장면을 찍는다. 카일이 캠코더를 들고 갈지자로 걷자 자갈이 많은 울퉁불퉁한 바닥 이리저리 화면이 어지럽게 흔들린다. "물속에 벌레가 있어요." 카일이 앳된 목소리로 말한다.

"카일, 벌레가 몇 마리야?" 크리스티가 말한다. 그들은 길옆에 있다. 자동차 몇 대가 빠르게 지나간다.

집 뒷마당에서 아이들이 그네를 탄다. 2001년 7월이다. 카일이 그네를 워낙 높이 타서 사슬이 저 위에서 한 번씩 느슨해지며 출렁인다. 조금 뒤 소파 위, 카일은 녹색 아이스크림을 먹으며 아기 옆에 앉아 있다. 텔레비전이 켜져 있다. 광고가 나오고, 아나운서가 말한다. "그녀 자신의 방식대로 삶을 포용하기 위해." 아기는 테일러라는 이름의 금발 남자아이로 이웃의 아기다.

그러다가 로키가 뒷마당에서 노란 양동이에 가터뱀을 담아 온다.

"크리스티 어디 있어? 내가 크리스티 주려고 뱀 가져왔는데." 그가 집 안으로 들어오면서 말한다.

크리스티는 욕실 문 뒤에서 비명을 지른다. "안 돼, 하지 말아요, 무서워."

로키가 웃는다.

그는 아이스크림을 집어 든다.

"하지 말아요." 크리스티가 말한다. "재미없어."

그는 겁내는 크리스티를 보면서 웃고, 그녀에게 아이스크림을 건넨 뒤 양동이를 들고 나간다.

다음 영상에서 그들은 다시 캠핑 중이다. 크리스티가 모닥불에 나뭇가지를 집어 던진다. 연기가 사납다. 영상은 미셸이 찍고 있다. 빨간 티셔츠에 청바지를 입은 로키는 맥주를 마시고 있다. 카일은 해먹 위에서 몸을 흔들며 아빠의 관심을 끌기 위해 고함을 친다. "아빠, 좀 보세요. 여기 좀 보세요. 아빠, 좀 보라고요." 배경에는 AC/DC의 음악이 요란하게 울려 퍼진다. 샐리는 미셸의 집을 방문할 때마다 항상 헤비메탈이 흘러나왔다고 말했다. 로키는 한 다리를 들고 뒤쪽에 있는 카일을 향해 개구리처럼 뛰지만 방향을 바꾸지 않는다. 카일이 해먹에서 뛰어내려 사지를 이용해 착지한다. 로키가 카일을 잠시 바라보고 난 뒤 큰 원을 그리며 계속 개구리처럼 펄쩍펄쩍 뛴다. 카일은 다시 해먹으로 기어 올라간다. "아빠, 보세요. 좀 보라고요!" 로키가 기타를 치는 시늉을 하고 드럼 소리에 맞춰 머리를 흔든다. 한 바퀴 돌아 미셸에게 향하고 카메라를 향해 얼굴을 찡그린다. 그는 잠시 위협적으로 보이지만 다시 미소를 띠고 뒤로 걸어간다. 병을 집어 들고 목젖을 까딱이며 남아 있던 맥주를 한 번에 꿀꺽꿀꺽 넘긴다.

캠핑 비디오 사이에 알리사와 미셸과 멜라니가 어릴 때 찍은 DVD가 있다. 멜라니는 한 번씩 나오고, 어떨 땐 아직 태어나지 않은 게 분명하다. 이들 셋 모두 비슷하게 생겼다. 샐리를 닮았다. 두툼한 윗입술, 크고 둥근 눈, 긴 얼굴. 알리사와 미셸은 젖먹이 때도, 걸음마를 할 때도 항상 붙어 있다. 그들은 핼러윈을 위해 광대 아니면 카우걸로 차려입었다. 생일에는 서로에게 케이크를 먹여준다. 한번은 폴이 자신의 트럭 뒤에 쌓인 낙엽 무더기 속에 두 아이를 놓아둔다. 그 당시 폴과 샐리는 아직 이혼하기 전이고, 날씬한 몸에 미소를 띤 샐리는 머리에 컬러를 말고

스카프를 두르고 있다. 도러시 해밀[미국 피겨스케이팅 선수] 같은 보브스타일이다. 세 딸들은 같이 목욕을 하고, 두발자전거와 세발자전거와 대형 관람차를 타고, 거실에서 어린이용 식료품점 카트를 돌아가면서 밀고 다닌다. 이들은 거실에서 춤추며 노래하다가 신호가 떨어지면 자리를 잡고 웅크리는 놀이를 한다. "재가, 재가, 모두 떨어지네."

로키는 속옷 차림의 미셸을 찍는 경향이 있었다. 미셸은 다리가 길고 가늘다. 그는 줄곧 그녀의 엉덩이를 클로즈업으로 잡는다. 가장 미숙한 남성의 시선. 그녀는 그에게 자신을 좀 내버려두라며 한 번씩 저항하지만 대부분은 결국 카메라가 다른 곳에서 자신을 찍을 거라는 걸 알고 그냥 그를 무시하는 듯하다. 영화에서처럼 이런 대상화(에로틱한 형체로서의 여성)는 그들 관계에서 권력의 역학을 선명하게 각인시켰다. 그는 미셸이 하지 말라고 하는 일을 한다. 그녀가 반대하는데도 그는 계속 그것을 한다. 결국 그녀는 그의 권력을 마지못해 인정하고, 그가 줄곧 기대했던 대로 그는 승리한다. 물론 나는 이런 순간에 너무 많은 의미를 부여하지 않고 싶다. 그냥 모든 걸 내려놓고 "이건 그냥 가족 비디오야. 그는 그냥 **놀리는** 거라고"라고 말하고 싶다. 진공 상태에서는 다른 사람에게 권력을 넘기지 않는다는 사실 역시 떠올린다. 그것은 시간을 두고 천천히 진행되는 침식 과정이다. 한 단계 한 단계, 조금씩, 한 사람이 더 이상 사람으로 느껴지지 않을 때까지 잠식하기. 미셸의 입장에서 권력의 상실은 너무 완벽하고 너무 분명해 보였다. 로키가 그녀에게 경제적 기회를 허락하지 않은 것에서부터, 그녀의 몸을 부분부분 촬영한 것, 그리고 그가 결국 그녀의 목숨을 앗아 간 것까지. 그가 속옷 차림의 그녀를 찍고 찍고 또 찍은 것은 어째서 괜찮지 않은가?

그녀가 그에게 하지 말라고 했기 때문이다.

그런데 그는 중단하지 않았다.

그리고 결국 그녀는 하지 말라는 말 자체를 포기했다.

이것은 권력의 상실 중에서도 가장 근본적이다.

미셸이 카메라를 잡는 일은 드물다. 그녀는 숲에 있는 작은 공터에서 자전거를 타고 씽씽 달리는 카일을 찍고 있다. 그녀는 셔츠를 입지 않은 채 어깨에 수건을 걸치고 입에는 담배를 물고 바위에서 내려오는 로키를 카메라에 담는다. 그의 머리카락 끝이 여름 태양을 받고 노랗게 빛난다. 그녀에게 다가온 그는 뭔가 잘 들리지 않는 질문을 한다. 이게 뭐야? 같은 식의. 그녀는 수줍은 듯 말한다. "내 증거."

순식간이었다. 하지만 난 왜 폴이 그걸 놓쳤는지 모른다. 로키가 입술을 일그러뜨리고 그녀에게 다가간다. 그의 입에서 **쌍년** 같은 말이 튀어나오고 오른팔이 바깥으로 획 하고 움직인다. 카메라를 향해 아니면 그녀를 향해. 그리고 그 순간 테이프가 끊긴다. 하지만 분노의 섬광을 볼 수 있다. 순식간에 일어난 날 것의 분노. 그의 몸에는 가벼움이 없었다. 장난을 치는 몸짓이 아니었다. 그의 팔이 채찍처럼 빠르게 그녀를 향해 뻗어 나갔고 카메라가 암전되었다. 나는 그 장면을 느리게 돌리면서 다시 보았다. 틀림없다. 그의 얼굴이 10억 분의 1초 만에 야수로 바뀐다. 팔이 그녀를 향해 뻗어 나간다. 그리고 이 순간에 대한 파블로프의 반응은 로키만이 아니라 미셸에게서도 나타난다. 한 번의 숙련된 움직임으로 카메라를 끈 것이다. 관객 퇴장. 나는 친구를 내 사무실로 불러들여 전후 맥락을 설명하지 않고 이렇게 말한다. "이것 좀 봐. 그리고 나서 이다음에 무슨 일이 일어날 거라고 생각하는지 나한테 얘기해줘."

다 해봤자 2초 정도밖에 안 되었을 것이다. 재채기를 한 번 하면 놓칠 만한 시간. 내 친구 돈과 내가 같이 시청한다. 난 이제 세 번째, 네 번째, 다섯 번째 보았다.

"아이고 저런." 화면을 본 돈이 이렇게 말한다.

미셸의 아빠에게서 받은 마지막 DVD에는 **모저 가족 2001년 마지막 테이프**라고 적혀 있다. 역시 캠핑 장면과 크리스티와 카일이 소파에 앉아서 텔레비전을 보는 모습이다. 로키가 낚싯줄에서 물고기를 빼내며 뭔가를 씹는 것처럼 턱을 움직인다. 그리고 그들의 뒷마당에 놓인 작은 공기 주입식 수영장에서 작은 오리 한 마리가 수영을 한다. "오리야" 크리스티가 오리에게 말을 걸면서 쓰다듬으려고 한다. "내가 물속에 들어갔는데 너 때문에 놀랐잖아!" 조금 뒤 나는 거북이 한 마리가 그들의 앞마당을 가로지르며 기어가는 모습을 본다. 로키의 흰색 자동차가 잔디에 비스듬하게 주차되어 있고 그 옆에는 킥보드가 모로 누워 있다. 차에는 덮개가 없다. 로키가 차고에서 끝없이 작업하던 머스탱이 아무런 소리 없이 나온다.

테이프는 다시 시작되지만 시간이 얼마나 지났는지는 알려주지 않는다. 몇 주. 몇 달. 자주색 옷을 입은 크리스티를 다시 미셸이 찍고 있다. 딸이 물가에 서서 머리를 아래로 숙이고 있는 모습을 지켜보고 있다. 크리스티는 머뭇거리며 몇 걸음을 걷는다. 그녀는 물가로 걸어가더니 발끝을 물속에 넣는다. 그리고 그렇게 가만히 있는다.

그다음 순간 그들은 동굴 안에 있다. 2001년 9월이다.

미셸은 찢어진 청 반바지를 입고 있다. 로키는 카메라를 동굴 벽에서 아내의 엉덩이로 돌리며 말한다. "이렇게 온통 어두운 데서도 엄마한테 자기가 어떻게 생겼는지를 보여주자고."

비디오의 마지막 장면은 육각형의 새장이다. 그 안에는 뱀 한 마리가 몸을 말고 있다. 뱀의 시선은 카메라를 향하고 윗부분은 S자 곡선이다. 등에는 어두운 갈색 다이아몬드 무늬가 있고 굵다란 중간 몸통이 눈을 사로잡는다. 방울뱀이다. 새장에 비해 뱀이 너무 커서 그 안에 꽉 낀 느낌이다. 로키가 영상을 찍고 배경에서 아이들의 목소리가 들린다. 로키는 왼손 손가락 하나로 유리를 대여섯 번 톡톡 친다. 뱀은 전혀 움직이지 않지만 그 눈꺼풀이 로키의 손가락을 게으르게, 느리게, 지켜본다. 혀를 몇 번 날름대지만 자신의 관심을 끌려는 인간 때문에 당황한 것 같다. 그러다가 갑자기 **탁!** 뱀이 유리를 치더니 움직임을 볼 수 없을 정도로 재빨리 다시 몸을 둥글게 감는다. 쿵 하는 소리 외에는 아무 소리도 나지 않는다. "우와아" 유리벽 덕에 무사한 로키가 말한다. **아빠 언제나 살아나.** "미쳤다."

이것이 영상에 담긴 마지막 이미지다. 뱀을 자극하는 행동은 로키가 다른 환경이었더라면 순식간에 그의 목숨을 끊어놓을 수 있는 동물에게 자신의 권력을 보여주는 것이다.

로키의 목소리.

"미쳤다."

그 뒤에는 아무것도 없다.

THE BEGINNING

PART 2 시작

속죄

지미 에스피노자Jimmy Espinoza가 사냥한 소녀들은 약했다. 약점이 분가루처럼 그들의 피부에 들러붙어 있었다. 눈에서, 움직이는 방식에서 드러났고, 지미는 그것을 알아볼 수 있었다. 굶주린 매 같은 그의 눈이 소녀들을 스치면 그는 자신이 그들을 손에 넣을 수 있다는 걸 알았다. 항상 그런 건 아니지만 그들은 대체로 어렸다. 그들은 갈 곳이 없었다. 그들은 통제가 가능했다. "여자애에게 아빠가 없으면 내가 걜 손에 넣을 수 있다는 걸 알았어요." 그가 말한다. 그는 일하는 소녀들을 다루는 것과 똑같은 방식으로 자신의 반려자들을 다뤘다. 마음대로 버릴 수 있는 자기 소유의 물건처럼. 그는 그들을 때리기도 했고 때리지 않기도 했다. 그들과 성관계를 하기도 했고 그렇지 않기도 했다. 어디서 언제 어떻게 하는지는 그의 소관이었다. 그들의 역할은 그를 위해 봉사하는 것이었다.

그는 자신이 하는 일이 옳은가 그른가는 고려하지 않았다. 내면의 대화에서 도덕성은 아무런 역할이 없었다. 길바닥에서는 돈이 자체적인 야만의 논리를 따랐다. 더 벌수록 더 잃어야 했다. 더 잃을수록 더 필요해졌다. 더 필요할수록 더 난폭해졌다. 고리는 끝없이 이어졌다. 1990년대. 지미 에스피노자가 샌프란시스코에서 제일 악명 높은 포주이던 시절이 있었다. 한창일 때는 하루에 1만 5,000달러를 벌어들였다고 어림셈했다. 그 시절에는 미션 지구가 라테를 마시고 디자이너 청바지를 구경하러 가는 곳이 아니었다. 말썽을 부리고 싶을 때 가는 곳이었다.

이런 눈에 띄는 이력 때문에 지미가 한때 수용되었던 교도소 내부에서 가정폭력방지프로그램을 진행한다는 건 의외일 수밖에 없다. 그의 폭력(지금 그가 살고 있는 세상에서는 소유대명사로 그 사실을 표현한다)은 자신을 위해 일했던 여성들과 그와 연인 관계였던 여성들, 경쟁 관계에 있던 폭력 조직원들, 그의 심기를 거스르는 눈빛으로 그를 바라봤던 모든 사람들을 향했다. 강간은 그의 무기고에 있는 무기였다. 그는 스스로를 "밑바닥 개새끼"였다고 평가했다. 당시 그에게 최대의 고민은 그 많은 현금을 어디에 둘 것인가였다. 매트리스 속에, 자동차 시트 속에, 가능한 어디든 돈을 쑤셔 넣었다. 그 많은 돈을 은행에 둬서는 안 된다. 100달러짜리 지폐를 나이키 신발 상자 안에 쑤셔 박았다. 그에게는 BMW 한 대, 벤츠 한 대, 고성능 오토바이가 한 대 있었다. "난 모든 사람들이 내가 하이에나 같은 놈이라는 걸 알게 하고 싶어요." 그는 항상 현재 시제로 말한다. "난 밑바닥에서 구르는 사람이라고, 짜샤."

지미의 민머리에는 샌프란시스코의 명소가 문신으로 새겨져 있다. 트랜스아메리카 빌딩, 금문교, 시내 전차. 남은 두피와 그의 뒷머리에 가보고 싶은 관광지를 더 그려 넣어도 될 것 같다. 손가락 관절 쪽에는 tuff enuf[충분히 멋지다]라는 문신이, 목에는 Est. 1969[1969년 설립]라는 문신이 있다.

얼마 전 그는 위험에 처한 지역 청소년들에게 도움을 주는 허클베리 하우스에 500달러를 전달했다. 지금 그에겐 엄청난 거금이다. 지미는 그곳을 "보통 매춘으로 빠지는 가출 소녀들"을 위한 곳이라고 설명한다. 그에겐 속죄다. 자신이 한때 두려움에 떨게 만든 엄청난 수의 여성들에게 다가서는 방법. 더 넓은 세상으로 사라진 여성들, 나시 만나서 미안하다고 말할 수 있기를 바라는 여성들. 그는 몰랐다고 말한다. 그는 몰랐다. 그는 일부가, 어쩌면 많은 여성들이 죽었을까 봐 두렵다.

지미의 인생에서는 세 가지 이야기가 감정의 축을 구성한다. 세 개의 막으로 구성된 하나의 연극처럼. 세 이야기는 그에게 워낙 막강해서 정신뿐만 아니라 육체에도 영향을 미친다. 이 이야기들은 세 개의 질문으로 압축할 수 있다. 당신에게 일어난 최악의 일은 무엇인가? 당신이 했던 최악의 일은 무엇인가? 당신이 사랑하는 사람에게 일어난 최악의 일은 무엇인가? 바로 그 자리에서 이 세 질문에 대답할 수 있는 인생을 살았던 사람이라면 누구든 오늘날 지미의 동력이 무엇인지 어느 정도 이해할 수 있으리라. 첫 번째 이야기에서 그는 여덟 살이나 아홉 살쯤 되는 어린아이다. 두 번째에서 그는 20대 중반의 젊은 성인이다. 세 번째에서는 완전히 장성했다. 그는 이 세 이야기를 하고 또 한다. 이야기를 통해 카타르시스를 얻기 때문이 아니다. 이 이야기들이 같이 일하는 사람들 사이에서 엄청난 힘을 가지고 있기 때문이다. 세상은 예측하지 못한 공포로 당신을 후려친다. 그다음에는 어떻게 될까? 아무도 그 후려침에서 벗어나지 못한다. 당신이 지미 같은 사람이라면 비열해진다. 그리고 비열함은 전염력이 있기 때문에 결국 당신이 다시 후려 맞는다. 해봐. 난 감당할 수 있다고. 난 강해. **난 망할 남자라고.** 그리고 그게 먹힌다. 당신이 화를 낼수록 더 많은 일들이 벌어진다. 더 많은 일들이 벌어질수록 당신은 더 화를 낸다. 현실 세계의 무한 고리.

어느 날 죽음을 맞이하거나, 어떤 기적이 개입하여 당신을 그 만신창이의 상태에서 흔들어 깨울 때까지 당신은 그렇게 버틴다. 지미는 그런 기적을 얻었다. 만일 다른 주에 태어나서 자신이 한 일로 다른 감옥에 수감되었더라면 어쩌면 그는 이 세 이야기를 가진 녀석이 아니라 "죽음을 맞이한" 녀석이 되었을지 몰랐다. 그가 아는 많은 녀석들이 이런 식으로 인생을 마감했다. 그는 요즘에도 아직 이야기의 일부에 대해서는 말을 삼간다. 하지만 그는 샌프란시스코 엑셀시어 지구에서 태어났고 그곳에서 자신이 저지른 '조폭' 짓거리로 인해 샌브루노라고 불리는 감옥에 들어갔다. 샌브루노가 비범하고 대담한 실험 현장이 된 바로 그 시기에.

샌브루노 실험 이야기를 하기 전에, 그리고 지미의 세 가지 중요한 이야기를 하기 전에, 난 먼저 다른 이야기를 해야 한다. 이 이야기는 해미시 싱클레어Hamish Sinclair라고 하는 호기심 많은 어린이와 함께 스코틀랜드의 한 노동계급 마을에서 60여 년 전에 시작된다.

석공이었던 싱클레어의 할아버지는 젊은 나이에 규폐증으로 세상을 떠났다. 용광로 노동자였던 엄격한 아버지 역시 싱클레어가 겨우 열세 살일 때 일찍 세상을 떠났다. 싱클레어는 일생 동안 노동계급의 투쟁을 의식했다. 그는 노동계급 속에서 살았다. 킨로클레븐 마을에서는 모든 가정이 그 지역에 있는 알루미늄 공장에서 일하며 생계를 이어갔다. 킨로클레븐은 삼면이 산으로 둘러싸였다. 이 마을에는 다른 산업이 없었고, 싱클레어가 어렸을 때는 그 공장 말고는 다른 선택지가 없었다. "그 마을에서는 모든 게 그 망할 곳에서 나오는 것일 수밖에 없었다"고 싱클레어는 내게 말했다. "한 남자에게 네 명의 애들을 붙여서 그 공장에서 같이 일을 하게 하면 한 아이만 자기 자리를 차지할 수 있었어요. 세 아이는 다른 곳으로 가야 했죠."

그래서 싱클레어는 탈주자가 되었다. 그는 화가가, 예술가가 되겠다는 계획을 세우고 잉글랜드에 있는 브라이언스톤학교로 진학했다. 교육에 대한 접근법이라는 측면에서 몬테소리와 유사한 돌턴Dalton식 교육법을 따르는 곳이있다. 돌턴은 20세기 초에 대부분의 학교에서 가르치던 암기법을 거부하고 학생은 자기 자신의 교사가 되어야 한다고 주장했다. 커리큘럼은 개인의 요구에 맞춰졌고, 학생들의 과제는 공부법을 배우는 것, 스스로 배우는 법을 배우는 것이었다. 싱클레어의 학교에는 개인 지도교사도 있었지만 전체적인 방향은 학생 스스로가 자기 자신의 교육적 발전에 적극적인 참여자가 되도록 하는 것이었다. 이 철학은 싱클레어의 인생 전반을 관통했고 오늘날에도 여전히 유효하다. 샌프란시스코 텐더로인 지구의 한 레스토랑에서 그의 인생 이야기를 듣던 어느 날 밤, 그의 경력이 프로젝트로 구성되어 있고 그가 각 프로젝트의 방법론을 창조해냈음이 분명해졌다. 뉴욕시에서 베트남 전쟁에 반대하는 행진을 기록하는 프로젝트였든 핵잠수함에 반대하는 시위를 영상에 담기 위해 템스강으로 뛰어드는 프로젝트였든 간에 말이다. 우리는 그날 밤 레스토랑이 문을 닫으면 술집으로 자리를 옮기고 술집이 문을 닫으면 근처 호텔 로비의 벽난로 근처로 자리를 옮겨가며 밤늦도록 오래, 온 도시가 잠에 빠져든 뒤까지 오래도록, 몇 시간이고 이야기를 나눴다. 그리고 모든 새로운 이야기에서, 모든 세월에서 핵심은 창조였다.

85세인 싱클레어는 회색 곱슬머리가 부스스하고, 말투는 마치 1968년의 자유분방한 히피 같다. 크록스를 신은 그는 매력 있게 너저분한, 누군가의 괴짜 삼촌을 연상시킨다. 나는 수년간 그의 있는 듯 없는 듯한 강세가 어느 지역의 것인지 알아낼 수 없었다. 캐나다? 아일랜드? 미네소타? 스코틀랜드였다.

브라이언스톤을 졸업한 뒤 그의 이야기는 길고 복잡하고 매혹적이다. 그리고 어쩌면 언젠가 다른 책에서 다른 저자가 완전히 풀어놓을지 모른다. 그 이야기는 아일랜드 연안의 한 민박집에서, 그가 민박집 주인의 침실을 포기하고 미국 영화 제작자에게 가게 된 현실의 어둡고 폭풍우 치는 밤으로 넘어간다. 이 영화 제작자는 결국 그를 카메라맨이자 배우로 뉴욕에 데려갔고, 그는 뉴욕의 베트남전 시위에서 의도치 않게 FBI 요원을 공격하는 바람에 잠시 런던으로 떠났다가 다시 미국으로 돌아와 처음에는 켄터키의 석탄 광부들 사이에서, 그다음에는 미시건의 자동차 노동자들 사이에서 노조를 조직하는 핵심 인물이 된다. "난 사회 불안이라는 조류 속에 있었어요. 그 끝에 막 올라탄 상태였죠." 그는 미국에 막 도착한 시기에 대해, 초창기 사회운동과 시민불복종에 참여했던 시기에 대해 이렇게 말했다. 그는 디트로이트의 블랙파워운동을, 1970년대에 급성장한 페미니즘을 지켜보았고, 미국 전역을 돌아다니며 미국인들을 조직했고 미국인들에 대해 알아갔다. 그러다 한 가지 의문이 생겼다.

어째서 내가 아는 그 많은 남자들이 서로를 두들겨 패는 걸까?

물론 모든 남자는 아니었다. 하지만 그와 함께 일하는 남자들, 그가 조직하고 친구가 된 남자들이 아주 자주 그랬다. 뉴욕, 켄터키, 미시건의 노동계급 남자들. 심지어 고향인 영국에서도 그랬다. 당시 그의 관심사는 가정폭력이 아니었다. 급진적인 실천에 대해 고민하고 있었다. 계급 정치와 노동권에 대해. 디트로이트의 블랙파워운동이 켄터키의 광부들과 어떤 공통점이 있는지에 대해. 그는 이런 투쟁들을 하나의 운동으로 통합하고자 애쓰는 사회운동가였지만 내부의 마초적인 태도에, 가부장제에 자꾸 부딪혔다. 1968년 시카고 폭동 이후 그는 자동차 산업 남성들을 조직하기 위해 디트로이트로 향했다. 그의 초점은 최소한 부분적으로는 더 많은 백인들이 흑인 형제들과 협력하게 만드는 인종 관계였다. 그의 시야 어디에도 젠더는 없었다.

디트로이트에서 몇 년을 보냈을 때 한 무리의 여성들이 그를 찾아와 자신들도 조직화에 참여하고 싶다고 이야기했다. 그들 중에는 싱클레어기 조직했던 남성들의 아내도 있다. 그는 도움을 원하는 사람은 누구든 도우며 살아온 사람이었다. 시스템의 편견이나 부당한 노동 조건에 맞서 싸울 준비가 되어 있으면, 정의의 전사라면, 그는 상대가 누군지 신경 쓰지 않았다. 사람이 많을수록 효과가 커지고, 효과가 커지면 변화의 기회가 더 가까워지는 법이니까. 하지만 싱클레어가 함께 일했던 남성들은 젠더 관점에서는 평등주의자가 아닌 것으로 드러났다. 이들은 여성이 조직화에 참여하는 데 거세게 반대했다. 1975년이었고, 여성 해방은 아직 걸음마 단계였다. 싱클레어의 지역사회 조직화 행사에 참여하는 여성이 점점 늘자 싱클레어가 이미 조직한 일부 남성이 불만을 드러내면서 여자는 조직할 수가 없다고 말하곤 했다. 조직화는 남성을 위한 것이었다. "난 디트로이트시 전체를 대상으로 5년째 조직화를 하던 중이었는데 이 남자들이 '당신은 여자를 조직할 수 없어'라고 말하는 순간 그 모든 게 박살났어요." 싱클레어는 디트로이트 시절에 대해 내게 이렇게 말했다. 그는 충격에 빠졌다.

싱클레어와 남성들은 일련의 회의를 열었고, 회의를 열 때마다 감정적으로 더 격앙되고 가부장제의 참호가 더욱 공고해지는 듯했다. 세 번째 회의가 있었던 그날 밤, 싱클레어의 조직화에서 중추적이었던 남성한 명이 회의를 마치고 집에 가서 아내를 심하게 구타했고 다음 날 여러 명의 여성들(싱클레어는 그들을 "불굴의 여성들"이라고 불렀다)이 그를 찾아와서 모든 걸 철회해달라고 요구했다. 아내를 구타한 남자는 심각했다. 남편들은 아내가 조직화에 나서는 걸 원치 않았다. 중단해야 했다. 당시 싱클레어는 자신의 태도가 남편들이 아내를 구타하지 말아야 하는 건 도덕적으로 지탄받을 만한 일이기 때문이 아니라 지역사회가 분열되기 때문이라는 태도였다고 말했다. "나는 이 일에 휘말렸고 남자들이 내 머리에 현상금을 걸었어요." 그가 말했다. 그는 6개월간 거의 두문불출하면서 '잠행'했고 집 밖으로 나갈 일이 있으면 보디가드와 동행했다.

6개월이 지나자 남자들이 휴전을 선언했다. 이들이 싱클레어를 찾아왔고 다시 조직화를 시작하자고 했다. 싱클레어는 좋다고 말한 뒤 이제는 여성들을 받아들일 준비가 되었는지 물었다. 남자들은 경악했다. 이미 이건 다 끝난 문제가 아니었나? 그들이 그에게 물었다. 그가 말했다. "난 젠더를 가지고 지역사회를 반으로 갈라놓으려는 사람들을 위해서는 일하지 않을 겁니다."

그의 반려자는 디트로이트를 떠날 때가 된 거라고 그를 설득했다. 이 남자들과 여자들은 해결 불가능한 교착상태에 봉착했고, 싱클레어는 떠나지 않으면 죽게 될 거였다.

그래서 그는 서쪽에 있는 버클리로 갔고 거기서 클로드 슈타이너Claude Steiner를 소개받았다.

슈타이너는 젠더 이론 분야의 대가이자, 1970년대 소위 "급진적인 정신의학"의 아버지였다. 남성과 여성의 '내면화된 억압'에 대한 글을 썼고 사회정의에 발판을 둔 치료를 지지했으며, 정서 문해력emotional literacy 개념을 대중화하는 데 기여했다. 급진적인 정신의학은 환자들이 살고 있는 사회적 맥락, 그러니까 전쟁, 빈곤, 인종주의, 불평등이 판을 치는 세상을 무시하곤 했던 표준적인 임상 치료 양식을 비판했다. 급진적인 정신의학은 사회정치적 질서에 시스템 차원의 격변을 요구했다. 약물, 강제 입원, 전기 치료 같은 표준적인 의학 개입을 거침없이 비판한 대항문화에서 탄생한 반권위주의 운동이었던 급진적 정신의학은 의료 산업보다는 사회 이론과 개인의 변화를 통해 정신질환을 해결할 수 있다고 주장하는 치료 모델이 되고자 했다.

싱클레어는 슈타이너가 2017년 세상을 뜨는 날까지 그의 추종자이자 친구로 남있다.

싱클레어는 슈타이너의 조언을 받으며 샌프란시스코 외곽에 있는 정신질환자 수용시설에서 조현병 환자들과 함께 일을 했고, 슈타이너와 다른 당대 연구자들의 연구를 읽었다. 그는 폭력을 모든 남성이 공유하는 것으로 보이는 어떤 신념 체계의 결과로 이해하기 시작했다. 그 신념 체계는 남성들에게 네 인생의 모든 권한은 너에게 있다고, 너는 존경과 복종의 대상이어야 한다고 이야기했다. 인간 위계질서 최상위에 있어야 한다고. 이 신념 체계는 이들을 자기 주변 사람들과 소원하게 만들 뿐만 아니라 이들의 범위에 한계를 설정하고 남성은 무엇이 될 수 있고 어떻게 행동해야 하는지에 대한 협소한 생각에 갇히게 만들었다.

하지만 어째서일까? 어째서 남성들은 이걸 믿었을까? 싱클레어는 물론 인간의 진화에 대한 주장들, 우리가 생존하기 위해 (그러니까 먹기 위해) 살육을 해야만 한다는 점을 이해한다. 그는 인류의 역사 중 아주 오래전 어떤 지점에서 남성이 자신의 가족을 먹일 음식을 얻기 위해 어떤 폭력 성향을 갖게 되었을 거라고 믿는다. 하지만 더 이상 오늘날에는 안 된다. 앞으로 수백 년 동안도 그럴 것이다. 이 역사를 제외하면 그는 폭력이 수컷 종에 내재한다는 생각, 남성은 왠지는 알 수 없지만 싸우기 위해 태어난다는 주장을 거부한다. 우리는 더 이상 생존을 위해 이런 폭력이 필요하지 않다. 그의 표현에 따르면 지금 우리에게 필요한 것은 "친밀함"이다. 그런데 이에 대해 남성들은 아무런 신념 체계를 가지지 못했다. 남성들은 폭력에 대해서는 배웠지만 친밀함에 대해서는 배우지 못했기 때문이다. "폭력은 어릴 때 그저 무리와 함께 지내기 위해서 우리 모두가 배워야 했던 기술이에요." 그가 말했다. "문제는 그게 친밀함에는 안 먹힌다는 거죠. 그건 완전히 다른 기술이니까요."[1] 오늘날 가정폭력 살인 사건에 대한 어떤 뉴스 기사를 읽든 당신은 **여자는 왜 남자랑 헤어지지 않은 거야?**라는 식의 질문을 접하게 될 가능성이 높다. **그 남자는 왜 폭력적이었던 거지?**라는 질문은 거의 보지 못할 것이다. 또는 **왜 그 남자는 폭력을 멈추지 못했을까?** 같은 질문은 더욱더.

싱클레어는 남성과 여성이 다른 유형의 훈련을 받는다고 믿는다. 싱클레어가 몇 년 전 내게 보낸 한 학술대회의 백서에서 그는 샌프란시스코 치안부 책임자가 했던 말을 이렇게 다시 정리했다. "남성은 스스로를 다른 남성보다 그리고 여성보다 우월하다고 규정함으로써 남성이 되는 법을 학습한다. 그래서 배우자 학대든, 폭력배의 영역 싸움이든, 길거리 폭행이든, 무장 강도든, 교도소 안에 있는 남성들의 죄목인 그 외 어떤 범죄든 우리 공동체 안에서 발생하는 많은 폭력은 남성들이 자신의 우월함에 대한 학습된 믿음을 꾸준히 이행하는 데 따른 것이다. 남성들은 우월해져야 하는 자신의 사회적 의무를 이행하기 위해 위에서 언급한 온갖 형태의 무력과 폭력을 사용하는 것이 정상이라고 학습했다."

싱클레어는 여기서 남성에게만 두드러지게 나타나는 이 특징에 대해 돌려 말하지 않는다. 폭력적인 건 **남성**이다. 가정폭력이건 전쟁이건 이 세상에서 일어나는 다수의 폭력을 저지르는 건 **남성**이다. 폭력을 저지르는 상대적으로 적은 수의 여성들조차도 남성의 폭력에 대응하려고 폭력을 사용하는 경우가 가장 많다고 그는 말한다. 실제로 이는 왜 총을 든 남성으로부터 스스로를 지킬 수 있도록 여성들을 총으로 무장시키는 것이 말이 안 되는지에 대해 내가 아는 중에서 가장 효과적인 주장이다. 여성을 총으로 무장시키는 것은 남성처럼 행동하라고, 여성들이 학습한 모든 것을 무시하고 남성의 육체적, 심리적, 문화적 경험을 몸으로 체현하라고 요구하는 것이기 때문이다. 이런 식의 요구는 여성들에게 만일 폭력적인 남성으로부터 스스로를 지키고 싶으면 당신 자신부터 폭력적이 되어야 한다고 말하는 것이다. 싱클레어가 보기에 이는 해법에 이르는 완전히 잘못된 방법이다. 여성이 폭력을 학습해야 하는 게 아니라 남성이 비폭력을 학습해야 한다.

남성에게는 울지 말라고 가르치지만 여성에게는 울어도 된다고 가르친다. 남성에게는 분노가 유일하게 허용된 감정이라고 가르치지만 여성에게는 절대 화를 내지 말라고 가르친다. 고함을 치는 남성은 그냥 남성일 뿐이지만 고함을 치는 여성은 성가시거나, 드라마퀸[호들갑을 떠는 여자를 지칭하는 표현]이거나 히스테리를 부리는 것이다. (나보다 앞서 많은 사람들이 대규모 총격 사건보다 더 대단한 '드라마'는 없는데도 '드라마킹'이라는 표현은 대중적인 표현이 되지 못했다고 꼬집었다.) 싱클레어는 이를 "방 안에 있는 코끼리"라고 부른다. 우리는 폭력적인 것은 남성이라는 말을 쉽게 하지 않으려 한다. 다수의 타자들을 향해 폭력을 행사하는 건 남자들이라고. 학교에서 총격 사건을 벌이는 건 젊은 남성들이다. 대량 살상. 폭력배의 전투, 살인 후 자살 사건, 그리고 가족 몰살과 어머니 살해와 심지어는 집단 학살까지. 가해자는 모두 남성이다. 항상 남성. "미국 전역과 전 세계에서 일반적으로 얻을 수 있는 모든 가정폭력과 공식적인 일반 폭력 통계, 그리고 가정폭력과 온갖 종류의 폭력에 대한 모든 일화적인 설명은 남성이 폭력의 모든 부문을 독점하다시피 한다는 사실을 분명하게 가리킨다"고 싱클레어는 밝혔다. "폭력에 대한 포괄적인 설명은 이 중요한 증거를 보지 않으려는 조심스러운 시도처럼, 폭력의 젠더화된 근원을 피하려는 조심스러운 방편처럼 보인다. 이런 분석상의 오류는 문제에 대한 해법을 찾으려 할 때 우리를 잘못된 길로 끌고 갈 것이다."

그 말인즉슨 가해자가 누구인지 허심탄회하게 밝힐 수 없다면 어떻게 해법을 찾아낼 수 있겠냐는 것이다.

싱클레어는 현실의 가해자를 구체적으로 명명하기를 두려워하는 것은 그 자체로 일종의 메타폭력이라고 주장한다. 즉 우리가 가해자를 남성이라고 부르기를 두려워함으로써 남성들에게 학습된 믿음을 방조하고 있다는 것이다. 하지만 역풍에 대한 두려움은 정당한 부분이 있다. 우리는 이 신념 체계를 자랑스레 떠벌리고도 아무런 제지를 당하지 않은 지도자들을 두고 있다. 대학 캠퍼스 성폭력은 위기 수준에 이르렀고, 가벼운 폭력은 오락의 한 유형으로 용인되어 떠들썩하게 거행되고, 전직 법무장관 제프 세션스Jeff Sessions는 친밀한 반려자의 테러가 이민자의 망명 사유로 충분치 않다고 평가하고, 롭 포터 같은 가정폭력 전력이 있는 남자들이 미국 최고 통수권자와 함께 일하는 화려한 일자리를 제공받는다. 사실 미국 대통령부터가, 최소한 첫 아내 이바나의 이혼 증언 녹취록에 따르면 폭력을 행사한 전력이 있다. 조지 W. 부시 대통령의 전직 연설문 보좌관 데이비드 프럼David Frum은 2018년 〈애틀랜틱〉의 견란에서 "가정폭력은 그 가해자가 협박을 할 가능성이 높고 그 외 여러 면에서 고위 공직에는 위험한 기질임을 보여준다. 이 대통령은 주변 사람들에게 무엇이 용납되는지 또는 어쨌든 무엇이 용서받을 수 있는지에 대한 메시지를 보냈다"고 적었다.[2]

　얼마 전 딸을 데리고 연극 〈카멜롯〉을 보러 갔던 학교 현장 수업이 떠올랐다. 도시 전역의 4학년들이 참석했다. 공연 후 배우들이 질의응답을 위해 무대 위로 올라왔고, 극장에서 일하는 사회자가 아이들에게 두 가지 질문을 던졌다. 하나는 "왕비 귀네비어가 기사 랜슬롯에 대한 감정을 남편 아서왕에 대한 배신으로 이어지게 내버려둔 것이 잘못이었다고 생각하나요?"였다. 다른 하나는 "아서왕이 랜슬롯을 용서했어야 하나요 아니면 처형했어야 하나요?"였다. 첫 질문에 대해 아이들은 맞다고, 그녀가 잘못했다고 입을 모아 고함을 쳤다. 그녀는 자신의 감정을 무시했어야 한다는 것이다. 두 번째 질문에 대해 아직 사춘기를 겪지 않은 앳된 남자아이들의 목소리가 크게 터져 나왔다. "맞아요! 죽여야 해요! 죽여야 해요!" 워싱턴 DC의 자유주의적인 동네에서 자란 아이들이었다. 이 동네에서는 부모가 맞벌이로 일하고 아이가 태어난 날부터 젠더 규범을 거스르는 가정이 적지 않았다. 하지만 청중은 남성 등장인물이 아닌 여성 등장인물의 감정에 대한 질문만 받았다. 마치 랜슬롯과 아서에게는 인간의 감정이 없다는 듯이. 그리고 용서냐 복수냐는 선택의 기로에 서자 대답은 젠더를 따라 정확하게 나뉘었다. 남자아이들은 분명하게 죽여야 한다고 말했다. 아무리 주위 환경이 자유주의적이라 해도 4학년들은 이미 메시지를 정확하게 이해했다. (교사와 배우, 보호자를 비롯한 그 어떤 어른도 이 젠더화된 관점을 지적하지 않았다는 것이 내겐 큰 실망이었다.3 사실 나 외의 다른 누군가가 그 사실을 알아차렸는지는 전혀 알 길이 없다.)

이 모든 이야기를 들은 싱클레어는 두 손을 치켜들며 "장난 아니라니까요"라고 말한다. 그는 자신이 몇 년 전에 참석했던 폭력반대컨퍼런스에 대해 이야기한다. 한 발표자가 자녀에게 자신을 괴롭힌 사람에게 다시 가서 때리고 오라고 부추긴 가족에 대한 질문을 받았다. 싸움의 대상은 남자아이였다. 문제의 가족의 자녀 역시 남자아이였다. 이런 충고를 한 부모는 그 아버지였다. ("거기 다시 가서 걔를 때리고 와"라고 아들을 부추기는 엄마는 드물 것이다.) 그러니까 아버지가 자신의 어린 아들이 직면한 폭력의 문제에 대한 해법은 더 많은 폭력이라는 주장을 펼친 것이다. 그의 해법은 남성의 역할에 대한 신념 체계를 강화했고, 이를 또 다른 젊은 남성에게 다시 유통시켰다. 폭력은 또다시 폭력을 낳는다. 하지만 그 컨퍼런스 참석자 중 누구도 이 시나리오의 젠더 역학을 언급조차 하지 않았다고 싱클레어는 말했다. 그보다 초점은 일화 그 자체, 싸움으로 나타날 수 있는 결과였지 처음부터 젠더화되어 있던 그 충고가 아니었다. 싱클레어는 이를 "문제의 일부"라고 지적한다. 폭력의 젠더화된 근원을 보거나 인정하지 않으려 하는 것. 폭력의 이유만큼이나 주체는 중요하다. 그는 폭력은 "관계의 문제"가 아니라고 말한다. "그것은 (한 여성의) 반려자가 폭력에 집착하는 문제이다."

"폭력적인 남성들은 자신이 폭력적이라는 사실을 알고 있고 심지어는 그 남자다움을 친구들에게 자랑해요." 그가 말했다. "하지만 누가 문제 제기를 하면 자신의 폭력에는 사실 폭력성이 없다고 부정할 때가 많죠. 이런 식으로 부정을 하니까 폭력적인 남성들은 자신의 폭력이 피해자에게 미치는 영향을 최소화해서 말하고, 그 책임을 피해자에게 덮어씌우고, 가족과 친구들에게 그것을 승인함으로써 자신들과 공모해달라고 요청할 수 있는 거예요." 그러니까 폭력 사건들이 별것 아닌 취급을 받는다는 뜻이다. 가해자는 "그렇게 나쁜 짓은 아니었어요" 같은 표현을 사용하는 경향이 있다. 그들은 피해자가 과장하는 거라고 오히려 비난한다. 그들은 피해자 쪽으로 살림살이를 집어 던지거나 그녀를 향해 문을 쾅 하고 닫거나 그녀를 벽에 밀칠 때 그녀를 "해칠" 의도는 없었다고 주장한다. 마치 벽이나 문 같은 물건들이 잘못이라는 듯이. 이런 남자들은 자신의 행동이 폭력적이라고 인정하지 않기 위해 할 수 있는 모든 일을 한다.

캘리포니아로 옮긴 지 5년이 되었을 때 싱클레어는 조직화로 다시 돌아가고 싶어서 좀이 쑤시기 시작했다. 어느 날 샌러펠에 있는 마린피학대여성지원서비스Marin Abused Women's Service에서 일하는 지인이 자기 쉼터 안에 있는 남성 부서 일을 해보지 않겠냐고 물었다. 그는 잠시 생각했지만 시시콜콜한 사항들을 놓고 머리를 싸매고 싶지 않았다. 그는 자신의 근본으로 돌아갔다. 그는 행정가가 아니었다. 조직가였다. 운동가였다. 그는 돌턴식 교육법과, 주위 여성들의 참여를 원치 않았던 디트로이트 노동조합의 남자들과, 우리 모두가 살고 있는 이 세싱의 현실을 함께 고려할 것을 주장한 급진적인 정신의학을 결합시켰다. 그러자 마음이 끓어올랐다. 그는 그녀에게 여성 쉼터 내부에서 남성 부서를 운영하고 싶지 않다고 말했다. 대신 완전히 새로운 프로그램을 만들어서 폭력적인 남성들에게 개입하고 싶었다. "그 바탕에는 여성의 긴박함이 있었어요." 그가 말했다. "여성들은 **우리의** 폭력에 대한 그들의 경험을 해결하는 프로그램을 원했어요. 그 여성들은 **당신들의** 폭력이라고 말했죠." 남성들의 폭력. 지금도 이 실은 샌브루노에서 매일 폭력적인 남성들에게 개입하는 지미의 활동을 관통하고 있다.

싱클레어의 프로그램은 1980년에 시작했지만 1984년 3부로 나뉘어진 52주짜리 프로그램 맨얼라이브ManAlive가 될 때까지 이름이 없었다. 20주에 걸친 1부에서는 남성들이 자신의 폭력에 대한 책임감을 갖게 하려고 노력한다. 16주에 걸친 2부에서는 이들에게 폭력을 대신할 수 있는 기술을 가르친다. 그리고 역시 16주에 걸친 3부에서는 인생에서 친밀함과 충만함을 창조하기 위한 전략을 가르친다. 첫 10년 동안은 남자는 어때야 하고 무엇을 해야 하는지에 대한 자신의 모든 믿음을 뒤엎는 프로그램에 참여하는 남자가 그렇게 많지는 않았다. 그러다가 여성폭력방지법이 통과되었고 갑자기 법원이 남자들을 위탁하기 시작했다. 맨얼라이브만이 아니라 매사추세츠, 콜로라도, 미네소타 등 전국에 있는 학대자개입프로그램으로. 캘리포니아에서는 폭력적인 남성이 그 프로그램을 이수하거나 아니면 감옥에 가는 걸 의무화하는 법이 통과되었는데, 이 법은 개입의 기초가 심리치료가 아니라 젠더여야 한다고 구체적으로 명시했다. 그들을 그냥 분노관리센터 같은 곳으로 보내서는 안 된다. 그들이 심리치료사를 몇 번 만나게 하고 끝내서도 안 된다. 이들은 커리큘럼의 일환으로 젠더 역할과 기대에 대해 학습해야 했다. 이들은 자신의 사회화 과정에서 젠더의 역할에 대해 공부해야 했다. (하지만 싱클레어는 누구보다 먼저 맨얼라이브 커리큘럼의 많은 부분을 사실 심리치료에서 차용했다고 말했다.) 그의 커리큘럼에 영감을 제공한 것은 젠더 이론과 신경언어학훈련NLP이었다.⁴ 맨얼라이브 커리큘럼의 방법론은 단순하다. 폭력적인 상황에서 남성들이 자신의 몸을, 목소리를, 주변인들의 반응을 알아차리게 만드는 것이다. 이는 남성 대다수가 겪어본 적 없는 경험이다.

맨얼라이브는 여성폭력방지법이 만들어진 이후 등장한 숱한 학대자개입프로그램 중 선두 주자가 되었다. 당시 덴버의 어멘드Amend, 보스턴의 이머지Emerge, 덜루스의 가정폭력개입프로젝트Domestic Abuse Intervention Project 같은 초창기 유명 프로그램 몇 가지가 동시에 만들어졌다. 이 프로그램들은 그때까지 그 누구도 생각해보지 못한 일을 감행했다. 폭력이 발생한 후에 피해자와 함께 폭력을 처리하는 것이 아니라, 그 중심으로 들어가 가해자와 함께 해결하고자 한 것이다.

지역 전체에서 맨얼라이브 프로그램의 명성이 커졌다. 1990년대 말에는 서니 슈워츠Sunny Schwartz라고 하는 혁신적인 교도관의 관심을 끌게 되었다. 그녀는 수십 년 동안 자신이 만나는 남성들의 폭력을 해결하지 못하는 시스템의 무능력에 좌절하고 있었다. 그녀는 폭력이 자신이 감시하는 남성들의 삶 안에서뿐만 아니라 세대를 넘어서 어떻게 순환되는지를 직접 목격했다. 그녀가 매일 직장에서 만나는 남성들은 교도소에서 안착하기 위해 폭력적으로 행동했고, 다음에는 오늘날 미국 내 수감 생활의 전부라 할 수 있는 폭력 문화 속에서 형기를 채웠고, 그다음에는 한층 더 고조된 폭력을 다시 자신의 가족과 지역사회로 가지고 나갔다. 슈워츠는 근무 초창기부터 알았던 남자의 자식들을 교정시설 안에서 마주치기 시작했다. 그리고 다음에는 손주들을. 더 나은 방법이 있을 거라고 그녀는 생각했다. 폭력이 대물림되어서는 안 된다. 매년 수감자가 늘었지만 미국 내 범죄가 줄어들지는 않았다. 처벌의 의미로 남자들을 가둬놓는다고 해서 애당초 그들이 갇히게 된 이유가 바뀌지는 않았던 것이다.

　이런 남자들과 여러 해를 보내고 난 뒤 그녀는 만일 감옥이 법을 어긴 사람들을 던져놓고 잊어버리기 위한 곳이 아니라, 그들을 바꾸기 위한 곳이 된다면 폭력은 줄어들 수 있을 거라고 생각했다. 그녀의 프로그램에는 두 가지 철학적 기둥이 있다. 하나는 맨얼라이브 커리큘럼이었다. 남성에서 남성으로, 아버지에서 아들로 전달된 폭력의 순환에 개입하는 것. 하지만 그녀는 그 이상을 원했다. 두 번째 기둥은 회복적 정의restorative justice ※ 개념이었다. 회복적 정의는 가해자가 자신이 야기한 고통과 수난을 인정하고 최대한 피해자와 지역사회를 "회복"하도록 해야 한다고 주장한다. 가해자와 가정폭력 피해자와의 만남을 통한 화해가 주요 목적이다. 회복적 정의는 때로 가해자가 자신의 특정 피해자를 만난다는 의미이긴 하지만 샌브루노의 맥락에서는 매주 한 번씩 가정폭력의 일반 피해자들을 초대해 자신의 경험에 대해, 그리고 트라우마를 가지고 트라우마를 넘어서 살아가는 것이 어떤 의미인지에 대해 이야기하도록 한다.

※　피해에 상응하는 처벌을 위주로 사고하는 응보적 사법과 대비되는 개념으로 법 영역에서는 대개 '회복적 사법'이라고 하지만, 오늘날 교육 현장이나 공동체로 확산되면서 '회복적 정의'라는 표현이 널리 사용되고 있어 여기서는 좀 더 확장된 표현을 선택했다.

어항 안에서
폭력 관찰하기

오늘 이야기하는 여성은 빅토리아다.[1] 50세인 그녀는 지난 5년간 비로소 자신의 머리에 총을 겨누는 아버지의 모습을 떠올리지 않게 되었다. 그녀는 어머니의 몸이 벽에 부딪히는 소리에 익숙했지만, 그녀의 어머니가 약하고 지루하다고 생각했다. 아버지는 카리스마 있고 매력적이었다. 한번은 그녀가 자전거를 타고 어떤 남자아이의 집에 갔을 때 아버지가 자동차를 타고 따라와서 그녀를 집으로 데려갔고 어머니의 머리에 총을 겨누며 말했다. "한 번만 더 얘가 그런 짓을 하게 내버려두면 널 죽일 거야." 빅토리아는 가끔 자신이나 남동생이 잘못을 하면 아버지는 반려동물을 죽이겠다고 위협하곤 했다고 말한다.

오늘 나는 샌브루노 감옥에 있다. 이곳은 처음이다. 파란 플라스틱 의자에 줄 맞춰 앉은 수십 명의 남자들과 함께 빅토리아의 이야기를 듣는다. 남자들은 오렌지색 점프수트를 똑같이 입고 끈이 없는 흰 신발을 신고 있다. 점프수트 안에 긴팔 옷을 입은 사람도 있고, 손가락, 목, 얼굴, 눈에 보이는 거의 모든 피부가 문신에 뒤덮인 사람들도 있다. 그들 대부분은 이렇게 조용히 앉아서 여러 시간 동안 어떤 사람이 자기 인생에서 일어난 가정폭력에 대해 털어놓는 이야기에 귀를 기울이는 게 처음이다.

열여섯 살의 어느 날, 빅토리아는 어머니의 몸이 다시 한 번 벽에 쿵, 쿵, 쿵 부딪히는 소리를 들었다. 그즈음 그녀는 더 이상 경찰에 신고하

지 않았다. ("아, 그 작은 숙녀분은 씩씩하잖아요." 그녀는 911에 숱하게 신고
하다가 한번은 이런 말을 들었던 걸 기억한다.) 조금 뒤 어머니는 침실에서
도망쳐 자동차로 달려갔다. 빅토리아가 어머니를 쫓아 밖으로 달려 나
갔다. "그 인간이 날 죽이려 했어." 어머니가 숨을 헐떡이며 말했다. "2초
줄게. 차에 탈래 말래?"

빅토리아는 얼어붙었다. 남는다. 간다. 남는다.

어머니가 엔진에 시동을 걸었다.

빅토리아는 남았다.

"저는 수년 동안 집에 남았다는 죄책감을 짊어지고 살았어요." 그녀
가 남자들에게 말한다. "거식증에 걸렸죠."

이곳에 있는 많은 남성들에게는 가정폭력 생존자의 이야기에 귀를
기울이는 것도 처음일 뿐만 아니라, 트라우마와 폭력이 누군가에게 장
기적인 영향을 미칠 수 있다는 생각을 해보는 것도 처음이었다. 많은
남자들이 눈물을 훔친다. "아빠는 온 가족을 살해하고 감옥에 간 남자
들한테 편지를 써서 당신들은 용감하다고 말하곤 했어요." 빅토리아가
말한다. "전 늘 뭔가 안 좋은 일이 일어날 것 같다는 느낌에 시달렸죠."
결국 그녀는 성인이 되어 아버지가 얼마나 나쁜 사람인지 깨달았고 자
신의 인생에서 그를 잘라냈다고 말한다. 그녀는 어머니를 찾아 화해했
다. 그녀는 어머니가 항상 시끄럽게 비명과 고함을 지르는 사람이었다
고 기억했지만 사실은 조용하고 혼자 지내는 걸 좋아하는 사람이라는
걸 알게 되었다고 말한다. 빅토리아는 지금 어머니와 가까운 곳에 산다.
아버지의 날, 그녀는 데니스 레스토랑에서 아버지를 만나기로 결심했
다. 수년 만이었지만 그녀는 그 자리에서 아버지의 흐리멍덩한 눈빛을
알아보았다. 그녀와 남동생, 그리고 아버지가 불편한 아침 식사를 마치
고 레스토랑 밖으로 걸어 나오는데 아버지가 팔로 그녀를 감싸면서 이

렇게 속삭였다. "양말 안에 총이 있어. 내가 가족을 다 죽이려고 했지만 너를 보고서 그렇게 하지 못했지."

아버지와는 그게 마지막이었다. 지금은 자신의 딸이 아버지와 가까이 하지 못하게 막고 있다. "상처 받은 사람이 다른 사람에게 상처를 준다는 말을 들어보았을 거예요." 그녀가 그 자리에 모인 남자들에게 말한다. "그런데 저는 치유된 사람이 다른 사람들을 치유한다는 생각도 해요."

뒤이어 남자들에게 질문할 기회가 주어진다. 남자들은 멋쩍어하고, 일어나서 발언을 할 때는 경건함마저 엿보인다. 손을 든 몇몇은 떨고 있다. 그녀는 딸과 자신의 관계를 자신과 어머니와의 관계와 비교해달라는 질문을 받는다. ("완전히 달라요." 그녀는 목소리를 높이지도 않고 이렇게 말한다.) 아버지를 용서했느냐는 질문. ("아니오.") 지금 아버지가 어디에 있냐는 질문. ("몰라요. 서던캘리포니아일 걸요.") 아빠 같은 남자와 데이트한 적이 있느냐는 질문. ("자아도취에 빠진 사람은 있었어요. 그리고 노름꾼도.") 그러다가 20대 초반으로 보이는 한 젊은 남자가 일어선다. 지저분한 노트를 든 손이 눈에 띄게 떨린다. 그는 그녀를 위해, 그녀의 피해 경험에 대해, 그리고 그녀의 생존에 대해, 그녀가 얼마나 용감했는지에 대해 바로 그 자리에서 적은 시를 반은 랩처럼 읊고 반은 암송한다.[2] 그가 낭송을 마칠 즈음 빅토리아는 울고 있고 많은 남자들의 눈에 눈물이 그렁그렁하다.

오후에는 이 남자들이 소집단으로 모여서 그녀의 이야기를 놓고 토론을 벌이며 자신들이 커리큘럼에서 파악한 것들과 연결하고 그것을 자신이 일으킨 폭력 사건에 대입한다. 빅토리아는 언어로 위협을 받았다. 아버지는 그녀를 탓했고, 잘못을 부정함으로써 자기 폭력에 대한 책임을 지지 않으려 했고, 어머니에게는 육체적인 폭력을 가했다. 빅토리아는 감정적으로 짓밟혔고 아버지에게 조종당했다. 아버지는 그녀의 경험을 하찮게 여겼다. 머리카락을 짧게 땋은 남자는 어머니가 떠났을 때 빅토리아가 자원을 빼앗겼다고 지적한다. 그가 말하는 "자원"이란 그녀의 안전을 지켜줄 수 있는 어떤 것을 의미한다. 남자들은 자신이 저지른 폭력 사건, 자신의 잘못을 부정했던 시절, 반려자를 조종하거나 언어로 위협했던 순간, 자신의 폭력을 하찮게 여겼던 경우에 대해 이야기한다. 그들은 자신의 폭력이 피해자에게 미칠 수 있는 영향을 보기 시작하고, 이 중에는 이런 경험이 처음인 사람들도 있다. 그러니까 그들은 다른 누군가의 눈으로 세상을 보기 시작한 것이다.

"이제 상상해보세요." 토론 진행자 레지Reggie가 그들에게 말한다. "만일 빅토리아가 서 있던 곳에 당신의 아이가 있는 상황을요. 당신 아이는 당신에 대해 뭐라고 말할까요?"

샌브루노 프로그램은 폭력중단의 다짐Resolve to Stop the Violence으로 불린다. 서니 슈워츠가 전임 샌프란시스코 치안감 마이클 헤네시Michael Hennessey를 설득해서 재원을 마련했고, 이 프로그램은 1990년대 말에 시작되었다.[3] 맨얼라이브와 생존자 영향Survivor Impact(또는 회복적 정의)은 이 폭력 중단 실험의 두 기둥이고, 여기서 지미 에스피노자의 폭력이 끝나고 인생이 다시 시작되었다. 폭력중단의 다짐은 샌프란시스코 남쪽에 있는 샌브루노 교도소에서 시작되었고, 놀랍게도 상대적으로 성공을 거두었음에도 샌브루노 밖으로 크게 확산되지 못했다. 샌쿠엔틴에서도 한동안 이와 유사한 프로그램이 진행되었지만 싱클레어의 말에 따르면 지금은 끊겼다. 뉴욕 웨스트체스터에서도 유사한 프로그램을 만들고 있다는 이야기가 있었다. 폭력중단의 다짐은 처음에는 폭력 성향의 남성들을 사회에 기여하는 비폭력적인 구성원으로 회복시키는 것을 목적으로, 주 6일 하루 열두 시간 몰입식으로 진행하는 1년짜리 프로그램이었다. 대부분의 학대자개입프로그램이 12주나 40주, 또는 50주 동안 주 1회 진행되는 미국에서 이 프로그램은 완전 몰입식 다면적 접근법을 취했다. 핵심 목표는 그들이 자신의 폭력 행위에 책임을 지고 대안을 배우게 만드는 것이었지만, 약물 남용, 아동 학대, 정신 건강도 다뤘다. 매일 명상으로 시작해서 요가로 마무리했다. 커리큘럼의 핵심은 젠더 규범, 구체적으로 남성과 여성이 사회적이고 문화적인 기준에 길들여지는 방식, 남성은 자신의 문제를 폭력을 이용해서 해결하도록 배우고 여성은 남성에게 복종하라는 기대를 받는 방식에 도전하는 것이었다. 많은 남성들에게 이는 자신이 이 세상에 대해 안다고 생각했던 모든 것을 뒤집는 일이었다.

슈워츠의 바람은 폭력중단의 다짐 프로그램이 굴러가게 하는 게 전부가 아니었다. 그녀는 분명하게 알고 싶었다. 그래서 미국에서 가장 유명한 폭력 분야 연구자인 제임스 길리건James Gilligan과 반디 리Bandy Lee에게 자신의 프로그램을 연구해달라고 요청했다. 샌부르노 감옥에는 프로그램에 참여하지 않는 통제집단도 있었다. 연구자들은 폭력중단의 다짐 프로그램 참여자와 통제집단 내에서의 폭력 사건, 재범률, 재소자의 출소 후 지역사회 내에서의 폭력 등 다양한 데이터를 추적했다. 어떤 식으로 계산을 하든 결과는 충격적이었다. 재범률이 80퍼센트까지 떨어졌고 다시 수감된 사람들의 죄목도 마약이나 교통 위반 같은 폭력과 무관한 경범죄인 것으로 나타났다. 길리건과 리는 이 프로그램이 이행되기 전 해에는 수감시설 밖에서 일반인이 저질렀다면 중범죄로 기소되었을 폭력 사건이 24건 발생했다고 밝혔다. 그런데 폭력중단의 다짐 프로그램이 시작되고 나서 프로그램 참가자 집단 내에서는 그해 첫 1사분기에 일어난 폭력 사건은 단 한 건이었고 그 이후에는 한 건도 없었다. 하지만 통제집단에서는 이런 사건이 28건 발생했다.[4] 그리고 연구자들은 프로그램을 완전히 이수한 재소자가 다시 지역사회로 돌아갔을 때는 비폭력의 대변인이 되는 경우가 많다는 사실을 발견했다. 그러니까 지미 에스피노자처럼 말이다.

이로써 돈도 아낄 수 있었다. 길리건과 리는 폭력중단의 다짐 프로그램 운영으로 하루에 재소자 한 명당 비용이 21달러 증가했지만 이런 폭력 경감 프로그램에 들어간 1달러당 지역사회는 4달러의 추가적인 이득을 보았다고 밝혔다.[5]

폭력중단의 다짐 프로그램이 시작된 지 이제 20년이 되었고, 이러한 성공을 거두었음에도 이 프로그램을 따라 하는 감옥은 여섯 개 이하이고 그마저도 대부분은 해외 사례다. 폭력중단의 다짐 프로그램은 기본 구조는 그대로지만 지금은 주 6일 하루 열두 시간이 아니라 주 5일 하루 여섯 시간으로 진행된다. 이렇게 바뀐 이유는 자원이 제한된 세상에서 누가 선출되는지 그리고 무엇을 더 중요하게 여기는지에 따라 수감자 프로그램에 필요한 재원을 마련하는 일이 쉽지 않기도 하고, 샌브루노에서는 이제 고졸 학력 인증서와 커뮤니티 칼리지 수업, 예술 치료, 연극, 약물 남용과 12단계 프로그램[알코올중독자 모임에서 제안한 중독, 강박 등 행동장애에서 벗어나기 위한 행동 지침] 등 다양한 프로그램을 제공하고 있기 때문이다. (그래서 샌브루노를 편하게 "온갖 프로그램 감옥"이라고 부르기도 한다.) 나는 어느 날 저녁 샌브루노의 현 프로그램 책임자와 가볍게 이야기를 나누다가 어째서 폭력중단의 다짐이 다른 수감시설로 확산되지 않았는지 물었다. 그랬더니 그녀는 다른 많은 수감자들과는 달리 폭력 전과가 있는 남성들에게는 이들을 감싸주는 옹호자가 없다고 말했다.[6] 수감된 퇴역 군인들이 외부의 지원을 많이 받는 상황과 비교해보면 이해가 쉬울 수 있다. 게다가 특히 외상후스트레스라는 측면에서 퇴역 군인의 요구를 처리하기 위해 나라가 더 많은 일을 해야 한다는 합의도 있다. 하지만 가정폭력과 관련해 가장 두드러진 목소리를 내는 쪽은 생존자들이고, 당연하게도 이들은 학대자보다는 자신의 필요를 더 중요하게 여긴다.

이제는 은퇴한 서니 슈워츠는 폭력중단의 다짐이 여전히 진행 중인 모습에 흐뭇해하면서도 그 모범을 따르는 곳이 많지 않은 현실에 실망감을 드러낸다. "어째서 (폭력중단의 다짐이) 예외가 아닌 규칙이 되지 못하는 걸까요?" 그녀가 묻는다. "우리가 우리와 동일한 경험을 해보지 못한 사람들을 위해 상상력을 발휘하지 못한다는 게 너무 화가 나요. 마치 인생은 모두 똑같다는 듯이 말이에요." 우리는 노이밸리의 한 식당에 앉아 있고, 청바지와 티셔츠 차림인 슈워츠는 어두운 갈색 머리에 은발이 섞여 있다. 키가 크고 힘이 넘치는 그녀는 풍채가 당당하다.

그녀는 폭력중단의 다짐 프로그램을 마치고 민간 사회로 복귀하는 이들이 이용할 수 있는 자원이 너무 없다는 점에서 좌절감을 느낀다. 직업 훈련, 명상, 부모 수업, 알코올과 마취제 중독자 모임, 주택 지원, 12단계 프로그램, 예술과 인문학 치료, 교육 기회 같은 것들. 폭력중단의 다짐 프로그램을 이수한 남자들은 젠더에 대해, 자신에 대해, 문화와 사회와 폭력과 소통에 대해 이 온갖 것들을 배우고 난 뒤 다시 세상으로 걸어 들어간다. 자신이 배웠던 일체의 이론이 다시 현실인 세상, 그 모든 도전이 다시 현실인 세상, 게다가 그 모든 위협과 그 모든 고통까지 더해진 세상으로. 그런데 그들은 혈혈단신인 것이다.

미국은 폭력 예방에 비해 12배 더 많은 자원을 암이나 심장질환 연구에 쏟아붓는다. 폭력 때문에 우리 공동체가 엄청난 비용을 치르는데도 말이다.7 2018년 《미국예방의학저널》에 발표된 한 연구에서는 친밀한 반려자의 폭력에 따른 비용을 3조 6,000억 달러로 추산한다(이 연구는 미국 성인 4,300만 명을 검토했고, 그래서 데이트폭력 같은 것과 관련된 비용은 계산하지 않았다). 이 중 의료 비용이 2조 달러, 생산성 손실, 재물손괴 같은 사법 비용이 730억 달러이다. 친밀한 반려자의 폭력은 한 생애를 경유하는 동안 여성에게는 10만 3,000달러, 남성에게서는 2만 3,000달러의 대가를 요구한다.[8] 이 수치는 2003년 질병통제센터가 매년 미국 납세자들이 가정폭력의 비용으로 약 60억 달러를 치른다고 보고한 이후 가파르게 증가한 것이다.[9] 질병통제센터의 보고에는 사법 비용, 투옥 비용, 18세 이하 모든 관련자의 비용이 포함되지 않았다.

미국 사회에서 감옥은 폭력을 줄이는 것이 아니라 양산한다. "우리의 대안은 뭘까요?" 슈워츠가 내게 물었다. 그녀는 수년간 그녀의 뇌리에서 떠나지 않은 한 일화를, 실천의 필요성을 설파하는 동시에 희망의 이유이기도 한 이야기를 내게 들려주었다. 그것은 한 홀로코스트 생존자에 대한 것이었다. 그는 경비에게 구타를 당하면서도 미소를 잃지 않았다. 그래서 경비는 더 부아가 났다. 경비는 그를 더 심하게 때리고 때리다가 결국 멈추고 그 포로에게 왜 미소를 짓고 있는지 물었다. 그가 말했다. "감사해서요, 내가 당신 같은 사람이 아니라는 게."

그날 슈워츠와 내가 벌인 토론의 시작은 폭력중단의 다짐을 시작하게 된 과정이 아니라, 타리 라미레스Tari Ramirez라는 남자에 대한 이야기였다. 라미레스의 이야기는 폭력중단의 다짐이 하고 있는 노력을 수포로 만들고, 관련된 모든 사람이 이 남자들에게 쏟아부은 모든 시간이, 그들이 주고 또 주었던 모든 기회가 그만한 가치가 있는지 의문을 품게 만드는 이야기다. 폭력적인 남자가 학습을 통해 비폭력적인 사람이 될 수 있을까?

폭력중단의 다짐 수업에서 라미레스는 누가 봐도 적극적인 참가자 같았다. 그는 말수가 적고 내성적이었지만 수업에 기여했고 내용을 진지하게 여기는 듯했다. 라미레스는 여자친구 클레어 조이스 템퐁코Claire Joyce Tempongko를 상대로 네 건의 폭력 사건을 저지르고, 네 차례에 걸쳐 경찰에 신고당하고, 그를 상대로 접근금지명령서를 발행하려는 시도가 네 차례 이어진 끝에 (발행되었다가 무효가 되고 발행되었다가 다시 무효가 되었다) 결국 판사가 그를 감옥에 보내기로 결정했지만, 겨우 6개월 형을 받은 상태였다. 그가 폭력중단의 다짐 첫 단계를 이수하고 막 두 번째 단계를 시작했을 때 샌브루노에서 출소했다.

라미레스는 석방 직후 템퐁코의 어린 두 자녀가 보는 앞에서 그녀를 칼로 찔러 살해했다. 라미레스는 템퐁코에게 폭력을 행사한 전력이 상당했다. 살해 당시 그녀는 겨우 스물여덟 살이었다. 시 검사보가 살인 사건 이후 조사한 결과 라미레스는 수차례 템퐁코의 머리채를 잡고 아파트 밖으로 끌고 나갔고, 깨진 맥주병으로 그녀를 위협했고, 그녀의 집에 불을 질러 아이들을 해치겠다고 이야기했고, 18회 이상 그녀에게 주먹질을 했고, 목을 졸랐고, 손가락을 그녀의 목구멍으로 밀어 넣었고, 수차례 그녀를 납치한 전력이 있었다.[10] 그리고 다시 한 번 확인하자면 그는 이 모든 행위에 대해 6개월형을 받았다. 가정폭력에 대해 거의 아는 바가 없는 평균적인 사람이 경범죄는 별일 아니라고 믿는다면 라미레스의 사례를 지목하기만 하면 된다. 가정폭력의 세계에서 경범죄는 경고 사격과 비슷하다. 아무런 관심을 끌지 못할 때가 너무 많다.

슈워츠는 라미레스가 저지른 일을 무시하는 것은 지적으로도 감정적으로도 부정직한 행동이라는 사실을 알았다. 그보다 더 중요한 점은 라미레스의 행동이 피해자와 그녀의 직계가족에, 그리고 폭력중단의 다짐 프로그램 전반에 어마어마하고 심각한 피해를 주었음을 알고 있지만 동시에 그녀에게 이 일은 전혀 놀랍지 않았다는 사실이었다. "우린 행실이 진짜 나쁜 남자들을 상대하고 있잖아요."

라미레스가 프로그램을 완전히 이수하지 않았기 때문에 프로그램의 효과를 판단할 사례로는 딱히 유용하지 않다. 그럼에도 그 살인 사건은 프로그램 관련자들, 진행자들과 교도소 직원들, 심지어는 라미레스와 함께 둥그렇게 앉아 자신이 겪은 최악의 순간과 가장 내밀한 약점을 함께 이야기했던 남자들에게마저 큰 충격을 안겼다. 슈워츠는 살인 사건에 대해 알게 된 날 교도소에 들어갔더니 모두가 "발작적으로, 통제 불가능한 상태로 울고 있었다"고 전했다. 프로그램 전체에 드리워진 위기의 순간이었지만, 그 일로 자신의 노력에 대한, 자신이 하는 일의 긴박함에 대한 믿음은 흔들리지 않았다. "이 문제는 워낙 민감하고 중대해서 어떤 한 가지가 해답인 척할 수 없어요." 그녀가 말했다. "저는 암에 비유하곤 해요. 사람들이 화학요법을 받고 있는데 누가 죽었어요. 그렇다고 해서 임상시험을 중단해야 할까요?" 계속 버티고 수정하고, 발전시키고, 새로운 조합을 시도해야 한다. "이 일이 그거예요." 그녀가 말했다. "임상시험 같은 거죠."

폭력중단의 다짐 프로그램이 어떤 식으로 진행되는지를 더 들여다보기 위해 나는 산들바람이 부는 어느 1월 아침, 샌브루노 입구에서 지미 에스피노자를 만났다. 빅토리아가 자기 이야기를 들려주었을 때 처음 방문한 이후 거의 1년 만이었다. 샌프란시스코 남쪽에 위치한 샌브루노는 교외의 언덕 위, 파스텔 톤의 단독주택에 둘러싸여 있다. 이제는 육중한 금속 문이 그를 위해 자유롭게 열린다. 그는 교도관과 재소자들과 똑같이 농담을 주고받는다. 가슴이 맵시 있는 자동차만큼 떡 벌어진 데다 게이인 한 교도관이 최근 주말에 휴가를 갔다가 달갑지 않은 사람의 구애를 받은 이야기에 자기 비하성 농담까지 보태자 지미는 웃다가 울 지경이 된다. (내가 가본 교도소 중에서 공개적으로 게이인 교도관이 있는 곳은 샌브루노가 처음이었다. 교도소의 교도관은 금욕적이고 거칠고 심지어는 폭력적일 수 있다. 그래서 난 그들이 게이일 수도 있다고 생각해보지 못했고, 이 의외의 상황은 나처럼 고정관념을 뒤집으려 애쓰는 사람에게도 얼마나 고정관념이 깊이 자리하는지를 한 번 더 상기시키는 기회가 되었다.) 지미는 단추가 달린 베이지색 디키스 티셔츠에 거기에 어울리는 카고바지를 입고 있다. 옷이 워낙 커서 그 안에 지미 자신과 한 사람이 더 들어갈 수 있을 것 같다. 그의 이마에는 독서용 안경이 걸쳐져 있다.

이 교도소의 폭력중단의 다짐 프로그램에는 대기자 명단이 있는데, 대기자가 10여 명 이상일 때도 있다. 샌브루노 전체에는 폭력중단의 다짐 참여자들의 생활공간인 파드pod[각 재소자들의 감방과 공용 공간으로 구성된 교도소 내부 구성 단위]에서는 아무도 다른 사람에게 수작을 부리지 않는다는 명성이 자자하다. 그래서 재소자들은 참여를 원한다. 교도관들 역시. 판사에게 변하려고 노력 중이라는 사실을 보여줄 수 있으면 법원에서 좋은 이미지를 얻을 수 있기도 하다. 하지만 그게 다는 아니다. 사람들은 사실 폭력적인 상황에 놓이는 걸 원치 않는데 그건 워낙 자명해서 거의 언급되지도 않는다. 나는 폭력은 인간의 본성이라는 말을 자주 듣지만 그때마다 샌브루노를 떠올린다. 그렇다면 어째서 사람들은 선택이 가능한 상황에서 민간 사회로부터 격리되어야 할 정도로 심한 폭력성을 드러내다가, 교도소에 와서는 폭력이 없다고 알려진 구역에 자리를 잡기 위해 애쓰는 걸까 하고 생각한다.

폭력중단의 다짐 참여자들의 생활공간은 카펫이 깔린 어항 같은 곳이다. 가운데 있는 교도관의 반원형 책상은 바닥보다 약간 높아서 교도관은 모든 감방과 전체 공간의 모든 구석을 한 번에 다 볼 수 있다. 2층으로 된 생활공간의 한가운데는 커다란 계단이 차지한다. 다른 상황이

었다면 왕족이 걸어 내려올 법한 그런 웅장한 계단이다. 전면이 유리로
된 24개의 감방에는 18세부터 70세까지의 남성 48명이 있다. 백인, 흑
인, 라틴계, 아시아계, 중동계가 있고 모두 위아래가 붙은 오렌지색 점프
수트에 끈이 없는 흰 운동화를 신는다. 한쪽 벽에는 공중전화가 줄지어
있다. 천장이 높고 안에 들어서면 도서관처럼 고요하다. 이 중에는 살
인범도 있고 마약상도 있고 강도도 있다. 하지만 공통점은 모두 가정폭
력 전력이 있다는 점이다. 그리고 이들 모두 아직 형이 확정되지 않았는
데, 그건 이들이 행실이 가장 반듯한 때라는 의미이다. 제일 최근에 합
류한 남자는 여기 들어온 지 사흘째였다. 가장 오래된 사람은 210주. 그
길이는 범죄의 심각성를 알리는 지표다. 경범죄와 달리 중범죄는 법원
시스템을 모두 거치는 데 여러 해가 걸릴 수도 있다. 하지만 이곳에 있
는 사람은 모두 자신이 여기 있어서 다행이라는 걸 알고 있다. 이 프로
그램의 근본 원칙 중 하나는 폭력에 대한 무관용이다.

　오늘 지미는 다른 두 명의 진행자인 레지 대니얼스Reggie Daniels와 레
오 브루언Leo Bruenn과 함께 있다. 재소자 몇 명이 다가와서 지미를 반기
며 터프가이식으로 악수를 하거나 등을 철썩 내리치거나, 반쯤 포옹을
하거나 아니면 그저 고개를 끄덕인다. 그들은 나를 훔쳐보고 한둘이 다
가와서 자기소개를 하더니 나를 부인ma'am이라고 부른다. 레지 쪽 사람
들은 교실로 들어가고 레오 쪽 사람들은 계단 앞쪽에 모인다. 지미와
14명의 남자들(그리고 나)은 파란 플라스틱 의자를 들고 아치형 계단 아
래에 작은 원을 만든다. 이 남자들은 미리 정해진 순서대로 자리를 잡
는다. 이 생활공간에 가장 최근에 들어온 사람들이 지미의 왼쪽에 앉
고 복역 기간순으로 한 바퀴를 돌아 이 중에서 가장 오래된 사람이 지
미의 오른쪽에 앉는다. 동료 주도형 커리큘럼이기 때문에 순서가 중요
하다. 이건 다른 대부분의 학대자개입프로그램과 차이점이다. 싱클레

어느 학생들이 자신의 발전에 직접 참여하고 커리큘럼의 틀 내에서 자신의 교육을 스스로 개척하는 돌턴 시스템에서 배운 동료 주도형 커리큘럼을 고집한다. 나는 호기심 어린 시선들이 내게 쏠리는 걸 느낀다. 내가 이곳에 들어오기 위해 합의했던 내용 중에는 그저 외부인으로서 이 남자들이 자기 인생 최악의 시기를 털어놓는 모습을 관찰하는 게 아니라 나 역시 최선을 다해 이 과정의 일원이 되어야 한다는 것이 있었다. 이는 대부분의 저널리스트들이 하는 역할과는 모순되지만, 이 남자들에게 이 과정의 핵심은 우리 모두 같은 공동체의 일원이고, 우리가 같은 짐을, 그러니까 사랑받을 필요를, 약해지는 것에 대한 두려움을, 숨 막히는 수치심의 무게를 지고 있음을 아는 것이리라. 내가 관찰자로 남아 있을 경우 어떤 면에서 이 프로그램이 해체하고자 하는 위계를 만들어내게 된다. 다른 학대자개입모임에서 나는 한구석에 말없이 자리한 관찰자지만 여기서는 참가자와 관찰자 중간 어디쯤이다. 모두가 자리를 잡자 지미는 내 소개로 모임을 시작하자고 제안한다.

나는 이름과 사는 곳, 그리고 이 책과 내가 교수로 일하는 대학에 대해 이야기한다. 그리고 우리가 피해자와 이야기하는 만큼의 시간을 들여 가해자와 이야기하는 경우는 거의 없다고 이야기한다. 그다음에는 더 중요한 이야기, 어쩌면 애초에 나로 하여금 책을 쓰게 만들었는지 모를 이야기를 한다. 나 역시 거기 있는 많은 남자들처럼 고등학교 중퇴자이고, 한 번씩 내 안에서 폭력이 휘몰아쳤다는 이야기를. 삶의 구체적인 내용은 그 범위도 세부 사항도 다르지만 그 방에 있는 우리 모두는 두 번째 (또는 세 번째 또는 네 번째) 기회가 어떤 의미인지를, 그리고 거기에 따라오는 실패에 대한 두려움이 얼마나 강렬한지를 알았다. 나중에 거기 있던 많은 남자들이 내게 내 인생의 작은 부분을 나눠준 것에 대해 고마움을 표했고, 그로 인해 나는 취약해졌다는 기분을 느꼈다.

그 기분은 불안하고 불편했다. 지금 이 글을 쓰는 순간에도 나는 수치심을 느낀다.

나는 공공연하게 자신의 취약점을 드러내는 것이 이 남자들에게 얼마나 힘든 일일지 생각한다. 나는 울지 말라거나, 계집애같이 굴지 말라거나, 이겨야 한다거나, 이기지 못하면 이길 때까지 싸워야 한다는 말을 들으며 자라지 않았다. 나는 다른 이야기들을 들었다. 당연하다. 미셸 먼슨 모저가 들었던 것과 같은 종류의 이야기들을. 여자아이는 언제야 하고 무엇을 해야 하고 어떻게 행동해야 하는지. 나는 남자가 가장이고 여자는 거기에 종속된 사람이라는 말을 들었다. 하지만 인생에서 가장 수치스러운 순간을 공유한다고? 가장 난처했던 순간을? 초기에 폭력중단의 다짐 프로그램을 평가했던 폭력 연구자 제임스 길리건은 이런 재소자들은 비폭력적인 사람이 됨으로써 자기 허물을 벗는 게 아니라고 내게 말했다. 남자는 어떻게 행동해야 하는지 그리고 어떤 사람이어야 하는지에 대한 말들, 남성성이 무엇을 의미하는지와 남자가 된다는 것은 무엇을 의미하는지에 대한 이야기를 주입받았다는 사실을 배움으로써 자신의 틀을 깨는 것이었다. 남자인 그들이 분노를, 화를, 권위를 어떤 식으로 인정하는지에 대한 이야기. 여기에 공감이나 친절함, 사랑, 두려움, 고통, 슬픔, 돌봄, 양육, 그 외 여성적으로 여겨지는 다른 특징들은 없었다. 그리고 그들이 자신보다 더 큰 힘에 의해 조종당하고, 세상에 의해 이런 식으로 만들어졌다는 충격적인 이야기를 배움으로써 자아를 돌아볼 기회를 갖는다. 자신이 태생적으로 폭력적인 게 아니라 주위의 강요에 의해 폭력에 빠져든 거라니 얼마나 다행인지.

이 아침 모임은 일종의 출석 확인 같은 것이다. 나중에 이 생활공간 전체 거주자들을 대상으로 레오가 이끄는 공동체 회의가 진행되고, 지미는 오후에 중독자 모임을 이끌 것이다. 지미는 재소자들에게 정서적 학대에 대한 질문으로 시작한다. 그들이 그게 무슨 뜻인지 이해하는지. 그건 어떻게 저지르는 것인지. 수업의 많은 시간이 그저 남자들이 자신의 감정을 드러내고 경험하게 돕는 식이다. 두려움, 슬픔, 공감, 수치심, 심지어 분노까지도. 이런 감정을 느끼는 건 잘못이 아니다. 이런 감정을 느끼고 난 뒤 고의로 그걸 회피하는 것이 잘못이라는 게 핵심이다. 지미가 그들에게 묻는다. "마약중독은 어째서 가족에게 영향을 미칠까요?

"우리가 거기 있을 때도 없는 거나 다름없거든요." 한 남자가 말한다. 그 남자는 머리가 희끗한 50대 중반의 아프리카계 미국인이다. "우리는 그들의 시간과 에너지를 조종해요. 그들이 우리를 불러도 대답하지 않아요. 우린 그들의 마음 안에 있는 공간을 조종해요."

그 남자 옆에 앉은 남자가 고개를 끄덕인다. 길게 땋은 머리카락을 하나의 거대한 매듭으로 묶어 올렸다. "난 이 계집에게는 막돼먹게 굴었지만 마약에는 **사족을 못 썼어요.**" 그의 말은 자신이 반려자가 아니라 마약에 충실했다는 뜻이다. 그는 마약에 취한 상태가 된 다음에야 애써 그녀에게 관심 비슷한 것을 쏟았다. 그는 지금 알고 있는 것을 알게 되기 전에 자신이 어떤 식으로 **생각했었는지** 사례를 제시한다.

"나는 (내 반려자에게) 손을 대지 않고도 정서적인 학대를 많이 했어요." 데번이라는 남자가 말한다. (나는 프라이버시를 위해 모든 남자의 이름을 바꿨다.) "술을 마시러 가서 그녀에게서 벗어나곤 했어요. 마약을 하기 시작하니까 그녀는 울었죠. 난 며칠씩 사라지기도 했어요. 그녀를 깔봤던 거예요."

맨얼라이브 프로그램에서는 마약과 알코올이 폭력의 핑계가 되지 못한다고 지미가 말한다. "나는 마약중독이에요. 학대자이기도 해요. 내가 집에 들어가지 않는 건 가족에 대한 폭력이에요. 내가 그들을 때리지는 않지만 그래도 여전히 가족들에게 영향을 미쳐요. 일단 사람들로부터 자기를 분리시켜요." 브루언의 모임에 참여하는 남자들의 이야기가 들려오지만 이 모임에 있는 14명의 시선은 지미에게 쏠려 있다. 차분하고 조용하다. 영화에서 혼돈처럼 그려지는 대부분의 감옥과는 완전히 거리가 멀다.

"우리 모두에게는 해소되지 않은 똥이, 나가서 술을 마시느라 아니면 다시 감옥에 들어오느라 아이들을 버려두었다는 죄책감이 바탕에 깔려 있어요." 게리라는 이름의 재소자가 말한다. 그는 이 프로그램에 두 번째 참여 중이다. 첫 번째 참여했을 때 완전히 끝내지 못했던 것이다. 몇몇 남성이 중얼중얼 동의를 표한다. 많은 재소자들이 아이와 떨어져 지내는 것이 수감 생활에서 가장 힘든 부분이라고 내게 말한다.

그리고 이는 지미의 첫 번째 이야기로 이어진다. 그에게 일어났던 가장 나쁜 일에 대한 이야기. 이 이야기에서 그는 여덟 살, 어쩌면 아홉 살이다. 그의 부모는 아직 결혼한 상태이고 서로를 죽일 듯이 패지도 않고, 그래서 그건 대단한 일이다. 동네 곳곳에 가족이 살고 있다. 할머니는 길 아래쪽에 살고 사촌들도 근처에 있다. 그러다가 한 남자, 친구의 친척인 남자가 등장한다. 어느 날 그에게 알코올을 사준 남자. 지미는 반은 이탈리아인이고 반은 아일랜드인인, 반은 경찰이고 반은 범죄자인 동네에 사는 작은 꼬마다. 지미는 알코올을 마신다. 남자는 꼬마 지미로부터 뭔가를 원한다. 그가 지미에게 알코올을 주었으니까, 그렇지? 선물이다. 그는 좋은 남자야, 그렇지? 어린 지미는 그걸 알 수 있지, 그렇지? 어쩌면 지금 지미는 그 남자를 위해 뭔가를 줄 수도 있어. 오래 걸리지 않을 거야. 그 남자가 지미를 아주 조금 만지게 할 수도 있지? 그러다가 꼬마 지미는 이 다 큰 남자를 좀 만져줄 수도 있지? 그리고 꼬마 지미는 그것 때문에 구역질이 날 거 같지만 그렇게 한다. 그렇게 하지 않으면 안 될 것 같아서. 복종일까? 규칙을 만드는 건 어른들이니까, 그렇지? 어른들은 다 알아. 어릴 때 품었던 모든 질문들이 네가 어른이 되면 답을 만나게 될 거야. 그렇지? 예를 들어서 왜 나한테는 이렇게 불쾌하고 역겨운 일이 일어나는 걸까? 아니면 나 때문에 이 불쾌하고 역겨운 일이 내게 일어나는 건가? 결국 내가 불쾌하고 역겨운 사람인 걸까?

그 일은 두 번, 어쩌면 세 번 일어난다. 어린 지미는 아무에게도 이야기하지 않는다. 수십 년 동안 한 줌의 녹은 아스팔트처럼 그의 내부에 이 끔찍함을 품고 지낸다.

"부끄러웠어요." 오늘 이 이야기를 하던 그는 이렇게 말한다. "맞서 싸우지 않았다는 게." 오늘날 샌브루노 같은 감옥에 수감된 남성 재소자의 약 12퍼센트가 18세 이전에 성폭행을 당한 경험이 있다. (주 교도소에서는 이 수치가 더 높고, 위탁 가정에서 자란 남자아이들의 경우는 놀랍게도 이 수치가 50퍼센트에 가깝다.[11]) 나는 지미에게 지금 다시 그 남자를 만난다면 어떻게 하겠느냐고 물은 적이 있었다.

"죽일 거예요." 그가 말했다.

그리고 난 그게 진심인지 아닌지 확신이 서지 않는다.

비슷한 시기에 처음에는 이웃의 한 여자아이가, 다음에는 그를 봐주러 온 또 다른 여자 베이비시터 역시 그에게 자신들을 만져달라고 부탁하기 시작했다. 한 소녀는 그에게 입을 사용해달라고 말하곤 했고 이 때문에 그는 토하고 싶어졌다. 그는 아홉 살이나 열 살이었다. 자기가 뭘 하고 있는지 제대로 알지 못했다. 성적인 거라는 점만 빼고. 영화에서 본 적이 있었다. 영화에서는 사람들이 옷을 벗고 뱀처럼 서로 몸 여기저기를 훑었다. 한 여자아이는 줄곧 무언가에 취해 있었다. 그는 너무 어려서 그게 뭔지 몰랐지만 나중에 그녀는 더스트헤드가 되었다. 더스트헤드란 펜시클리딘이라고 하는 환각제를 달고 사는 사람을 부르는 말이다. 소녀들의 괴롭힘은 더 길게 이어졌다. 2년, 어쩌면 3년. 그는 자신이 하는 일이 틀린지 옳은지 알지 못했다. 그가 아는 거라곤 자신이 그걸 좋아하지 않는다는 게 전부였다. 그는 그게 자기 잘못이라고 생각했다. 자기가 뭔가 잘못된 일을 저질렀다고 생각했다. 그는 남자아이든 여자아이든 피해를 당한 모든 아이들이 생각하는 모든 걸 생각했다. 가족들이 이 사실을 알게 되었을 때 그들이 지미를 학대했다고 생각한 남자는 다른 사람이었다고 말했다. 어린 지미가 이 남자가 가까이 오기만 하면 울음을 터뜨리곤 했기 때문이다. 지미는 기억하지 못한다. 아마도. 누가 알겠나. 하지만 그는 그 순간을 지목한다. "그 남자의 추행이 최악이었어요." 그가 말한다. "바로 그때부터 내가 폭력적인 사람이 된 거죠. 분노 중독자가 되었어요. 거짓말을 하고. 이 모든 성격상의 결함이 그 순간부터 커지기 시작했어요."

나는 방을 둘러본다. 14명의 남자가 이야기 중인 지미를 응시한다. 절반이 고개를 끄덕이고 있다. 일부는 공감의 의미에서, 일부는 경험에서 우러나와서.

치명적인 위험 클럽

지미를 처음 만났을 때 그는 돈테 루이스Donte Lewis라고 하는 인턴을 지도 중이었다. 돈테는 폭력중단의 다짐 프로그램을 두 번 이수했고 (처음에 끝마치지 못해서 두 번째에 처음부터 다시 시작했다) 4년 형기를 아주 조금 모자라게 채우고 난 뒤 최근 샌브루노에서 석방되었다. 돈테는 예르바 부에나 가든 공원에서 커피와 담배를 놓고 앉아 몇 년 전에 일주일이 조금 안 되는 기간 동안 감옥에서 나와서 친구 무치가 모는 차를 타고 전 여자친구 집에 찾아갔던 일을 내게 들려주었다. 돈테는 거기 있으면 안 되는 상황이었다. 그에게는 접근금지명령이 내려진 상태였다. 어느 날 밤 다른 남자와 함께 여자친구 카일라 워커Kayla Walker[1]를 붙잡아 시트에 둘둘 말아서 계단으로 끌고 내려와 대기 중이던 차에 태운 뒤 납치한 죄로 기소된 데 따른 결과였다. 그들은 수년간 드문드문 같이 살았기 때문에 돈테의 옷 대부분이 워커의 집에 있었고, 최소한 그의 입장에서 접근금지명령이 유효하든 아니든 그녀는 자기 여자였다. 그는 그녀를 자신의 "계집"이라고 불렀다.

　무치가 돈테를 태워주었고, 그는 울타리를 딛고 1층에서 2층으로 올라가 워커의 아파트 유리 슬라이드 문을 열었다. 그는 그녀의 침실에서 자 롤의 음악이 요란하게 울렸다고 기억한다. 그가 그녀의 침실로 돌진해 들어갈 때 그녀는 스펀지밥 파자마 바지를 입고 있었고, 옷을 갖춰 입은 또 다른 남자가 반대편 구석에 앉아 있었다. 그들이 캐스퍼라고 부른 남자. 돈테는 45구경 콜트식 권총을 꺼내 그녀에게 겨눴고 캐스퍼가 총을 향해 달려들었다. "이건 네놈을 위한 게 아니라고." 돈테는 이렇게 외쳤다고 기억한다. 그 아수라장 속에서 워커는 방 밖으로 도망쳤고 캐스퍼는 돈테를 공격했다. 두 사람은 침대 위에서 몸싸움을 벌였다. 돈테는 팔꿈치로 캐스퍼의 얼굴을 가격했고 총을 든 채 그에게서 벗어났다. 캐스퍼는 아파트에서 도망쳐 밤의 어둠 속으로 사라졌다. 돈테는 워커를 찾아 나섰다.

그는 통화 중인 그녀를 거실에서 발견했다. 그는 긴급출동요원에게 자신의 목소리가 녹음될까 봐 그녀에게 입모양으로 물었다. "경찰이야?" 그녀는 대답하지 않았지만 눈에 "두려움이 한가득이었다"고 기억한다. 그는 총으로 그녀의 머리를 때렸고 그녀는 쓰러졌다. 그는 그녀의 머리채를 잡고 끌어 올렸다. 어느 순간 전화기가 떨어졌지만 돈테는 경찰이 아직 수화기를 들고 있는지 어떤지 알지 못했다. 그는 그녀를 서너 번 더 때렸고, 그러다가 그녀가 기절했을지 모른다고 생각한다. 그녀가 입에 거품을 물고 있었던 것이다. "그녀를 죽여야 한다는 걸 알았어요." 그가 말한다. "감옥으로 다시 돌아가고 싶지 않았어요."

돈테는 총을 아래쪽으로 겨눈 채 그녀를 굽어보며 서 있었다. 길고 끝이 노란 드레드록 머리에 팔다리가 문신으로 뒤덮이고 키가 190센티미터에 달하는 그는 위협적인 인물이었다. 그가 열네 살, 그녀가 열세 살이었던 시절부터 5년 이상 서로를 알고 지냈다. 그동안 쭉 그녀는 그의 여자였고, 이제 그는 그녀를 죽여야 했다.

그때 무치가 개입해서 그를 문으로 떠밀었다.

그다음 순간 두 사람은 사이렌 소리를 들었다. 두 사람은 아파트에서 도망쳐 모퉁이를 돌아 돈테의 고모가 사는 곳으로 달려갔다. 돈테는 고모의 아파트 입구에 있는 작은 흙바닥에 총을 묻었다. 그리고 나서 안으로 달려 들어가 다락으로 기어 올라갔고, 다섯 시간 동안 경찰을 피해 거기에 몸을 숨겼다. 그는 다락에 올라갈 때 레미 마르탱 코냑 한 병과 마리화나 꽁초를 들고 가서 마리화나를 피운 뒤 코냑을 병째로 마시다가 정신을 잃었다. 정신을 차려보니 경찰이 그의 얼굴에 불빛을 비추고 있었다.

돈테는 2014년 11월 샌브루노에서 출소한 뒤 사회복귀시설로 들어갔고, 나는 거기서 그를 만났다. 과거에 대해 말하는 그에게서 공포와 경외심 모두가 배어 나왔다. 그가 어린 시절을 보낸 이스트오클랜드에서는 '음악과 커다란 자동차 바퀴, 총, 그리고 살인'이 문화였다. 글록 권총의 탄창을 30번 채웠다가 비워보지 않았다면 그건 남자가 아니었다. 폭력이 삶의 방식이었다. 그 일부가 되고 싶지 않아도 중립을 유지하는 건 불가능했다. 누구도 선택하지 못했다. 그는 그걸 바그다드라고 불렀다. 항상 전쟁이었다고 말했다. 그는 이제는 그게 '남성 역할 신념 체계'의 일부라고 생각한다.

돈테가 카일라를 처음 만났을 때는 그녀의 이름을 부르는 법이 거의 없었다. 모두가 자신의 여자친구를 "계집"이라고 불렀다. "저 내 계집" 같은 식으로. 녹갈색 눈을 가진 돈테는 키가 크고 흐느적거리듯이 움직였고 목에는 **불명예보다는 죽음을**이라고 새긴 문신이 있었다. 그와 카일라는 아주 어릴 때, 그러니까 이 세상에서 자신이 어떤 존재인지를 제대로 알기 훨씬 전부터 사귀었다. 이들은 사실상 연애 놀음을 하는 아기들이었다. 폭력이 잠재된 많은 연애가 이런 식(짧은 구애와 아주 어린 사람들)이고 때로 그것은 남은 삶 동안 끈질기게 이어지는 패턴이 된다. 미셸과 로키의 관계에서도 그랬다. 돈테와 카일라는 수년간 만났다가 헤어지기를 반복했지만 여전히 그는 자신이 원하는 여자는 누구든 자기 옆에 두었다. 그는 자신이 그녀를 어떻게 대할지에 대해, 젠더화된 고정관념에 대해 또는 문화가 자신의 행동에 어떻게 영향을 미치는지에 대해 한 번도 생각해본 적이 없었다. 감옥에서 폭력중단의 다짐 프로그램을 이수하면서 그는 《감성지능Emotional Intelligence》이라는 책을 읽었고 심리학과 사회학 수업을 듣기 시작했다. 그는 지금 보호관찰을 받는 중이고 저녁 7시가 통금이지만 신경 쓰지 않는다고 말했다. 덕분에 유혹이 많은 밤 시간에 거리를 돌아다니지 않을 수 있다. 하지만 생활은 힘들었다. 그는 인턴십으로 한 달에 세금을 제하고 700달러 정도밖에 벌지 못한다고 말했다. 한쪽 팔은 깁스를 했는데 그건 출소하자마자 누군가에게 주먹질을 했기 때문이다. 그것 때문에 커뮤니티 웍스Community Works 인턴십 자리를 잃을 뻔했다. 그는 그런 짓을 했던 걸 몹시 부끄럽게 여긴다고, 그리고 그 깁스는 이 전투가 얼마나 심각한지를 시각적으로 상기시켜준다고 이야기했다. 폭력적인 자신과 비폭력적인 자신, 과거와 현재, 무지의 상태와 앎의 상태 사이의 전투. 그에게는 큰 꿈이 있었다. 그는 커뮤니티 칼리지 과정을 이수하고 난 뒤 학사학위를 받고 싶었다. 그는 심리학자가 되어보는 게 어떨까 생각 중이었다. 심리학자가 된다는 건 어떤 걸까? 그게 가능한 일이기는 할까? 결국 그가 자신 같은 다른 남자들을 도울 수 있을까?

나는 인터뷰 초반에 지미에게 지난 4년 동안 그룹 리더로서 그가 지도한 돈테 같은 인턴이 몇 명이었는지 물었다. 지미는 눈을 굴리더니 "여어엄병. 내가 어떻게 알아요" 하고 말했다. 너무 많아서 그들 모두를 기억할 수가 없었던 것이다. 그의 책상 위에는 김이 올라오는 엔칠라다와 삶아서 튀긴 콩이 담긴 종이접시가 있다. 그의 동료들과 치안감 사무실에서 일하는 사람들은 항상 그의 몸무게를 놀렸다. 그는 꼬챙이처럼 말랐지만 말처럼 많이 먹었다. 그의 갈색 바지를 붙들고 있는 검은 벨트는 가장 마지막 구멍에 꽂힌 상태로 허리를 감싸고 있었다.

그가 지도하는 인턴 중에서 그룹 리더가 되는 사람은 얼마나 많은지 내가 물었다.

"없어요." 그가 말했다. "내가 유일해요."

상황은 돈테에게 불리했고, 돈테는 그걸 알았다. "예전의 나는 새로운 나보다 무기가 훨씬 많았어요." 그가 말했다. 간명하면서도 정곡을 찌르는 그의 말이 나에게 날아와 꽂혔다. 게다가 그의 말투는 아직도 폭력배 무리에 있는 사람, 아직도 길거리 생활을 하는 사람 같았지만 그러다가 한 번씩 새로운 그를 드러내는 예기치 못한 표현을 불쑥 던졌다. 샌프란시스코 시내에 있는 고급 호텔 로비에 앉아서 바구니에 담긴 유기농 딸기를 나눠 먹는 우리 곁을, 명찰을 목에 건 컨퍼런스 참가자들이 중얼거리며 지나가고 또각거리는 구두 소리가 대리석 바닥에서 울려 퍼지는 바로 지금 이 순간처럼 말이다. 그는 자신과 자신의 고향 친구들이 여자들을 "계집"이라고 부르던 이야기를 한참 하던 중이다. 주로 여자친구들을 그렇게 불렀지만 자매와 어머니도 계집이었다. 가끔은 "나의 늙다리 숙녀my old lady." 여자에게는 정체성이 없었다. 이름도 없었다. "항상 '계집'이라고 부름으로써 사실상 그녀의 인간성을 박탈했던 거죠." 그는 갑자기 이렇게 말했다.

지미와 돈테 모두 커뮤니티 웍스에 고용되었다. 커뮤니티 웍스는 캘리포니아 오클랜드를 중심으로 폭력 방지와 사법 개혁 프로그램을 운영하는 조직이다. 커뮤니티 웍스는 폭력을 해소하고 구금이 재소자와 가족들에게 미치는 영향을 완화하기 위해 다양한 예술 및 교육 프로그램을 만들기도 한다. 어느 날 밤 나는 지미와 돈테가 함께 진행하는 모임에 참여했는데, 돈테에게는 이 모임이 교육 과정이기도 했다. 지미가 샌브루노가 아닌 곳에서 진행하는 모든 수업처럼 이 수업도 샌프란시스코 치안감 사무실에서 진행된다. 이날 밤 수업 참가자 중에는 샌브루노에서 폭력중단의 다짐 프로그램을 시작한 이들도 있지만, 대부분은 주 단위로 진행되는 맨얼라이브 프로그램을 통해 이곳에서 수업을 마치게 될 것이다. 자발적으로 맨얼라이브를 찾아오는 남자들도 가끔 있지만 그렇게 많지는 않고, 자발적으로 참여하는 경우는 이곳 치안감의 사무실이 아니라 교회나 커뮤니티센터에서, 아직도 매주 다양한 모임을 운영하는 해미시 싱클레어 같은 진행자들의 모임에서 수업을 듣는다.2 이날 밤 수업에 참여한 여덟 명 중에서 네 명은 히스패닉, 두 명은 흑인, 두 명은 백인이다. 그들은 모두 법원에서 수업 참여 명령을 받았다. 대부분은 중범죄 선고를 받았지만 몇 명은 경범죄다. 다수가 여러 문제를 안고 있기도 하다. 무기 사용이나 다른 형사 고발, 마약이나 알코올 남용, 정신 건강 문제 등. 한때 조직폭력배에 몸담았던 전과자인 지미와 돈테는 이런 사람들에 대한 사회적 자본을 가지고 있다. 이들은 거리의 규칙과 언어를 이해하고, 폭력에 에워싸여 있다가 거기에서 벗어나기 위해 안간힘을 쓰는 과정을 잘 안다. 그들은 매주 이곳에서 모임 참가자들과 만나고, 만일 끝까지 완수할 경우 1년 동안 이들에게 자아에 대한 의식을 집중적으로 가르칠 것이다. 그들이 폭력성을 띨 때 어떤 사람이 되고 어떻게 보이는지에 대해, 그들의 폭력이 주변 사람들에게 어떤 영향을 미치는지에 대해, 스트레스가 심한 환경에서 폭력의 대안으로 삼을 만한 대처법에 대해.

이런 세상 밖에 있는 많은 사람들은 친밀한 반려자의 폭력 같은 일을 개개의 독립적인 사건으로, 개별적으로 해결해야 하는 별개의 문제로 보는 경향이 있다. 사회복지 사업을 통한 개입 역시 이런 문제를 개별적으로 처리하는 경향이 있었다. 하지만 친밀한 반려자의 폭력 문제가 있는 가정에는 아동 학대, 알코올중독, 고용이나 주거 불안정 같은

215

문제도 있을 수 있다. 외상성 뇌손상이나 다른 심각한 의료 문제가 있을 수도 있다. 그래서 교육이 우선순위에서 밀리거나 아예 불가능한 경우가 많다. 이런 문제 중에서 단 한 가지를 해결한다고 해도 다른 문제에서 발생한 사안은 어떻게 하지 못한다. 연구는 말할 것도 없고 치료 프로그램들은 문제가 다차원적이므로 치료 역시 그래야 한다는 사실을 점점 깊이 이해하는 중이다.

우리가 이야기를 나누는 사무실은 콘크리트와 아스팔트 벌판을 굽어보는 창문이 달린, 창고 사이에 숨어 있는 허름한 2층 건물 안에 있다. 가까운 고가도로에서 자동차 소음이 들려온다. 이곳은 제2차 세계대전 이후로 전혀 단장하지 않은 것 같다. 페인트가 워낙 오래돼서 불빛을 제대로 받으면 노란색으로 보인다. 엘모가 니모에게 뽀뽀하는 모습을 그린 손그림이 한쪽 벽에 테이프로 붙어 있다. 또 다른 벽에는 포스터가 있다.

아내를 구타하는 서른 살짜리를 어떻게 저지할까요?
그가 열두 살일 때 미리 이야기를 해줘야 합니다.

돈테가 화이트보드용 마커와 습식 지우개를 챙긴다. 참가자들이 마치 고문실이라도 되는 것처럼 천천히 방 안으로 들어온다. 어쩌면 이 시간이 그들에게 고문일 수도 있다. "오늘 밤은 누가 서기예요?" 돈테가 묻는다. 금속으로 된 치아 장식물을 끼고 선글라스를 쓴 남자가 자기라고 말하고는 화이트보드에 **분리 순환 연습 - 부정, 비난을 최소화하기, 공모**라고 적는다. 남자들 중에는 직장에서 바로 온 사람도 있고, 하루 종일 어딘가에서 배회하다가 온 사람도 있다. 그들은 서로를 향해 고개를 끄덕이고, 여기서기서 짧은 농담을 주고받는다. 누군가가 서기에게 귓속말을 한다. 서기는 웃으면서 "이 망할 새끼!" 하고 말한다. 그러고 나서는 나를 보며 "이런 말을 쓰다니 죄송합니다, 부인" 하고 말한다.

216

이건 마치 배우가 난데없이 관객에게 말을 거는 연극 같다. 나는 사람들 눈에 띄지 않고 싶다. 하지만 나는 레게머리와, 빡빡 민 머리와, 염소 수염과, 엉거주춤하게 내려 입은 청바지와, 스포츠 저지와, 값비싼 트레이닝복 사이에서 노트북을 들고 앉아 있는 백인 중산층 중년 여성이다. 차라리 영화 촬영장에서 걸어 나오는 게 덜 이질적이리라. 아니면 영화 촬영장에 걸어 들어가든지. 오늘 밤은 샌브루노에서와는 달리 참가하라는 요구를 받지는 않는다.

또 다른 남자가 웃으면서 말한다. "잘 확인해보세요. 바로 여기가 치명적인 위험 클럽이랍니다." 이들이 이해하는 바에 따르면 치명적인 위험은 남자의 기대감이 가장 위협받는 순간이다. 세상이 마땅히 남자에게 베풀어야 하는 것, 남자의 자아 감각이 요구하는 것. 그런데 무언가가 남자에게 이의를 제기한다. 어쩌면 그의 반려자가 뭔가를 말할 수도 있고 어떤 행동을 할 수도 있다. 그러면 그는 여기에 반응한다. 어쩌면 술집에서 어떤 남자가 그에게 모욕감을 주었을 수도 있고, 어떤 동료가 그에게 넌 구제 불능이라고 말할 수도 있다. 찰나의 순간이 모든 걸 바꾼다. 미간이 좁아지고, 가슴이 두방망이질하고, 주먹이 꽉 쥐어지고, 근육이 긴장하고, 피가 빠르게 돈다. 신체 언어는 보편적이라서 언어와 계급과 문화를, 때로는 심지어 종을 가로질러 유통된다. 남자, 사자, 곰. 신체는 똑같은 방식으로 반응한다. 치명적인 위험. 지미와 돈테가 마침내 이 남자들에게 보여주고 싶은 결정의 순간. 학습된 행위로서의 폭력. 우리는 그것을 모르지만 우리에게는 치명적인 위험을 가리키는 다른 단어가 있다. "찰싹." 뉴스에서, 슬픔에 빠진 이웃에게서, 울고 있는 동료에게서. **그는 그저 찰싹 하고 때렸어요.** 하지만 찰싹이라는 건 연막이자, 클리셰이자, 허구다. 찰싹이라는 건 존재하지 않는다.

이날은 커리큘럼상에서 12주 차다. 그들은 더그라는 이름의 한 남자에게만 집중한다. 더그는 자신이 곤경에 빠지게 된 하나의 중요한 사건에 대해 이야기한다. 싱클레어는 한때 이 연습을 파괴 순환이라고 불렀지만 분리 순환으로 이름을 고쳤다. 그에게 교육학적 핵심은 어떤 사람이 위협적인 순간에 싱클레어의 표현에 따르면 "진정한 자아"에서 어떻게 분리되는지를 보여주는 것이고, 바로 이런 분리 때문에 폭력이 발생하는 환경이 만들어지기 때문이다.

더그는 이 원의 맨 앞에 앉아 있다. "떨리는데" 그가 말한다.

"당신이 16번가에 있고 줄리언이 당신 고향 친구들에게 이야기하고 있다고 생각해요." 지미가 그에게 말한다. 지미가 폭력중단의 다짐 프로그램에 들어오기 전에 했던 많은 일 중 하나는 택시 운전이었다. 그는 종종 이런 경험을 통해 얻은 비유의 힘을 활용한다. 교통 체증 때문에 차 안에 가만히 앉아 있는 게 어떤 의미인지, 경로를 알고 있는 사람이 어떻게 교통 체증이 심한 곳을 피하도록 도와줄 수 있는지. 그는 내가 그 사무실을 나설 때마다 택시 기사에게 어느 길로 가달라고 이야기할 건지 물은 다음 시계를 보면서 러시아워인지 확인한다. 결국 그는 내가 가는 방법을 길게 늘어놓지만 설명이 워낙 복잡해서 나는 네댓 번 방향이 바뀐 뒤에 암기를 포기한다. 그가 재차 길을 알려주는 모습은 사랑스럽다. 그는 누군가가 교통량 때문에 힘들어하는 걸 절대 원치 않는다. 그리고 교통량은 폭력과 비슷하다. 그걸 피할 수 있는 다른 길이 항상 있다는 점에서.

지미는 나머지 사람들에게 이야기한다. "여러분들이 지금 계속 집중해주면 좋겠어요." 그가 말한다. "여러분이 생각하기에 웃긴다고 해서 공모하지 말아요. 더그가 자신이 반려자를 어떻게 공격했는지 설명하는데 여러분이 웃으면 입을 닫아버릴지 몰라요. 우리가 반려자들에게 저지른 일은 웃기지 않아요. 그러니까 이 부분을 조심하도록 합니다. 성숙한 태도로 대하자고요. 이 일은 진지해요. 웃기지 않아요."

지미의 몸에는 많은 문신이 있지만 이마에는 **성인군자**라고 새긴 문신이 있다. 그리고 등에는 **죄인**이라는 문신이. 청바지는 그의 수척한 몸에 매달려 있고, 흰 티셔츠는 많이 헐렁한 편이며, 벨트는 허벅지 중간쯤에 뱀처럼 매달려 있다. 그는 살을 찌우지 못하겠다고 말한다. 그 이유는 아무도 모른다. 동료들이 그를 놀린다. 뼈만 남은 후레자식. 하지만 지미에게는 비밀이 있었다. 어째서 자신의 갈비가 드러나는지, 어째서 청바지가 아래로 처지는지.

"잠깐만, 그러니까 10초만요." 더그가 말한다. 다리 사이에 끼워놓은 그의 손이 약간 떨리는 게 내 눈에 들어온다.

"그냥 숨을 쉬어봐요." 지미가 말한다. "그냥 자신에게 당신이 살아 있다는 걸 일깨워주자고요."

돈테는 감독관 중 한 명에게서 이야기를 더 많이 하고, 기분이 내킬 때 개입하라는 말을 들었다. 돈테가 1년에 걸친 인턴십을 모두 마치면 커뮤니티 웍스에서 지미 같은 수업 진행자로 전일제 일자리를 보장받을 것이다. 그는 이제 6개월째다. 많은 사람들이 그에게 많은 희망을 걸고 있지만 그중에서도 특히 그 자신의 기대가 크다. 하지만 그에게는 완수해야 할 일이 산더미다. 보호관찰을 마치고, 인턴십을 실제 월급을 받는 진짜 일자리로 전환하고, 대학 학위를 받는 것. 이제라도 인생을 만회하기 위한 많은 시간들. 나는 앞서 공원에서 돈테와 이야기를 나누다가 '심리학자'를 하나의 직업으로 볼 수 있는 관점조차도 그에게는 새로운 도약이라는 느낌을, 그리고 그저 현재에 살아남는 것과 미래를 생각하는 것은 이 세상을 헤쳐나가는 완전히 다른 방식이라는 느낌을 받았다.

"내 여자가 한번은 다른 포주에게 갔어요." 지미가 말한다. "나는 그 녀를 강간했어요. 그건 끔찍한 일이에요. **끔찍하다고요**, 형씨들. 당신에 게는 감정이 있어요. 이건 **당신**이 아니에요. 하지만 그날은 그게 **당신이 었어요**."

"나도 그래요." 다른 사람이 말한다.

세 번째 남자가 말한다. "난 이 프로그램을 42주 차까지 들었어요. 그리고 다시 범죄를 저질렀고, 감옥으로 돌아갔죠." 그래서 이 프로그 램을 전부 처음부터 다시 시작했다.

"나는 접근금지명령을 어겼고 그래서 여기 다시 왔어요." 다른 사람 이 말한다. 이들은 경기가 너무 접전이라 결과를 예측할 수 없는 상황 에서 로커룸에 모여 중간 휴식을 취하고 있는 풋볼팀 같다. 그들은 서 로를 격려하고 더그에게 그들 모두가 지금 더그와 같은 곳에 있음을, 여 기엔 죄를 짓지 않은 사람이 아무도 없음을 알려주려 한다.

"나는 아빠가 없는 여자들을, 성폭력을 당한 여자들을 등쳐먹고 살 았어요." 지미가 잠깐 의자 앞다리를 들어 올렸다가 다시 쿵 하고 앞으 로 내려온다. "그런 다음에 그들의 영혼을 훔쳤죠."

마침내 더그가 말문을 연다. 그의 전 여자친구 애슐리는 자신의 침 실에 있었고 더그도 거기에 있었다. 그냥 어울리던 중이었다. 그들은 일 주일 전에 헤어졌고 이제는 친구 비슷하게 지내보려 했다. 그녀는 핸드 폰으로 문자를 보내고, 와일드 터키(버번 위스키)를 마시고, 그를 약간 약 올리고 있었다. 그녀는 어떤 다른 남자에 대한 생각을 멈출 수가 없 다고 그에게 말했나. "그 순간 치명적인 위험을 느낀 거에요. 내가 그걸 생각하는 순간에요." 더그가 말한다.

"프로그램 용어를 사용하지 말아요." 지미가 말한다. 프로그램 용어는 누군가의 행동을 이해하는 데는 중요한 전후 맥락이 되지만 하나의 단일한 순간을 해체하는 분리 순환 연습에서는 자신의 행동을 완전히 장악하지 못하고 에둘러 말하는 완곡 어법이 될 수도 있다. **나에게 치명적인 위험의 순간이 있었다**는 말과 **내가 그녀의 눈을 주먹으로 쳤다**는 말 사이에는 차이가 있다. 그래서 먼저 이야기를 하고 난 다음에 다른 사람들과 함께 커리큘럼을 진행하며 배운 것에서 이런저런 요소들을 연결하여, 이 프로그램의 교육학적 틀 안에서 그 이야기의 맥락을 함께 찾아간다. 예를 들어서 **이 찰나의 순간은 너의 남성 역할 신념 체계에 위협이었던 거야**라는 식으로. 그리고 **이 찰나의 순간에 너는 치명적인 위험에 빠져들었어. 그리고 이 찰나의 순간에 너는 너의 진짜 자아와 분리되었던 거야.**

더그는 사과를 한다. 또 한 번의 심호흡, 눈은 자기 신발에 고정되었다. 그는 다시 이야기를 시작한다. 그들은 일주일 정도 여러 "문제"들을 거쳤고 그게 마지막 결정타였다. 거기서 "고조"되었다. 지미가 이 단어를 지적하면서 그건 프로그램 용어라고 말하고, 더그는 다시 시작한다. "그것 때문에 가뜩이나 안 좋았던 상황이 더 안 좋아졌어요. 그녀는 계속 미소를 짓고 있었고 노래가 나오고 있었죠. '금요일, 나는 사랑에 빠졌죠' 하는 노래였어요. 가수가 누구였는지는 모르겠지만 요즘 그 노래를 들을 때마다 그날이 떠올라서 정말 화가 치밀어요…."

"하던 얘길 계속해야죠." 한 남자가 말한다.

이렇게 살짝 찌르는 자극, 언어, 이야기를 계속 이어가도록 부드럽게 유도하는 행동은 커리큘럼의 일환이다. 그건 언어가 어떻게 문제가 되는지, 우리가 스스로에게 얼마나 많은 거짓말을 하고 책임을 회피하기 위해 경기장 밖으로 나가버릴 수 있는지, 우리가 어떻게 단어를 사용해서 자신의 유무죄를 포장하는지, 조작이란 얼마나 쉬운지, 그리고 이 조작이 우리 마음 안에서 비롯되는 경우가 얼마나 많은지, 우리가 다른 사람에게 미치는 영향을 어떻게 최소화할 수 있는지를 보여준다. 조금 지난 뒤 이 모임에서는 더그를 이보다 더 심하게 대할 것이지만 지금은 그가 이야기하게 한다.

"그녀는 미소를 지으면서 자기에게 다른 놈이 있다며 나를 계속 자극했어요." 더그가 말한다. 그때쯤 그녀는 술이 올라서 기분이 들뜬 상태였고 그는 술병을 움켜쥐고 여섯 모금 또는 일곱 모금을 꿀꺽꿀꺽 삼켰다. "놀림당하는 기분이었어요… 그녀의 폭력을 유도했어요, 그녀에게 나를 치라고 했더니 날 쳤어요. 내가 팔을 들어서 그녀의 얼굴을 한번 후려쳤던 것까지는 기억이 나요. 그것 때문에 그녀의 코에 상처가 생겼어요… 그다음에 그녀가 다시 나에게 덤볐고, 이때부터는 무슨 일이 벌어졌는지 기억이 안 나요. 한 5분 정도 정말 술에 취했던 거 같아요. 그러다가 내가 너무 폭력적이라는 걸 깨달았고 그녀의 방에서 나왔어요. 그녀의 할머니가 나와 그녀 사이에 끼어들었고… 이 시점에는 정신이 오락가락했어요." 그는 잠시 말을 멈추고, 생각을 한 다음 말한다. "한 가지 기억나는 건 내가 문을 내리쳤고, 그 문을 밀고 들어가서 벽을 치고 꽤 큰 자국을 남겼다는 거예요."

"밀었어요? 아니면 주먹으로 때렸어요?" 지미가 묻는다.

"주먹으로 때렸어요. 내가 그 문을 주먹으로 내리쳤고, 석고벽을 주먹으로 쳐서 구멍이 생겼던가 움푹 팬 자국이 생겼던가 그래요." 더그는 그 남자의 얼굴을 "찢어"놓겠다고 위협했고 그녀의 아파트에서 걸어나갔다고 이야기를 이어갔다. 그의 이야기는 뚝뚝 끊어지고 부분적으로만 연결된다. 그는 기억을 떠리기다가 다시 뒤로 돌아간다. 그녀의 힐머니가 거기 있었다. 그는 애슐리를 때리기 전에 다리로 그녀를 제지했다. 그녀의 아파트를 나온 다음 그는 멀리서 사이렌 소리를 들었고, 그게 자신 때문이라는 걸 알았고, 인도 턱에 앉아서 기다렸다. "폭력적인 방식으로 제압당하지 않기 위해 최대한 무력해 보이려고" 몸을 숙이고서. 그곳에 도착한 경찰은 그를 놀리면서 그가 게이인지, 그가 무력한지, 그가 인종주의자인지 물었다고 그는 말한다.

더그가 모든 이야기를 마치는 데 10분 정도 걸렸던 것 같다.

"내가 확인차 질문을 좀 해도 될까요?" 돈테가 묻는다. 그들은 그걸 "확인차" 하는 질문이라고 부른다. 참가자들이 그 질문에는 적의가 없다는 걸 알 수 있도록.

더그가 고개를 끄덕인다.

"'그녀를 내 다리로 제지했다'고 말했는데 그건 어떤 자세인가요? 그러니까 당신은 뭘 했던 거죠?"

"나는 그녀의 침대에 누워 있었어요." 그가 말한다. "그리고 그녀를 떼어놓으려고 했어요. 내 발을 이용해서 나한테 다가오지 못하게 했어요."

"내 발을 누군가의 몸에 대는 건 육체적인 폭력이에요." 돈테가 말한다.

더그가 고개를 끄덕인다.

지미는 정직함에 고마움을 표하고 두 손을 비빈다. 더그가 상대방 연인의 "얼굴을 찢어놓겠다"고 말한 것은 언어적인 위협이라고 지미가 모임 사람들에게 이야기한다. "내가 확인차 질문을 해도 될까요?" 지미가 더그에게 묻는다. "그녀를 이름이 아닌 다른 명칭으로 불러본 적이 있나요?"

"네."

"그게 뭐죠?"

"잡년이라고 불렀던 거 같아요." 더그가 말한다. "창녀라고 부르기도 했고요."

"그건 큰 부분이에요. 그 말이요."

돈테는 이름을 부르는 방식에 대해 맞장구를 친다. "들어봐요, 여러분, 내가 그녀에게 손을 대려면 그녀는 더 이상 애슐리가 아니어야 해요. 그녀는 잡년이에요. 그녀의 이름을 바꿔야 하는 거예요. 내가 무슨 말 하는지 알겠어요?"

지미는 더그에게 그날 밤 그 방에서 자신의 몸이 어떤 식으로 움직였는지 기억나는지 묻는다. 그가 근육을 어떤 식으로 썼는지.

"근육에 힘을 꽉 주고 있었어요." 더그가 말한다.

그리고 그의 심장박동은 어땠는가.

"빠르게 뛰었죠."

지미는 잠시 자리에서 일어나 더그의 몸이 느슨한지 뻣뻣한지 묻는다.

"뻣뻣해요."

그러고 난 다음 지미는 그 자세를 취하고는 더그와 사람들에게 그게 어떻게 보이는지 시범을 보인다. 그의 등이 권투 선수처럼 약간 앞으로 말리고, 주먹을 꽉 쥐고, 얼굴이 굳어진다. 그는 공격 태세를 갖추듯 안쪽 어깨를 앞으로 살짝 내밀고 몸무게를 발 앞쪽에 싣는다. 상대적으로 이완되고 조용한 이 방의 환경에서, 지미의 동작은 놀랍도록 이질적이고, 몇몇 남자들에게 아무 말을 하지 않아도 자신의 몸이 메시지를 어떻게 전달하는지를 보여주는 완벽한 개안의 기회가 된다.

지미는 잠시 자세를 고정하더니 "그녀에게는 이렇게 보였을 거예요" 하고 말한다.

그는 야생에서 포위당한 동물에게 접근하듯, 어떤 위협에 대응할 때 팔다리가 어떻게 움직이는지를 보여주고 있다. 그리고 돈테와 지미는 더그에게 핵심을 전달한다. 이 방에 있는 다른 사람에게 이게 어떻게 보일까? 주먹을 그러쥐고 심장이 빠르게 뛰고 뻣뻣한 자세를 취한 이 남자가?

위협적으로 보일 수 있겠네요.

무서워 보일 수 있겠네요.

불쾌해 보일 수 있겠네요.

이게 시작이다. 자신의 몸에 대한 의식 깨우기.

그다음은 언어다. 일부는 그 자리에서 분명하게 드러난다. 예를 들어서 반려자의 이름 대신 멸칭을 쓰는 것. 하지만 일반적으로 언어는 이보다는 더 미묘한 편이다. 의식 수준과 무의식 수준 모두에서 작동한다. 고통스럽게 단어 하나하나를 확인하며 꼼꼼하게 짚는다. "보지"라고 하지 말아요. 욕하지 말아요. "나의 늙다리 숙녀"라고 하지 말아요. "창녀"라고, "잡년"이라고, "이 여자야"라고 하지 말아요. 적당한 이름을 사용해요. "반려자"라는 표현을 사용해요. 당신이 이야기하는 사람이나 집단과 눈을 맞춰요. 허리를 세우고 앉아요. 자세를 무너뜨리지 말아요. 그들이 그 시간 그 장소에 있게 만든 사건을 설명할 때 그들은 1인칭 주어와 1인칭 소유대명사를 사용해야 한다. '우리의' 폭력 또는 '남자의' 폭력 또는 '사회의' 폭력이 아니다. '나의' 폭력이다. 당신의 폭력을 인정하라. 당신의 폭력에 책임을 져라.

샌브루노에서 이 연습을 하면 오전 시간이 다 가버리기도 한다. 실제 인생에서는 겨우 몇 분 지속되었던 사건을 여러 시간에 걸쳐 해체하는 것이다. 이 남자들은 감옥에 들어오게 된 그 불편한 사건을 굳이 선택할 필요는 없다. 대부분은 그걸 고르긴 하지만. 이 남자들은 기억할 수 있는 자신의 신체 언어, 심박 속도, 호흡, 근육, 목소리의 어조, 단어, 감정, 소리와 냄새 같은 모든 세부 사항들을 떠올려보라는 주문을 받는다. 어떤 날은 지미가 샌브루노에서 자신의 모임에 속한 사람들과 함께 앉아서 자신의 반려자들에게 소리를 지른 순간부터 경찰차 뒤에 앉게 되기까지 얼마나 오래 걸렸다고 생각하는지를 물었다. 남자들은 20분, 25분, 30분, 어쩌면 한 시간인지 모른다고 추측했다. "아니오." 지미가 말했다. "10분. 쾅! 그러면 끝이에요, 형씨들." 몇 분이면 한 남자가 짐승이 되었다가 재소자가 된다. 하지만 오늘 밤 이들은 더그와 함께 전체 연습을 두 시간 이내에 마친다.

우리는 강압적으로 행동한다고 지미가 그들에게 말한다. 그들은 자신에게, 피해자에게, 자기 아이들에게 강압적으로 행동한다. 이런 행동을 통해 그들은 자기 자신과 멀어진다. 지미는 그들이 기꺼이 실천해야 한다고 말한다. 이런 의식과 실천이 결합해야 변화가 가능하다. 그는 모여 앉은 남자들 한 명 한 명을 둘러본다. "내가 잠깐 거기에 대해서 이야기할게요." 지미가 일어나서 말한다. "난 내 인생을 깨닫게 되었어요. 내 인생에서 내가 저지른 모든 짓을 의식하게 된 거예요. 거짓말, 사기, 절도. 나는 평생 동안 '마약을 팔지 마라, 마약 하지 마라, 여자들한테 손찌검하지 마라' 같은 말을 들었어요. 평생 들었지만 어쨌든 했어요." 무릎에 팔꿈치를 대고 있던 한 남자가 의자에 기대앉는다. "이건 중요한 문제예요, 여러분. 어떻게 내 폭력을 멈추겠다는 의지를 얻을까요?" 그는 한 박자 기다렸다가 좌중을 둘러본다. "내가 만들어낸 파괴를 들여다보지 않으면 그렇게 하지 못할 거예요."

그 순간이 지미의 두 번째 이야기다. 당신이 누군가에게 저지른 최악의 일은 무엇인가? 그건 그가 자신이 사랑하던 여자를 납치한 날이었다. 살인 직전까지 갔다. 그가 사랑하는 네 아이 중 한 명의 어머니를. 그의 예전 반려자 켈리 그리프Kelly Graff를. 그들은 별거 중이었고, 지미는 화가 나 있었다. 그녀는 그의 여자였다. 그는 그녀를 되찾고자 했다. 그는 그녀에게 전화를 걸어서 당신에게 줄 500달러가 있으니 와서 가져갈 수 있는지 물었다. 그녀는 그에게 아무 짓도 하지 않겠다고 약속하라고 했고, 그는 그러겠다고 약속했다. 그건 진심이 아니었다. 그러고 나서 그는 렌털 업체에 가서 트럭을 빌렸고, 아주아주 취해서 기다렸다. 그녀의 차가 한 블록 떨어진 곳에서 들어오는 모습이 보일 때까지. 그리고 트럭 안에서 숨죽이며 있던 그는 그녀가 그곳에 들어선 순간 후진 기어를 넣고 가속페달을 밟아서 최대한 세고 빠르게 그녀의 차를 들이받았다. 그녀를 죽일 수도 있었다. 그러고 난 뒤 그는 표범처럼 잽싸게 그녀의 차로 가서 비명을 지르고 있는 그녀를 끌어냈다. 그는 그녀를 트럭 뒷자리에 던져 넣고 차 문을 닫은 다음 그녀의 집으로 차를 몰았다. 권력과 통제. **나는 제정신이 아니었어요. 며칠 동안 잠을 자지 않은 상태였죠. 똥멍청이였어요.** 지금의 자아는 이전 자아에 대한 불신의 의미로 고개를 가로젓는다. 그들은 그녀의 집(그가 한때 그녀와 함께 살았던 집)에 도착했고, 그녀를 트럭에서 끌어내 집 안으로 밀어 넣었고, 거기서 그의 기억이 끊긴다고 말한다. 어쩌면 그들은 잠시 싸웠는지 모른다. 어쩌면 그녀를 때렸는지 모른다. 몇 번 주먹질을 했던 건 어느 정도 확실했다. 기억은 잘 안 나지만 그는 결국 잠이 들었다. 잠에서 깨어 보니 그녀는 사라졌고, 그는 자신이 망했다는 걸 알았다. 개망했다. 어떻게 잠들 수가 있지? 그는 그 집에서 뛰쳐나와 그들이 자주 가던 타코집으로 갔고, 타코집 남자는 켈리가 조금 전에 여자친구 한 명과 겹을 먹고 혼이 나간 상태로 왔었다고, 경찰서로 가고 있다고 이야기했다. 지미는 달리고 또 달렸다. 곧바로 몸을 숨기려고.

켈리의 기억은 아주 다르다. 어느 날 지미가 자기 할머니가 돌아가셨다면서 그녀의 직장에 나타났다. 켈리는 지미가 할머니와 얼마나 가까웠는지 알았고, 그래서 그가 진실을 말하고 있다고 생각했다. 하지만 그와 함께 바깥으로 나온 순간 거짓말이라는 걸 알 수 있었다. 그들은 그녀가 열여섯 살, 그가 스물여섯 살일 때부터 같이 어울렸다. 이제 그들에겐 어린 딸이 있었고, 켈리는 스물한 살이었다.

그가 그녀를 밖에 나오게 만들려고 억지로 일을 꾸몄다는 사실을 알게 된 켈리는 다시 사무실로 도망쳐 들어갔고, 사무실에는 경비가 있었기 때문에 지미는 어떻게 하지 못했다. 켈리는 나와 통화하면서, 지미가 주차장에 있는 자신의 차를 발견했고 거기에 불을 질렀다고 말했다. 차는 새 차였고, 샌프란시스코 소방서는 그녀에게 전화를 걸어 그 소식을 전했다. 같이 살고 있는 아파트에서 나오기 위해 트럭을 빌린 건 자신이었다고 켈리는 말했다. 지미가 자신의 자동차를 불태운 뒤 그녀는 엄마의 친구에게서 차를 빌렸지만, 지미가 그녀를 스토킹하다가 그녀가 퇴근할 때 조수석에 올라탔다. 그에게는 칼이 있었고, 그녀는 그가 "너 날 떠나려고 하지, 개년아"라고 말했다고 기억한다. 그녀는 수년간 그의 샌드백으로 살았다. 그는 그녀를 조종했고, 강압적으로 대했고, 그녀를 두려움에 떨게 만들었다. 그는 그녀를 꾸준히 스토킹했고, 그녀가 사람들과 어울리지 못하게 했고, 바람을 피웠다며 몰아세웠다. "난 당신을 떠나지 않아. 우린 그냥 휴식이 필요한 거뿐이야." 그녀는 그에게 거짓말을 했다. "그를 진정시키려고 했어요. 그가 무슨 일을 할지 전혀 알 수가 없었거든요." 그들은 트럭을 탔고 같이 사는 아파트, 그녀가 "지하 감옥"이라고 부르는 지하층 아파트로 갔다. 그녀는 배가 고프다고 그를 힘들게 납득시켰고, 그가 나가도 된다고 하자 "내 인생의 마지막 순간인 것처럼 달렸다"고 말했다.

그녀는 사촌과 함께 경찰서로 직행했고, 경찰들은 처음에는 그녀에게 집으로 돌아가서 칼을 가지고 다시 오라고 말했다고 한다. "내가 그랬죠, '당신들 미쳤어요?'" 그녀는 그들이 자신을 돕는 데는 조금도 관심이 없었지만 결국 체포 영장을 발부했다고 말했다. 그동안 켈리는 자동차와 집과 결국에는 직장까지 잃었다(그녀는 9/11 이후 해고되었다). 그녀의 인생에서 가장 바닥을 친 시기였다.

트럭 사건 이후 며칠밖에 안 된 어느 날 아침, 그녀는 딸을 유치원에 데려다주러 갔는데 근처에 지미가 숨어 있었다. 그녀의 말에 따르면 그는 딸을 유치원에서 다시 찾아오게 한 뒤 8일간 총을 들이대며 두 사람을 호텔방에 감금했다. 그 8일간 있었던 일은 두 사람 모두의 요청으로 공개하지 않기로 했다.

그녀는 결국 그를 조종해서 빠져나올 수 있었다고 말한다.

그는 자신이 자수를 했다고 말한다.

기억은 트라우마를 거치면서 변형된다.

그가 자기 인생에서 이 순간을 내게 설명했을 때는 사이렌 소리를 듣고 겁이 나서 도망쳐 숨었고, 일부러 시선을 다른 곳에 두었다고 기억한다. 켈리의 말에 따르면 그는 너무 취해서 그 시간 중 절반은 환영에 시달렸다. 그리고 어쩌면 그는 정말 그 모든 걸 제대로 기억하지 못하는지 모른다.

하지만 결국 그는 잡혔고, 검사가 그를 치명적인 무기에 의한 공격과 납치로 기소하고자 했다는 데서는 두 사람의 말이 같았다. 하지만 켈리는 지미에게 안타까운 마음이 들었고 그래서 진술 중 많은 부분을 철회했다고 말한다. 그녀가 전화로 이 이야기를 내게 털어놓는 동안 자신이 그 진술을 취소한 그 여자였다는 사실을 믿을 수 없어 한다는 점이 분명해 보였다. 결국 그는 유죄를 인정하고 감형을 받았다. 그는 자신이 4년을 선고받았다고 말했고, 그녀는 그가 겨우 1년 남짓 복역했다고 말했다.

어쨌든 이때 그는 폭력중단의 다짐을 발견했고, 자신이 스스로에게, 켈리와 딸에게, 지역사회에, 다른 가족들에게 무슨 일을 저질렀는지 배우게 되었다. 그는 자기 모임에 참여하는 남자들에게 폭력이 어떻게 파급효과를 일으키는지, 그가 켈리에게 어떻게 상처를 주었는지, 이 때문에 자신의 아이들과 부모와, 그녀의 친구들 등등이 어떻게 상처를 받게 되었는지를 이야기한다. 폭력은 지역사회로 퍼져나가 거기에 있는 사람들을 감염시키고 이를 통해 증식하는 어둠이다. 돈테가 이스트오클랜드를 바그다드라고 표현했을 때 나는 그게 이 의미라고, 지미가 지금 이야기하고 있는 바로 그 뜻이라고 생각한다. 한 사람에 의한 한 차례의 폭력 행위가 어떻게 또 다른 폭력 행위를 낳게 되는지. 꼬리에 꼬리를 무는 폭력은 어째서 결코 아무런 문제를 해결하지 못하는지. 직장 생활을 줄곧 군대에서만 했던 나의 전남편은 총기를 소지했을 때의 문제는 그게 누구든 총을 소지하는 순간 균형 감각을 잃게 되는 거라고 내게 말하곤 했다. 총기를 소지한 사람은 더 이상 중립적이지 않다는 것이다. 내가 보기에 폭력이 하는 일은 똑같다. 개별 사람들을 찢어놓지만 가족, 공동체, 도시, 국가 역시 찢어놓는다. 지미가 자기 이야기를 들려주면서 하고 싶었던 말이 이것이었다.

지미가 자신을 부르는 명칭인 "막장 인생" "밑바닥 개새끼"는 길거리 용어이자, 수업을 듣는 친구들에게 먹히는 일종의 투지 넘치는 시어이다. 하지만 여기서는 그를 그날 그 순간 그가 보여준 모습 그대로 부르도록 하자. 그는 가정의 테러리스트였다. 그건 테러리스트가 하는 짓이다. 그들은 공포심을 야기한다. 샌브루노에서 폭력중단의 다짐에 참여하는 모든 남자들이 그렇다. 그들은 숨어 있는 테러리스트이다. 오늘날 이 나라의 일부 지도층을 비롯한 많은 사람들이 그저 '사적인' 문제로 치부하는 공포를 일으키는 사람들이다.

지미는 출소 직전 켈리의 편지를 받았다고 말한다. 그녀는 그가 수감된 동안 한 번도 편지를 보낸 적이 없었다. 그리고 그는 그녀의 편지가 **제발 날 죽이지 마**로 끝났던 걸로 기억한다. (그녀는 자신의 편지가 그가 보낸 편지에 대한 답장이었고 그가 보낸 편지에서 아이의 양육비를 줄 생각이 없다고 밝혔다고 말한다.)

그는 이 이야기를 하면서 고개를 젓는다. 그의 신체 언어에서 회한이 느껴진다. **과거까지 포함해서 얼마나 많은 여성이 그랬을까?** 나는 생각한다. 얼마나 많은 여자들이 이런 말로 애원했을까? 전 세계에서, 천 개의 언어로, 세기를 넘나들며, 인류가 존재한 이래로 얼마나 많은 여자들이. **제발 날 죽이지 마.** 우리 여자들이 얼마나 예의 바른지 보이지 않는가? 우리는 목숨을 두고 애원할 때 "제발"이라고 말한다.

"그 불쌍한 소녀가" 지미가 수업을 듣는 사람들에게 말한다. 더그는 아직 원형으로 앉은 사람들의 앞에 있다. 이제 지미의 목소리는 속삭임 수준이다. "그 불쌍하고 불쌍한 소녀, 그녀가 내 친구들에게 내가 나오면 자기를 죽일 거라고 생각하는지 물어보러 돌아다녔어요." 그의 이야기가, 그가 저지른 이 끔찍한 짓이, 그리고 그가 어떻게 다시 자신의 인간성을 회복했는지가 이 방에 반향을 일으킨다.

"그리고 그 소녀는 지금 제일 좋은 친구예요." 그가 말한다. "그녀는 완전히 나를 다시 받아줬어요."

켈리는 이 설명을 반박했다. 그녀는 지미가 변했다고, 그가 "자신이 저지른 짓을 인정하는 법을 배웠다고, 그가 그게 틀린 일인지 알고 있다고" 믿었다. 그녀는 요즘 그가 전보다 겸손해졌다고 말했다. 아마 그의 인생에서 가장 좋은 시기이리라. 하지만 아직이다. "내 인생에서 다시는 지미하고 단 둘이서만 있는 일은 없을 거예요." 그녀가 말했다.

지미는 한 박자 기다린다. 여기 있는 모든 남자에게 비슷한 이야기가 있고, 여기 있는 모든 남자가 더그가 오늘 밤 앉았던 자리에 앉게 될 것이다. 지미가 더그를 바라본다. "당신이 와일드 터키를 마시기 시작했을 때 말이에요, 형제, 그건 자신에게 폭력을 행사했던 거예요. 거기서 문제가 시작된 거라고요, 그렇죠?"

더그가 고개를 끄덕이고 손바닥 군은살을 뜯는다.

"그녀를 떠다민 건 그녀에게 폭력인 거고요, 그렇죠? 그녀의 얼굴을 세 번 때린 것도요. 그리고 벽을 주먹으로 쳐서 구멍을 낸 것도요. 당신은 그 남자 얼굴을 찢어놓겠다고 말했어요, 그렇죠? 그건 언어 폭력이에요, 위협이라고요."

더그가 이런 행동의 맥락을 인정하며 고개를 끄덕인다.

더그 뒤에서는 금속 치아 장식을 하고 있는 남자가 화이트보드에 그 모든 내용을 적으면서 그 순간의 의미에 동그라미를 친다. 음주는 "자기 폭력". 욕을 하는 건 "언어 폭력". 벽에 주먹질을 하는 건 "물리적 폭력".

"내가 확인차 질문을 해도 될까요?" 지미가 말한다. "첫 번째 치명적인 위험이 뭐였어요?" 다시 말해서 그가 처음으로 자신의 남성 역할 신념 체계가 도전을 받고 있다고 느낀 순간.

맨얼라이브의 교육학에서 남성 역할 신념 체계male role belief system란 사회가 남자에게 기대하는 것이다. 집단 내에서 지미든 싱클레어든 누구든 주도하는 사람은 종종 말을 끊고 참가자들에게 남성 역할 신념 체계의 사례를 이야기해보라고 한다. **남자는 무시당하지 않는다. 남자는 거짓말을 용납하지 않는다. 남자의 섹슈얼리티는 문제 삼지 않는다. 남자는 권위다. 남자는 버림받지 않는다. 여자는 남자에게 종속되어야 한다. 순종해야 한다. 뒷바라지를 해야 한다.** 한 남자의 신념 체계가 도전을 받으면 그 사람은 치명적인 위험 상태가 되는데 이는 폭력을 선택할 수 있는 순간이다. 맨얼라이브는 이 순간을 교도소식 표현으로 설명한다. 한 남자의 "내면의 암살자"가 튀어나오고 그의 "진정한 자아"가 사라지는 순간. 암살자는 말없이, 혼자서 움직인다. 암살자는 군중 속에 몸을 숨기고, 은밀하게 사람들을 파괴하고 난 뒤 사라진다. 암살자는 책임지지 않는다. 암살자에게는 도덕적 중심이라는 게 없다. 지미는 더그에게 그가 치명적인 위험에 빠진 순간에는 반려자를 알아보지 못할 뿐만 아니라 더 이상 스스로를, 자신의 감정과 필요와 육체를 알아차리지도 못한다고 지적한다. 그는 자신의 신념 체계를 상대로 제기된 도전에 반응하는 것일 뿐이고, 이것이 폭력적으로 행동하느냐 마느냐는 결정을 둘러싼 갈등의 핵심이다. 이 프로그램을 모두 마친 한 남자는 그런 순간에 놓였을 때 자신의 마음과 몸을 재조정하기 위해 말 그대로 한발 뒤로 물러나는 법을 배웠다고 말했다. 때로 이들이 스스로에게 멈추라고, 심호흡을 하라고, 고조되어서는 안 된다고 일깨우는 데는 이런 작은 조정만으로도 충분하다.

지미는 더그가 언제 처음으로 치명적인 위험에 빠졌는지 다시 묻는다.

"그녀가 저한테 그 남자 생각을 멈출 수 없다고 말했을 때요." 그가 대답한다.

"저도 그런 적 있었어요." 참가자 중 한 남자가 말한다.

돈테가 끼어든다. "두 사람이 친구 같은 사이가 되기로 했다고 말했을 때 그게 나한테는 거부감이 있는 것처럼 보여요." 더그가 고개를 끄덕인다. 그는 그녀를 돌려세우고 싶었다. 그는 자신의 감정을 부정하고 있었던 것이다. "'난 살면서 그렇게까지 취해본 적이 한 번도 없었다'는 말은 나한테는 책임을 전가하는 것처럼 들려요. 그리고 그녀가 당신에게 덤볐다고 말했는데, 그것도 일종의 책임 전가죠." 술에 책임을 전가하기. 그녀에게 책임을 전가하기. 그 자신을 제외한 모든 것과 모든 사람을 탓하기. 더그는 돈테의 말이 맞다고 인정한다.

233

그들은 이런 식으로 20분을 더 진행한다. 한 남자가 경찰이 등장했을 때 더그의 신체 언어를 지적한다. 더그가 자신의 표현에 따르면 "최대한 무해해 보이려고" 노력하면서 경찰을 기다리며 인도에 앉아 있었던 방식에 대해. 그 남자는 그것이 "최소화"하려는 것처럼 들렸다고 말했다. 그러니까 더그는 자신의 감정을, 그리고 자신이 폭력에 관여했음을 부정하는 상태였던 것이다. 그는 그녀를 탓했고 다른 남자를 탓했다. 그들을 언어적으로, 그리고 육체적으로 위협했고, 그 모든 것에서 자신이 했던 역할을 최소화했고, 그의 육체와 언어는 그 모든 걸 드러내고 있었다.

어쩌면 이 프로그램 전반에 대한 가장 큰 도전은 (폭력중단의 다짐이든 맨얼라이브든) 모든 과정을 끝낸 남자들이 아직도 이 프로그램을 이수하기 전과 동일한 세상에서 살고 있다는 사실일 것이다. 샌브루노의 남자들은? 비폭력적인 삶을 살려는 노력은 주위의 모든 것과 모든 사람이 변하지 않은 바깥세상에서보다 샌브루노에서가 훨씬 쉽다. 돈테는 그날 앞서 내게 이 문제에 대해, 그러니까 자신의 어머니와 할머니가 그의 변화를 느끼긴 해도 그를 믿지는 않는다고 내게 이야기했다. 그 자신조차도 믿을 수가 없다고. 그리고 그에게는 불균형한 인생을 매끄럽게 정돈하는 방법이 시간 말고는 없었다.

수업이 끝나고 집으로 가기 전에 지미는 사람들에게 친밀함에 대해 묻는다. 친밀해지는 방법에 대해. 이것은 다른 단계의 커리큘럼에서 더 배우게 될 내용이다. 더그가 말한다. "귀를 기울이고 털어놓아요." '귀를 기울인다'는 것은 자신의 반려자에게뿐만 아니라 자신에게, 자신의 감정에, 자신의 육체에 귀를 기울인다는 의미이다.

"여기에는 판결 같은 건 없어요." 지미가 사람들에게 상기시킨다. "조언도, 판결도, 평가도 없어요."

돈테는 용기를 내어 여러 시간 동안 원의 맨 앞자리에 앉아 낯선 사람들 앞에서 최악의 순간을 발가벗듯 공개해준 데 대해 더그에게 감사를 표한다. "당신의 얼굴에 드러난 표정들이요. 그건 내 표정하고 같았어요. 나 역시 내가 사랑하는 사람에게 큰 상처를 줬으니까요. 무슨 말인지 알겠어요? 그래서 이 일을 해준 당신에게 고맙다고 말하고 싶어요. 자기가 사랑한다고 생각했던 사람에게 저지른 폭력을 당신이 이해하기를 정말로 바랍니다. 감사합니다, 형제."

더그는 고개를 끄덕이고 숨을 깊이 들이쉬었다가 내뱉은 뒤 웃는다. 그 순간 자신의 육체를 알아차렸고 자신의 몸이 안도감을 표현하고 있음을 인지했기 때문이다.

더그와 이 모임을 진행하고 나서 두 달 뒤 돈테가 사라졌다. 그는 내 문자나 이메일에 답이 없었다. 내가 알고 있는 휴대전화 번호 두 개에 전화도 걸어보고 메시지를 남기고 또 남겼다. 하지만 아무런 대답이 없었다.

결국 여러 달 동안 시도한 끝에 나는 커뮤니티 웍스에 있는 한 사람과 연락이 닿았다. 돈테는 차를 타고 가다가 경찰에 다시 체포되었다. 차량 운전자가 총을 소지하고 있었다. 돈테는 보호관찰기간 중이었기 때문에 자기 것이든, 다른 사람의 것이든, 누구의 것이든 간에 모든 총기를 가까이 해서는 안 되는 상태였다. 또한 당시 그의 주머니에는 크랙[강력한 코카인의 일종] 한 덩어리가 있었고, 그래서 그는 재판을 기다리며 구치소에 다시 들어갔다. 그에게는 국선 변호인이 배정되었다. 나는 그 변호인에게 여러 차례 전화를 걸고 이메일도 보냈지만 그는 면회 요청에 아무런 답이 없었다. 돈테는 기소되면 14년형까지 받을 수도 있었다. 아주 운이 좋으면 1년이었다.

그가 만회하고자 했던 그 모든 시간과, 대학 학위와, 커뮤니티 웍스에서 일한다는 계획과, 자기 삶을 다시 시작할 기회는 어떻게 되는 걸까? 나는 그가 지금 이 모든 것에 대해 어떻게 생각할지 알고 싶었다. 돈테는 젊은 흑인 남성이었고, 그 앞에 놓인 시스템은 젊은 흑인 남자들에게 행운을 허락하지 않을 때가 너무 많았다. 그에게는 심각한 전과가 있었다. 그는 괜찮은 변호사를 구할 돈도 없었다. 내 생각에 그의 가능성은 제로였다. 그는 결국 혼자서는 결코 맞설 수 없는 힘에 의해, 자신에게 늘 익숙했던 인생을 살 수밖에 없는 그렇고 그런 폭력적인 남자로 전락할 것이었다. 내가 말할 수 있는 건, 돈테가 내게 정직했었다는 점이다. 그는 착한 척하지 않았다. 그는 자신이 망했다는 걸 알았다. 그리고 내게 샌프란시스코에서 인턴의 급여로 살아가는 게 얼마나 불가능한 일인지도 이야기했다. 사회복귀시설을 나가면 그는 어머니 집으로 다시 들어갈 계획이었다. 오랜 세월 동안 그를 말썽의 길에 들어서게 만든 동네 한가운데로. 그걸 원했기 때문이 아니라, 선택의 여지가 없었기 때문에. **당연히**라고 나는 생각했다. 당연히 그의 주머니에는 크랙 덩어리가 들어 있었을 것이다. 그가 그것 말고 뭘 하겠는가? 그에게는 일이 있었고 저녁 7시가 통금이었다. 커뮤니티 웍스, 지미 에스피노자, 폭력중단의 다짐. 그들 모두가 돈테 루이스를 위해 할 수 있는 모든 걸 하고 있었지만, 우선순위가 다른 시스템과, 그 구조 안에 뿌리 박힌 인종주의와 계급적 차별과, 한정된 자원과 무한한 욕구와 싸우고 있기도 했다.

나는 돈테와 이야기를 나누고 싶었지만 그의 어머니나 할머니의 전화번호를 몰랐고, 물론 전화로는 그와 연락할 길이 없었다. 그러던 어느 날 밤 핸드폰이 울렸다. 애트워터 연방 교도소였다. 한 재소자가 내게 수신자 부담 전화를 걸었다고 했다. 나는 15분 단위로 요금을 내면서 돈테의 이야기를 듣게 되었다.

시간은 자정 무렵이었고, 그는 집에 태워다줄 사람을 찾고 있었다. 그는 사회복귀시설에서 나와 다시 이스트오클랜드에서 엄마와 할머니와 함께 살고 있었다. 누이의 "아기 아빠"가 그를 태워주었다. 그 녀석은 술에 취해 있었지만 돈테는 그와 같이 가면 안 되겠다는 생각은 하지 못했다. 그는 최근에 엄마와 같이 사는 일을 놓고 새 여자친구에게 압력을 받고 있었지만 그가 어떻게 할 수 있겠는가? 그의 급여는 샌프란시스코의 어떤 조건에서도 독립적인 생활을 감당할 정도로 충분하지 않았다. 하지만 그는 단정한 생활을 유지하고, 프로그램의 수칙을 따르고, 분수에 맞는 생활을 하고, 중심을 잃지 않으려고 꾸준히 노력했다. 그의 상사는 그에게 너를 곤란하게 만들 사람하고는 절대 어울리지 말라고 경고하곤 했지만 그는 자긴 괜찮다고 말했다. 그 부분에 대해서는 신경을 쓰고 있었으니까.

그는 약간의 크랙으로 소소한 현금 거래를 두어 번만 해서 자신이 가진 돈을 조금 불리면 좋겠다는 생각을 하고 있었다. 크지는 않게. 폭력방지프로그램에서 쫓겨나지는 않을 정도로만. 그날 밤 그의 주머니에는 작은 투명 비닐봉지가 있었다. 그가 생각하기에, 그게 아니고서는 어머니의 집에서 나올 방법이 없었다. 그는 이미 스물여덟 살이었고 부모의 집에서 살기에는 너무 커버린 상태였다.

운전자 역시 마약을 좀 가지고 있었다. 돈테가 그 차에 탄 지 얼마 되지 않아 그들 뒤에서 사이렌이 울려댔지만, 운전자는 차를 세우지 않고 급선회하더니 두 블록을 운전해서 벽을 들이받았다. 돈테는 그다음에는 아무것도 기억나지 않는다고 주장한다. 깨어보니 병원이었고, 입술과 얼굴이 모두 상처투성이였다. 그는 에어백이 터지지 않았다고 확신한다. 경찰은 에어백 칸에 숨어 있는 글록 한 자루를 발견했다. 그건 돈테의 총이 아니었다. 돈테는 자신은 그 총에 대해서는 알지도 못했다고 주장했다. 그 차의 바닥에는 글록에 대한 잡지가 한 권 있었고, 차량이 벽과 충돌할 때 굴러 나온 탄피도 몇 개 발견되었다. 돈테의 피가 후두둑 튀었다. 그는 피가 튄 곳이 어디인지 정확히는 알지 못했지만 차 안 사방에 튀었으리라는 것을 알았다. 나중에 자기 셔츠 앞에 피가 흘러 있는 것을 보았기 때문이다.

그 사고는 별로 중요하지 않았다. 마약은 조금 중요했지만 총만큼은 아니었다. 총 근처에 있음으로써 그는 보호관찰 수칙을 위반한 상태였다. 이걸로 기소되면 감옥에서 2년은 자동이었다. 거기에 만일 그의 DNA가 총에서, 잡지에서, 어느 탄피에서건 발견되면 그는 잘해야 4년이었고, 최악의 경우에는 배심원단의 결정에 따라 그보다 훨씬 많은 형을 받을 수도 있었다. 커뮤니티 웍스에 있는 그의 상사가 그에게 신원증명서를 써주었다. 그는 자신이 진행하는 모임 참가자에게도 연락을 취해 신원증명서를 받고 싶었다. 하지만 변호사가 괜한 짓 하지 말라고 했다. 오히려 판사의 화만 돋울 수도 있다는 이유에서였다.

"중요한 건" 그날 밤 돈테는 전화로 내게 말했다. "그들이 이미 나에 대해 안다는 거예요. 그들 **모두**가 이미 나를 알아요." 판사는 그를 알았고, 보호관찰관과 가석방 담당관, 어쩌면 경찰마저도 그를 알았다. 그들이 그를 모른다 해도 지금의 인격보다 더 중요한 건 그의 기록이었다. "그들이 아는 건 과거의 나예요. 이제 무엇으로도 그들의 마음을 바꾸지 못해요."

돈테의 사건은 재판으로 가지도 못했다. 그는 같은 처지에 있는 다른 많은 사람들처럼, 그러니까 젊고, 흑인이고, 돈이 없고, 전과가 있는 사람들이 그러듯 유죄를 인정하고 양형 거래를 했다. 그는 6년형을 받았고, 이번에는 커뮤니티 칼리지 프로그램과 회복적 정의와 예술 치료가 있는 아담하고 편한 카운티 감옥이 아니었다. 일단 애트워터에 있는 연방 교도소에 갔다가 그가 형기를 반 정도 채웠을 때 이 나라를 가로질러 펜실베이니아와 뉴욕 경계에 있는 연방 교도소로, 그가 아는 모든 사람에게서 또는 그가 한때 지냈던 모든 장소에서 수천 킬로미터 떨어진 곳으로 이송되었다.

그리고 난 뒤 나는 지미에게도 연락을 해보았지만 그 역시 사라져버린 것 같았다.

상층부에 몰려 있는 사람들

해미시 싱클레어가 어째서 남자들이 서로를 구타하는지에 대해 중대한 질문을 던지고 있던 바로 그 즈음, 보스턴에서 활동하던 데이비드 애덤스David Adams라고 하는 공동체 조직가는 보스턴남성센터Boston Men's Center에서 그의 표현에 따르면 "아주 70년대스러운" - 그에게 70년대스럽다는 말의 의미는 의식 고양[불공정한 상황에 대한 의식을 일깨움으로써 사람들이 변화를 요구하게 만드는 운동의 기초 작업]과 손을 맞잡고 쿰바야를 부르는 것이다 - 월례 모임을 운영했다. 어느 날 지역사회의 친구 중에서 구타 피해 여성 지원 모임을 시작한 여성들이 그를 찾아왔다. 이 여성들은 그에게 도움을 요청했다. 그들은 학대당한 피해자에게 도움을 주고 공동체를 통해 이들을 지원하는 것도 중요하지만, 학대를 저지른 남성들은 어떻게 해야 하냐고 말했다. 어째서 애초에 싹부터 자르지는 못할까? 이 여성들은 학대자를 돕는 건 자신들의 능력 밖이라고 느꼈고, 그래서 애덤스에게 참여를 요청했다. 싱클레어의 맨얼라이브는 아직 만들어지기 몇 년 전이었다. 남성의 구타 문제를 어떻게 해결할지에 대해서는 연구가 진히 없었다. 애덤스와 여성들은 미국 전체보다도 훨씬 앞서 있었다. 여성폭력방지법이 만들어지기 수십 년 전이었던 것이다.

첫 모임은 애덤스의 아파트에서 열렸고, 그들은 피해 여성들을 초대해서 학대가 그들에게, 그들의 아이들에게 무슨 일을 저질렀는지를 함께 이야기했다. 애덤스는 당시에는 그것을 학대자에 대한 개입이라고 분류한다는 걸 몰랐지만, 사실 그가 하고 있었던 건 일종의 회복적 정의였다. 하지만 따라서 이행할 계획도, 매뉴얼도, 최고의 실천 지침 같은 것도 전무했다. 애덤스와 그의 동료들은 배우면서 일을 진행해나갔다. "우리가 아주 순진했죠." 그가 말했다. "우린 그냥 그 사람들에게 그게 잘못된 짓이라고 (그러니 멈추라고) 이야기할 생각이었어요."

그 일을 하다가 애덤스는 학대 가정에서는 학대가 없는 집에서는 일어나지 않는 어떤 일이 일어나는지를 분석하는 학위 논문까지 쓰게 되었다. 애덤스는 폭력적인 아버지와 함께 유년기를 보냈기 때문에 이런 감춰진 폭력이 한 가정을 어떻게 구렁텅이에 빠뜨릴 수 있는지를 몸소 보고 느낀 바 있었다. 그는 박사학위 논문에서 학대가 있는 가정과 없는 가정의 육아와 가사노동을 비교했다. 그는 연구를 통해 학대자는 가사노동과 육아를 훨씬 적게 하리라는 자신의 생각을 뒷받침할 수 있으리라 생각했다. 하지만 두 경우의 남성 모두 각 가정에서 21퍼센트라는 거의 같은 비율의 일을 한다는 사실을 확인하고는 충격을 받았다.[1] 두 집단의 차이가 있다면 비학대자들은 자신들이 좋은 대접을 받고 있다고 생각하며 아내의 이중 노동을 인정하고 고맙게 여기는 반면, 학대자들은 "난 대부분의 남자들보다 일을 훨씬 많이 하지만 그 여자가 그걸 고맙게 여기기는 할까?" 같은 식으로 말한다는 정도였다. 애덤스의 연구는 학대자의 관점은 '자신이 한 일이 아내가 하는 일에 비해 제대로 된 평가를 받지 못한다'는 것임을 보여주었다. 반면 비학대자들은 "난 행운아야. 아내는 일을 엄청 많이 해"라는 식의 말을 하곤 하는데, 이런 인정은 아내에게 큰 의미가 있는 행동이었다. 학대자들은 아내의 가사노동에 더 비판적인 경향도 있었다.

그 후 애덤스는 이런 남성들은 병적인 자아도취 때문에 자기 행동이 피해자에게 어떤 영향을 미치는지 정말로 보지 못하게 된다는 사실을 깨달았다. "자아도취가 그들이 만물을 보는 방식에 영향을 미치는 거예요." 애덤스가 내게 말했다.

데이비드 애덤스는 해미시 싱클레어처럼 자신이 몸담고 있는 문화와 지역을 온몸으로 구현하는 듯하다. 그는 몸에 움직임이 없는 편이고 말을 더 신중하게 한다. 그는 진지하고, 모임 참가자들을 상대할 때 비교적 쾌활함이 적고, 조용한 편이다. 그의 곱슬머리는 세어가고 있고, 콧수염이 있으며, 사회복지 분야에서 일하는 많은 사람들처럼 어린 시절 폭력을 직접 경험했다. 정서적으로 미숙하고 폭력적이었던 아버지. 현실을 외면했던 어머니. 그에게 가장 오래된 기억은 네 살 때 외할머니가 그를 아버지가 일하고 있던 화강암 채석장에 데려갔던 일이다. 그는 외할머니가 아버지를 증오했고 아버지 역시 외할머니를 증오했다고 말했다. 그날 할머니와 함께 채석장 가장자리에 서 있는데 할머니가 작디작은 점 (구멍 깊은 곳에서 작업 중인 남자들) 중 하나를 가리키며 말했다. "저기, 저게 네 아빠다." 애덤스는 할머니에게 아니라고, 아빠는 훨씬 크다고 말했다. 가장자리에 선 그가 보기에 개미만 한 아주 작은 점 크기의 사람이라니, 말도 안 되는 소리였다. 하지만 시간이 흐른 후 결국 그는 그 말을 이해했다. 아버지가 얼마나 작은 존재인지, 자신이 어떻게 아버지와는 다른 남자가 될 수 있는지. 그것은 그의 인생에서 가장 오래 남아 있는 심오한 교훈 중 하나였고, 지금은 할머니에게서 받은 가장 큰 선물이라고 부른다. 그는 어린 시절 교육을 우습게 여기고 남사아이는 거칠어야 한다고 생각한 자신의 아버지와는 최대한 다른 사람이 되는 걸 자신의 사명으로 여겼다. 그는 아버지가 그렇게 경멸했던 교육이 자신에게 탈출구를 마련해줄 때까지, 20년간 책에 얼굴을 묻고 살았다. "아이들은 글자 그대로 받아들이는 편이죠." 애덤스가 내게 말했다. "그리고 내가 아버지 같은 사람이 될 필요가 없다는 건 일종의 계시였어요."

애덤스는 결국 미국 최초의 학대자개입프로그램을 만들었다. 통제와 학대 행위를 다루는 이머지 프로그램이었다. 이머지는 덜루스의 프로그램과 함께 미국에서 가장 널리 확산된 프로그램일 것이다. 이 40주짜리 프로그램은 학대가 가족들에게 미치는 영향에서부터 질투와 건강한 소통에 이르는 다양한 주제를 아우른다. 몇 년 전부터는 부모 역할에 대한 수업도 진행하기 시작했다. 애덤스의 말에 따르면 아무도 '학대자'라는 정체성을 원치 않기 때문에 이머지는 그들의 행동에 대해 이야기하는 방식의 틀을 재구성했다. 지금은 참가자의 약 30퍼센트가 자발적으로 오고, 나머지는 법원 명령 때문에 참가한다. (전국적으로 대부분의 학대자개입프로그램에서 자발적인 참여는 5퍼센트 수준이다.)

해미시와 애덤스는 기본적으로 처음에 행동을 촉구한 여성들, 그러니까 남성 동지의 필요성을 지적했던 페미니스트들을 통해 발을 들이게 되었다는 점에서 공통점이 있다. 이 여성들은 남성들이 자신들의 싸움에 동참하기를 바랐다.

어느 날 애덤스는 폭력적인 남편이 한 말을 녹음한 테이프를 들고 그의 모임에 찾아온 한 여성에 대한 이야기를 내게 들려주었다. 그 테이프에서 남편은 **"내가 머리가 돌아서 너랑 사랑에 빠지지 않았더라면 이런 분노를 품지 않았을 거야"** 같은 이야기들을 했다. 그는 처음으로 피해자를 조종하는 학대자가 어떤 식일 수 있는지 직접 들었고, 제대로 이해했다. 그들이 자신의 학대와 질투를 어떤 식으로 낭만화하는지. '내가 너를 너무 사랑해서 네가 나를 이렇게 만드는 거야'라는 변명. '네가 이걸 하지 않으면 난 저걸 하지 않을 거야'라는 합리화. 책임 전가와 부정. 애덤스와 다른 연구자들은 이런 정서의 골자를 지적한다. 그들은 학대 행위를 합리화하고 피해자에게 책임을 전가하면서 자신의 폭력을 최소한으로 축소한다. 그리고 그게 먹힌다. 최소화, 합리화, 책임 전가의 3단 연쇄는 돌고 돈다. 다음 순서는 회한이다. 눈물 어린 깊은 사과, 행실을 고치겠다는 약속, 흠모와 사랑의 말들. 화자가 누구건 대본은 충격적일 정도로 비슷하다.

어느 날 아침 나는 클리블랜드의 한 법정에서 일련의 가정폭력 사건을 방청하며 앉아 있었다. 그런데 한 사건에서 가해자는 피해자에게 반복적으로 전화를 함으로써 접근금지명령을 어긴 상황이었다. 사실 그는 3주간 400번 이상 그녀에게 전화를 걸었다. 그녀는 그중에서 20퍼센트 정도의 전화를 받았다. 빡빡 민 머리에 녹색 죄수복을 입은 가해자가 미셸 얼리 판사 앞에 능글맞은 표정을 지으며 서 있는 동안 조앤 배스콘 검사가 법정에서 녹음된 전화의 일부를 재생했다. 그가 그녀에게 했던 말은 이런 식이었다.

"기회를 한 번만 더 줘. 한 번만. 이게 감옥 갈 일은 아니잖아. 어떻게 이 따위 일로 감옥을 갈 수가 있어."

"네가 말도 안 되게 부풀리고 있잖아. 난 그냥 너랑 떡을 쳤던 거라고. 널 죽이려고 한 게 아니라… 어째서 넌 내가 여기서 나갈 수 있게 도와주지 않고 나랑 계속 싸우는 거야? 밤새도록 집에 안 들어온 건 사과노 안 하는 기냐고?"

"난 널 사랑해. 이년아. 그리고 차라리 널 사랑하지 않았으면 좋겠어. 네가 날 좆나 비참하게 만들고 있으니까. 나한테 대체 왜 이러는 거야?"

"난 너한테 설명을 할 게 없어… 넌 날 감옥에 처넣기밖에 안

했잖아. 넌 편지 한 장, 사진 한 장 안 보내잖아. 네가 내 문제로 재판까지 가든 말든 상관 안 해. 더 이상 너한테 전화 안 할 거야."

"재판까지 가지 마. 그 사람들이 나에 대해 얘기하면 넌 그 사람들한테 닥치라고 해. 그 사람들이 너한테 거짓말하는 거야. 그냥 그 사람들한테 넌 기각 신청할 거라고 말해. 검사가 너한테 재판까지 갈 수 있는 기회를 한 번 더 주게 만들지 말라고."

"넌 서명 안 할 거야. 누가 찾아와도 나가지 마… 널 믿어. 난 네가 아무 짓도 안 할 거라고 생각해. 넌 그 정도로 멍청하지 않아."

"거기 가서 공식적으로 마무리하자. 나는 결혼을 믿어. 그건 일생을 건 맹세라고… 내가 나갈 때까지 기다려. 내가 사람들한테 널 감시하라고 해놨어."

책임 전가, 최소화, 합리화, 그리고 사과, 그리고 약속. 이 모든 게 그의 말 속에 펼쳐져 있었다. 강압, 조종, 감정적 학대와 언어적 학대, 위협, 인간도 아니라는 비난. 자신이 시스템보다 더 강하다고, 그는 시스템보다 더 많은 걸 알고 있다고 믿게 만들려는 시도들. 그날 법정에서는 그 테이프들이 한 시간 넘게, 내가 여기서 밝힌 것보다 훨씬 많은 내용들을 쏟아냈고, 그 시간 동안 나는 그가 그녀를 단 한 번도 적절한 이름으로 부르지 않았다는 사실 역시 알아차렸다.

이머지와 맨얼라이브 같은 학대자개입모임들이 지난 20년간 확산되었다. 이제 미국 전역에 1,500개가 넘는 모임이 있다. 이런 모임은 육체적 학대와 협박을 중단하는 것이 목표이지만, 좀 더 섬세한 프로그램들은 학대자가 파괴의 패턴을 알아차리고, 자신이 야기한 피해를 이해하고, 반려자의 감정에 공감하는 법을 배우고, 감성지능에 대한 교육을 받도록 하기도 한다. 하지만 이런 모임의 방법과 철학은 천차만별이다. 법 집행기관들은 유독 이런 모임이 시간과 돈 낭비라는 고집스러운 입장을 보이고, 애덤스는 여기서 항상 좌절감을 느낀다. 자격증도 주마다 다르다. 법원 명령도 다르다. 커리큘럼도 다르다. 모임을 이끄는 리더의 수준도 다르다. 프로그램 진행 시간도 다르다. 그리고 사회적 영향이라는 측면에서 아직 자기 길을 개척 중인 새로운 분야다. 판사들도 학대자 개입과 분노 관리의 차이에 대한 교육이 되어 있지 않을 때가 많다. 그래서 학대자개입모임이 활성화된 지역이라 해도 가해자에게 분노 관리를 요구하는 판사 명령이 내려질 수도 있다. 이머지를 시작하는 남자들 중에서 실제로 프로그램을 완전히 끝내는 경우는 55퍼센트뿐이라는 사실은 이 프로그램이 얼마나 엄격하고 효과가 있는지를 알 수 있다고, 애덤스가 말한다.[2] "난 이수자가 많은 프로그램을 신뢰하지 않아요. 그런 데는 질 낮은 학교 같아요. 아무나 졸업시켜주는."

평균적인 피해자가 일곱 번 또는 여덟 번의 시도 끝에 학대자에게서 벗어날 수 있는 현실에서 어떻게 우리는 가해자가 한 번만에 정신을 차릴 거라고 기대할 수 있는가? 효과에 대한 숱한 연구들이 모든 가해자를 똑같이, 그러니까 프로그램에서 중도 이탈한 사람과 끝까지 완료한 사람을 똑같이 취급한다고 그는 내게 말했다. 그리고 당연히 프로그램을 이수한 사람들은 결과가 다를 것이다. 프로그램에 참가한 기간이 길수록 변화가 지속성을 띨 가능성이 더 높을 수 있다. "이건 도 아니면 모가 아니에요." 애덤스가 말했다. 에드워드 곤돌프Edward W. Gondolf가 지금의 학대자 개입 현황을 폭넓게 들여다본 책《학대자 프로그램의 미래The Future of Batterer Programs》는 기본적으로 이런 치료는 초기 단계라고 이야기하면서 예방적 위험평가라는 생각에 너무 많은 기대를 걸지 말라고 주의를 준다. "학대자 프로그램이, 그리고 일반적으로는 사법의 영역

246

이 직면한 어려운 질문은 특별히 위험한 남자를 어떻게 짚어낼 것인가이다… 그러므로 예측에서, 반복 평가, 모니터링 준수, 개입 방식의 개정을 함께 진행하는 꾸준한 위험 관리로 중심이 이동하게 되었다."3

분노 관리는 종종 학대자 개입과 뒤섞인다. 마치 두 개가 같은 것이라는 듯이. 실제로 전국의 법원은 지금도 학대자에게 분노 관리 과정을 이수하라고 명령할 때가 많다. 2014년 레이 라이스Ray Rice의 경우처럼 말이다. 그가 엘리베이터에서 여자친구(지금은 아내)를 너무 세게 때려서 그녀가 의식을 잃은 뒤, 뉴저지의 한 판사는 가정폭력 기소를 내팽개치고 그를 분노 관리 상담사에게 보냈다.4 이런 결과들은 학대의 본질에 대한 오해가 얼마나 깊은지를 보여준다. (공개적인 약속에도 불구하고 미국 미식축구연맹은 가정폭력 문제에서 거의 아무런 진전을 보이지 못했다. 조지타운대학교 법학과 교수 데버라 엡스타인Deborah Epstein에 따르면 2017년 가을 신규 선수 12명 가운데 최소 절반이 가정폭력으로 기소되었지만 어쨌든 선발되었고, 이 글을 쓰는 시점까지도 미식축구연맹은 레이 라이스[사건 당시 프로 미식축구 선수였다가 사건이 입길에 오르자 소속팀에서 방출되었다] 스캔들 이후 구성된 위원회가 권고한 개혁을 이행하지 않았다. 미식축구연맹이 가정폭력 문제를 진지하게 여기지 않자 데버라 엡스타인은 2018년 항의의 의미에서 위원회에서 물러났다.5) 사실 190개의 학대자 프로그램에 대한 2008년의 평가는 참가자 대부분의 분노 수준이 별로 높지 않고 비정상적으로 높은 범위에 속하는 경우는 소수에 불과함을 보여주었다.6

애덤스의 모임과 그와 유사한 다른 모임들은 보통 학대자가 변화 의지를 얼마나 진지하게 이행하는지에 대한 정보를 법원에 제공한다. 그들은 보호관찰관들과 함께 개개의 학대자에 대한 월례 보고서를 작성하고 피해자에게 정기적으로 연락하여 학대자의 모임 참여 내용을 전달한다. 솔직히 모든 학대자개입모임에서 이는 가장 유용한 부분이다. "우리는 법원의 눈과 귀가 될 수 있어요." 애덤스가 말했다. "피해자는 학대자에게서 벗어날지 말지를 결정하려고 애쓰는 중이에요. 만일 그녀가 우리를 통해서 그가 아직도 그녀에게 책임을 전가하고 있다는 소식을 듣는다면 그건 유용한 정보죠."

어느 날 밤 나는 이머지의 한 모임에 참여한다. 모임은 보스턴 외곽의 캠브리지에 위치한 개성 없는 건물의 지하층 회의실에서 열린다. 그곳은 잎사귀로 뒤덮인 빨간 벽돌 건물의 하버드가 있는 캠브리지가 아니라 그보다는 고상함이 떨어지고 땅딸한 회색 공장 건물이 있는 노동계급의 캠브리지다.

남자 일곱 명이 줄지어 들어와서 접이식 의자에 앉더니 서로 그다지 편치 않은 기색을 띠며 농담을 나눈다. 나이, 인종, 경제적 스펙트럼은 다양하지만, 내가 이후에 샌브루노에서 접했던 도심지의 하층 문화에 속하지는 않는다. 한 사람은 정장에 타이를 매고 애프터쉐이브 냄새를 풍긴다. 다른 사람은 청바지 차림에 깁스를 하고 있다. 가해자 모임에 앉아 있기는 처음이었다. 아직 맨얼라이브나 해미시 싱클레어에 대해서는 알지 못할 때였다. 그때까지 나는 피해자들과 수년간 이야기를 나누었지만 가해자와 시간을 보내본 적은 한 번도 없었다. 그때만 해도 나는 가해자는 분노에 중독되어 있고, 괴물이고, 누가 봐도 통제할 수 없는 분노를 갖고 있는 사람이라는 생각을 갖고 있었다. '나쁜 놈'이라고 쉽게 알아볼 수 있는 그런 사람. 내가 그런 남자를 직감적으로 알아보고 조심할 수 있으리라는 생각에 따라 움직였을 수도 있다. 그리고 내가 그 자리에 들어서는 순간 충격을 받은 – 사실 어떤 의미에서 나에게 깊은 불안감을 안긴 – 것은 그들 모두가 믿을 수 없을 정도로 **멀쩡해** 보인다는 점이었다. 내가 맥주를 마시며 어울리던 많은 남자들처럼. 그들은 **매력적**이었다. 그들은 재치 있고, 사교적이고, 수줍음을 타고, 감성이 예민했다. 잘생긴 사람과 그렇지 않은 사람, 잘 차려입은 사람과 그렇지 않은 사람. 그들은 보통 사람이었다. 애덤스가 내게 말하길 가정폭력 학대자가 대개 화가 나 있다는 건 잘못된 생각이라고 했다. 그보다 이들의 분노에는 목표물이 있다. 반려자 또는 반려자의 직계가족. 그결과 학대자의 친구와 지인들은 그들이 폭행을 저질렀다는 말을 들으면 놀랄 때가 많다. "가장 놀라운 부분은 학대자들이 정말로 평범해 보인다는 거예요." 애덤스가 말했다. "평균적인 학대자는 상당히 호감형이에요." 애덤스가 보기에 이것이 핵심이다. 우리는 맹수의 발톱과 꼬리를 찾지만 그 대신 매력과 상냥함과 마주하게 된다는 점. 애당초 피해자가 학대자에게 매력을 느끼는 건 이 때문이다. "우린 분노 중독자를 찾아요." 애덤스가 말한다. 하지만 학대자 중에서 이런 특성을 나타내는 경우는 4분의 1에 불과하다. 대신 그의 눈에 들어오는 것은 유연하지 못한 성격이다. "내가 가장 많이 떠올리는 이미지는 고루한 흑백론자예요." 애덤스가 말한다.

내가 참석한 그날 밤 애덤스는 참가자들이 자신의 부모에 대해, 특히 아버지에 대해 어떤 느낌을 갖고 있는지 알아본다. 이들 남성 중 한명은 아버지가 유명 대학교 교육 프로그램을 운영했다. 다른 남성은 자신의 아버지에 대해 성적인 약탈자이자 중독자라고 묘사했다. 일곱 명가운데 최소 다섯 명은 아버지가 여성을 학대하는 모습을 목격한 적이 있었다. 폭력중단의 다짐과 많은 (어쩌면 대부분의) 학대자개입프로그램과 달리 이머지는 항상 공동 진행자 한 명을 여성으로 둔다. 이유는 두가지다. 하나는 남녀가 동등하게 일하는 혼성팀은 모임 구성원들에게모델이 될 수 있다. 또 한 가지, 애덤스는 이머지 초창기에 남성 참가자들이 여성에 대한 자신의 일반적인 태도를 반영하는 행동, 그러니까 여성이 하는 일에 끼어들고, 여성의 의견에 도전하거나 아예 무시하는 등의 일을 거의 하지 않는다는 사실을 알게 되었다. 그래서 집단으로 있을 때는 이런 태도가 나타났을 때 그 자리에서 관심이 쏠리게 된다. 애덤스는 일곱 명의 참가자들에게 아버지를 '좋음' '나쁨' '뒤섞임'으로 평가해달라고 주문한다. 일곱 명 중에서 '나쁨'이라고 평가한 사람은 한 명뿐이다. 하지만 그들은 알코올중독이 있는 아버지, 어머니를 피투성이로 만든 아버지, 어린 시절 그들에게 벨트를 휘두르던 아버지에 대해 이야기한다. 나는 그 자리에서 이야기를 들으며 그들이 자신이나 어머니를 아버지의 피해자로 보지 못한다는 사실에 놀라움을 금치 못했다. 그 순간 나는 남성과 여성이 이 세상을 정말로 완전히 다르게 보고 이해한다는 생각이 아주 구체적인 방식으로 떠올랐다. 당연히 내 인생에서도 그런 경험이 있었다. 당시 남편과 함께했던 시간들 속에서. 남편이 내가 자기 말을 듣지 않고 있다고 주장했던 그 많은 경우 사실 나는 듣고 있었다고 그에게 이야기했던 걸 기억한다. 내가 하고 있었던 건 **동의하지 않는** 것이었다. 하지만 그날 밤 거기 앉아서 이런 추상적인 생각을 나의 구체적인 사례에 적용하는데도 내 마음은 차갑기만 했다. 어쩌면 내가 내 인생 내부의 시선으로 어떤 주장을 다투기보다는 이런 인생의 밖에서 구경하듯 들여다보고 있었기 때문이리라. 나는 누구든 결혼 생활을 길게 유지한다는 건 경이로운 일이라고 생각했던 것 같다.

애덤스는 여러 지점에서 사람들에게 그들이 아버지를 사랑하면서도 비판적일 수 있음을 상기시켜야 했다. 남성들은 어머니가 아버지의 성질을 어떻게 돋웠는지 되풀이해서 이야기한다.

내가 나중에 애덤스에게 이 지점을 이야기하자 그는 남자들이 아버지의 나쁜 행동에 전후 사정을 들이대며 핑계를 만들면서, 어머니를 악마로 묘사했다는 사실에 전혀 놀라지 않는다. "그런 식이에요." 애덤스가 나중에 내게 말한다. "그들은 이기적이고 자아도취적인 아버지를 내면화한 거죠… (하지만) 사람들에게 설교를 할 수는 없어요. 정보를 줘야 해요. 그리고 시간이 지나면 그게 차이를 만들어내기를 바라는 거죠."

다음 날 나는 애덤스의 모임에 참석했던 한 남자와 점심 식사를 했다. 우리는 그의 트럭을 타고 캠브리지에 있는 버거 가게에 갔다. 그는 나를 위해 문을 열어주었고, 나에게 먼저 주문하라고 말했고, 그 레스토랑이 내 마음에 들 거라고 확신했다. 다시 말해서 그는 정중하고 매력적이었다. 그는 모자챙이 주근깨가 있는 얼굴을 가릴 정도로 깊게 야구 모자를 쓰고 있었다. 난 그가 20대 후반이라는 걸 알긴 했지만 그의 얼굴은 마치 일주일 전에 면도를 시작한 사람처럼 동안이었다. 그는 애덤스의 프로그램을 이수하라는 법원명령을 받은 상태였고 자신이 그 전날 밤 모임에서 알코올에 대해 거짓말을 했다고 내게 인정했다. 보호관찰 위반이었던 것이다. 그는 자신이 예전 반려자에게 저지른 학대를 최소화했다. 그녀가 거의 의식을 잃을 정도로 목을 조르긴 했지만 딱 **한 번**, **그녀가** 자신에게 덤벼서 할퀸 다음에 그렇게 했을 뿐이라고. 그가 보기에는 두 사람 모두 서로에게 저지른 폭력에 책임이 있었지만 대가를 치러야 하는 건 자신뿐이었다. 그는 할퀴는 건 목을 조르는 것만큼 치명적이지 않다는 걸 받아들이지 못했고 그래서 자신의 행동은 그저 인과응보일 뿐이라고 생각했다. 이 남자는 절대 프로그램을 이수하지 못할 수도 있다. 그는 서쪽으로 이사를 하면서 어쩌면 온갖 나쁜 행동을 그대로 가져갈 수도 있다. 하지만 어쩌면 내가 틀렸는지 모른다. 어쩌면 그가 프로그램을 모두 마치지는 못해도 참석했던 몇 주 동안 무언가가 그에게 남게 될지 모른다. 점심 식사를 마치기 직전에 그는 그 모임에 대한 초기의 적개심을 극복하고 나니 프로그램에서 영향을 받게 되었다고 내게 인정했다. "그런 수업에 참가할 때는 자신이 했던 결정에 대해서 스스로에게 거짓말을 할 수가 없어요." 그가 말했다. "살다 보니 내가 그렇게 나쁜 놈은 아니라고 스스로 말할 수 없는 지경까지 왔더라고요."

애덤스가 자아도취와의 연결 고리를 만들기 전, 폭력적인 남성의 행동을 바꿀 수 있는 방법을 막 공부하기 시작했을 때, 1960년대와 70년대의 거의 모든 연구는 가정 내 폭력을 자기 마음대로 조종하려는 여자가 남편을 자극해서 발생한 일로 설명했다. 피해자가 학대를 자초한다는 태도는 오늘날에도 꾸준히 이어진다. 1980년대 초 미네소타의 가정폭력 대변인 엘런 펜스Ellen Pence는 권력과 통제기구Power and Control Wheel를 만들었다.7 이 기구는 학대자가 권력과 통제를 유지하는 여덟 가지 방법을 강조한다. 공포, 감정적 학대, 고립, 부정과 책임 전가, 자녀 이용하기, 괴롭히기, 금전적 통제, 야만적인 무력과 언어적 위협. 대변인들은 학대자들이 자기가 권력과 통제를 추구한다는 의식적인 개념을 가지고 살아가는 건 아니라고 지적한다. 대신 그들은 이런 식으로 말한다. "난 그냥 그녀가 사랑스러워지고 (고분고분하게 말을 잘 듣고) 저녁 6시에 식탁에 밥을 차려주기를 바라는 것뿐이에요." 또는 "난 그냥 그녀가 집을 깨끗하게 청소하고 아이들을 재우기를 바랄 뿐이에요." 또는 "난 그냥 좀 밀친 것 뿐이에요. 그녀가 과장하는 거예요." 또는 "만일 그녀가 비명을 지르지 않았더라면 내가 그 집시를 박살 내지 않았을 거라고요." 이 모든 말들이 동일한 말에 대한 변주이다. (나중에 나는 지미 에스피노사가 남자들을 모아놓고 '그냥' '만일' '하지만' 같은 단어들을 조심해야 한다고 이야기하는 것을 듣게 되었는데 나한테는 그게 상당히 괜찮은 요약 같았다.)

싱클레어처럼 애덤스는 남자들이 폭력적으로 행동하겠다는 선택을 내리는 거라고 믿는다. 2002년 이머지의 공동 책임자인 수전 카요우엣 Susan Cayouette과 공동으로 저술한 학대에 대한 개입과 예방에 대한 논문에서 그는 이렇게 밝힌다. "많은 학대자가 비가족 관계의 대부분은 아니라도 일부에서 공손하게 처신하는데, 이는 그들이 **결정**을 내릴 때 이미 다른 사람을 공손하게 대하는 법을 알고 있다는 의미이다."

애덤스가 보기에 이런 극단적인 자아도취는 학대자를 이해하는 핵심이다. 우리는 자아도취에 빠진 사람이 자기 자신에 대한 말을 멈추지 못하는, 눈에 띄는 부적응자라고 생각하기 쉽지만, 사실 그들은 능력이 뛰어나고, 카리스마가 있고, 직업적으로 성공한 경우가 많다. 자아도취에 빠진 사람들은 "우리 사이에 숨어 있다"고 애덤스는 말한다. "그리고 그들은 상층부에 몰려 있다." 그런 사람들은 알아보기가 쉽지 않은데, 그 이유 중 하나는 그들이 출중한 대인 기술을 가지고 있기 때문이다. "우리는 자아도취가 점점 심해지는 세상에서 살고 있어요. 우린 무엇보다도 성공을 격찬하죠." 애덤스는 "다른 사람들이 숭배하는 카리스마가 있는 자아도취 인격"을 지적한다. 돈과 연줄을 이용해서 법망을 교묘하게 피해 다니는 화이트칼라 학대자들이 바로 이런 부류다. 지위와 평판이 전부인 남자. 애덤스와 다른 연구자들은 종종 범죄자, 그중에서도 특히 살인자에 대한 집단적인 시각에 대해 종종 이야기한다. 현실에서 그런 사람들을 일반 대중 속에서 알아보는 건 불가능한데도 우리는 분노 중독자들을 떠올리는 경향이 있다는 것을.

"평균적인 학대자는 피해자보다 더 호감형이에요. 가정폭력은 학대자보다는 피해자에게 훨씬 많은 영향을 미치거든요. 학대자는 피해자처럼 잠을 못 자지 않아요. 그들은 일자리도 잃지 않아요. 아이들도 잃지 않고요." 애덤스는 이렇게 말했다. 사실 학대자는 스스로를 일종의 구세주로 여길 때가 많다. "그들은 자기가 고난에 빠진 여자를 구하고 있다고 느껴요. 그게 자아도취의 또 다른 측면이죠… 그리고 거기에 대해서 끝없이 제대로 된 평가를 받고 싶다는 욕구가 있어요." 반면 그는 이렇게 말했다. "많은 피해자가 엉망진창처럼 보이죠. 그게 가해자에게는 아주 중요한 지점이기 때문이에요. '널 원하는 사람이 없으니까 내가 있어줄게'라는 식이죠."

피해자의 삶은 엉망이다. 그들은 중독 물질에 빠져 있거나 극도로 가난할 때가 많다. 많은 피해자가 학대당한 어린 시절의 트라우마에 시달린다. 이런 사례가 고발이 제일 어려운데, 피해자가 신뢰하기 어려운 증인일 때가 특히 그렇다. "학대자들이 시스템을 농락하는 일이 그렇게 자주 벌어질 수 있는 건 그래서예요." 한 가정폭력 대변인은 내게 이렇게 말했다. "학대자들은 워낙 매력적인데 피해자는 아주 부정적으로 보이거든요." 심지어 법정에서도. 로버트 와일이라는 한 수사관은 몇 년 전 "우리가 법원에 데려가는 (피해자의) 다수가 정신 건강 문제가 많은 사람일 수 있다는 걸" 어떻게 이해하게 되었는지 내게 이야기했다. "그리고 우리가 그 사람들을 좋은 사람으로 묘사해야 그 사람들을 구타한 그 얼간이를 처넣을 수가 있어요. 그런데 누가 말 한마디 못 하게 만드나요? 그 남자요. 그 남자가 저기 그냥 앉아 있거든요."

와일의 말을 듣고 나는 딱 한 번 만났던 한 여성을 떠올렸다. 그녀는 수년간 학대를 당하다가 자신의 삶을 다시 회복하려고 안간힘을 쓰고 있었다. 정말 설명하기 힘든 문제 중 하나는 어떻게 학대가 한 사람을 천천히 갉아먹는지, 생존자들이 육체적 학대보다 감정적 학대가 훨씬 나쁘다고 얼마나 자주 이야기하는지이다. 실제로 곤돌프는 책에서 가정폭력은 하나의 사건이 아니라 과정이라고 이야기한다. 하지만 우리의 사법 시스템 전체는 과정이 아닌 사건을 해결하기 위해 만들어졌다.

이 여성은 사회복지 업무 경험이 있었고, 나는 그녀와 많은 시간을 보내면서 전남편의 학대로 어떻게 조금씩 무너져 내렸는지를 설명하려고 애쓰는 그녀의 이야기를 들었다. 처음에는 너무 갑작스럽고 이상해서 그냥 한 번 그러고 말겠거니 생각했다고 한다. 그들이 싸우면서 인파로 북적대는 맨해튼 거리를 걷고 있는데 갑자기 그가 그녀 쪽으로 몸을 기울이더니 그녀의 뺨을 세게 깨물어서 그녀의 얼굴 반쪽에 멍이 들고 며칠 동안 잇자국이 남았다는 것이다. 자신이 저지른 짓을 눈으로 확인하게 된 그는 그녀를 약국에 데려가서 상처를 가릴 수 있는 화장품을 샀다. 많은 사람들이 그러듯 그는 깊이 후회한다고 주장했다. 자신이 저지른 짓을 보고 소스라치게 놀랐다. 울었고, 사과했다. 약속도 했다. "난 그래도 이런 건 용납할 수 없어라는 기분이었어요." 그녀가 내게 말했다. "그러다가 그냥 완전히 의욕이 꺾였어요. 그건 생존의 문제였죠." 하지만 그의 학대는 이어졌고 매년 정도가 심해졌다. 그녀가 고속도로를 운전 중일 때 그녀의 얼굴에 골프공을 던지기도 했고 머리에 담요를 덮어씌우고 목을 조르는 일도 있었다. 그녀가 자기 목숨을 염려하는 지경에 이르렀을 때도 그는 자기 발로 가게에 가서 폭행의 흔적을 가리는 데 필요한 화장품을 사서 아무런 사과도 없이 그녀에게 들이밀었다. 그즈음 그녀는 한 인간으로서 너무 무너져 내려서 아무것도 남지 않고, 영혼도, 자신의 주체성도 없는 피부와 뼈로 된 껍데기 같다는 기분에 시달렸다. 무의식을 향해 느리고 고통스럽게 걷고 있는 기분뿐. 하지만 동시에 그녀는 그가 그녀의 눈으로 자기 모습을 볼 수 있도록 도울 수만 있으면 그가 바뀔 거라고, 항상 그에게 잠재해 있다고 느끼는 사람이 될 거라고 생각하기도 했다. 이건 공통된 서사다. 여성들은 자신이 가족의 감정과 건강을 책임지는 사람이고, 남성들이 변하는 데 대한 책임은 사실 자신에게 있다는 메시지를 반복해서 주입당한다. "나한테 일어난 일을 정말로 묘사할 수 있는 유일한 방법은 나의 일부가, 그러니까 죽어버린 것 같다는 거, 그리고 나의 일부가 말하자면 불타버린 것 같다는 거예요. 그리고 나의 사랑이 우리를 치유할 거라는 거." 그녀가 말했다. "하지만 난 나 자신에 대한 사랑은 중단해야 했고 **오직** 그 사람만을 사랑해야 했죠." 다시 말해서 그의 자아도취는 그녀가 자신을 돌볼 여유조차 허락하지 않았던 것이다.

그녀는 자신의 인생과 결혼이 가져온 변화를 수치스럽게 생각했고 그래서 오랫동안 아무에게도 이 사실을 털어놓지 못했다. 어쨌든 자신에게는 유망한 사회생활과 석사학위가 있다고 스스로를 다독였다. 그녀는 페미니스트로부터 "더 많이 배우라"는 충고를 들으며 자랐다. 가난하지도 않았다. 교육을 못 받지도 않았다. 그녀는 자유주의적이었고, 중간계급이었고, 백인이었다. 그녀는 긴 금발 머리에 흰 치아가 빛나는 캘리포니아의 미소를 지니고 있었다. 그런데도 그녀 옆에는 그녀 내면의 인간성을 도려내버린 이 남자가 있었다. 이 학대는 아무래도 어느 정도는 자신의 잘못인 것이 틀림없다고 그녀는 생각했다. 그에게는 외상후스트레스 장애가 있었다. 그녀는 인내심을 더 발휘해야 했다. 그는 해외에서 복무하며 나라를 위해 싸웠다. 그 점에 있어서 그에게 빚이 있다고, 그녀는 자신에게 말했다. 이 세상의 다른 모든 사람이 그를 단념해버린 게 아닐까? 정말로 그 남자에게는 그녀밖에 없는 게 아니었을까? 나의 불만은 남편과의 약속을 저버리는 게 아닐까? 사랑, 존경, 질병, 건강, 가난, 부. 그와 힘께 지니는 것, 그가 자신의 고통을 고치도록 돕는 것이 그녀의 의무였다. 그녀는 그가 어떤 일을 겪었는지 상상도 할 수 없었다. 그녀의 공감은 어디에 있나? 인내심은? 언젠가는, 어떻게든, 그녀는 그가 나아지리라고, 학대가 끝나리라고, 모든 게 괜찮아지리라고 생각했다.

그러던 어느 날 그녀는 자리에서 일어나 도망쳤다. 그리고 그녀의 사례가 너무 극단적이어서 그녀에겐 주소를 기밀에 부치고, 우편물을 전용 배달원에게 전달받고, 문과 창문에 감시 카메라를 설치하는 증인 보호프로그램 자격이 주어졌다. 그녀가 자기 자신으로 되돌아가기까지 여러 해가 걸렸다. 여러 해 동안 그는 GPS 발찌를 찼고 종신접근금지명령을 받았고 그녀가 거주하고 직장을 다니는 도시는 말할 것도 없고 그 카운티에 발을 들이지도 못했다. 그는 감옥에 수감되었다. 그리고 결국 그 남자를 떠나고 여러 해가 지난 뒤 그녀는 자신이 한때 사랑했지만 잊고 있었던 일을 했다. 달리기를 했던 것이다. 야외에서. 탁 트인 공기 속에서. 그 순간 그녀는 자신이 정말로 자유의 몸이 되었다는 걸 깨달았다.

불가해함의 끈질긴 존재감

패트릭 오핸런Patrick O'Hanlon과 그의 아내 돈Dawn은 이른 새벽까지 깨어 있었다. 딸 에이프릴은 이미 몇 시간 전에 잠자리에 들었다. 오핸런은 몇 달째 만성적인 불면증에 시달렸고, 그래서 가끔은 딸이 아내와 자게 하고 자신은 에이프릴의 침실에서 잠을 청하기도 했다. 그는 면목 없는 짓이라고 생각했지만 모든 게 그의 잠을 방해했다. 돈이 코 고는 소리, 비좁은 거주환경, 일에 대한 스트레스. 통근 시간은 길고 너무 피곤해서 통근 열차에서 잠들 때도 많았다. 한번은 벽장 속에서 자다가 돈에게 발견된 적도 있었다.

오핸런은 1년 전쯤에 퇴직을 했고 그 과정은 힘들었다. 그가 힘든 시간을 겪고 있다는 걸 아는 사람은 얼마 되지 않았다. 돈과 에이프릴, 그의 어머니, 그리고 상사 정도. 하지만 누구도 상황이 얼마나 나쁜지를 깨닫지 못했다. 그는 심각한 우울증에 시달렸고 (나중에 "주요우울장애"라고 불리게 되었다) "출구는 없다" "그 모든 걸 끝내야" 한다고 속삭이는 목소리를 듣기 시작했다.[1] 그는 엘리베이터처럼 낯선 사람들과 부대낄 수 있는 장소는 모두 피했다. 그는 가족들이 임시로 서주하던 아파트 단지에서 철책 하나를 유심히 살피면서 거기에 목을 매달면 자기 몸무게를 감당할 수 있을지 여러 차례 가늠해보기도 했다. 그는 높은 장소에서 뛰어내리고, 차를 몰고 가다 벽을 들이받고, 자기 쪽으로 다가오는 차량을 향해 돌진하는 상상을 했다. 약을 모았다. 돈은 여러 주 동안 시어머니에게 전화를 걸어 남편 때문에 무섭다고 이야기했다. 그래서 앨리스 오핸런은 아들에게 더 자주 전화를 걸기 시작했고 그가 자해를 할까 봐 걱정했다.

모든 사람이 자살을 크게 걱정했다. 아무도 그가 겪는 괴로움의 크기를 알지 못했다. 패트릭 오핸런이 딸의 방으로 가 "너를 예수님께 보내주는 거"라고 말하면서 딸을 목 졸라 살해한 그날 밤까지는. 딸은 저항하지 않았다. 다음에 그는 자신의 침실로 들어가서 돈을 폭행하고 역시 목 졸라 살해했다. 그러고 난 뒤 오랜 시간 동안 차를 몰다가 편의점에 들렀다. 밧줄을 사기 위해서. 어떤 성직자에게 전화를 걸어 자신이 저지른 일을 털어놓기 위해서.

법적으로 가족 살해 또는 존비속 살해에는 친밀한 반려자와 최소한 자녀 한 명의 살해가 포함된다. (일부 연구자들은 그것을 가족 몰살로 정의하기도 한다.) 그것이 범죄로 다뤄지는 경우는 확실히 드물고 사회과학자들의 연구 주제로 다뤄지는 경우는 훨씬 더 드물다. 나는 공개 출판물에서 이 문제를 건드리기라도 하는 연구자를 정말 극소수밖에 찾지 못했다. 일각에서는 그것을 범죄 연구에서 단순한 "각주"에 불과하다고 말하기도 했다.

미국에서 처음으로 알려진 존비속 살해 사건은 18세기 중반으로 거슬러 올라갈 수 있다. 이후 두 세기 동안 이런 사건은 10년에 평균 세 건이었다. 그러다가 1900년대에는 36건이 되었다. 그리고 2000년과 2007년 사이에는 60건. 가정폭력연구소Family Violence Institute가 실시한 연구에 따르면 2008년부터 2013년까지 163건의 가족 살해 사건이 있었고 총 435명의 피해자가 발생했다. 여기에는 자녀가 부모를 살해한 사건(존속 살해)과 부모가 자녀만 죽인 사건(비속 살해)은 포함되지 않았다. 가정폭력연구소의 소장이자《가족을 살해하는 심장Familicidal Hearts》의 저자인 닐 웹스데일은 2008년 경제위기 이후로 가족 살해는 매달 평균 약세 건 정도 발생하기 시작했다고 말한다. 다시 말해서 지난 수십 년간 미국에서 다른 모든 종류의 살인이 꾸준히 감소하는 동안 가족 살해는 늘어난 것으로 보인다.

학대자개입프로그램에는 노동계급 백인 남성과 소수 인종이, 감옥에서는 가난한 백인과 유색 인종이 주를 이룬다면 가족 살해에서는 백인 중간계급과 중상계급 남성이 지배적이다. 물론 소수 인종과 백인의 격차는 전국 교도소에서 가장 두드러진다. 백인 남성들은 돈이나 연줄이나 교육을 통해 얻은 판단력 덕분에 항상 투옥을 면하는 반면 같은 처지에 놓인 소수 인종은 투옥으로 직행하는 경우가 지나칠 정도로 많기 때문이다. 롭 포터, 에릭 슈나이더먼Eric Schneiderman[전직 뉴욕주 법무장관이자 민주당 상원의원. 네 여성을 육체적으로 폭행한 혐의가 제기되어 직에서 물러났다], 도널드 트럼프를 보면 백인 남성의 특권과 경제학이 작동하고 있음을 알 수 있다. 하지만 가족 살해에서는 상황이 정반대다. 가족 전체를 죽음으로 몰아넣는 남성은 압도적 다수가 백인, 중간계급이거나 중상계급이고, 교육받았고, 잘살았거나 살인 직전까지 잘살았다. 아내와 아직 태어나지 않은 아이를 살해하고 사형 집행을 기다리는 스콧 피터슨이나 2018년 11월 아내와 두 딸과 태어나지 않은 아들을 살해하고 종신형을 선고받은 크리스 와츠 같은 상대적으로 잘 알려진 사건 중에는 몇 개월 동안 전국 뉴스 헤드라인을 장식하는 것들도 있다.[2] 가족 살해는 가정폭력 살해의 한 영역이지만 아무런 패턴을 따르지 않는 것처럼 보일 때가 많다. 그리고 어쩌면 이 범죄는 상상조차 어렵고 너무 어둡기 때문에, 그리고 가해자가 거의 항상 자살을 택하기 때문에 연구 대상이 되는 경우가 드물다. 국가가정폭력사망사건조사이니셔티브National Domestic Violence Fatality Review Initiative의 대표이기도 한 웹스데일이 미국에서 이 주제를 학문적으로 연구하는 유일한 연구자일 것이다.

이 문제는 사람들에게 전달하기 가장 어려운 종류의 이야기이다. 내용 자체가 워낙 어두운 데다가 이런 이야기를 전달할 때는 감정적인 용기가 필요하기 때문에, 가족 살해 사건이 실제보다 적게 보도되는 건 당연한 일이다. 한편 현실적인 문제도 있다. 대부분의 범인이 스스로 목숨을 끊는다는 점. 그리고 **살아 있는** 범인들은 기자와의 만남을 피하려는 경향이 있다.

패트릭 오핸런은 내게 드문 발견이었다. 사건 이후에도 살아남았고 나와 이야기할 의향도 있는 사람. 나는 처음에 그가 우리 인터뷰를 변명의 기회로, 이 세상을 향해 스스로를 설명할 방법으로 여겼다고 믿는다. 그는 모든 면에서 데이비드 애덤스가 주장한 자아도취 정의에 들어맞았고, 심지어는 이 세상이 자신의 말을 기다리고 있다고 믿었다는 이야기를 하기도 했다. 하지만 어떤 지점에서 나를 통해 이 세상에 자신의 무죄를 알리기가 불가능하다는 점이 그에게 분명하게 느껴졌던 것 같다. 그는 몇 달간 인터뷰를 하고 난 뒤 자신은 참여를 원치 않는다는 결론에 도달했다. 우리는 옥신각신했다. 저널리스트로서 윤리와 행동은 분명하다. 말하자면 한번 기록이 완성되면 '공개하지 않기off the record'는 불가능하다. 나는 이미 그와 열 시간 넘게 인터뷰를 한 상태였다. 공책 여러 권 분량이었다. 그의 이야기를 발표하는 건 나의 권한이었다. 동시에 나는 최고 통수권자가 언론을 "민중의 적"이라고 여기는 나라에서 기자 생활을 하며 살고 있다. 우리는 우리가 하는 일 때문에 욕을 먹고, 위협과 고소를 당하고, 그렇다, 살해를 당하기도 한다. 그래서 이런 결정은 가볍게 내릴 수가 없다. 솔직히 인정하자면 일가족을 살해한 사람의 심기를 거스르고 싶은 사람은 없을 것이다.

어째서 가족 살해 범죄가 늘고 있는가라는 문제를 파헤치는 방법은 그의 이야기를 통하는 것밖에는 없다고 느꼈지만 결국 나는 심하게 편집할 수밖에 없었다. 그의 이름과 가족 구성원의 이름은 실명이 아니며 신원을 알려주는 다른 정보들도 삭제했다. 내가 여기에 적은 정보의 많은 부분이 법원 속기록, 경찰 기록, 그 외 다른 공공 문서에서 가져온 것이다.

은발이 섞인 검은 머리칼의 패트릭 오핸런은 한시도 긴장을 늦추지 않는 남자다. 그는 청바지에 반팔 셔츠, 그리고 부츠를 신고 있다. 재소자 복장이다. 안경은 테이프로 붙여놓았다. 깔끔하게 면도를 하고 셔츠를 바지에 넣어서 입었다. 목소리는 고요하다. 우리의 대화는 교도소의 창문 없는 회의실에서 이루어진다. 벽에는 변화의 가능성을 "믿으라"는, 절대 희망을 포기하지 말라는 메시지와 함께 창공을 날아가는 독수리와 자홍색 일몰과 폭포수 같은 영감을 주는 포스터들이 줄지어 붙어 있다. 코스트코식 예술. 오핸런은 쇠고랑을 차고 있지는 않지만 우리와 함께 줄곧 방을 지키는 교도관과, 교도소 통신 담당자와, 모든 대화를 영상에 담는 비디오 촬영 기사가 함께 있다. 나는 오핸런이 돈과 에이프릴을 살해한 일로 두 번 연달아 형을 선고받고 복역하는 동안 한번은 다섯 시간, 또 한번은 여섯 시간 동안 인터뷰를 진행했다. 오핸런이 좁은 장소를, 교도소의 파티오 같은 곳을 설명한다. 그는 거기서 가끔 시골 냄새를 맡고 나무 위를 볼 수도 있다고 한다. "교도소가 그렇게 나쁘진 않아요." 그가 말한다. **뭐에 비해서 그렇다는 거지?** 나는 궁금하다.

오핸런의 아버지는 작은 사업을 하다가 파산했고 그래서 어머니가 가족을 부양했다. "아버지는 엄마에게서 돈을 받아야 했어요." 오핸런이 말한다. "굴욕적이었죠." 그래서 오핸런의 아버지는 술을 지나치게 마셨고 소리를 질렀고 한 번씩 폭발해서 가족을 공포에 빠뜨리기도 했다. 한번은 가족을 향해 칼을 빼들고 누구든 자기에게 한 발만 다가오면 그 칼을 휘두를 거라고 위협한 적도 있었다. 오핸런은 아버지를 향해 가만히 서 있었고, 결국 어떤 이웃이 와서 아버지를 데려간 걸로 기억한다. (오핸런의 어머니는 칼 사건은 기억나지 않는다고 주장하고 남편이 소리를 질렀고 가끔은 물건을 집어 던지기도 했다고만 말한다.) 그런데도 오핸런은 "아버지를 학대자로 분류하지는 못하겠어요. 다정한 분이었어요" 하고 말한다.

언어적이건 육체적이건 가정폭력이 일어나는 집에서 자란 많은 아이들처럼 오핸런은 아버지를 폭력적인 사람이라고 표현하지 않았다. 오핸런은 내가 데이비드 애덤스의 모임에서 보았던 남자들과 판박이처럼 똑같다. 아버지의 폭력을 축소해서 평가했고 어머니의 행동에 대해서 더 자주 이야기했다. "어머니는 천사가 아니었어요. 엄마가 자극을 덜 했더라면, 남편의 지위를 더 존중했더라면…."

내가 한번은 오핸런에게 폭력이 어떤 모습이라고 생각하는지 물어보았다. 그는 이웃들이 모두 그 소란을 듣고 있는 상황에서 소리를 지르고, 가구를 집어 던지는 거라고 설명했다. 그는 아버지가 학대자가 아니라는 증거로 그 칼 사건을 언급한다. "더 폭력적인 사람이었다면 그 칼을 사용했겠죠." 오핸런은 외부의 다른 사람들에게는 그의 집이 자신이 묘사한 폭력의 모습과 똑같을 수 있으리라는 사실을 깨닫지 못하는 것 같았다.

가정폭력연구소는 플래그스태프의 노던애리조나대학교 메인 캠퍼스에서 단층 건물을 ROTC와 중고 사무 가구점 창고와 나눠 쓰고 있다. 감시 카메라가 달린 문은 잠겨 있다. 닐 웹스데일이 과거에 범죄학자로서 자문했던 사례의 가정폭력 가해자로부터 살해 위협을 받은 적이 있기 때문이다.

수년 전 그는 자신이 맡고 있던 수업을 위해 미국의 가족 살해 기록을 뒤지다가 윌리엄 비들William Beedle이라는 남자의 사건을 접하게 되었다. 존경받는 사업가였던 비들은 1782년에 부도에 직면하게 되고, 그 뒤 아내와 네 자녀를 손도끼로 살해했다. 이 사건을 접하고 기분이 크게 언짢아진 웹스데일은 기록을 뒤져서 이와 유사한 사건을 더 많이 찾아내기 시작했다. "1780년대부터 오늘날까지 이런 사건들을 똑바로 연결하는 고리가 있는 것 같았어요." 웹스데일이 말했다. 별일이 없었으면 흠잡을 데 없던 남자가 극단적인 경제적 곤경에 빠지고 유일한 출구는 가족을 살해하고 난 뒤 자살하는 것뿐이라고 생각하는 사건들. 실제로 비들은 부도의 굴욕감에 대한 글을 남겼다. "한때 훌륭한 뜻을 품고 훌륭한 행동을 하며 잘 살았던 남자가 피할 수 없는 사건 때문에 빈곤에 빠지게 되면, 그래서 비웃음을 사게 되면… 그는 이루 말할 수 없이 비열해질 수밖에 없다."

웹스데일은 전국에서 수세기에 걸친 가족 살해 데이터를 수집하기 시작했고, 이 연구는 2010년에 출간된 《가족을 살해하는 심장》으로 이어졌다. 이 책에서 그는 가족 살해범의 두 가지 주요 유형을 밝힌다. 하나는 분노에 가득한 억압형 또는 가정폭력 전력이 화려한 사람이고 다른 하나는 분명한 폭력의 전력은 전혀 없고 존경받는 사회의 구성원(윌리엄 비들저럼)이었다가 비뚤어신 이타심의 발로에서 살인을 서지르는 평판 좋은 시민형이다. 이 두 유형은 중첩되는 부분이 있지만, 연구자들을 미궁에 빠뜨리는 것은 후자이다. (재클린 캠벨은 증거는 없지만 가족 살해 사건에서는 가정폭력이 항상 어두운 그늘을 드리우고 있다고 주장하면서 이런 구분을 일정 정도 거부한다. 그녀와 웹스데일은 우정 어린 경쟁 관계로, 가장 예의 바른 방식으로 서로의 의견에 이견을 달곤 한다.) 평판 좋은 시민형은 예컨대 경제 불황의 영향을 가장 많이 받는 범주다. 패트릭 오핸런 역시 이 범주에 속하는 게 분명하다. 어느 날 그냥 "툭 끊어진"것처럼 보이는 존경받고 훌륭한 시민.

"그 남자는 그냥 툭 끊어졌다'는 이론에서는 감정적인 억압의 누적이라는 부분을 놓치고 있어요." 웹스데일은 이렇게 말한다. 평판 좋은 시민형 살인자는 중간계급 또는 중상계급일 때가 많다. 아주 많은 경우 백인이다. (미국에서는 가족 살해범의 95퍼센트를 남성이 차지한다. 웹스데일의 연구에 따르면 2008년부터 2013년까지 남성 범인은 154명인 반면 여성 범인은 일곱 명이었다.) 이들의 가족은 전통적인 젠더 구분을 따르는 경향이 있는데, 다시 말해서 남자가 주 부양자이고 여자가 가족과 집을 책임진다. (여성이 일을 하지 않는다는 말이 아니라 가정의 감정적 필요를 책임진다는 뜻이다.) 로키 모저도 그런 사례다. 그들은 일반인에 비해 종교적이고 근본주의적인 세계관을 가진 경우가 많고, 감정의 범위가 엄격하게 제한되기도 하는데, 이 모든 게 패트릭 오핸런과 맞아떨어진다. 사회에서 극도로 고립된 경우도 많다. 일자리나 지위, 신분의 상실, 임박한 파산 같은 경제적 타격은 살인이라는 최종 행위의 촉매가 될 수 있다.

이타심은 가족을 살해보다 더 나쁜 운명에서 구한다는 생각을 통해 실현된다. 예를 들어 2010년 플로리다의 유명한 사건에서는 닐 제이컵슨이라는 실직 상태의 모기지 브로커가 쌍둥이 아들의 일곱 번째 생일날 두 아들과 아내를 살해했다. 이 가족은 플로리다 웰링턴의 외부인 출입 제한 주거지에 살았는데 파산 때문에 집을 잃기 직전이었다. 웨일

스의 또 다른 유명한 사례에서는 로버트 모크리가 파산을 앞두고 아내와 네 아이를 살해했다. 이 두 사례와 다른 많은 사례에서 아내들은 자신의 가정이 재정 파탄을 앞두고 있음을 전혀 알지 못했던 것으로 보인다. 이런 살인자들의 또 다른 특징이 바로 이 같은 비밀이라고 웹스데일은 말한다. "이런 남자들이 얼마나 큰 비밀을 감추며 사는지 경악했어요."

데이비드 애덤스는 웹스데일의 이런 분류를 어느 정도 거부하는데, 그 이유 중 하나는 이런 식의 프레임은 범인을 '피해자'로 보게 만든다고 생각하기 때문이다. 애덤스가 보기에는 이 두 분류보다는 자신의 자아도취 이론이 더 적절하다. "자신에 대해 과장된 감각을 가지고 있고 자아도취에 근거한 상처로 힘들어한다면 다른 사람들을 몰아세우게 될 거예요." 애덤스가 말한다. 여기에는 자신감이 과도한 사람만이 아니라, 공인된 인격장애가 있는 사람 역시 해당된다. 애덤스는 자아도취에 빠진 사람들은 "자기 이미지에 따라 살고 죽는다"고 말한다. 이 이미지가 위태로워졌을 때, 가령 자신의 거짓말이나 비밀이 들통났을 때 이들은 반려자와 아이들을 몰아세우고 자신의 해답을 '강요'한다. 극단적인 경우 해법은 살인이다.

웹스데일의 평판 좋은 시민형 가운데 많은 사람들의 재정 상태는 경제적 파국에 대한 범인의 인지와 가족 살해 사이에 연결 고리가 있음을 시사한다. 실제로 웹스데일의 팀이 2008년부터 2013년 사이에 확인한 163건 중에서 81건이 2009년과 2010년에 일어났다. 노스이스턴대학교의 범죄학자 잭 레빈Jack Levin은 2008년 첫 4개월 동안 일곱 건의 가족 살해 사건이 일어났고 이 수치는 2009년 첫 4개월이 되면 12건으로 거의 두 배로 늘어남을 알게 되었다. (이 숫자들이 별로 크지 않은 것 같지만 극단적인 사건임을 잊어서는 안 된다.) 그즈음 실업률 역시 불황 이후 거의 두 배로 뛰었다. "나는 실업과 다우지수와 가족 살해율 사이에는 확실히 어떤 관계가 있다고 생각해요. 특히 평판 좋은 시민형 범인들의 경우에는요. 난 그걸 침체 반비례 관계라고 부르곤 해요."

《폭력: 국가적 전염병에 대한 고찰Violence: Reflections on a National Epidemic》의 저자이자 초창기 폭력중단의 다짐 평가자였던 제임스 길리건은 자신의 연구에서 경제적인 압박이 있을 때 살인 사건과 자살률 모두 증가하는 증거를 찾는다. "분명한 경향이 있다"고 그가 말했다. "남자가 실직을 하면 거세당하고 남성성을 잃었다는 기분을 느끼고 자살이나 살인 또는 두 가지 모두에 취약해질 수 있다… 그것은 종말론적인 정신 상태다." 펜실베이니아대학교 청년사회정책연구소Center for Research on Youth and Social Policy 소장 리처드 겔스Richard Gelles 역시 경제적 스트레스 요인을 지적하지만 오늘날의 사회정치적 여건하에서는 상황이 더 악화될 가능성이 높다고 경고한다. "규칙에 따라 행동하고도 연금을 잃고, 일자리를 잃고, 집을 잃을 수 있어요. 그런데도 여전히 학자금 대출 5만 달러는 갚아야 하죠. 파산을 선언해도 이런 대출은 갚아야 하는 거예요. 이건 그야말로 일부 사람들을 거덜 내는 완벽한 폭풍이에요." 그는 미국 중간계급의 소멸은 "석탄 광산의 카나리아"라고 내게 말했다.

경제적 시각이 논쟁의 여지가 있다고 생각하는 사람들도 있다. 가정폭력을 연구하는 하버드의 박사후연구생 마리에케 리엠Marieke Liem은 1976년부터 2007년까지는 실업률과 가족 살해 사이에서 강한 상관관계를 발견했다. 하지만 2000년부터 2009년까지를 다룬 두 번째 분석에서는 이 두 가지가 '약간 관계 있음'일 뿐이었다. 재클린 캠벨은 경제문제와 실업이 모든 형태의 가정폭력에 대한 '스트레스 요인'이긴 하지만 그 자체로 독립적인 원인은 아니라고 믿는다.

오핸런은 고등학교를 졸업한 뒤 유명 대학에 원서를 냈다. 그는 모두가 그가 그 학교에 입학하지 못하리라 생각했다고 믿었다. 그의 형제들은 그의 포부를 진지하게 여기지 않았고 때로는 그를 비웃었다. "나는 하나님을 믿었어요. 내가 그랬죠, '하나님이 진짜 있다면 저를 도와주세요.'" 그리고 하나님은 그의 기도를 들어주었다고 그가 말한다. 그는 입학 허가를 받았고 온갖 존경을 한 몸에 받으며 인생을 시작했다.

패트릭 오핸런은 졸업한 직후 아내 돈을 만났다. 그는 그녀가 자신에게 강한 인상을 남겼다고 말한다. 그녀는 야심이 있었고, 낮에 전일제로 일하면서 야간대학을 다녔고, 찢어지게 가난했다. 오핸런은 첫눈에 반했다. 그는 그녀가 집세를 내지 못할까 봐 걱정했고 자기에게는 그녀를 도울 의무가 있다고 느꼈다. 그래서 "예수님이라면 어떻게 했을까?"라고 자문하기도 했다. 그리고 그가 들은 대답은 그녀를 구하라는 것이었다. 두 사람은 만난 지 얼마 되지 않아 결혼을 했다. 오핸런은 돈이 항상 투지가 넘쳤다고 말한다. 결국 그녀는 학위를 땄고 일자리를 얻었다. 몇 년 뒤에는 딸 에이프릴이 생겼다.

그들이 아직 연애 중이던 시절 돈이 너무 바빠서 그를 만날 수 없을 때가 많았다고 오핸런은 기억했다. 한번은 그녀가 써야 할 보고서가 있었는데 오핸런이 그 숙제를 가져가서 그녀를 위해 써주었다. 그는 그녀를 만나고 싶었고 그 보고서가 "방해가 되었다"고 설명했다. 그건 부정행위가 아닌지 내가 물었다. 그는 자신이 훌륭한 남자라는 주장을 고집스럽게 내세우곤 했다. 그는 내 질문을 거부하며 이렇게 말했다. "내 입장에선 그걸 제출한 사람이 나는 아니잖아요."

그리고 2001년 9월 11일이 찾아왔고, 펜타곤이 박살났다. 그가 그 소식을 접한 순간부터 그날 아침 돈에게 전화를 걸었을 때까지 아무것도 기억나지 않는다고 말한다. 그는 2.5킬로미터 정도를 걸었지만 아무런 기억이 없었다. 그는 이때가 "패트릭 오핸런이 미치기 시작한" 순간이라고 말한다.

닐 웹스데일은 가족 살해가 늘어난 이유가 될 만한 많은 것들을 지적한다. 그는 페미니즘을 받아들이지 못하는 남자들에게 남성성이 큰 부담을 지운다고 말한다. 가정폭력 이론은 학대자가 지닌 권력과 통제 욕구를 지적하고 어째서 피해자가 그냥 떠나버리지 않는가를 질문한다. 하지만 웹스데일은 학대자가 피해자 없이는 살지 못하는 상태라는 의미에서 그만큼 취약하다고 주장한다. "내 질문은 '어째서 **그녀는** 떠나지 않는가?'가 아니에요. '**그는** 어째서 남아 있는가?'죠. 이런 남자들 중에는 여성 반려자에게 끔찍할 정도로 의존적인 사람들이 많아요. 그런 남자들은 자신의 반려자를 자신이 품지 못하는 감정의 세계로 안내하는 전달자라고 일반적으로 생각해요. 이런 남자들은 자신의 남성성에 대해 스스로 이해할 수 없는 초기적인 수치심을 품고 있는 경우가 많아요." 웹스데일은 이를 가정폭력의 거대한 역설이라고 부른다. 학대자가 자신의 반려자를 통제하지만 동시에 이런 의존성을 통제하지 못하는 상태라는 것이다.

길리건은 젠더 역할 변화에 대한 웹스데일의 평가에 대해 동의한다. "어느 시대든 거대한 사회 변화가 일어나면 그러니까 민권운동이 일어나서 법적인 인종 분리가 종식되었을 때처럼, 거대한 역풍이 일어났어요. 나는 변화하는 성적 관습과 젠더 역할 역시 거대한 역풍을 일으키고 있다고 말하곤 해요. 일반 대중의 포용력은 점점 커가는 상황에서도 가장 편견이 심하고, 성차별적이고, 동성애 혐오적인 태도에 대한 뉴스를 접하잖아요." 길리건은 폭력을 공중보건 문제로 접근해야 한다고 생각한다. 그리고 가장 급진적인 형태의 공중보건이라는 틀 속에서는 폭

269

력을 예방할 수 있다고 믿는다. "우린 사람들이 다 크고 나면 어떤 일이 일어나든 처리할 수 있어야 한다는 듯이 이야기하잖아요. 하지만 사실 인간은 생각보다 훨씬 취약하고 부서지기 쉬워요. 그러다 보니 그런 사람들이 얼마나 취약하고 부서지기 쉬운지를 보고 놀라는 거죠."

분명 현 시대에는 길리건의 언급처럼 사회 진보와 거기에 수반된 극단적인 역풍이 동시에 나타나고 있다. 많은 남자들이 살인을 저지르기 전에 발표한 글에서 편견과 인종주의와 여성 혐오가 가득한 수사를 토해낸다. 딜런 루프, 엘리엇 로저, 알렉 미나시안.※ 때로 오늘날 최고 공직자들은 이런 살인범들의 성차별적이고 인종주의적인 독설을, 자신에게는 살인을 저지를 자격이 있다는 주장을 정상으로 여기는 듯하다. 토머스 제퍼슨부터 로널드 레이건, 빌 클린턴에 이르기까지 많은 대통령들이 강간으로 고발당했다는 사실은 비밀도 아니다. (물론 제퍼슨의 경우에는 이 고발이 현실화되는 데 오랜 시간이 걸렸다.) 내가 보기에 이 모든 순간들과 비교했을 때 차이는 - 제퍼슨의 여성 참정권 실현 이전의 조직적인 강간에서부터 존 케네디와 빌 클린턴의 연이은 바람, 그리고 심지어 도널드 트럼프의 푸념조 여성 혐오에 이르기까지 - 오늘날의 과열된 수사가 극단적인 폭력을, 주로는 대규모 총격 사건이라는 형태로 촉발하고 있다는 점에 그치지 않는다. 대다수의 여성들이 아주 공개적으로 떠들썩하게 더 나은 환경을 요구하고 있는 바로 이 순간에도 이러

※ 딜런 루프: 2015년 사우스캐롤라이나의 한 교회에서 아프리카계 흑인 9명을 살해한 백인 우월주의자.
엘리엇 로저: 2014년 캘리포니아 신타바버라대학교 인근에서 6명을 살해하고 14명에게 상해를 입힌 뒤 자살한 남성.
알렉 미나시안: 2018년 캐나다 토론토에서 차량으로 10명을 살해하고 16명에게 상해를 입힌 남성.

한 폭력이 벌어지고 있다는 점 역시 차이라고 할 수 있다. 더 이상 여성들이 직장에서 성희롱을, 캠퍼스에서 성폭행을, 반려자의 끝없는 오입질을 감내하는 게 당연하다고 생각하지 않는다. 여성은 입법가들이 더 나은 법을 더 많이 만들도록 촉구하기 위해, 사법기관과 법 집행기관으로부터 더 나은 대우를 더 많이 받기 위해 싸운다. 내가 이 글을 쓰는 동안, 강간 시도로 고발된 이력이 있는 백인 상류계급 남성이 이 나라 최고 법원을 차지하자 수천 명의 여성들이 대법원 계단에서 행진을 벌이고 있다. 그 어느 때보다 많은 수천 명의 여성들이 공직에 출마하고, 역사상 가장 많은 수의 여성들이 지금 국회의원으로 일한다. 그래서 우리는 진보가 우세한 시대를 살고 있는가? 잘 모르겠다. 하지만 진보는 거대한 사회 봉기의 순간 이후에 일어난다는 제임스 길리건의 이론이 맞기를 내가 희망한다는 점만은 분명하다.

웹스데일과 애덤스를 비롯한 많은 연구자들 역시 극단적인 수치심이 자극제 역할을 했을 가능성에 대해 이야기한다. 지금은 유명해진 "수치심에 귀 기울이기"라는 제목의 테드 연설에서 자칭 "취약성 연구자"인 브렌 브라운Brene Brown은 여러 가지 중에서도 폭력, 우울증, 공격성과 수치심과의 상관관계에 대해 이야기했다. 그녀는 수치심이 "젠더에 의해 조직된다"고 말했다. 여성에게 그것은 가족, 직장, 관계를 둘러싸고 경쟁을 벌이는 기대들의 집합과 관련이 있다. 반면 남성들은 그저 '약하다고 인식되어서는 안 된다'고 생각할 뿐이다. 브라운은 수치심을 "우리 문화에 만연한 전염병"이라고 부르면서 보스턴대학교 제임스 마할릭James Mahalik의 연구를 인용한다. 마할릭은 미국 사회에서 젠더 규범에 대한 우리의 생각이 어떤지를 연구했다. 여성에게 있어서 젠더 규범은 '착함, 날씬함, 검소함, 모든 가용 자원을 외모를 위해 사용함'과 관련이 있었다. 남성의 젠더 규범에는 '감정 통제력을 보여주기, 일이 먼저, 지위를

271

추구함, 폭력'이 포함되었다.

　나는 맥락을 좀 더 알아보기 위해 마할릭에게 연락을 취했고, 그는 그것은 개별 남성이 폭력을 승인한다기보다는 미국에서 일반적인 문화적 반응이라고 이야기했다. 그는 외교 정책과 시민 소요에 대해 언급했고, 우리의 집단적인 첫 반응이 어떻게 폭력으로 선회하는지를 설명했다. 퍼거슨에서 진압 장비를 갖춘 경찰들이나 중동에서의 군사 행동처럼. 심지어 할리우드가 그리는 남성의 모습에서도 폭력은 "영화 관람의 중요한 부분"이라고 그는 말했다. "어쩌다 보니 우리는 폭력을 문제 해결과 등치시켜버렸어요."

　오핸런의 정신의학 기록에서 수치심은 자주 등장한다. 그는 승진을 하지 못해서 수치스러워하고, 자신이 잘 처리하지 못하는 일로 이직을 하게 되어 수치스러워하고, 절망을 떨쳐내지 못해서 수치스러워한다. 은퇴 전 마지막 심리상담에서 그를 담당했던 심리학자는 이렇게 기록했다. **그는 약간의 겸손함은 사실 사람을 약하게 만드는 게 아니라 오히려 강하게 만든다는 사실을 배우게 되었다… 자해를 하거나 타인을 해칠 가능성 낮음.**

　오핸런에게 왜 그런 일을 저질렀느냐고 물어보면 그는 모른다고 대답할 것이다. 예방의 측면에서 조언을 해달라고 하면 다양한 대답을 내놓을 것이다. 나는 그와 대화를 나눌 때마다 그에게 물었다. 우리가 인터뷰를 진행하는 동안 그가 했던 말을 모아보면 다음과 같다. "너무 많은 책임을 짊어지지 마라. 자만하지 마라. 승진이나 금전적 성과에 탐욕을 부리지 마라. 너무 열심히 일하지 마라. 기대를 낮춰라. 과도한 야망을 삼가라. 9/11. 우린 이 나라에서 정신질환을 다루는 방식을 고심할 필요가 있다. 우린 그들이 복용하는 약물을 눈여겨볼 필요가 있다. 생존자의 죄책감. 나는 용기를 읽었어야 했다. 당신은 내가 직장에 다니느라 얼마나 멀리까지 운전하는지, 내 인생이 어떤지 모른다. 불면증. 암에 걸리면 친구에게 도움을 부탁할 수 있다. 하지만 우울증은 그렇게 할 수 없다."

문제는 그가 진짜로 틀린 말은 하지 않는다는 점이다.

9/11 이후 오핸런은 한 연방 조직을 지원하는 일을 했다. 그리고 수면장애가 시작되었다. 오핸런은 시신 운반용 부대3와 성조기로 감싼 관 이미지가 머리에서 떠나지 않았다고 말했다. 한번은 어째서 일자리를 찾아 해외로 나가지 않았는지 물었더니 평소에는 고요하던 그의 태도가 둑이 터지듯 무너져 내렸다. "많은 사람들이 나한테 물어요, '넌 겁쟁이야. 왜 이라크에, 아프가니스탄에 가지 않니?'" 그는 회의실에서 난데없이 큰 목소리로 말했다. "나는 열아홉 살에 우리를 겨눈 무기들을 겪었어요. 내가 자원한 거라고요. 베를린 장벽이 아직 서 있을 때였어요. 거기 독일에서 곡사포랑 탱크가 우리를 겨냥하는 곳에 있었다고요. 겁쟁이라고 말하지 말아요. 9/11 이후에 난 감시를 당했어요, 보안이 최고 수준인 곳에서요. 지상에서 군화를 신은 그 모든 남자들이요? 그 사람들이 내 사무실에서 지원을 받았다고요."

오핸런의 대답은 내가 민감한 부분을 건드렸음을 분명하게 보여주었다. 더 압박을 하자 오핸런은 나중에 그의 면전에서 그를 겁쟁이라고 부른 사람은 아무도 없었지만 그는 그걸 느낌으로 알 수 있었다고 말한다. "한 사성장군은 '장병을 전쟁터에 얼마나 가까이 있었는지로 평가하면 안 된다'고 말하곤 했어요." 오핸런은 이렇게 말하면서 "나한테 용감하지 않다고 말하지 말아요. 난 애국자가 아니니까요" 하고 덧붙였다.

불면증이 악화되면서 우울증도 심해졌다. 그는 꾸준히 정신과 의사를 찾아갔고, 의사는 복용량과 종류가 다양한 온갖 약물을 처방했고,

오핸런은 그게 자신의 스트레스에 기여했을지 모른다고 믿는다. 그는 인지행동 치료도 받았고 은퇴할 때까지 일반 심리치료에도 참여했다. 이때 자살에 대해 생각하는지 물어보는 평가지에서 오핸런은 항상 '아니오'에 체크를 했지만 그는 그게 사실이 아니었다고 말한다. 그는 자살에 대해 생각하고 **있었다**. 하지만 사실대로 체크를 하고 싶지가 않았다. 기밀 정보 사용 허가 자격을 박탈당하고 어쩌면 일자리까지 잃을 수 있다고 생각했기 때문이다. 그는 직장을 다니지 않으면 가족을 어떻게 부양해야 할지 생각도 할 수 없었다. 그는 자신이 아프다는 걸, 많이 아프다는 걸 알았지만 자신이 그것을 인정할 수 없다는 사실 역시 알았다.

은퇴가 다가오면서 그는 스트레스가 자신을 짓누르기 시작했다고 말한다. 동시에 에이프릴이 반항을 시작했다. 에이프릴은 부모에게 지나치게 통제당하고 항상 성적을 유지하라는 압력을 받는다며 숨 막혀 했다. 그녀는 친구의 집에 가서 잘 수도, 반대로 친구가 그녀 집에 와서 잘 수도 없었다. 한번은 거짓말이 들통나서 엉덩이를 맞기도 했다. 그 직후 온 가족이 작은 임시 아파트로 이사를 하고 아직 공사 중인 집에 돈을 넣었다.

이후 오핸런이 은퇴했다.

때로 가족 살해 현장은 범인이 얼마나 소름 끼치게 신경을 썼는지를 그리고 동기를 알 수 있는 단서를 보여주기도 한다. 윌리엄 비들은 난장판을 만들지 않으려고 가족의 혈액을 그릇 하나에 모으고 난 뒤 세 딸의 시신을 바닥에 늘어놓고 담요로 덮었다. 제이컵슨과 모크리의 아이들은 침대에 누운 채 이불을 덮고 있었다. 모크리는 딸의 방 벽에 묻은 피를 걸레로 닦았고 목을 매달기 전에 제초제를 삼켰다. 또 다른 남자는 가족의 눈꺼풀에 금화를 올려두었는데 아마 저세상으로 가는 노잣돈이었을 것으로 보인다. 웹스데일은 이런 부류의 상징을 사건의 감정적 건축물이라고 일컫는다. "비유의 수준에서 그것은 그들의 곤경에 대한 잘못된 이해에 말을 건다. 그것은 사회과학의 이해에 저항한다. 그것은 문학적인 통찰을 요구한다." 예를 들어서 아령을 살인 무기로 사용한 사례는 웹스데일에게 범인이 '자신의 남성성을 가지고 살인을 저지른다'는 암시를 준다. "(하지만) 그런 의도가 아니었을 수도 있다. 그것은 고의성이 없을 수 있다… 수치스러움의 의미에 대한 이해는 아직 발달되지 않았다."

기독교에 대한 오늘날의 해석에서 하나님은 이 세상을 구하기 위해 자신의 아들을 말 그대로 희생한다. 궁극의 비속 살인이다. 로마인들이 예수를 십자가에 매다는 짓을 저질렀는지는 몰라도 그건 모두 하나님의 큰 계획의 일부였다. 성경에는 그 외에도 사례가 풍성하다. 아브라함은 자신의 아들 이삭을 제물로 바칠 준비를 하고 제단에 올리지만 하나님은 제11시에, 이삭의 사지가 묶이고 목에 칼이 닿는 순간 아브라함을 중단시켰다. 하나님은 아브라함이 시험을 통과했다고, 자신의 사랑을 증명했다고 말했다. 오핸런은 이사야서 53장 8~9절을 언급한다. **그는 곤욕과 심문을 당하고 끌려갔으나 누가 그의 세대를 선언하리오? 그가 내 백성들의 허물을 짊어지고 살아 있는 자들의 땅에서 끊어진 마당에. 그리고 그는 악인들과 함께 그의 무덤을 만들었고, 죽은 후에 부자와 함께 있었는데, 그 어떤 폭력도 행하지 아니하였고, 입에 거짓이 없었던 까닭이었다.** 가족 살해가 합리적일 뿐만 아니라 사랑과 헌신, 신앙을 증명하는 궁극의 형태로 칭송받는 종교에서는 어쩌면 그 관계가 오늘날에도 억지가 아닌지 모른다. 오핸런은 자기 입으로 자신의 목숨을 구하기 위해 세 목숨이 필요했다고 말한다. 예수 그리스도, 돈 오핸런, 그리고 에이프릴 오핸런.

그는 살인 전까지는 "미온적인" 기독교도임을 자기 스스로 인정했다. "나는 하나님께 물어요, '왜죠? 왜죠? 다른 방법은 절대 안 되는 건가요?'" 그의 해석에 따르면 그 살인은 하나님이 오핸런의 관심을 끌고, 정신을 차리게 하고, 신앙을 회복하게 하고, 도움을 주는 방편인 것 같았다. 그는 하나님이 자신을 통해 기적을 행하고 있다고, 다른 재소자들을 구하고 있다고 말했다. 그는 여러 지점에서 이 장의 제목을 "비극을 이겨낸 승리"라고 지어보라고 제안한다. 승리가 어디에 있나요? 내가 그에게 묻는다. 비극인 게 분명하니까. 그는 그건 아직 오지 않았지만 올 거라고 말한다. 그는 내게 릭 워런 목사와 그 아들의 자살이나, 전직 국회의원인 아버지 크레이 디즈를 칼로 찌른 뒤 스스로 목숨을 끊은 아들을 연구해보라고 말한다. 오핸런은 정신질환과 부정을 긍정으로 바꾸는 것이 자기 자신과 이들 간의 연결 고리라고 생각한다. 하지만 그는 자신을 포함해서 그들 모두를 피해자라고 생각하기도 한다.

왜 그랬죠? 나는 묻는다. 그에게 묻고 또 묻는다. 당신은 왜 그랬죠? 그 역시 자신에게 질문을 하고 가끔은 나를 위해 공백을 메워준다. 당신은 어떻게 그럴 수 있었죠? 나는 오핸런이 적절한 대답을 할 수 있으리라 기대하지 않으면서도 질문한다. "하나님은 욥의 질문에 아무런 대답이 없으셨어요. 이렇게 말씀하셨죠. '내가 세상을 만들었을 때 너는 어디 있었느냐?' 하나님은 우리가 이해할 수 없는 전능한 하나님으로 욥의 시야를 돌리셨던 거예요." 오핸런은 이렇게 말한다. "하나님은 저에게도 욥에게 했던 말을 똑같이 하고 계세요. 일어난 일에 집중하지 마라. 네가 나를 위해 할 수 있는 일에 집중하라."

오핸런은 자신의 불면증이 은퇴 이후 악화되었고 살인과 자살을 생각하기 시작했다고 말한다. 이 시기부터 쓰기 시작한 일기에서 그의 기록은 점점 절박해진다. 살인이 있기 두 달 전 그는 **제발 도와주세요!**라고 다섯 번 적었다. 2주 뒤에는 **제발 내 목숨을 살려주세요. 제발 도와주세요. 하나님 도와주세요. 돈과 에이프릴을 살려주세요**라고. 살인 사건 이후 정신의학 감정에서 법의학 심리학자는 이렇게 적었다. **그는 아내와 딸에게 더 심한 부담과 고통을 덜어주기 위해 그들을 살해하고 스스로 목숨을 끊는 생각을 멈출 수가 없었다고 설명했다. 오핸런은 혼자서 이런 생각들을 극복할 수 있다고 믿었고, 현실에 가까워질까 봐 입밖으로 소리 내어 말하는 걸 원치 않았다.**

많은 남성과 여성에게 은퇴는 고통스럽고 어려운 변화다. 그리고 오핸런은 은퇴 이후에 자신의 수준에 못 미친다고 느끼는 천한 일을 했다. 한번은 오핸런이 직접 내게 가능한 연구 분야 목록 - 가족을 살해하는 중죄를 지었다고 모두 자살을 하는 것은 아니다 - 을 보냈고, 그의 제안은 나를 자기 마음대로 조종하려 하기보다는 역시 대답을 찾고 있는 사람의 행동처럼 보였다. 연구자들은 어떤 사건이나 행동의 잠재적인 원인이 많은 상황을 설명할 때 '다중결정multi-determined'이라는 용어를 사용한다. 우울증, 불면증, 수치심, 지위의 상실. 하지만 웹스데일은 이 용어를 거부한다. "사람들은 변수를 충분히 찾아낼 수 있으면 승산 비율을 계산해서 공식에 넣고 위험도가 아주아주 높은 사건들을 뽑아낼 수 있다고 생각하는데, 난 그건 인간의 복잡한 조건에 위배된다고 생각해요." 그가 말한다 "어떤 수준에서 우리는 불가해함의 끈질긴 존재감에 대해 이야기하고 있는 거예요."

오핸런은 자살을 고려했지만 그런 생각은 그에게 수치심을 안겼고, 돈과 에이프릴이 그로 인한 굴욕감을 견디며 살게 하는 건 상상도 할 수 없었다. 그는 수년간 약물을 처방받았다. 앰비엔[수면제], 졸로프트[항우울제], 클로노핀[불안과 여러 장애에 처방하는 약물], 웰부트린[항우울제], 올레프트로[항우울제], 레메론[항우울제], 팍실[항우울제], 아티반[신경안정제], 루네스타[수면제]. 그는 때로 복용량을 줄이고 돈이 알지 못하는 화장실 안 바구니에 절반을 모으곤 했다고 인정했다. 그는 약을 복용하고 나서 멍해지는 것을 견딜 수가 없었고, 자신의 말에 따르면 "내가 언젠가 그게 필요할 거라는 걸 알았기" 때문이었다.

그는 사람들이 자신을 비웃는다고 믿기 시작했다. 외출을 하지 않았다. 집에 있는 의자에 앉아서 머리를 뒤로 젖히고 몸을 늘어뜨린 채 천장을 응시했다. 에이프릴은 그를 보고 "아빠, 힘내요" 같은 말을 하곤 했다. 오핸런의 어머니는 에이프릴에게 네가 아빠의 기분을 좋게 해드리라 했고 에이프릴은 시도했다. 하지만 에이프릴이 시도할 때마다 그는 자신의 문제를 그녀의 책임으로 만들었다는 죄책감이 들어서 기분이 더 나빠졌다. 그는 충분히 강해야 했다. 그는 그 집의 가장이었다. 그에게 뭐가 **잘못**된 걸까?

압박이 늘어났다. 딸이 반항을 했고, 증오하는 새 직장으로 출퇴근하는 시간은 끔찍했고, 온 가족이 작은 공간에 비좁게 끼어 지냈고, 그에게는 더 이상 직업상의 지위가 없었다. 그와 돈이 소유한 콘도는 경제 침체와 함께 적자가 되었다. 게다가 새 집 건축주가 규정을 따르지 않고 말썽을 일으켰다고 오핸런은 말했다. 그들은 공사를 놓고 다퉜고, 건축주는 결국 그들이 거래에서 손을 떼는 걸 허락했다고 오핸런은 말한다. 그는 자신들이 금전적으로 지불 능력이 있었고 건축주가 계약금을 돌려줬다고 말하지만 법원 기록에 따르면 그는 그 결과 수만 달러의 부채를 지게 되었다. 살인이 일어나기 전 며칠 동안 돈은 새 집을 위해 구매했던 새 가구를 전부 환불하러 다녔다. "마치 우리의 운이 다한 것 같았어요." 오핸런은 말한다.

오핸런은 가족을 사랑했다고 말한다. 그들을 사랑하고 사랑했다. "그들을 증오하지 않았어요. 전날 밤에도 가족에 대한 증오는 눈곱만큼도 없었어요. 부정적인 감정은 전혀, 하나도 없었어요. 동기는 없어요." 살인 후 오핸런은 밧줄을 가지고 차를 몰고 다니면서 목을 매달 장소를 물색하다가, 밤이 올 때까지 기다려야 한다는 사실을 깨달았다. 그는 앰비엔을 열 알 이상 삼키고 나서 목사에게 전화를 했고, 목사가 경찰에 신고했다. 오핸런은 앰비엔에 너무 취해서 심문을 받았기 때문에 아무런 기억이 없다. (그는 앰비엔의 영향이 남아 있는 상태에서 미란다원칙을 고지받았다며 자신의 권리가 침해된 거라고 주장한다.) 그는 체포된 뒤에 감방 문의 금속 프레임에 몸을 던져서 자살을 기도했다. 그는 기절했고 출혈로 피웅덩이가 만들어졌으며 이마에 15센티미터 길이의 깊은 상처가 생기고 척추를 다쳐서 하마터면 사지가 마비될 뻔했다. 그는 수차례의 수술 후 살아났고 어쨌든 움직일 수 있다는 사실은 오핸런에게는 하나님이 어떤 이유 때문에 그를 살게 했다는 증거와 같다. 당시 정신의학 상담 보고서에는 오핸런이 그 문틀에 너무 심하게 몸을 부딪쳐서 어떤 의도였는지에 대해서는 의문의 여지가 있을 수 없다고 적혀 있다. 담당의는 "이게 정신질환이 아니면 난 정신질환이 뭔지 모른다"고 적었다.

내가 오핸런을 방문할 때마다 그는 자리에 앉아서 자신은 사람들이 묘사하는 그런 남자, 그런 살인자가 아니라고 재차 강조했다. "나로 말씀드리자면, 나는 교정되었어요." 그는 이렇게 말하곤 했다. "나는 이 **교정**시설에 있잖아요. 그래서 교정이 된 거예요." 그의 감방에는 라디오가 있다. 그는 책을 13권까지 가지고 있을 수 있고 아마존 배송은 승인하에 이루어진다. 접질린 발목이 나은 뒤에는 작은 트랙에서 다시 달리기를 시작했다. 트랙을 한 바퀴 달리는 데는 3분이 걸리는데 그는 12바퀴를 달린다. 그는 스스로를 모범수라고 부른다. 싸움에 끼어들지 않고 교정관들을 괴롭히지 않는다는 의미다. 동료 재소자들을 위해 성경 공부 모임을 이끌고 종종 동료 재소자들이 편지를 써서 친구와 가족들에게 보낼 수 있게 돕기도 한다. 그는 3자 통화로 규정을 어기지만 왠지 이 규정은 그에게 별로 중요하지 않은 듯하다.

오핸런의 사례에서 배심원들은 "정신이상이었으므로 유죄가 아니라"는 그의 변론을 거부하긴 했지만, 몇몇 전문가들은 정신 건강이 가족 살해에서 일정한 역할을 했을 가능성을 지적한다. (웹스데일의 팀은 자신들이 확인한 가족 살해에서 범인이 살아 있을 경우 이런 변호 전략을 자주 사용하지만 효과는 거의 없다고 내게 말했다. 한 사망사건조사팀의 팀원은 "심신미약"을 주장하지 않는 사건을 접해본 적이 한 번도 없다고 내게 말하기도 했다.) 오핸런의 행동을 정신 건강 탓으로 돌리기를 거부하는 이런 태도는 정신 건강에 대한 편견과 얼마나 관계가 있을까? 우리는 보편적으로 사랑받는 사람일 때, 그리고 그들의 행동이 그 당사자에게만 영향을 미칠 때 (가령 로빈 윌리엄스처럼) 정신 건강 문제로 고생하는 사람들에게 손쉽게 공감하는 경향이 있지만, 이들의 행동이 오핸런에게 일어난 일처럼 다른 사람들의 생명에 영향을 미칠 때 우리의 공감은 어쩌면 정당하게도 흔들린다.

제임스 길리건은 우리가 오핸런 같은 사람들을 연구 대상으로 다뤄야 한다고 말한다. "인간의 폭력 성향의 원인을 충분히 이해해서 폭력이 가장 파괴적인 방식으로 표현되는 걸 예방하고자 한다면 공포를 직시할 수 있어야 한다"고 그는 자신의 책에서 밝혔다. "자살은 살인이라는 문제에 대한 해답이 아니다. 두 형태의 폭력 모두 똑같이 치명적이다."

내가 초반에 오핸런에게 던졌던 질문 중 하나는 천국에 갈 거라고 생각하는지였다. "틀림없어요." 그가 말했다. 물론 돈과 에이프릴은 이미 거기에 있었다.

그러고 난 다음 그는 내게 하나님이 우리가 살아 있는 동안 흘리는 모든 눈물을 위해 단지를 하나 가지고 있다고 내게 말했다. 하나님은 우리의 눈물을 모아놓으신다는 것이다. 그는 잠시 말을 멈췄다가 이렇게 말했다. "내가 천국에 갈 때는 두 팔 벌려 환영받을 거라고 생각해요."

자신의 슬픔에는 절대 끝이 없을 거라고 믿기도 하지만 말이다. 그는 아직 에이프릴의 사진을 볼 수 없다고 말한다. 얼마 전이 에이프릴이 살아 있었더라면 고등학교를 졸업했을 시기였다고 했다. "운동장에서 달리기를 하거나 식사를 할 때 가족들과 함께 앉아 있을 수 있게 해달라고 기도해요." 그는 약간 울기 시작하고, 앉은 채로 자세를 바꾸더니 주문을 외우며 자신을 추스르려고 한다. "난 선택할 수 있어요. 앞으로 갈 수도 있고 뒤로 갈 수도 있어요. 부정적인 생각을 할 수도, 긍정적인 생각을 할 수도 있어요. 그리고…" 그는 말을 멈추지 않는다. 고개를 뒤로 격렬하게 흔들더니 두 팔을 앞으로 뻗고 손을 꼭 쥐고 흐느낀다. 기도를 하는 건지 그냥 주먹을 쥔 건지는 나로서는 알 수 없다. 나는 그를 방해하지 않는다. 하지만 그건 참기 힘든 소리, 다른 인간에게서 한 번도 들어본 적이 없는 소리다. 그는 소리를 삼키려고, 다시 통제력을 회복하려고 애쓰다가 늑대처럼 울부짖고, 몸은 누가 봐도 자기와의 전쟁을 치르고 있는 게 분명하다. 그날 인터뷰가 끝났을 때 나는 교도소 통신 담당자와 비디오 촬영 기사와 함께 잠시 정적 속에 앉아 있었고, 아무도 말을 하지 않았다. 마치 우리가 너무 어둡고 비참한 장소에 끌려들어와서 햇빛 속으로 다시 나가는 길을 찾으려면 상당한 노력이 필요하다는 듯이.

그러고 오핸런이 나와 이야기하겠다고, 이 세상에서 그 자신과 함께 살아가는 방법을 찾아보겠다는 데 동의했던 건 이것 때문이라는 생각이 들었다. 개인 교습, 편지 쓰기, 성경 공부. 매일 매 시간을 헤쳐나갈 수 있을 정도로만 어둠에서 벗어나는 자기만의 방식을 찾아내기. 그는 이번 인생에서 바로 이런 연옥의 상태에 있을 것이다. 천 개의 작은 몸동작과 친절함과 기도를 통해 그 한 번의 거대한, 몸서리치는 순간의 고통에서 탈출하려는 시도.

패트릭 오핸런의 서사는 포기하지 않음, 투지와 집요함의 서사이다. 그것은 힘들게 고생하고 거부에 저항하다가 천신만고 끝에 항상 약속되어 있던 필연적인 성공에 이르는, 대단히 미국적인 서사이다. 하지만 이 모든 것의 핵심은 고생이나 투지가 아니라, 실패에서 회복하는 능력, 패배를 받아들이고 털고 일어나는 우아함일 수도 있지 않을까? 패트릭 오핸런이 다른 길을 택했더라면 어땠을까? 부동산업에 몸담았더라면? 소프트웨어 엔지니어가 되었더라면? 이건 우리 대부분이 자신의 삶에 대해 던져보는 질문들이다. 어떻게 X라는 결정이 Y라는 행동으로 이어지게 된 것인지. 우연한 만남. 결정 뒤집기. 오른쪽이 아니라 왼쪽이었더라면 모든 게 아주, 아주 다르게 펼쳐졌을 텐데.

현실과 시나리오

한 남자의 목소리가 인조 나무 테이블 중앙에 놓인 검은 수화기에서 흘러나온다. 한쪽 벽에는 화이트보드가, 다른 벽에는 창문이 있다. 이 회의실 안에는 더 많은 테이블이 무질서하게 놓여 있다. 미국 어디서나 볼 수 있는 사무실의 개성 없는 색채다. 회갈색, 크림색, 베이지색. 사복 차림의 경찰 10여 명이 침묵 속에 전화기를 둘러싸고 귀를 기울인다. "씨발 우릴 좀 내버려둬." 남자의 목소리가 들린다. "그냥 씨발 우릴 좀 내버려두라고."

그러더니 연결이 끊어진다.

경찰 두 명이 전화기에서 떨어진 곳으로 간다. 그 남자에게 다시 전화를 걸어서 뭐라고 말하지를 몇 초 만에 결정해야 한다. 집이 전술 장교들, 그러니까 특수기동대SWAT에게 둘러싸여 있다고 말할 것인가? 손을 들고 나오라고 말할 것인가? 경찰 한 명이 다이얼을 돌린다. 남자가 받는다. "씨발 원하는 게 뭐야?"

"들어봐, 로니." 경찰이 말한다. "우리를 꺼지게 만드는 제일 빠른 방법은 너랑 멜리사가 나오는 거야." 멜리사는 로니의 여자친구다. 그는 그녀와 함께 집 안에서 바리케이드를 쳤다.

"씨발 내가 뭘 잘못했는데." 로니가 말한다. "멜리사랑 난 그냥 이 거지 같은 걸 해결하기만 하면 돼. 나도 좆나게 눈 똑똑히 뜨고서 다 보고 있다고."

"난 아무도 다치지 않았으면 좋겠어." 경찰이 말한다. 그의 이름은 맷이다. "그렇지만 우린 총소리를 들었고…."

"망할 총소리 같은 건 없었어." 로니가 이렇게 말하더니 덧붙인다. "그냥 천장에 대고 한 발 쏜 거뿐이야."

"멜리사가 괜찮은지 알고 싶어."

"멜리사는 좆나게 멀쩡해. 내가 뭘 하든 좆 같은 너희들이 알 바 아니잖아. 내 일에 신경 끄라고. 나도 신경 끌 거니까." 로니가 전화를 끊는다. 우린 참으로 화창한 어느 7월의 오후 샌디에이고 외곽에 있다.

맷 옆에 있는 경찰 크리스 외에도 여러 명이 더 있다. 한 명은 로니가 전화를 끊거나 분노가 커질 때마다 거의 초 단위로 기록한다. 13:00. 13:01. 13:03. 13:08. 13:09. 13:15. 시간이 쌓이기 시작할 것이고 그들은 어떤 기폭제 같은 순간 또는 주제가 있는지 확인할 수 있을 것이다. 상관은 실시간으로 다른 경찰이나 형사들이 별도 장소에서 진행하고 있는 로니와 멜리사의 친구, 가족, 지인들 인터뷰를 바탕으로 맷과 다른 경찰들에게 정보를 전달한다. 그들은 이전의 연애 관계에 대해, 가족의 폭력 사건에 대해, 아마 법적인 기록이 남아 있는 길거리 싸움이나 체포, 취직 이력 같은 것들에 대해 알게 된다. 화이트보드를 따라 로니와 멜리사에 대한 정보, 그들의 이력과 가족과 그들 관계의 역학에 대해 얻을 수 있는 것들을 적은 여러 장의 큰 종이가 붙어 있다. 연애 관계가 시작된 시기, 직장 등의 정보가 들어오면 몇몇 경찰관들이 미친 듯이 적는다. 다른 폭력 사건. 로니의 어린 시절에 있었던 상처. 로니의 성격과 과거를 오늘 이곳에서 벌어지는 일과 연결시키겠다는 희망 속에서, 정보는 실시간으로 조각조각 해체되어 게시된다. 그들은 이닐 아침 한 동료가 멜리사와 함께 출근을 하려고 데리러 갔는데, 차 문으로 다가온 멜리사가 입술에 피가 묻은 채 초조하고 겁먹은 모습으로 오늘은 같이 갈 수 없다고 말했다는 사실을 알게 된다. 그 동료 데니스가 경찰에 연락을 했다. 그들은 그녀를 신고 당사자라고 부른다. 경찰들은 로니의 누이와 형과도 이야기를 나누었다. 아버지가 가끔 폭력적이었고, 로니와 아버지와의 관계는 껄끄러웠음을 알게 되었다. 그리고 로니가 멜리사의 친구와 바람을 피웠고 멜리사는 친구들과 더 이상 많이 어울리지 않고 있다는 것도. 그녀는 직장과 집을 오가고, 친구들은 그녀를 만난 일이 거의 없다. 로니의 전 여자친구 중 한 명은 경찰에게 어떤 식으로든 그가 폭력적으로 행동하는 걸 한 번도 본 적이 없다고 말한다. 그리고 그가 아직도 자신을 사랑한다고 생각한다고도. 그들은 그녀가 그에 대한 감정을 품고 있다고 의심하고, 그래서 그 정보는 미심쩍다.

그들은 벌써 몇 시간째 이런 상태다. 맷 주변의 경찰들은 들어오는 모든 정보를 묵묵히 짜 맞추면서 사태의 위험성을 가늠하려고 한다. 이 모든 경찰 중에서 가장 압력을 많이 받는 사람은 계속 로니와 이야기를 하고, 그를 가라앉히고, 멜리사가 탈 없이 나올 수 있게 하려고 애쓰는 맷이다. 방 안에는 어떤 운동에너지가 있지만 마치 도서관 구석에서 귓속말로 떠드는 한 무리의 꼬마들처럼 기이하게 조용하기도 하다. 움직임은 분주하지만 들리는 소리는 전화기 벨소리와 로니와 맷의 목소리가 거의 전부다. 단어 하나, 소리 하나만 잘못 나가도 로니를 자극할 수 있다. 제대로 된 표현만 찾으면 맷은 로니와 연결될 것이다. 법 집행 분야의 용어로는 갈고리와 미늘이라고 한다. 갈고리는 로니를 낚아서 차분하게 가라앉힌다면, 미늘은 그를 자극한다. 맷은 몇 분 전에 멜리사의 동료 맥에 대한 이야기를 끄집어내서 이미 로니를 미늘로 찌른 상태였다. 알고 보니 로니는 맥과 멜리사가 바람을 피웠다고 믿고 있다.

"그가 잠시 저 에너지를 태워 날려서 분출하게 만들게요." 맷이 말한다. "최소한 그녀가 아니라 나한테 화를 내게 하는 거죠."

285

"곧 싫증을 낼 거야." 다른 경찰이 말한다.

하지만 그건 짐작일 뿐이다. 로니가 계속 열을 내면서 그들이 건 전화를 끊고 있고, 멜리사를 풀어주겠다는 신호는 전혀 보이지 않기 때문이다. 그녀는 이미 죽었을 수도 있다. 아니면 집에 위장 폭탄이 설치되었을 수도 있다. 그에게 갖가지 고화력 무기가 있을 수도 있다. 그는 이미 그녀가 집 밖을 나가지 못하도록 문을 막아놓았다.

맷이 다시 전화를 건다. "이봐, 로니, 내 전화를 또 끊었군. 난 그냥 우리가 괜찮다는 걸 확인하려는 거야."

"모두가 끝내주게 잘 있어." 로니가 전혀 그렇지 못한 목소리로 말한다.

"좋아, 좋아." 맷이 말한다. 그의 목소리가 조금 떨린다. 그는 젊다. 겨우 20대 초다. "이봐, 나한테 당신이 무슨 일을 하는지 알려주겠어?"

순식간에 이 말이 실수였음이 분명해진다.

"내가 너한테 내 인생 얘기나 들려주자고 여기 있는 게 아니거든, 이 개새끼야! 넌 나에 대해 다 알잖아. 식용유보다 더 뺀질뺀질한 새끼. 대체 뭐가 문제야? 내가 누구라고 생각하는 거야?"

쾅.

맷이 고개를 젓는다. 그는 자신이 다 망쳤음을 알고 있다. 동료 크리스가 괜찮다고 말하면서 그의 옆에 앉는다. 초짜의 실수. 맷은 로니와 관계를 맺을 능력을 분명하게 상실했고, 그들은 크리스에게 넘기기로 결정한다. 인질극에서 선수 교체는 중요하다. 선수 교체처럼 보여서는 안 된다. 그리고 크리스와 그의 팀은 거짓말을 할 수도 없다. 인질범에게 너희는 기소되지 않을 거라고, 두 손을 들고 나오기만 하면 만사가 무사할 거라고 말할 수 없다. 그런데도 기본적으로 이들은 인질범이 그 집에서 곧장 나와 교도소 감방으로 직행하게 만들어야 한다.

전화를 거는 사이사이 전략을 논의할 시간은 몇 초밖에 없다. 범인이 생면부지의 사람을 인질로 붙들고 시간이 지나면 때로 상황이 조금씩 진정되기도 하는 여타 위기 상황과는 달리, 가정폭력의 상황에서 이런 시간은 그들의 편이 아니다. 시간이 길어질수록 상황이 고조되어 폭력으로 막을 내릴 가능성이 높아진다. 그들은 접근은 하되 단호해야 하고, 자신감을 갖되 이해심을 보여야 한다. 그들이 가진 거라곤 말뿐이다. 경찰이 일반적으로 움직이는 방식과도, 권력이 있음과 없음을 분명하게 구분할 수 있는 상황과도 완전히 다르다. 해미시 싱클레어가 "친밀함 쌓기"라고 부르곤 하는 수단을 이용해서 범인이 통제권을 포기하도록 해야 한다. 그들은 소리 지르며 명령할 수 없다. 요구를 할 수도 없다. 비협조적인 범인을 바닥에 내동댕이치고 수갑을 채울 수 없다. 이 순간 그들이 가진 건 말뿐이다. 그리고 말을 상대적으로 더 잘 다루는 경찰이 있다.

그들은 이런 식으로 선수 교체를 하기로 한다. 맷이 로니에게 자신은 맥의 상황을 알아보고, 맥에게 멜리사와의 관계에 대해서 조금 물어보겠다고, 그동안 전화기를 자신의 파트너인 크리스에게 넘기겠다고 말하기로 한 것이다.

그들은 다시 전화를 건다. "로니, 맞아. 우린 너에 대한 정보를 많이 가지고 있어." 맷이 말한다.

"염병하네, 거짓말이나 하는 개새끼." 로니가 말한다. "거짓말이나 하는 맷."

맷은 그가 날뛰도록 내버려두었다가 계획에 따라 자신은 맥이라는 녀석을 살펴보러 갈 거라서 로니를 크리스에게 넘기겠다고 말한다. 로니는 맷을 거짓말쟁이라고 부르고, 자신은 친구를 사귀는 데는 관심이 없다며 전화기 반대편에서 날뛴다. 말이 이어지다가 로니가 전화를 끊는다. 맷은 다시 전화를 걸고 또 건다. "들어봐." 로니가 말이 없는 흔치 않은 순간에 맷이 말한다. "이 맥이라는 사람, 이 남자는 노인이야. 예순다섯인가 일흔인가 그렇다고. 그거 알아?" 함의는 분명하다. 멜리사는 아직 젊은 20대다. 그녀가 훨씬 늙은 사람이랑 같이 잘 리가 없다. (난 이 경찰들이 할리우드 영화를 본 적이 없는 건지 의심스럽다.)

로니가 말뜻을 알아차린다. "네가 현대 의학을 잘 모르는구나, 개새끼야." 그가 말한다. "네 거시기를 슈퍼 영웅의 슬개골보다 더 단단하게 만들어주는 파란 약이 나왔다고." **딸깍**.

맷이 다시 전화를 걸어서 로니에게 자신은 맥과 이야기를 하러 갈 거라고, 그래서 크리스가 그와 이야기할 거라고 말한다.

"크리스도 거짓말쟁이야?" 로니가 묻는다. "전화 거는 놈이 좆나게 정직한 새끼라는 걸 네가 보장해야 돼, 알아들어?"

크리스가 전화를 넘겨받더니 이렇게 말한다. "이봐, 로니, 크리스야. 무슨 일이야?"

순간적인 실수. 맷, 로니, 크리스… 그들 모두 당연히 "무슨 일"인지 알고 있기 때문이다. 하지만 크리스를 탓할 수는 없다. 그건 전화기를 들면 튀어나오는 일반적인 인사니까. 그건 우리 중 누구라도 전화기를 들면 하게 되는 말이다. 하지만 인질극에서는 모든 말이, 모든 작은 일들이 중요하다. 말 그 자체만이 아니라 그것이 전달되는 방식, 그것이 전달되는 감정적 맥락, 모든 것이 중요하다. 진정성. 그리고 로니는 이 모든 것에 촉수를 곤두세우고 있나. 그의 반응은 "너도 거짓말하는 개새끼냐?"다.

크리스가 전화를 걸고, 비집고 들어갈 틈을, 갈고리를, 관계를 맺을 방법을 찾으려 애쓰고, 로니가 전화를 끊으면서 서로 옥신각신한다. 세 번, 네 번, 다섯 번, 일곱 번, 열다섯 번. 크리스가 전화를 건다.

"당신이 화난 거 알겠어." 크리스가 말한다.

"개소리하지 마, 셜록. 위대한 수사관 나셨군." 로니가 말한다. "날 가만 내버려둘 수 없어? 너희들 어디 갈 데도 없냐고."

"우리도 어디 좀 가고 싶어, 로니. 그렇지만 일단 모두가 괜찮다는 걸 확인해야 해. 내가 멜리사와 얘기 좀 할 수 있을까? 멜리사는 괜찮은 거야?"

"네가 그년이랑 통화하고 싶구나. 내가 그년을 바꿔주지. 네가 그년을 원한다면 망할 창문에다 집어 던져줄게." 로니는 수화기에서 얼굴을 떼고 허공을 향해 소리친다. "쌍년아, 이 경찰들이 네 썩을 엉덩이에 대고 얘길 하고 싶으시단다!" 하지만 그는 그녀를 바꿔주지 않는다. 대신 다시 그녀를 창밖으로 내던지겠다고, 눈 깜짝할 사이니까 그녀는 그걸 느끼지도 못할 거라고 말한다.

"로니, 로니." 크리스가 말한다. "그런 식으로 말하면 내가 걱정되잖아. 난 아무도 다치지 않으면 좋겠어."

"어쭈, 대단하셔라, 예수 그리스도 나셨네." 로니가 말한다. "아, 젠장. 대체 나한테 원하는 게 뭐야? 왜 여기서 다 꺼져주지 않는 거냐고?"

전화를 끊는다.

크리스는 잠시 상관과 상의를 하고, 상관은 이제까지 로니에게 대해 알게 된 내용으로 넘어가라고 조언한다. "그러니까 이런 식으로. '이봐, 우리가 알고 있는 건 이거야. 데니스가 멜리사를 데리러 갔어. 누군가가 총소리를 들었고, 하지만 아닐 수도 있어.'"

"그러니까 전체적인 상황을 축소해서 이야기하라는 말씀인가요?" 크리스가 묻는다.

"그냥 자네가 알고 있는 것만 말해, 왜 우리가 떠날 수 없는지를 말이야. 그녀의 친구가 그녀를 데리러 갔다가 피를 좀 봤다고. 총소리가 조금 걱정된다고. 완전히 축소하라는 말은 아니지만 로니가 알카포네 같은 악당이라는 식으로 말하지도 말라고."

크리스가 고개를 끄덕인다. 그는 전화기의 재다이얼 단추를 누른다. 나는 복도를 따라 내려가서 로니를 직접 만나기로 한다.

사실 로니는 은퇴한 경찰 루 존스Lou Johns다. 우리는 샌디에이고에서 경찰을 위한 위기 협상, 그중에서도 특히 가정폭력 상황에 대처하는 훈련 중이다. 내가 친구들에게 인질협상훈련프로그램에 갈 거라고 말했을 때 친구들은 은행과 스키 마스크를 쓴 작은 무리의 남자들을 바로 떠올렸다. 이번 주 훈련을 지도하는 윌리엄 키드William Kidd의 말에 따르면 수치를 지속적으로 추적하는 건 아니지만, 미국에서 전체 인질극의 약 80퍼센트가 가정폭력의 결과라고 한다. FBI가 최근에서야 인질극에 대한 정보를 추적하기 시작했지만, 관할구역에서 자발적으로 수치를 제출하는 경우에 한해서다. 지금은 이들의 데이터베이스에는 7,000여 건이 들어 있다. 그리고 전국에는 FBI를 위해, 경찰을 위해, 다른 숱한 유사 기관들을 위해 위기 협상 훈련이 진행되고 있지만, 친밀한 반려자의 테러를 중심으로 훈련하는 곳은 샌디에이고의 이 프로그램뿐이다.

낯선 사람을 상대로 한 인질극과는 달리 가정폭력 상황에서 발생한 인질극은 인질 자체가 목적이라는 점에서 대응 시나리오가 전면 수정되고, 안 그래도 긴장된 상황에 극도로 위험한 감정적 부담이 더해진다. 이번 주의 또 다른 진행자이자 법집행관훈련자분회사인 DPREP의 부서 관리자 게리 그레그슨Gary Gregson에 따르면 낯선 사람이 관련된 전통적인 인질극에서는 인질이 협상 카드다. "은행 강도는 인질을 이용해서 도주로를 확보하려고 하죠." 하지만 가정폭력이 개입된 경우 상황은 정반대다. 인질을 데리고 있는 사람은 자기가 있는 곳에 그대로 있고 싶어

한다. 그의 최종 목적은 도주가 아니다. 심지어 목숨을 지키는 것이 아닐 수도 있다. 그의 목적은 통제력을 유지하는 것이다. "학대자는 그녀가 마음을 바꾸기를, 사과하기를 원해요." 그레그슨이 말한다. "그게 아닐 경우 자기 말을 듣지 않은 데 대한 대가를 치르게 하는 거죠." 협상의 모든 측면에서 이 핵심적인 차이를 감안한다. 학대자와 피해자의 관계에는 온갖 감정이 가득하기 때문에 위험이 배가된다. 협상이 진행되는 내내 폭력이 지속될 수도 있다. 그리고 강압도. 그레그슨은 참가자들에게 그들이 상대하는 사람은 남을 조종하던 사람이라는 점을, 우정이나 신뢰를 드러내는 데 조심해야 한다는 점을 상기시킨다. 그는 그들에게 구타당한 배우자나 아이들이 인질 상황이 벌어진 이후에도 스스로를 공격자와 동일시하거나 동맹을 형성하면서 스톡홀름신드롬을 드러내는 경우가 많을 거라는 점 역시 강조한다(이를 트라우마 유대라고 부르기도 한다).

그레그슨은 어떤 협상이든 경찰관에게 가장 어려운 측면은 "경찰 모자를 벗고 협상가 모자를 써야 하는 것"이라고 말한다. 앞선 훈련에서 경찰관 중 한 명은 '로니'의 누이와 인터뷰하는 업무를 맡았다. 그 경찰은 인터뷰와 취조의 차이를 제대로 이해하지 못했던 게 분명하게 드러났다. "우린 그녀가 압박감을 느끼게 하려는 게 아니에요." 그레그슨이 나중에 말했다. "우린 그녀가 이 상황에서 편안하게 부탁을 받고 있다는 느낌을 가지게 하려는 거예요. 이걸 수사라기보다는 사교라고 생각하세요."

경찰은 가정폭력과 곤란한 관계다. 항상은 아니지만 가정에서 발생한 폭력 상황에 가장 처음으로 대응하는 사람이 경찰일 때가 많다. 그리고 연구에 따르면 체포가 이루어지지 않는다 해도 경찰의 대응은 피해자가 보호명령 같은, 지역의 가정폭력지원서비스에 접근할 가능성을 높일 뿐만 아니라 재학대를 크게 억제할 수 있다.[1] 하지만 경찰이 가해자인 경우도 있다. 경찰 내 가정폭력 발생률은 일반인에 비해 두 배에서 네 배 더 높다. 최근 한 영상에서 나는 경찰관들이 동료의 전처를 방문하는 모습을 보았다. 그녀는 그가 자신의 집에 어떻게 난입해서 자신과 자신의 새 남자친구를 죽이겠다고 위협했는지, 그녀가 그와 결혼해서 수년간의 학대를 어떻게 견뎠는지를 설명했다. 몇 초 뒤 보디 캠 기록에서 바로 그 경찰들은 그녀의 집 진입로 초입에 서서 범인이자 그들의 동료와 농담을 하고 있다. 그들은 그 사건을 완전히 묵살하지는 않았지만 범인에게 그냥 행동을 조심하라고 말한다. 그는 그녀의 문을 부수지 않았다고 맹세한다. 그는 상황을 축소해서 설명한다. 며칠 뒤 그녀와 그녀의 새 남자친구 모두 살해되었고 그 후 전남편 역시 자신에게 직접 총을 쏜다. 앞서 샌디에이고의 다른 훈련 시나리오에서 나는 윌리엄 키드가 데이비드 파월이라는 전직 특수기동대 지휘관 역할을 맡았을 때도 비슷한 대화 내용을 들었다. 실제 현실에서 파월은 접근금지명령을 어겼고 상관에게 경찰 본부로 오라는 소환을 받았다. 하지만 그는 자신에게 인질이 있다고 주장하면서 소환을 거부했고, 그러자 한때 그가 통솔했던 특수기동대팀이 그의 집을 에워쌌다. 일곱 시간의 교착상태가 이어지다가 파월이 현관으로 나왔고 과거 동료들에게 발포했다. 그들은 반격했고 그를 사살했다.

　해당 사건을 다룬 뉴저지의 한 지역 신문 기사에서 경찰서장은 이 사건이 "집안 상황" 이후에 일어났다고 말했다.[2] 어떤 기준으로 봐도 범죄가 분명한 사건을 설명할 때 우리가 사용하는 언어 역시 문제다. 가정 분란, 가정폭력, 사적인 갈등, 변덕스러운 관계, 홀대, 가정 학대. 이 모든 표현이 학대자뿐만 아니라 법 집행자들의 책임을 면제해주는 수동적인 구성물이다. 가정폭력이 범죄라는 사실을 애매하게 얼버무려서는 안 된다. 특히나 대중을 폭력으로부터 보호하는 책임을 진 사람들일수록 더더욱. 내가 생각하기에 "가정폭력"이라는 용어가 나의 탐구 대상을 지칭하는 가장 일반적인 표현이라서 이 책에서도 그렇게 쓰고 있긴 하지만 그 특수한 심리적, 감정적, 물리적 역학을 포착하는 훨씬 정확한 용어는 "친밀한 반려자의 테러"이다.

샌디에이고에서의 훈련은 데이비드 파월의 시나리오와 같은 위기 상황에서 다른 경찰을 체포하거나 협상을 진행할 때 경찰에게 나타날 수 있는 편견을 직접 다뤘다. 그레그슨은 협상 상대가 경찰일 경우 그들에게 어떤 영향이 있을 수 있는지를 물었다. 훈련 참가자들은 이런 상황은 다루기 쉽지 않을 것 같다고 인정하면서도 다른 위기 협상과 동일하게 절차를 따를 것이라고 주장했다.

하지만 여전히 전국의 경찰서에서는 가정폭력 고소를 당한 경찰관들을 제대로 징계하지 않고 있다. 로스앤젤레스에서 경찰과 관련된 가정폭력 91건을 대상으로 실시한 한 연구를 보면 이 고소가 인사고과에 포함되지 않은 경우가 4분의 3에 달했다.3 그리고 데이비드 파월의 경우처럼 즉각적인 대응이 이루어지지 않거나 아무런 대응이 없는 상황은 솔직히 말해서 예외가 아니다.4 전국의 경찰서는 민간인이 저질렀다면 당연히 체포하는 범죄를 경찰관이 저질렀을 경우 징계하지 않는다. 2008년부터 2012년까지 플로리다를 대상으로 한 연구에 따르면 마약 테스트 불합격 이후 일자리를 유지한 경찰관은 약 1퍼센트뿐이고, 절도 이후에는 7퍼센트가 일자리를 지킨 반면, 가정폭력 고발을 당한 경찰은 1년 뒤에도 약 30퍼센트가 같은 지위에 그대로 고용되었다.5 피해자들은 보복이 두려워서 가정폭력 신고를 주저하고, 경찰들은 총을 마음대로 사용할 수 있을 뿐만 아니라, 법을 잘 알고, 검사, 판사, 행정가들과도 관계가 있다. 경찰관의 반려자들은 911로 신고가 들어가면 해당

관할구역 전역의 순찰차 컴퓨터에 신고가 들어온 곳의 주소, 범인의 이름, 신고된 사건의 종류, 그 외 경찰의 친구나 동료들을 즉각 경계 태세로 만들 수 있는 정보를 보여주리라는 사실을 당연히 안다. 아무리 전문적인 훈련을 한다 해도, 전국에는 가정폭력 신고 대처 요령에 대한 서면 절차가 전무한 경찰서가 4분의 1 이상이다.[6]

하지만 동료 경찰들이 폭력적이라는 사실을 알고 있거나 그럴 것으로 의심하는 동료에 대해 입을 닫는 침묵의 관례는 단순한 파벌주의, 그러니까 '그들과 적대 관계에 있는 우리', 경찰 대 민간인이라는 입장이 아니다(내가 만난 대부분의 경찰이 이를 어느 정도는 느끼고 있긴 하지만). 경찰관을 상대로 제기된 가정폭력 기소는 가해자에게 과도한 무게를 지울 수 있다. 이는 해당 경찰의 실직으로 직결될 때가 많다. 학대자가 유죄 선고를 받으면 총기를 소지할 수 없기 때문이다. 동시에 업무 스트레스가 알코올중독, 이혼, 자살뿐만 아니라 높은 가정폭력률로 귀결되는 면도 있다. 내가 지미 에스피노자의 수업에서 배운 남성 역할 신념 체계의 교훈은 샌브루노 감옥에서만큼이나 아주 강력하게 모든 경찰서에서도 작동하고 있다.

오늘 샌디에이고에서 로니 역할을 맡았던 루 존스는 샌디에이고 역사상 근속 연수가 가장 긴 위기 협상가였다. 그는 요즘에는 지나치게 많은 시간을 골프장에서 보낸다고 농담을 한다. 그러니까 여기서 이번 주 캘리포니아주 전역의 관할구역에서 모인 21명의 참가자 같은 신참들의 훈련을 돕지 않을 때를 말하는 것이다. 동료 진행자들에 따르면 그는 '말재간'으로 이미 명성을 떨쳤다. ("그거 들었어요? 슈퍼 영웅의 슬개골에 대한 얘기 말이에요." 그가 로니 연기를 하고 있는 사무실로 내가 들어서자 그가 물었다. 그는 약간 웃었다. 전화기는 음소거 상태였다. 나는 전화기 반대편에서 크리스가 연결 고리를 찾으려고 애쓰는 소리를, '갈고리'를 찾으려고 애쓰는 소리를 들을 수 있었다. 존스가 피스타치오 한 개를 뒤로 던졌다.)

존스가 협상에 처음으로 투입된 사건은 자살 상황이었다. 다리 위로 올라간 한 남자. 존스는 강렬한 불안으로 가득 차 있었다. 살을 엘듯이 추웠고, 차가운 비가 내렸고, 아마도 시속 30킬로미터가 넘는 강풍이 부는 새벽 3시였다. 그 남자의 여자친구가 그의 형과 잠자리를 했다고 했다. 존스는 그건 좆 같은 일이라고 말했다. 그게 당신이 자살할 이유는 못 되지만 그래도 좆 같다고. 남자는 자신이 살아야 하는 한 가지 이유, 자신이 들어보지 못한 이유를 물었다. "농담 같은 거 말하는 거예요?" 존스가 물었다. "네." 그가 말했다. "내가 한 번도 들어보지 못한 농담을 해주세요." 존스가 말했다. "당신이 한 번도 들어본 적이 없는 얘길 해주면 이 다리에서 내려올 건가요?" 남자는 그러겠다고 말했다. 그래서 존스는 이렇게 말했다. "좋아요, 이런 건 어때요. 여기 서 있으니까 내 까만 엉덩이가 얼어붙었네요. 내 엉덩이에다가 막대를 꽂으면 당신은 망할 초코바 아이스크림을 얻을 수 있어요."

남자는 다리에서 기어 내려왔다.

존스에게는 이런 종류의 이야기가 한가득이다. 예측 불허의 이야기, 말도 안 되는 이야기. 한번은 그가 현장에 갔더니 특수기동대가 완전 무장을 하고 건물을 에워싸고 있었다. 그들은 몇 시간째 그러던 중이었다. 아직 아무도 범인과 연락을 취하지 않은 상태였다. 존스가 전화를 걸어서 이야기했다. "이봐요. 밖으로 좀 나오지 그래요." 그랬더니 남자가 나왔다. 이런 식의 이야기들. 결말이 행복하지 않은 이야기, 사람이 다리에서 내려오지 않은 이야기, 아내가 나가도록 허락하지 않은 배우자 이야기. 존스는 그런 이야기는 적게 하는 편이다. 그런 이야기는 모

295

든 경찰서에서 들을 수 있고, 바로 그것 때문에 이번 주 이곳에 이 모든 참가자들이 모여든 것이다.

존스는 샌디에이고에서 협상가로 20년을 일했다. 초창기였던 1990년대 말에는 아무도 가정폭력을 진짜로 신경 쓰지 않았다고 내게 말했다. "'좋아, 개새끼야, 감옥에 갈 시간이야'처럼 말하곤 했죠. 그러다가 여자가 욕을 하면 '내가 다시 돌아와서 너희 둘 다 감옥에 처넣어도 상관없는 모양이군' 하는 식이었어요."

그는 크리스의 전화를 끊는다. 전화가 1초 뒤에 다시 울린다. "로니" 크리스가 말한다. "당신이 자꾸 전화를 끊으니까 내가 정말 당황스러워."

"개새끼야, 그거 알아? 네가 당황하든 말든 그건 내 알 바 아니지." 로니가 말한다. "하나, 둘, 셋. 끊는다!" 딸깍.

존스는 나를 향한다. "가정폭력 거시기가 시행되었을 때 난 정말로 그게 어떻게 모든 걸 더 분명하게 만드는지를 확인할 수 있었어요." 그가 말한다. "그건 무슨 일이 벌어지고 있는지를 파악하는 데 주력했어요." 2000년대 초의 가정폭력 교육과 의식화 덕분에 경찰들은 학대자가 왜 그리고 어떻게 폭력적인지, 학대자가 어떤 구체적인 방법을 동원해서 사람을 조종하는지, 때로 경찰이 어떻게 피해자에게 다시 트라우마를 가하는지, 어째서 피해자는 때로 이 학대 관계에 머물고 싶어 하는 것처럼 보이는지 전후 상황을 파악하기 시작했다. 교육 초반에 진행자 중 한 명인 킷 그루엘이 미셸 먼슨 모저와 비슷한 상황을 제시했다. 이 사례는 아무리 그들에게 피해자가 밖에 나가서 아이들을 학교에서 데려오고 식료품점에 가고 이런저런 볼일을 보는 등 '자유로워' 보여도, 그녀가 반려자의 통제에 갇혀서 절대로 살아서는 반려자의 손에서 헤어날 수 없다고 믿는 수동적인 인질 상태에 있을 수 있음을 보여주었다.

시나리오는 한 시간 더 진행된다. 되는 대로 진행하는 것 같지만 존스에게는 대본이 있다. 그는 전화상으로 경찰이 어떤 식으로 대응할지는 모르지만 경찰들이 알아차리기를 바라는 감정의 방향에 대한 일정한 지표 같은 것이 있고 이 지표들이 그의 말을 결정한다. 그는 전화를 끊고 욕을 함으로써 경찰들을 당황하게 만들 필요가 있다는 걸 안다. 그는 자신의 대응이 언제 그들이 실수를 하는지를 짚어줘야 한다는 것을 안다. 가령 그들이 선수 교체를 너무 많이 할 때처럼. 그리고 완전히 협조를 거부하기만 할 수 없다는 것도 안다. 그는 그들에게 갈고리의 순간과 미늘의 순간을 모두 허락해야 한다. 그리고 시나리오 뒷부분에서는 자살을 할 것 같은 암시를 주고 이런 말을 할 것이다. "모르겠어. 다 끝장났어. 다 개 같아. 이 개 같은 건 아무것도 중요하지 않아. 어쨌든 멜리사는 날 더 이상 사랑하지 않는다고." 전화기 반대편의 경찰들은 어조의 변화를 알아차리고, 이를 위험이 증가했다는 신호로 이해해야 한다. 범인이 더 이상 살 이유가 없다고 생각할 경우 상황은 죽음으로 치달을 수 있다. 재클린 캠벨이 밝힌 위험 요인 중 하나가 자살인 것은 우연이 아니다.

복도 아래쪽에 있는 다른 방에서는 또 다른 은퇴한 경찰이 교육생들을 상대로 '로니' 역할을 맡고 있다. 경찰이 이런 협상을 처음으로 시도하는 모습을 구경하는 건 쉬운 일이 아니다. 그들의 목소리에서 초조함이 전달될 때가 많고, 시나리오는 그들에게도 내게도 소름 끼치도록 사실적이다. 우리가 샌디에이고의 한 고속도로 옆에 있는 개성 없는 사무용 벽돌 건물 안에 있다는 건 중요하지 않다. 대부분의 협상은 끝날 때까지 서로 눈을 마주칠 일 없는 사람들 사이에서, 전화를 통해 이루어진다(그리고 실제로 눈을 한 번도 마주치지 않는 경우가 많다). 우리가 이틀째 훈련을 진행하는 동안 킷 그루엘이 뉴스 기사를 사람들에게 이메일로 뿌린다. 조지아에서 전직 경위가 별거 중인 아내와 그녀의 남자친구를 살해했다. 보디 캠 영상을 보면 그는 경찰이 거기 서 있는데도 새벽 3시에 그녀에게 돌진하고 있다. 그는 경찰 앞에서 "무슨 일이 일어날지 각오해"라며 그녀를 위협한다. 하지만 그는 그날 밤 체포되지 않았다. 모든 총을 반납하라는 명령을 받았다. 하지만 가까스로 한 개는 가지고 있었다. 이 수업이 시작되기 몇 주 전에 또 다른 사건이 올랜도에서 일어났다. 구타 전력이 있는 남자가 여자친구와 사이가 안 좋아지자 인질 네 명(전부 아이들이었다)을 살해하면서 스무 시간 넘게 대치한 끝에 스스로 목숨을 끊은 사건이었다.

훈련 프로그램 전 과정에 실제 이야기들이 끼어든다. 진행자들이 현역이던 시절의 이야기들(그들 대부분이 지금은 은퇴한 상태다). 훈련 참가자들이 교실에 앉아서 배우는 동안 실시간으로 벌어지는 이야기들. 가까운 곳의 이야기와 전국에서 벌어지는 이야기. 분노에 찬 남자들과 겁먹은 여자들, 취약한 아이들에 대한 일상적인 이야기. 이렇게 끊임없이 밀려드는 이야기들은 시나리오에 현실의 느낌과 현실의 무게를 더한다. 그리고 말을 하고 있는 경찰, 이들의 몸에서 나와 수화기로 들어가는 목소리에서 일이 틀어질지 모른다는 걱정과 불안을, 상황을 호전시킬 보석 같은 한 구절을 찾아내고자 하는 절박한 시도를 느낄 수 있다.

그리고 그들이 이 훈련에서 사용하는 모든 시나리오는 실제 사건에서 가져온다. 로니와 멜리사는 한때 실제 커플이었다. 다음 날 그루엘은 또 다른 가정폭력 인질극을 이메일로 전달한다. 그리고 그날 밤 공항에서 우리가 각자 서로 다른 게이트에서 집으로 가는 비행기를 기다리는 동안 하나가 더. 그리고 내가 밤 비행기를 타고 집에 도착했을 때 받은 편지함에 두 개가 더 기다리고 있다.

이 책을 쓰는 동안 방문했던 거의 모든 장소에서 나는 지역 경찰과 함께 순찰차를 타고 돌아다니기도 했다. 나는 가능하면 자주 주말 밤에 이렇게 하려고 했다. (나에게 배당된 경찰이 거의 빠짐없이 그 서에서 가장 자유주의적이고 사교적인 사람이었던 건 굳이 말할 필요도 없는지 모르겠다. 다만 워싱턴 DC에서 한번은 어떤 여성 경찰과 동행했는데 그녀는 겨우 네 번째 야간 근무를 하는 데다 마치 내가 윗사람을 위해서 그녀를 몰래 감시라도 한다는 듯이 긴장감을 주체하지 못하는 것 같았다. 그녀가 나에게 방탄조끼를 가져왔냐고 물었을 때는 살짝 긴장하기도 했다.) 나는 그들 모두에게 경찰이 연루된 가정폭력 사건에 대해, 더 일반적으로는 총과 가정폭력 신고에 대해 물었다. 캘리포니아에서부터 매사추세츠, 그리고 그 사이에 있는 여러 장소에서 그들은 자신은 동료라고 해서 민간 학대자와 다르게 대하지 않을 거라고 대답했다.

나는 그들을 믿지 않았다.

총에 대해, 그들 모두 민간인들은 지금보다 총을 적게 소지했으면 좋겠다고 말했다.

그리고 난 이 말을 믿었다.

총은 경찰의 일을 기하급수적으로 더 위험하고 훨씬 예측 불가능하게 만든다. 그리고 총기에 찬성하는 시민들과는 달리 이들은 총이 있는 경우 시나리오가 얼마나 혼란스럽고 파악하기 어려울 수 있는지 너무나도 잘 알았다. 나의 전남편은 "총이 있으면 협상은 불가능하다"고 말하곤 했다. 그는 범인뿐만 아니라 모든 사람을 살릴 기회를 더 많이 제공하는 쪽은 총이 아니라 사람을 다루는 능력이라고 믿었다.

나는 총이 어떤 경우든 어떤 사람이든 '살릴' 수 있다는 생각이 항상 미심쩍었다. 총은 소극적인 수단이다. 그것은 인간이 시키는 일을 할 뿐이다. 그리고 인간은 실수를 저지른다. 집 안에 누군가 침입하는 상황을 생각해보자. 누군가 침대에 잠들어 있다가 갑자기 잠에서 깨어 낯선 사람이 침대 위에서 굽어보고 있는 걸 알게 된다. 총이 어떻게 집 주인의 손으로 들어가게 될까? 안전장치를 어떻게 해제할 것인가? 총 알이 어떻게 그 순식간에 목표물을 정확하게 찾아갈 것인가? 아마 조용한 집일 것이다. 집주인이 잠에서 깨어나 매트리스 아래로 손을 뻗어 조용히 총을 꺼내, 조용히 안전장치를 풀고, 조용히 발끝으로 계단을 걸어 내려온다. 그는 도둑의 소리를 들을 수 있지만 도둑은 그의 소리를 듣지 못한다. 집 주인은 평판 텔레비전을 들고 있는 도둑을 조용히 발견하고 총을 쏜다. 어쩌면 영화관일 수도 있다. 사내가 어둠 속에 걸어 들어와 총을 쏘기 시작한다. 어떤 관객에게 또 다른 총이 있다. 좋은 놈. 그 역시 총을 쏜다. 어쩌면 호텔방일 수도 있다. 사내가 총을 쏘기 시작한다. 군중 가운데 10여 명이 총을 가지고 있지만 이들은 좋은 놈들이다. 좋은 총. 이들이 반격을 시작한다. 당신은 어떻게 좋은 쪽과 나쁜 쪽을, 의도적인 쪽과 우발적인 쪽을 구분할 것인가? 어쩌면 주유소에 있는 저격수인지도 모른다. 토요타를 탄 어떤 사람에게 총이 있다. 그는 좋은 놈이다. 그도 총을 쏜다. 어쩌면 아이일 수도 있고. 또 다른 아이에게 총이 있다. 총을 가진 좋은 아이. 총을 가진 좋은 교사. 공황에 빠진 그 찰나의 순간에 당신은, 나는, 누가 누구인지, 어느 총이 어느 총인지 어떻게 알 수 있나? 어디로 달릴지, 어떻게 숨을지 알 수 있나? 그리고 윗부분이 천으로 된 플라스틱 좌석은 어떻게 총알을 막아줄까? 자동차 문은? 사물함 문은? 스피커는? 파티클 보드 책상 상판은? 누가 좋은 사람이고 누가 그렇지 않은지는 중요하지 않다. 총알에는 도덕적 선호가 없다. 내가 접해본 모든 가정폭력 시나리오에는 총이 개입된 경우 한 가지 공통점이 있었다. 절대 생각할 시간이 없다는. 칼은 잠깐이라도 도망칠 기회를 준다. 하지만 총알은 그렇지 않다. 총은 관련된 모든 당사자를 과도한 위험에 빠뜨린다. 나는 몬태나에서 가정폭력사망사건조사팀에 줄곧 참여하던 그 여자를 떠올린다. 뜨개바늘을 끼고 있던 그 은퇴한 간호사는 "망할 총을 없애야 해요" 하고 말했다. 그녀는 그 방에서 그녀 주위에 있는 사람의 절반 이상이 총을 가지고 있다는 걸 알면서 그렇게 말했다. **망할 총을 없애야 해요.**

수십 년간 연구자와 법 집행관 모두 경찰이 맞닥뜨리는 매우 위험한 상황 중 하나가 가정폭력 신고라고 이야기했다. 그리고 그것은 가장 예측이 힘든 상황인 것도 분명하다. 전국의 많은 경찰들이 가정폭력 신고를 받고 출동했다가 목숨을 잃거나 부상을 당하는 것도 사실이다. 14년간 사망한 경찰관 771명(평균 1년에 50명이 조금 넘는다)에 대한 한 연구에 따르면 약 14퍼센트가 가정폭력 신고를 받고 출동했다가 사망했고, 97퍼센트가 총기 때문에 목숨을 잃었다.[7] 순찰차를 함께 타고 다니며 경찰에게 질문을 하던 초반 몇 년 동안 경찰들은 가정폭력 신고가 가장 위험한 상황이라고 아주 분명하게 대답하곤 했다(가끔은 차량 검문을 포함하는 사람도 있다). 하지만 지난 2, 3년 동안에는 경찰들이 적극적으로 총을 쏘는 사람이라고 일화를 곁들여 이야기하기 시작했다. 그건 그들이 가장 두려워하는 시나리오다. 2008년부터 2012년 사이에 일어난 적극적인 총격 사건에 대한 FBI의 데이터를 연구한 경찰 보고서에서 저자들은 경찰이 도착했을 때 범인이 총격을 중단한 경우는 약 40퍼센트뿐이었음을 확인했다. 그리고 경찰이 도착한 이후에도 총격이 지속된 사건 중에서 경찰이 총에 맞은 경우는 약 15퍼센트였다. 적극적인 총격 사건은 증가하고 있을 뿐만 아니라 지금 경찰에게 가장 치명적인 상황에 속한다고 이 연구는 결론을 지었다.[8] 경찰들이 맞닥뜨리는 적극적인 총격 상황이 가정폭력에서 **시작**된 경우가 많다는 이야기는 해당

보고서 어디에도 언급되지 않았다.

민간인이 총을 적게 보유하기를 바라는 사람들은 경찰만이 아니다. 오늘날 미국 여성의 3분의 1이 집에 총을 지니고 살지만, 총 덕분에 더 안전하다고 느끼는 비율은 20퍼센트에 미치지 못하고 절반 이상이 미국의 총기법이 더 엄격해지기를 바란다.[9] 총이 있을 경우 학대 상황에서 한 사람이 살해당할 위험이 여덟 배 증가한다.[10] 1996년에 통과되어 로텐버그 수정안Lautenberg Amendment으로 불리는 수십 년 된 총기 규제는 경범죄 가정폭력 기소에서 유죄가 확정된 학대자가 총기를 소유하거나 구매하지 못하게 막기 위한 의도였지만 연구에 따르면 이것이 집행되는 사례는 거의 없다.[11] 경범죄는 상황에 따라 단순하게 찰싹 때리는 행위에서부터 거의 죽기 직전의 목조름까지 정의가 광범위하다는 점을 지적해둘 필요가 있다. 주마다 각각 법규를 제정해서 학대자가 총을 반납하게 해야 하지만, 이 글을 쓰고 있는 시점에 자체 통치법에 그런 법령이 있는 주는 16개뿐이다.[12] 연방법은 일반적으로 법적인 결혼 관계가 아닌 사람들에게는 적용되지 않는다.[13] (이를 "남자친구 허점"이라고 부르기도 한다.) 스토킹도 로텐버그 수정안에 포함되지 않았는데, 오늘날 미국에서 스토커 수만 명이 합법적으로 총기를 소지할 수 있다는 뜻이다.[14]

총기와 가정폭력에 대한 미국의 대표적인 전문가이자 미시건 주립대학교 조교수인 에이프릴 제올리April Zeoli가 실시한 연구에서 그녀와 동료인 대니얼 웹스터Daniel Webster는 이런 총기 규제가 친밀한 반려자 살인 사건에 어떤 영향을 미치는지 확인하기 위해 미국 46개 대도시를 살펴보았다. 놀랍게도 그들은 연방의 가정폭력 경범죄 총기 소지 금지 규정이 이런 살인을 줄이는 데 아무런 효과가 없었음을 발견했다.[15] 제올리는 여기에는 법 집행의 미비, 지방 관할 당국의 규제 숙지 부족, 일부 주에서 이런 금지를 이행하는 데 있어서 판사가 지닌 폭넓은 재량권 등 여러 이유가 있을 수 있다고 말한다. 법 역시 혼란을 초래할 수 있다. "폭력 경범죄자가 총기를 소지할 수 없다고 말하긴 하지만 누가 그걸 가져가야 하는지, 어떻게 가져갈 것인지, 어디에 보관할지, 누가 그 비용을 부담할지가 덧붙여지지 않는 법이 있다면 그냥 지역 관할구역에 알아서 판단하라고 맡기게 되고 그러면 그 법을 이행하고 싶지 않은 사람들의 재량권이 커진다."

하지만 임시든 아니든 간에 접근금지명령을 받은 사람에게 총기를 제한하는 24개주에서는 법이 상당한 영향을 미치는 것으로 보인다. 현재 18개 주에는 경찰이 가정폭력 발생 현장에서 총기 몰수를 허용하는 법도 있다.[16] 제올리의 연구는 접근금지명령법이 분명하고 제대로 이행된 도시에서는 친밀한 반려자의 살인이 25퍼센트 줄어들었음을 확인했다.

"항상 총에 맞는 것만 문제는 아니에요." 가정폭력법에 대한 검사 지원 기관인 애퀴타스AEquitas의 법률 자문인이자 전직 검사인 테리사 가비Teresa Garvey가 말한다. "(총은) 위협을 하고, 위협을 뒷받침하고, 협박의 분위기를 강화하는 데 사용됩니다."[17] 총은 직설적인 무기로, 그리고 누가 권력을 쥐고 있는지 상기시키는 용도로 사용된다. 여자친구를 총으로 아주 세게 내리쳐서 여자친구가 입에 거품을 물게 한 돈테 루이스의 경우처럼. 미국에서는 연간 3만 3,000건의 가정폭력 총기 사건이 일어나는데 이는 친밀한 반려자의 살인 사건 건수를 훨씬 웃도는 수치이다.[18] 총은 피해자가 한때 가졌을 수도 있는 일체의 협상력을 빼앗는다.

총기 소유에 찬성하는 가장 일반적인 주장은 총이 여성을 더 안전하게 해준다는 것이다. 학대자가 총기를 구매하거나 소지하지 못하게 하는 것은 중요하지 않다고. 어차피 그들이 다른 사람을 해코지하려 한다면 어떻게든 방법을 찾아낼 테니. 하지만 제올리는 "그건 사실이 아닙니다. (범행을) 저지르려는 사람은 총을 다른 걸로 대체하지 못해요"라고 말한다.[19] 데이비드 애덤스는 공공안전국토안보합동위원회의 냉랭하기 그지없는 증언에서 그 역시 자신이 인터뷰했던 14명의 살인자들을 놓고 이 이론을 검증해보려고 마음먹은 적이 있었다고 말했다. "총을 사용했던 14명의 남성 중에서 11명이 총을 쓸 수 없었다면 사람을 죽이지 않았을 거라고 말했습니다." 애덤스는 위원회에서 이렇게 말했다. "많은 심각한 학대자들은 자신의 친밀한 반려자나 헤어진 반려자를 살해할 동기를 가지고 있습니다. 그들이 그걸 실행할 수 있는 수단을 너무 쉽게 갖지 못하게 해야 합니다."[20]

킷 그루엘은 이것이 총과 가정폭력에 대한 가장 중대한 오해라고 내게 말했다. "(총은) 여성의 위험을 기하급수적으로 높여요. 총이 관계에 끼어들기 전까지는 여성이 아직은 돌아가는 상황을 어느 정도 처리할 능력이 있다고 느끼죠. 그게 도망을 치는 거든 침실 문을 잠그는 거든 뭐든 말이에요."[21] 여성들이 스스로 무장하도록 요구하는 총기 찬성 측의 주장은 이들에게 학대자와 똑같이 행동하도록 주문하는 것이라고 그루엘은 지적한다. 이런 관점은 피해자가 스스로를 보호하기 위해 할 수 있는 모든 일을 다 하지 않았다며 책임을 전가하는 서사를 끌고 온다. "(여자가) 돌아서서 아이 아빠를 후려갈기는 성향을 타고나지 못했다 해도 그게 성격상의 결함은 아니잖아요." 그녀가 말했다. 그루엘은 자신을 학대하는 남편에게 방아쇠를 낭기녀 해도 "남편이 그걸 빼앗아서 비웃었다"고 내게 말했다.

경찰차를 함께 타고 돌아다니면서 나는 아무리 경찰 상급자들이 가정폭력에 대해 자주 이야기해도, 길거리에서 벌어지는 일을 좌우하는 건 사실 해당 경찰서의 문화와 경찰 개인의 신념임을 배우게 되었다. 몬태나의 어느 토요일 밤, 나는 10년 이상 근무한 경찰과 밖으로 나갔다.[22] 자정이 지난 지 얼마 되지 않아 그는 '가정' 신고를 받았다. 한 트레일러 앞에 도착해보니 우리가 세 번째 경찰차였다. 묶은 머리가 헐거워진 한 여자가 픽업트럭 끝에 서서 울고 있었고, 남편은 진입로 아래쪽에서 여러 명의 경찰과 이야기를 나누고 있었다. 나와 차를 함께 타고 온 남자(그를 댄이라고 부르겠다)는 여자 주위를 한 바퀴 돌고 난 뒤 그들의 트레일러 입구로 갔다. 다섯 살이 안 되어 보이는 눈이 큰 두 아이가 집 안팎을 돌아다니고 있었다. 또 다른 경찰은 집 옆에 있는 밭에서 칼을 찾고 있었다. 남자는 여자가 칼로 자신을 위협했다며 여자를 경찰에 신고한 상황이었다. 남자가 신고를 하고 난 뒤 그녀는 트레일러 밖으로 달려 나가서 밭에다 칼을 던졌다. 두 사람 모두 술을 마신 상태였다.

그때까지 현장에 모인 경찰은 모두 여덟 명, 모두 백인 남성이었다. 여자는 늘어난 검은 티셔츠에 레깅스 차림이었다. 그녀는 경찰이 그녀의 트레일러에 드나들고 밭과 마당을 돌아다니는 모습을 지켜보았다. 남편과 이야기를 나누는 경찰은 세 명이었고, 그녀와 이야기를 나누는 사람은 한 명도 없었다. "그 남자가 날 먼저 쳤어요." 그녀가 뺨을 문지르며 말했다. 나는 트레일러 옆에 서서 기록하고 있었다.

나는 내가 그녀의 말을 들었다는 걸 알려주기 위해 그녀를 바라보았지만, 아무 말도 하고 싶지 않았다. 그녀는 내가 그 팀에 속한다고 생각하는 게 분명했다.

그녀는 그들이 파티에 갔다가 집에 오고 나서 그가 자신에게 덤벼들었기 때문에 자신을 지키려고 칼을 들었다고 말했다. 바로 그때 10대로 보이는 한 소녀가 진입로 쪽에서 나타나서 어린 두 아이를 데리고 집 안으로 들어갔다. 그 아이는 짙은 나뭇잎색 크록스를 신고 있었다.

"경찰에게 말했나요?" 내가 물었다.

그녀는 고개를 끄덕였다.

"남편이 전에도 때린 적 있어요?"

그녀는 다시 고개를 끄덕였고, 얼굴이 일그러지면서 눈물이 흘러내렸다. 나는 경찰 중 누구라도 이쪽으로 와서 그녀에게 질문을 하는지, 어쩌면 치명도평가를 하는지 보려고 기다렸지만 아무도 오지 않았다. 나는 그녀에게 내가 위험평가를 통해 알고 있는 질문 몇 가지를 직접 물었다.

별거한 적 있나요? (네.)

아이들은 전부 이 남자의 아이인가요? (아니오.)

남편에게 총이 있나요? (네.)

남편에게 직업이 있나요? (네.)

하지만 그런 다음 한 경찰이 다가와서 그녀에게 자신과 같이 가야 할 거라고 말했다. 나는 나와 차를 함께 타고 온 댄에게 가서 그녀가 남편에게서 학대받은 적이 있다고 주장한다고 말했다. 댄이 고개를 끄덕였다. "안타깝게도 신고를 한 건 남자였어요. 그래서 우린 여자를 체포해야 해요."

그 순간 10대 아이가 밖으로 나와서 경찰에게 비명을 지르기 시작했다. "그녀를 체포한다고요? **그녀**를?" 밭에 있던 경찰이 칼을 찾아서 주워 들었다. "당신들은 저 남자를 체포해야 해요!"

"우리한테 신고한 건 저 남자야." 댄이 말했다.

두 어린아이가 밖으로 나왔다. 감정이 고조되는 게 분명했다. 이제 여성은 순찰차 뒷자리에서 눈을 크게 뜨고 창문 밖을 바라보고 있었다.

"최소한 아이들 앞에서 체포하지 않을 수는 없는 건가요?" 10대 아이가 말했다. "내가 아이들을 어딘가로 데려갈게요."

"애들을 어디로 데려갈 수 있는데?" 댄이 물었다.

"공원으로 데려갈 거예요." 새벽 1시에 가까운 시각이었다.

"오밤중에 애들을 공원으로 데려간다고?" 댄이 말했다.

아이는 마치 완벽하게 합리적인 생각이라는 듯이 고개를 끄덕였다.

"안으로 들어가자." 댄이 집 안쪽으로 여자아이를 다시 이끌면서 말했다. 나도 그 뒤를 따랐다. 작은 트레일러 안에 들어서니 완전히 난장판이었다. 주방 겸 거실은 더럽기 짝이 없었다. 개수대에는 음식이 짓뭉개진 종이 접시, 냄비, 그릇이 쌓여 있었다. 파리가 우글우글했다. 창문가리개는 고장이 나 있었다. 담배 냄새, 체취, 곰팡이 냄새, 오래된 음식 냄새가 떠돌았다. 2층 침대에는 매트리스가 하나뿐이었다. 낡은 콘돔으로 만든 풍선 하나가 바닥에 놓여 있었다. 여섯 명의 경찰이 비좁은 방에 어깨를 맞대고 복작거렸다.

"그 남자가 여기서 지내지 않으면 좋겠어요." 여자아이가 말했다. "당신들이 그녀를 체포할 거면 그 남자도 체포해야 해요."

댄은 여자아이에게 그 남자와 단 둘이 이 집에 있는 게 겁나는지 물었다. 아이는 전형적인 10대처럼 댄을 곁눈질했다.

"그 남자가 널 때린 적이 있니?"

아이가 고개를 끄덕였다. "옷걸이로요."

만화영화가 나오는 대형 텔레비전이 그 방을 완전히 지배했다. 어린 두 아이는 기진맥진해서 멍한 상태였다. 아무런 감정을 표출하지 않았다. 두려움도, 즐거움도, 호기심도, 놀라움도. 10대 아이는 경찰들과 금방 전투라도 벌일 기세였다. 나는 그녀의 관점에서 이 모든 게, 커다란 남자 여섯이 그녀의 거실에 서서 소파에 앉아 있는 그녀를 굽어보고 있는 이 모습이 어떻게 보일지 궁금했다. 한두 명이 안쪽으로 들어가서 무질서한 방에 플래시를 비추었다. 그녀는 아무런 정보도 주지 않았고 나는 협상 수업에 대해 떠올렸다. **이건 수사가 아니에요, 인터뷰라고요.** 경찰관 중에 한발 물러나서 잠시 분위기를 파악하고, 그녀의 눈높이에 맞춰 몸을 숙이고, 그녀에게 간단한 위로의 말을 건네고, 가령 우리가 어떻게 도우면 좋겠는지 물어볼 능력이 있는 사람은 한 명도 없는 것 같았다. 어디 연락을 취할 사람은 있는지? 먹을 게 필요한지? 그 대신 그들은 방탄조끼와 총과 장비와 치직거리는 무전기를 갖추고 그녀 위에 우뚝 몰려 서 있었다. 그들은 그녀를 이 집에 남겨둘 것이다. 자신들을 학대한 성인 남자가 몇 시간 후면 돌아올, 그리고 똑같이 학대를 당했지만 최소한 가끔은 보호자 역할을 하기도 했던 성인 여자가 돌아올 수도 있고 그러지 못할 수도 있는 이 끔찍한 집에. 어떤 의미에서 나는 충격을 받았다. 이 중 예의 바르지 않은 경찰은 아무도 없었다. 그들은 법을 알았다. 하지만 그들은 심리적인 문제를 인지하고 있음을, 아이의 관점에서 자신들의 모습이 어떤 함의를 갖는지를 알고 있음을 드러내는 방식으로 행동하거나 사고하는 역량이 절대적으로 부족했다. 이것은 실시간으로 벌어지는 트라우마였다. 그들은 감정의 다루기 힘든 본성에 대해서도, 이 순간에서 비롯될 수 있는 미래의 후유증에 대해서도 무심했다. 동시에 이들은 직업의 성격상 옳고 그름을 구별하고, 범죄자와 일반 시민을 나눌 준비만 되어 있었다.

한번은 매사추세츠에서 어떤 오빠가 여동생을 폭행한 사건의 신고 현장을 목격한 적이 있었다. 동생은 울면서 경찰서로 들어와 신고를 했다. 경찰이 그녀에게 신술을 받고 난 뒤 물인지 커피인지를 대접했고 잠시 경찰서에 더 있으면서 기운을 차리고 싶은지 물었다(그녀는 그렇게 하겠다고 했다). 그러고 난 뒤 그는 그녀에게 1~2분 정도 가정폭력에 대해, 그게 얼마나 사람에게 힘든 일일 수 있는지에 대해, 그녀가 경찰서에 와서 얼마나 다행인지에 대해 이야기했다. 그냥 일반적인 이야기였다. 그는 많은 일을 한 게 아니었다. 마실 걸 대접했고, 기운을 차릴 수 있도록 약간의 시간을 주었고, 공감을 표하는 말을 했다. 하지만 말하자면 그게 핵심이다. 그는 **별것** 아닌 일을 했지만 그것은 그들이 같은 인간임을 인정하는 것과 같은 행동이었고, 결국 그녀에게는 아주 큰 의미였으리라.

순찰차로 다시 돌아가자 댄은 그들이 아동가족부에 연락을 취할 것이고 그러면 두 어린아이들은 어딘가로, 최소한 임시로 보내질 거라고, 그리고 그 여자가 자신이 적합한 어머니임을 증명할 수 없을 경우에는 영구적으로 그렇게 될 가능성이 상당히 높다고 이야기했다. 그리고 나는 그토록 역겨운 집에서 적합한 어머니 노릇을 어떻게 증명할지 상상할 수 없었다. "우리가 더 잘할 수도 있었는데." 그가 내게 말했다. 최소한 그건 의미심장한 말이었다. 그의 인정. 나는 토를 달지 않았다. 하지만 수개월이 지난 뒤 나는 법 집행관과 작은 대치를 벌이고 있을 때는 가장 득이 되는 방식으로 행동하는 게 얼마나 어려울 수 있는지 몸소 확인하게 되었다.

완전한 발견의 계절에

나는 펜실베이니아와 뉴욕 경계에서 석탄의 고장을 가로질러 차를 몰고 간다. 2018년 비 오는 여름날. 몇 달 전 내가 모르는 번호로 문자 메시지를 받았다. (**이봐 레이, 난 괜찮을 거야! 바람을 맞고 있는 것처럼 춥네.**) 펜실베이니아 카난 연방 형무소에서 다시 모습을 드러낸 돈테 루이스였다.

몇 달 옥신각신한 끝에 나는 방문 허가를 받았다. 언론 접견 신청을 할 수도 있었지만 캘리포니아 애트워터에서 시도를 해봤더니 전혀 먹히지 않았다. 그 후 그는 이송되었고 그래서 우린 그냥 다른 사람들이 다 하는 대로 일반 접견을 하기로 했는데, 나중에 알고 보니 내 쪽에서는 유용하면서도 멍청한 짓이었고, 우리 두 사람에게는 아주 나쁜 일이 될 수도 있었다.

나는 돈테가 카난 같은 장소에서도 계속 비폭력적으로 지내면서 살아남을 수 있는지 알고 싶었지만 알아낼 방법이 있을지는 회의적이었다. 돈테가 연방 형무소 같은 곳에서 살아남아야 할 때는 폭력에 의지했다가 다시 밖으로 나와서는 비폭력적인 사람으로 사는 게 가능할까? 나는 이런 곳에서 작디작은 부정의가 어떻게 모든 걸 망칠 수 있는지 직접 보곤 했다. 가령 자판기 같은 것. 거기에는 사용 과정에서 발생한 모든 문제는 당신 책임이라고 적힌 문구가 있다. 그리고 실제로 나는 최소한 5달러를 잃었고, 탄산음료가 술 취한 군인처럼 아래로 떨어지지 않고 유리벽에 기댄 채 플라스틱 고리에 반쯤 걸쳐져 있는 모습을 보고 있다. 정상 작동하는 자판기, 넉넉지 않은 사람들에게서 소중한 달러 지폐를 벗겨 먹지 않는 자판기를 설치하는 건 아주 작디작은 일이다.

하지만 말이 되건 안 되건, 논리적으로 보이건 아니면 그저 누구에게 권력이 있고 없는지를 결정하는 일이건 이곳의 모든 일이 권위주의적이다. 방문객이건 재소자건 예외는 없다. 바닥에는 당신이 넘어설 수 없는 선들이, 사람들을 이쪽 또는 저쪽에 몰아넣기 위해 공항 검색대에서 사용하는 개폐식 벨트가 있다. 보안 구역을 통과하기 전에 위치한 방문객 대기실은 기도 중인 교회만큼이나 조용하다. 하지만 역시 긴장감이 느껴진다. 마치 아주 큰 소리로 재채기를 단 한 번만 해도 세심한 균형이 뒤집힐 것처럼. 이곳은 감정이 없는 구역이다. 웃음도 없다. 작은 말소리도 없다. 눈을 직접 마주치는 일도 없다. 앞에 서 있는 교도관은 진지하고 젊음이 넘치고, 어쩌면 막 이 일을 시작한 것 같다. 그에게는 내가 만났던 다른 경비들이 보인 딱딱함이 없다. 닳고 닳은 연륜과, 다른 사람들, 특히 다른 남자들을 아주 오랫동안 책임져온 사람의 긴장된 몸가짐이 없다. 나는 그것을 "내가 더 잘 알아" 태도라고 부른다. 이 시스템이 어떻게 돌아가는지는 내가 당신보다 더 잘 알아. 이 남자들이 얼마나 나쁜 놈들인지는 내가 당신보다 더 잘 알아. 인간의 온갖 타락상은 내가 당신보다 더 잘 알아.

나는 오전 9시 2분에 교도소에 도착했다. 내가 가본 다른 모든 교도소처럼 이곳은 인적이 거의 없는 초록의 구릉지 위에 자리하고 그 주위는 노동계급 동네가 둘러싸고 있다. 한 집은 낡은 나무 현관에 빛바랜 플라스틱 장난감과 깨진 화분들이 넘쳐나고 현관에 걸린 팻말에는 **샹그릴라**라고 적혀 있다.

"2분 늦으셨어요." 책상에 앉은 교도관이 내게 말한다. 웹사이트에는 방문 시간이 오전 8시부터 오후 3시까지라고 나와 있다. "10시에 점호를 해요. 그때 다시 오세요."

나는 내 차로 돌아간다. 전국공영라디오NPR를 듣는다. 〈타임스〉를 읽는다. 핸드폰으로 타운십이라고 하는 멍청한 게임을 한다. 10시에 다시 들어간다.

"막 점호를 시작했어요. 한 시간 정도 걸려요."

다시 내 차로 간다. NPR. 〈타임스〉. 타운십. 11시에 다시 들어간다. 갑자기 나타난 것 같은 사람 열두어 명 정도가 줄을 서 있다. 내가 아는 한, 나는 백인 세 명 중 한 명이다. 바로 그곳 대기실에서 내가 직접 목격한 인구학적 특성은 투옥의 인종적 부정의를 적나라하게 보여주었다. 게다가 거의 여자 일색이다.

교도관이 내게 사물함 열쇠를 주면서 자동차 열쇠를 사물함에 넣고 잠그라고 한다. "그러니까 내가 이 열쇠를 가져가서" – 나는 작은 사물함 열쇠를 들어 올린다 – "이 다른 열쇠를 가둬두라는 거군요." 나는 내 자동차 열쇠를 들어 올린다. 그가 고개를 끄덕인다.

나는 어째서 이런 말을 크게 소리 내서 하는지 모르겠다. 내 친한 친구는 내가 권위를 상대하는 데 문제가 있다는 얘기를 25년간 했다. 나는 사물함에 내 자동차 열쇠만 넣고 잠근다.

나는 빈 비닐봉지 하나를 소지할 수 있어서, 거기에 사물함 열쇠와 약간의 돈과 립글로스와 포스트잇 메모장과 펜을 넣는다. 나중에 알게 된 사실이지만 다섯 가지 물건 중 세 가지가 반입 금지 물품이었다.

마침내 정오가 조금 지나서 우리는 면회실로 보내진다. 바닥에 재소자와 방문객이 넘을 수 없는 선을 알려주는 파란 테이프가 붙어 있는 시멘트 벽돌로 된 창문 없는 사각의 방. 근육을 스테로이드에 넣었다 뺀 것 같은 교도관들이 한쪽 벽 중앙에 있는 정해진 위치에 앉아 있다.

이 순간의 모든 것이 진부하기 그지없다. 특히 자판기 구역에 너무 많은 사람들이 몰려 있다며 한 번에 두 명 이상은 안 된다고 적힌 작디작은 표지판을 가리키던 그 지랄 맞은 교도관들. 나는 이 문구의 논리를 이해하려고 해본다. 우린 모든 소지품을 비워냈다. 그런데 우리 중 네댓 명이 한 번에 자판기 앞에 있는 게 무슨 상관일까? (자판기는 여섯 개였는데. 내 면회가 끝날 쯤이면 전부 고장 날까 봐 그러나.) 나는 내가 그럭저럭 독해 능력이 있는 사람이라고 생각하지만 이 표지판은 아무리 봐도 번지수가 안 맞았다. 우리는 모욕을 당했고 수치심을 느낀다. "글씨 못 읽어요?" 교도관이 말한다. 나의 일차원적인 자아는 그에게 내가 망할 종신 교수라고 소리를 지르고 싶다. 아마 그가 나를 깔아뭉개려다 도리어 깔아뭉개지는 쾌감을 맛볼 수도 있으리라. 대신 나는 달러 지폐 뭉치를 들고서 그를 바라보며 "뷔페가 있다고 들었는데" 하고 말한다. 그는 잠시 어리둥절한 표정을 짓는다. 난 그게 이중, 아니 어쩌면 삼중의 특혜라는 걸 안다. 나는 재소자가 아니라 방문객이다. 백인이다. 교육을 받았다. 내가 때로 이런 식으로 행동하고 상황에 걸맞지 않는 유머를 구사한다는 게 자랑스러운 건 아니다. 나는 최대한 내 내면의 편집자를 무시하지 않고 싶을 뿐이다. (사실 내면의 편집자 같은 게 정말로 **있었으면 좋겠다.**) 대신 그는 나를 잠시 쳐다보더니 가버린다. 나중에 나는 2013년 이 교도소에서 한 교도관이 재소자에게 목숨을 잃었음을 알게 된다. 이 교도관들은 매일 목숨이 오락가락할 수도 있다. 아마 임금이 적을 수도 있고, 과로를 할 수도 있고, 진이 빠졌는지도 모른다. 나는 내 인생이 얼마나 호사스러운지에 대해 무지하다.

돈테를 알아볼 수 있을까 싶다. 거의 3년 만이다. 12시 30분쯤 그가 잠긴 복도 쪽에서 겨자색 죄수복에 베이지색 고무 샌들을 신고 나타난다. 그는 아주아주 나이를 먹었다. 얼굴은 윤기 없이 칙칙하다. 살이 많이 졌다. 돈테처럼 보이지만 완전히 다른 사람처럼 보이기도 한다. 마치 그의 형인 것 같다. 머리카락 끝은 아직 밝은색이지만 이제는 드레드록이 머리 뒤에서 긴 꼬리처럼 모여 있다. 이마 구석에서 아주 작은 문신이 마치 곱슬머리처럼 비죽 튀어나왔다. 한쪽 눈에 멍이 들었다.

농구. 그것 때문에 눈이 그렇게 되었다고 했다. 그는 아무 일 아니라고 말하면서 나를 포옹한다.

나는 그가 내게 거짓말할 필요를 느끼지 않았으면 한다.

그는 카난이 출신 지역으로 구분된다고 말한다. 출신 지역에 충성을 바친다. 밖에서 앙숙이었던 크립스Crips와 블러드Bloods[캘리포니아를 근거지로 활동하는 유명한 폭력 집단]가 동맹을 맺듯 손을 잡는다. "뉴욕 출신이 100명쯤 있어요." 그가 내게 말한다. "그리고 캘리포니아 출신은 우리 넷뿐이에요." 그들은 뭉쳐야 한다. 대기실에서 기다리는 동안 여자 몇 명이 내게 이 교도소는 거친 곳이라고 이야기했다. 오기 전에 전화를 해보지 않으면, 막상 왔는데 출입이 안 될 수도 있다. 여기엔 소말리아 해적과 알카에다 동조자와 악명 높은 티후아나 마약 카르텔 조직원들이 투옥되어 있다. 범죄 가문 감비노의 준조직원이 교도소가 문을 연 지 5년 밖에 안 된 2010년에 여기서 감방 동료를 살해했다. 한 교도관의 말에 따르면 카난 옆에는 주로 비폭력적이거나 화이트칼라 범죄자들을 수용하는 위성 교도소가 있는데 그곳은 경비가 최소한으로 이루어진다. 그들은 훨씬 많은 자유를 누린다. 그들은 태양을 볼 수 있다.

돈테는 여기서 마약 프로그램에 참가한다. 그에게 마약은 지미만큼 문제가 아니긴 했지만 말이다. 이 프로그램을 마치면 조금 일찍 출소할 자격이 주어진다고 말한다. 이 책이 출간될 즈음이면 그의 남은 형기는 1년이 조금 안 될 것이다.

돈테는 아직 맨얼라이브 커리큘럼을 사용하고 있지만 가끔은 자신이 여기서 배우는 것이 그 내용과 상충되는 것 같고 그래서 혼란을 느낀다고 말한다. "나는 그 수업들을 내면화했어요, 알죠? 하지만 여기선 그런 사람이 아무도 없어요." 아침 모임이 소집되면 돌아가면서 모임을 이끌어야 하는데, 그의 차례가 되었을 때 사람들은 그가 백인놈처럼 말한다고 이야기한다는 것이다. "나는 내가 알고 있는 내용을 어떻게 할 수가 없어요, 무슨 말인지 알겠어요?" 그가 말한다. "내가 지미와 레오한테서 배운 것들이요. 난 '나는 이런 기분이에요' '난 저런 기분이에요' 그딴 식으로 말을 하는데 이놈들은 나하고 친밀한 관계를 맺을 생각이 없어요. 관심이 없는 거죠."

그래서 그는 외롭다. 정신적인 면에서 외롭다. 게다가 할머니가 1년 전쯤에 돌아가셨고 마음이 너무 아팠다. 그는 엄마와 이야기를 많이 하지 않는다. 아직 누이에게 약간 화가 나 있다. 누이는 돈테가 체포된 밤에 차를 몰았던 그놈을 전 남자친구라며 아직 인생에서 내몰지 않았다. 그는 필요에 따라 캘리포니아에서 배웠던 수업들을 떠올리기도 하고 그러지 않기도 한다고, 지금은 훨씬 성숙해졌다고 말한다. 때로 그는 이 안에서 친구를 돕고 싶고, 정서지능이나 남성성의 기대에 대해 이야기하고 싶다. 하지만 또 어떨 땐 자신을 지키기 위해 다른 놈들과 거래를 하고, 할 수 있는 한 시스템을 활용하고 싶다. 자신이 치명적인 위험에 빠져 있지만 생존이 무엇보다 중요하다는 걸 아주 잘 안다. 그는 '쌀쌀맞음'을 유지하려고 노력한다고 말한다.

그래서 나는 묻는다. "멍은 정말로 어쩌다가 생긴 거예요?"

그는 고개를 뒤로 젖히면서 웃는다. 앞니 하나가 보이지 않는다. 손바닥으로 이두박근을 과시한다. "그래요오오오…" 그는 말끝을 늘인다. "격론이 있었죠, 당신처럼 말하자면."

나는 고개를 끄덕이며 말한다. "농담하지 말아요."

"정말로 아무 일 아니었어요." 그의 감방 동료가 그에게 열을 냈고, 싸우고 싶어 했다. 돈테는 그에게 말했다. "이봐, 난 너랑 싸우기 싫어. 우리 둘 다 캘리포니아 출신이잖아. 우린 뭉쳐야 한다고." 게다가 돈테는 자기가 그 녀석을 때려눕힐 수 있을 거라고 생각한다. 상대는 아주 크지 않다. 돈테는 키가 190센티미터 정도이고 90킬로그램이 조금 안 된다. 싸우는 법도 안다. "하지만 모든 남자가 그렇게 생각하는 건 아닐 텐데?" 내가 그에게 말한다. 원하기만 하면 싸움에서 이길 수 있지만, 갑자기 모두 이타주의자가 되어 그러지 않기로 하다니. 그렇게 인심이 좋을 리가 있나.

돈테는 고개를 끄덕이며 웃더니 내가 틀린 게 아니라고 말한다. "하지만 진짜라고요. 큰 녀석이 아니에요. 내 말 알겠어요?"

하지만 감방 동료는 태세를 갖추고 어쨌든 그에게 주먹을 날렸다. 돈테에게는 아무 일 아니었지만 날 만날 예정인데 **보기가** 너무 안 좋을 거 같아서 화가 났다고 말했다. "그리고 뭐, 그렇게 된 거예요."

내 뒤쪽 벽에는 중학생이나 고등학생이 그린 것 같은 벤치가 놓인 공원 풍경화가 있다. 이따금 재소자가 여자와 아이와 함께 다가와서 이 가짜 공원을 배경으로 사진을 찍는다. 여섯 살쯤 되어 보이는 어린 소녀는 **인생 최고의 날**이라고 적힌 자주색 반짝이 셔츠를 입고 있다.

돈테는 출소하면 커뮤니티 웍스에서 자신에게 일자리를 주기를 바란다. 다시 인턴십을 끝내고 싶다. 하지만 알 수 없다. 지미도, 레오도, 아무도 그에게 연락한 석이 없지만 그래도 여전히 희망을 버리지 않는다. 그리고 그다음에는 어쩌면 동부로 갈 수도 있다. 뉴저지의 패터슨이니 저지시티 같은 곳. 친척이 몇 명 있다. 오클랜드의 친숙함과는 거리가 있다. 그는 그곳에도 맨얼라이브가 필요하다고 생각한다. 어쩌면 뭔가를 시작해볼 수도 있으리라.

돈테가 아직 애트워터에 있었을 때, 감방 동료가 그의 옛 연인인 카일라 워커를 아는 여자로부터 답장을 받았다. 편지에는 카얄라가 레미 마르탱 병으로 다른 여자를 내리쳤다는 소식이 담겨 있었다. 돈테에게 처음 든 생각은 어쩌면 그녀의 인생을 망친 책임이 자신에게 있을지 모른다는 것이었다. "나한테서 그걸 배웠는지 몰라요." 회한이 드리워진 얼굴로 그가 말한다.

나중에 그 교도소를 나오는데 교도관 한 명이 내 포스트잇 메모장을 압수했다. 나는 세 시간 동안 거기다가 기록을 했다. 그게 금지 품목이라는 건 알았지만, 내가 소지할 수 없으면 보안 검색을 통과할 때 가져갔을 거라고 생각했다. 내 립글로스도, 그리고 내 언더와이어 브라도. 교통안전국에서 하듯이 불빛에 비춰보고 쓰레기통으로 내던졌을 거라고. 상급자는 내게 재소자들을 만난 방을, 바닥에 있는 파란 테이프를 묘사한 내 메모 첫 쪽을 근거로 FBI를 부를 수도 있다고 말한다. 나는 큰 소리로 웃는다(그게 완전히 잘못된 반응이라는 점은 강조해둔다). 우리 둘 모두 FBI가 일요일 오후에 이런 문제로 귀찮은 연락을 받는 걸 원치 않으리라는 사실을 알지만, 우리 둘 모두 나에게 한참 훈계하던 교도관 앞에서 큰 소리로 웃어서는 안 된다는 사실 역시 알고 있다. 나는 어차피 그 방의 모습은 내 머릿속에 있기 때문에 그건 중요하지 않다고 말한다.

그는 메모장이 금지 품목이라고 말한다. 나는 내 립글로스를 들어 올려 그에게 건넨다. "이것도 금지 품목이잖아요, 그렇지 않아요?" 나는 손을 등 뒤로 가져가 브라를 벗기 시작한다. "이것도 원하죠?" 나는 그에게 묻는다. 미소를 지으면서. 교도관 여섯 명이 그 뒤에 서 있다. 그의 카고바지 주머니 밖으로 내 메모장이 튀어나와 있다.

"웹사이트에는 포스트잇 메모장에 대해서는 아무 말도 없던데요."

내가 말한다.

그의 다른 주머니에는 규정집이 있다. 그는 그걸 꺼내서 나에게 읽어주기 시작한다. 실제로 메모장에 대해서는 아무런 말이 없다. "봤죠?" 내가 말한다. "봤죠?"

"적혀 있지 않으면 허용된 게 아니에요."

나는 탐폰도 마찬가지라고 말한다. 역시 언급되지 않았다. 그러니까 역시 허용되지 않는 건가? 여자들이 이 망할 바닥에다 피를 줄줄 흘리고 다니라고?

사실 나는 이 지점쯤부터 내가 메모장을 되돌려 받지 못하리라는 것을 알았다. 내가 열 내기 시합을 벌이는 동안 그 역시 똑같은 상태라는 것도. 그리고 그의 뒤편에는 청중들이 있었고 그들을 위해서라도 그는 패배를 인정하지 않으리라는 걸. 프로그램의 용어를 빌리자면 나는 치명적인 위험에 빠져 있고, 그 역시 그렇다. 그리고 그에게는 뒤에 서 있는 공모자들이 있고, 여기서 실제 권력을 가진 사람은 우리 중 단 한 명뿐이다. 게다가 이 순간 나는 나에게 주어진 혜택을 의식한다. 나는 언론인이다. 백인이다. 교육을 받았다. 하지만 내가 뭘 얻자고 그와 싸우고 있을까? 뭘 하고 있는 걸까? 나는 지미 에스피노자와 돈테 루이스와 해미시 싱클레어와 데이비드 애덤스와 닐 웹스데일과 지난 몇 년간 인터뷰했던 다른 모든 남자들로부터 아무것도 배우지 못했던 말인가? 내가 정말 **뭘 하는** 거지?

그 순간 나는 알아차린다. 갑자기 수치심이 밀려들었기 때문이다. 나는 교도소에서 나와 내 차로 가서 컴퓨터를 꺼내 돈테와 세 시간 동안 이야기했던 것 중에서 기억할 수 있는 모든 것을 기록한다. 그의 검은 눈, 교도소 내의 동맹, 자주색 셔츠를 입은 어린 여자아이, 자판기, 카얄라에 대한 그의 회한. 주차장에 있는 내 차에 앉아, 내가 규칙을 어겼기 때문에 곤란해진 것이 아님을 이해하게 되었다. 심지어 규칙을 어기려 하면서도 내게 주어진 특권을 알아차리지 못한 것도 문제가 아니었다. (어떤 정기 방문객, 일요일마다 오는 흑인 여성이 내가 얼렁뚱땅 넘어가려 했던 문제를 똑같이 겪었다고 상상해보라.) 중요한 것은 내가 더 많이 안다는 점이다. 그 순간 내가 정확히 정반대로 행동했어야 했는데. 그 상급자가 주머니에 내 메모장을 넣으며 금지 품목이라고 말했을 때 그에게 "당신이 맞아요. 정말 미안해요"라고 했어야 했는데.

다시 그를 보러 오겠다고, 그리고 그에게 책을 몇 권 보내겠다고 약속을 하고 나서 돈테와 헤어지기 직전에 나는 물었다. 커뮤니티 웍스의 인턴으로서 치안감 사무실에서 지미와 함께 일하던 몇 달, 폭력적인 남자들과 함께 일했지만 그 무리와는 달랐던 그 시절에 대해 어떻게 생각하는지. 그 짧은 유예기를 어떻게 생각하는지. 그의 생활은 10년간 감옥에서, 그 몇 달과는 동떨어진 채 폭력에 둘러싸여 흘러갔다. 자신을 믿는 사람들에게 둘러싸여 지내본 게 처음이었다고 그가 말했다. 그리고 덕분에 그 역시 자신을 믿게 되었다고. 그는 한 단어로 압축했다. "발견." 그는 그 시절을 그렇게 보았다. 완전한 '발견'의 시절.

그는 언젠가 다시 그곳으로 돌아갈 수 있을 것이다.

평균에 도달하기

나는 여러 해가 흐른 뒤 지미 에스피노자를 다시 만난다. 그렇게 시간이 흘렀는데도 그는 살이 붙지 않았을까? 집채만 한 부리토와 삶아서 튀긴 콩으로 그렇게 점심을 계속 먹었는데도 꼬챙이처럼 말랐다니? 알고 보니 그는 다시 상태가 나빠졌다. 마약에 손을 댄 것이다. 빠져나오려고 그렇게 힘들게 노력했던 진창으로 다시 곤두박질친 것이다. 그는 자신이 맨얼라이브 수업을 진행했던 치안감 사무실에서 겨우 몇 블록 떨어진 한 입주시설을 자기 발로 찾아갔다. 그가 내 핸드폰으로 전화를 건 때는 어느 토요일 밤이었다. 힘든 과정이 있었지만 이번에는 계속하기로 굳게 마음을 먹었다고 말했다. 폭력적인 행동을 하지 않기로. 술을 끊기로. 일자리를 유지하기로. 더 좋은 사람, 더 강한 사람, 이 모든 것에 더 끈질긴 사람이 되어서 자신의 약점을 인정하고, 이 인정을 통해 이 싸움에서 이겨서 더 강해지기로. 커뮤니티 웍스는 그의 일자리를 남겨둔 상태였다. 내가 책에 대해 어떻게 생각하는지, 아직도 내가 자신에 대한 글을 쓰기를 원하는지를 묻자 그는 잠시 말이 없었다. 그러다가 이렇게 말했다. "낭말. 그럼요. 이건 진짜 물건이잖아요. 내 인생은 하루하루가 전투예요. 젠장 맞을 하루하루가."

그는 1년에 걸친 입주 재활원 생활을 마감하고 다시 치안감의 사무실로 돌아가 커리큘럼을 가르쳤다. 그는 인생의 어느 때보다도 건강하다. 지금은 살이 쪘고, 팔굽혀펴기로 하루를 시작한 뒤 동네 헬스장 웨이트룸에서 하루를 마무리한다. 우리는 서로의 이두박근을 비교한다. 그는 중독자용 재활원에서 두어 달 살다가 지금은 자기 집을 얻었다. 누구든 인생을 말아먹어본 사람이 있는지 물어보면 그는 먼저 손을 들고, 모든 수업마다 자기가 그들과 다르지 않음을 상기시킨다. 그는 샌브루노에서 맨얼라이브 커리큘럼을 진행할 뿐만 아니라, 마약중독 남성 모임 역시 맡고 있고, 인근 지역의 교회와 커뮤니티센터에서 강의도 하는데, 이런 건 별일 아니라는 듯한 허세는 전혀 없다.

이건 전쟁이다. 그에게도, 그와 함께 일하는 모든 남자들에게도. 과거의 생활로 끌어당기는 힘이 있기 때문이다. 마약으로, 길거리로, 그에게 익숙했던 생활로. 그는 그걸 배로, 마음으로 느낀다. 그는 헤로인과 코카인을 공주님이라고, 동화에 나오는 여자라고, 백설공주와 신데렐라라고 부른다. 내가 보기에 이런 비유는 좀 오글거리지만 그에게 잠재적인 여성 혐오에 대해 주의를 주지는 않는다. 그에게는 자기 발로 재활원을 찾아갈 정도로 단단한 의지가 있고 정말 진심을 다해 애쓰고 있는 순간에 그걸 지적하는 건 부당할 것 같았기 때문이다. 마약은 아름답고 섹시하고 눈부신 여성이다. 부드러운 조명을 받으며 흰 천 위에 누워 그를 부르는, 그를 유혹하는 여성이다. 3차원적인 내 인생의 여자가 아니라 잠깐 스쳐 지나가는 연인이다. 끔찍한 요부이자 고난의 근원. 그는 그것이 황홀경의 순간을 제공하는 대신, 그의 표현을 따르자면 자신의 몸에 폭력을 저질렀다는 내장을 후벼 파는 두려운 깨달음, 열패감을 선사한다는 사실을 알고 있다.

그에게는 두 번째 기회가 주어졌다. 그리고 세 번째. 네 번째. 그는 인생을 한 번, 두 번, 세 번, 일곱 번 살았다. 그는 이번이 마지막 인생이라고 생각한다. 그는 자신의 모임에 참가하는 남성들에게, 가족들에게, 그와 함께 치료센터에서 생활하는 남성과 여성들에게, 학대자들과 알코올중독자들과 마약쟁이들과 중독자들에게, 그에게 월세를 챙기는 남자에게, 그의 아이들과 그가 한때 사랑했고 학대했던 여성에게, 레지와 레오 같은 동료들에게 맹세를 한다. 그는 맹세하고 맹세하고 맹세하다가 대부분의 날에 하루가 끝날 때가 되면 맹세를 한 번 더 하고는 뼛속 깊은 안도감을 느낀다. 그 많은 사람들에게 하는 모든 맹세 중 가장 깊은 데서 우러나오는 맹세는 자신에게 하는 맹세라고 그는 말한다.

그는 사적인 페이스북 페이지에 이 투쟁에 대한 글을 남긴다. 백설공주와 신데렐라의 유혹에 대해. 그들이 얼마나 그에게는 아름다운지에 대해. 얼마나 애태우는지에 대해. 하지만 그는 굴복하지 않을 것이다. 오늘 밤은 안 된다. 그리고 바라건대 내일 밤에도. 그 이상은 그가 볼 수 없다. 보지 않을 것이다. 그는 자기가 겨울잠을 자는 게 아니라고 말한다. 숨는 게 아니다. 그냥 그를 끌어당기는 장소와, 헤이트 애시베리Haight Ashbury[60년대 마약과 히피문화의 중심지였던 샌프란시스코의 한 지역]를 연상시키는 강력한 기억들과, 그가 바깥을 내다보고 전 우주를 기억하게 만드는 어떤 창문들과 거리를 두는 것일 뿐. "이 여자애, 그녀가 저기 저 아파트에서 살았어요." 어느 날 오후 그가 비싼 남자 옷을 판매하는 점포 위쪽을 가리키며 이렇게 말한 적이 있었다. "그리고 난 거기에 앉아서 내 여자들을 구경하곤 했죠." **그의** 여자들, 그것은 어떤 이미지들로 이어진다. 남자. 창문. 힘이 들어간 근육. 잔뜩 긴장한 반응 시스템. 내가 그를 그림으로 나타낸다면 곰으로 그릴 것이다.

그는 다른 곳에 가서 약에 취하곤 했다. 그 거지 같은 상태를 자신만의 비밀로 부쳤다. 약에 찌든 포주는 취약하다. 마약에 중독된 포주는 여자들을 잃고, 영역을 잃는다. 그가 마약을 한다는 사실을 오랫동안 아무도 알지 못했다. 그는 모텔방에서 마약을 주사했고, 침대에 사선으로 누워서 거지 같은 기분을 느끼곤 했다. 인간 쓰레기가 되었다는 자책감이 밀려왔다. 하지만 그런 생각도 그를 어떻게 하지 못했다. 그 무엇도 그를 멈추지 못했다.

눈썹에 거의 가려진 오른쪽 눈 위의 흉터, 없어진 치아 여섯 개. 그는 자기 모습을 비웃는다. 폭력배 같다고. 깡패 같다고. 당신이 아빠에게 절대 소개하지 않을 그런 남자 같다고. 하지만 그는 사랑에 대해 이야기한다. 그의 할머니는 97세에 돌아가셨고, 그게 너무 마음이 아팠다고, 할머니가 자신을 얼마나 사랑했는지에 대해 적었다. 밤에 경찰차 열 대, 열두 대가 길거리를 돌아다니는 모습을 보면서 그들이 손자 지미 때문에 오는 게 아니기를 어떻게 기도했는지에 대해. 그가 포주 일을 한다는 사실을 할머니가 어떻게 알게 되었는지에 대해. 그는 자기 수하의 여자아이들을 가끔 자기 집으로 데려갔고, 그러면 할머니는 그들 모두에게 먹을 걸 준비해주었고, 여자들을 보면서 "너희는 원숭이 같은 일을 하고 있는 거란다. 여기 이 녀석이 원숭이란 말야" 하고 말하곤 했다. 지미를 가리키면서.

나는 그와 함께 치안감의 부속 사무실로 가서 그가 새로 진행하는 수업 하나를 구경한다. 몇 년 전 돈테가 아직 인턴이던 시절에 와본 곳이다. 하지만 오늘 밤 그는 위층의 방에 있다. 수업 참가자 중 3분의 1 정도가 신입인데, 다시 말해서 이들은 아직 분위기 파악을 못 한다는 뜻이다. 그들은 나이순으로 원을 그리며 앉아 있다. 헐렁한 스포츠 저지, 너무 큰 청바지, 페인트가 튄 자국이 있는 티셔츠 차림. 이 남자들은 지친 기색이 역력하다. 이 중 많은 사람들이 하루 종일 직장에서 일을 하고 나서 지금은 법원의 명령에 따라 이곳에 와 있다. 몇몇은 샌브루노에서 이 프로그램을 시작했고 보호관찰의 일환으로 여기서 프로그램을 마칠 예정이다. 나는 한 명 이상으로부터 노골적인 적개심을 감지한다.

달력은 지난해 6월에서 멈춰 있다. 방 한편으로 테이블 여러 개를 밀어 놓았다.

밖에서 자동차들이 공기를 가르며 쌩 질주하는 소리가 들린다. 카운티 감옥이 이 근처이고 에어비앤비 본사가 그 감옥 바로 위에 있다. 실리콘밸리의 첨단 과학에 기대서 살지 않는 지미 같은 사람들에게 샌프란시스코는 이런 곳이다. 양분된 장소. 인도 한편에 깨진 술병과 함께 철책선이 있고, 한 블록 내려가면 지역 수제 맥줏집에서 유행을 좋아하는 사람들에게 1파인트에 15달러짜리 맥주를 파는 곳.

지미는 커리큘럼의 첫 번째 항목으로 말문을 연다. 그는 '책임성'이라고 말한다. 무슨 뜻일까요?

"1단계: 그것은 나의 폭력을 멈추는 것입니다." 한 남자가 말한다.

샌브루노에서는 그의 프로그램에 참여하는 모든 남자들이 선고를 받지 않은 상태이고, 이는 그들의 행실이 가장 반듯하다는 뜻이다. 모범생처럼 반듯하게 앉아 있다. 그들은 연애 관계, 마약, 알코올, 폭력배, 총, 그 외 무엇이든 외부 세계의 모든 자극과 강제로 단절되었다. 감옥 안에는 그들과 그들의 이야기와 시간뿐이다. 그리고 분명히 하자면 지미 역시 거기에 포함된다. 그의 일은 엄청나게 도움이 된다. 그는 폭력을 저지르지 않고 깨끗하게 살겠다는 자신의 결심이, 월급과 지원군에게 둘러싸여 있다는 사실만으로 보장된다고 믿을 정도로 멍청하지 않다. 하지만 민간 사회로 나오면 이 온갖 오래된 자극들과 삶의 방식들이 이 남자들을 잡아당긴다. 친구들과 온갖 소동과 여자들이. 이 방에 있는 절반은 환상의 나라에서 한참 멀리 떨어져 있는 듯한 모습이다. 한 남자는 팔꿈치를 무릎에 대고 카펫을 쳐다보고 있다. 또 다른 남자는 눈꺼풀이 떨린다. 오늘 밤 여기 있는 남자 중에서 바지 밑 발목에 전자팔찌를 차고 있는 사람은 세 명이다. 한 명은 양다리에 차고 있다.

지미는 일류 대학을 나온 박사님이 아니다. 그도 그들 중 한 명이다. 그는 그들의 투쟁을 속속들이 이해한다. 책으로, 연구로, 솔직히 말하자면 나 같은 사람이 머리로 이해하는 것과는 다르다. 오장육부로 이해한다. 그리고 나는 그와 함께 수차례 프로그램을 참관하면서 그가 스스로를 투명 인간쯤으로 여기는 남자들을 이해한다는 것도 안다. 술에 취한 채 수업에 오는 남자들. 잠이 드는 남자들. 쓰러져서 넘어지는 남자들. 그가 이야기하는 동안 노려보는 남자들. 그는 그들을 이해한다. 그는 안다. 그는 한 번씩 수업에서 누군가를 '팅겨내야' 할 것이다. 술이나 약에 찌들어서 오는 사람 아니면 참여하지 않는 사람을. 그러면 법원이 알게 될 것이다. 그래서 지미는 가끔 저 자식이 쫓겨났던 강의실로 곧장 다시 돌아왔다고 말하곤 한다.

"책임성" 지미가 말한다. 치명적인 위험의 순간에 빠지게 되는 네 가지 방식. 첫째는 부정이다. "난 그걸 하지 않았어. 그건 내가 아니었어." 그다음은 최소화다. "내 폭력의 영향을 축소하는 것"이라고 그가 사람들에게 말한다. "그렇지만"과 "고작" 같은 단어들이 단서다. "난 그녀를 **고작** 한 번 때렸어. 난 **고작** 그녀를 약간 밀친 것뿐이야. **그렇지만** 그녀가 먼저 나한테 덤볐어." 나머지 두 가지는 책임 전가와 공모다. "**그녀가** 날 먼저 쳤어." 그가 말한다. "**그녀가** 날 짜증 나게 했어." 이게 책임 전가다. 공모는 예를 들어서 다른 남자가 당신 옆에 앉아 있는데 "오, 이 새끼야, 저 여자가 너한테 그딴 식으로 말하게 내버려둘 거야? 야, 이놈아, 내가 너라면 저 여자한테 뭐가 뭔지 제대로 알려줄 거라고" 같은 소리를 하는 것이다.

지미는 남자들에게 이 네 가지 행동을 하지 않으면 다시는 그를 볼 일이 없을 거라고 말한다. "여러분이 공원에서 자이언츠 경기를 구경하지 않는다면요."

남자들이 웃는다. 지미는 그들에게 켈리 이야기를, 그가 그녀를 어떻게 납치했는지를 다시 들려준다. 그의 세 가지 중요한 순간에 대한 이야기. 그들 대부분이 전에 들어본 적이 있다. "경찰 보고서에 적힌 모든 게 125퍼센트 진실이었어요. 그녀가 말한 모든 게 절대적인 진실이었죠." 그가 말한다. 그는 목소리를 낮추고 남자들 쪽으로 한발 다가가며 몸을 둥글게 구부려 몰입도를 높인다. 그리고 그건 효과가 있다. 남자들이 허리를 곧추세우고 앉아서 그에게 관심을 기울이기 시작한다. "그리고 그거 알아요? 나랑 관련된 모든 경찰 보고서 말이에요. 내가 한 짓이었어요. 난 잘못 체포된 적이 없어요. 누가 나에 대해 거짓말을 했던 적도 없어요. 내가 여러분에게 보여주고 싶은 게 그 부분이에요. 난 그걸 알아요. 그렇다고 해서 내가 특별한 사람은 아니에요. 하지만 난 아무도 나에 대해 거짓말을 한 적이 없다는 걸 알아요. 그건 전부 사실이에요. 그리고 그 덕에 내가 여기에 있는 거죠. 난 어깨 너머를 돌아보며 불안하게 살고 싶지 않아요. 난 반려자와 함께 살면서 내가 집에 들어갈 때마다 그녀가 겁내는 걸 원하지 않아요."

그는 화이트보드 쪽으로 물러나서 자세를 정돈하고 두 손을 문지른다. 그는 베이지색 디키스 옷에 운동화를 신고 있다. "내가 무슨 말을 하는지 조금 알겠나요?" 그가 묻는다.

한 남자가 대답한다. "아뇨."

지미가 미소를 지으며 말한다. "자, 매수 이 얘길 듣게 될 기예요. 걱정하지 말아요. 문제는 치명적인 위험에서 시작됩니다. 이 단어를 두 개로 쏘개요. 치명적인이리 는 건 죽을 수 있다는 뜻이죠? 위험. 죽을 정도의 위험. 그러니까 여러분이 고속도로를 달리고 있는데 누가 갑자기 끼어들면 여러분은 '씨팔!' 하겠죠. 두 손이 올라갈 거고요." 그는 다시 손

326

을 들어서 방어적인 자세를 보여준다.

한 남자가 말한다. "당신의 남성성이 도전을 받았어요."

지미가 고개를 끄덕인다. 그는 그들에게 그들의 심장박동이 증가하고 근육이 단단해지고 얼굴이 우거지상이 될 거라고 말한다. 모두 잠재의식의 반응이다. 그들은 그것을 알지 못할 테지만 그건 위험에 대한 대뇌변연계의 반응이다. 그는 광대처럼 과장을 하면서 몸으로 보여주고 사람들은 웃는다.

그는 그들 모두가 어릴 때 남자는 울지 않는다는 가르침을 어떻게 받았는지에 대해 이야기한다. "우리 아빠나 엄마는 '지금 울지 마. 참아'라고 했어요, 그렇죠? 왜 안 되죠? 속상해라. 왜 울면 안 되죠? 우는 게 뭐가 나빠요? 남자애들은 자갈에서 넘어져서 아파도 울지 못했어요. 그렇지만 딸은? 딸은 일으켜 세워서 안아주고 입을 맞춰주었지만 아들한테는 울지 말라고 소리를 질렀죠." 그가 고개를 흔든다. "자, 이제는 교육을 받았으니까 나라면 이렇게 말할 거예요. '이리 오렴, 꼬마야. 나도 너랑 같이 울고 싶구나. 얼마나 속상한지 나도 알아. 괜찮아. 울어도 돼.'"

그는 어릴 때 할머니와 여자 사촌들이 모두 음식을 만들고 나르고 정리하는 모습을 보았고 남자아이들은 앉아서 야구를 구경했기 때문에 여자가 남자의 시중을 든다는 믿음을 어떻게 갖게 되었는지에 대해 이야기한다. 그들 모두가 어떤 가르침을 받았는가? 그리고 이제 성인이 된 그는 안다. 직접 음식을 하는 법을, 자신의 망할 오믈렛을 만드는 법을 배워야 하기 때문이다. "나한테는 감사라는 개념이 전혀 없었어요." 그가 옛날 여자친구들에 대해, 켈리에 대해 이야기한다. "나쁜 반려자는 한 명도 없었어요. 내 태도가 나빴던 거지."

"정말 그랬을 거 같네요." 한 남자가 말한다. 지미가 웃는다.

"날 사랑해주는 사람이 많았어요." 그가 말한다. 하지만 젊었을 때는 그들을 신경 쓰지 않았다고 말한다. 지금은 그게 얼마나 터무니없게 느껴지는지. 그는 다른 남자들, 다른 포주들, 다른 불량한 길거리 폭력배들에게 인상을 남기는 데 신경을 쓰곤 했다. "내가 알지도 못하는 개자식들을 신경 쓰는 거예요. 나는 이런 남자 모습을 한 개자식이 되고 싶은 거죠. 그리고 내가 알지도 못하는 사람에게 인상을 남기느라 바쁠 때 사랑하는 사람들한테는 상처를 주는 거예요." 그는 이것이 자기 내면의 암살자였다고 말한다. 남자들에게 폭력을 쓰라고 말하고, 남자들의 진짜 감정을 숨기고, 이런 남성 신념 체계를 강화하는 내면의 충동. "우리는 우리 모습이 암살자 같다고 말해요. 왜 그럴까요? 암살자는 침묵 속에서 움직이거든요. 암살자는 길거리 밖으로 나오지 않아요. 커다란 구형 캐딜락을 타고 빵빵 경적을 울려대면서 잎담배를 피우며 돌아다니지 않는다고요. 개자식은 저기 교외에 살면서 건설회사를 소유하고 있죠. 애 셋은 가톨릭 학교에 보내고." 그는 이제 방 이곳저곳을 돌아다니면서 마치 권투를 하듯 몸을 앞뒤로 움직인다. 암살자는 다 다르다. 내면의 거짓말에 따라 좌우된다. 지미는 자신의 암살자는 "다른 사람을 조종하고, 계집질을 하고, 공격적인 개새끼"라고 말한다. 그는 움직임을 멈춘다. "당신이 당신의 딸을 상대로 한 범죄에 대해 이야기할 때는 한마디 한마디가 깊은 곳에서 우러나잖아요."

바로 그 지점이다. 남자들은 자신의 딸은 안전하게 지켜주고 싶다고, 자기 같은 남자들로부터 지켜주고 싶다고 말하지만 왜인지 그것이 반려자로는 확장되지 않는다. 나는 항상 이 관점이 불편했다. 우리는 항상 우리 자신을, 우리 자신의 이야기를 들여다봐야만 다른 사람이 중요하다는 걸 이해할 수 있는 건가? 우리 어머니와 딸을 닮은 사람들뿐만 아니라 그냥 모든 사람이 안전해야 한다고 믿을 수는 없는 건가? **연결 고리**가 있어야만 **공감대**를 형성할 수 있나? 그리고 지미의 경우도 뭔가 다른 게 더 있었다. 내가 켈리와 이야기해봐야 한다고, 그녀의 입장에서 이야기를 들어봐야 하고, 그의 아이들과 어쩌면 부모님들과도 이야기를 해야 한다고 말하면 그는 침묵하곤 했다. 그의 아버지와 한번 이야기를 나눈 적이 있었지만 아버지는 지미가 기자와 이야기를 나누는 모습을 영 못마땅하게 생각하는 듯싶었다. 그의 아버지는 바로 내 면전에서 나를 가리키며 말했다. "저 여자한테 너에 대해 전부 얘기할 거냐?" 지미는 괜찮다고 말했지만 아버지는 고개를 약간 흔들었다. 하지만 그 후 지미는 내가 그의 가족과 이야기하는 문제 앞에서는 투명 인간처럼 행동했다. 그는 가족들에게 다시 트라우마를 안기고 싶지 않다고 말했고, 나는 이해했다. 우리 모두 가족의 안전을 지키고자 한다. 하지만 나는 이런 질문을 던졌다. "어째서 당신은 성인 여성(딸, 어머니, 전 여자친구)을 대신해서 그들이 누구와 이야기를 해도 되고 누구와는 안 되는지 결정을 내리는 거죠?"

이 지점에서 지미는 더 이상 내게 뭐라고 말하지 않았다.

결국 나는 그의 전 여자친구 켈리와 이야기를 나누었다. 그녀는 자신의 이야기를 공개하는 데 동의했다. 두 사람 모두를 아는 친구들, 가족들 전부가 이미 지미와 켈리의 이야기를 안다고 내게 말했다. 켈리는 자신을 지미의 "톱뉴스"라고 불렀다. 그녀는 자신의 역사가 비폭력과 회복을 향한 지미의 임무에서 일부를 차지한다는 점을 이해했다. 그렇다고 해서 그녀가 특별히 그의 회복을 위해, 그리고 만나본 적도 없는 남자들의 회복을 위해 자신의 프라이버시를 희생해도 된다는 식은 아니었다. 하지만 그녀는 지미와 평화로운 관계를 만들었고, 자신의 인생을 다시 쌓아 올렸고, 충분히 배웠기 때문에 다시는 어떤 남자의 똥도 건드리지 않을 거라고 말했다.

그녀는 지미가 자신을 잘 다룬다고 느낀 첫 사람이었다고 말했다.

최소한 초반에는. 그는 돈이 많았고 친절했다. 그가 "약탈자"였다는 말도 하긴 했지만. 몇 년 뒤 그녀가 마침내 그를 떠나겠다는 용기를 냈을 때 사람들은 그녀가 그를 "단념"하는 거라고 말했다고 했다. 그녀는 큰 죄책감을 느꼈지만 절대 돌아가지 않았다. 그녀의 딸은 지금 아빠와 아주 잘 지내지만 그건 켈리와는 아무런 관련이 없다고 한다. 그녀와 지미는 공동 양육자일 뿐 그 이상의 의미는 전혀 없다고. 그가 정말로 변했다고 생각하느냐고 묻자 그녀는 그렇다고 말하면서도 어쩌면 자신이 순식간에 그를 다시 자극할 수도 있다고 생각한다고 말하기도 했다. 이 때문에 그녀는 그와 적당한 거리를 유지했다.

전화를 끊기 직전에 폭력적인 남자가 정말로 비폭력적인 사람이 될 수 있다고 생각하는지 물었다. 그녀는 잠시 후 이렇게 답했다. "90퍼센트 정도 비폭력적으로 될 수 있다고 생각해요. 그렇지만 절대 고칠 수 없는 작은 부분이 있어요."

지미는 이 문제에 대해 절대 내게 다시 말을 붙이지 않았다.

한번은 지미가 내게 여자들이 "자신을 고치고" 싶어 하는 걸 자신이 어떻게 아는지 이야기해준 적이 있었다. 자신은 폭력적이었던 남자가 자신의 취약점과 감정을 두려워하지 않는 남자로 다시 태어난 이야기, 그런 생존자 이야기에 대해 여자들이 갖는 어떤 집착 같은 것을 알아보는 눈이 있다고. 자신의 감정을 들여다볼 줄 아는 남자보다 더 섹시한 존재는 없다, 그렇지 않은가? 그의 페이스북 페이지를 들여다보면 그가 거짓말을 하는 게 아님을 알 수 있다. 모든 게시물마다 그의 생존 이야기에 영감을 빈은 여자들이 진부한 의견을 주렁주렁 달아놓고 있다. 어떤 여자가 그를 만나러 나라 반대편에서 비행기를 타고 날아온 적도 있었다고 한다.

그리고 난 그 점이 약간 불편하다. 심지어 약간 짜증이 날 정도다. 지미 같은 남자들은 비범하지 않다. 주목할 가치가 없다. 그들은 자신이 마땅히 해야 하는 일을 하는 것이다. 여자를 때리지 않는 것. 어떤 승리 같은 게 있다면 그들이 비로소 평균에 도달했다는 점이다. 데이비드 애덤스 역시 우리 문화가 훌륭한 생존 이야기에 대해 품는 이런 잠재적인 집착에 회의적이다. 그것은 잠재적인 자아도취가, 그들 모두가 원래 태생적으로 가지고 있는 듯한 카리스마가 된다. "그들은 카리스마가 있지만 자신의 학대 행위에 절대 책임을 지지 않는 예측 불허의 존재가 될 수 있다"고 애덤스가 내게 이야기한 적이 있었다.

지미는 화이트보드에 몸을 기대고 다시 걸걸한 목소리로 속삭인다. "난 길거리 폭력 집단에서 나고 자랐어요." 그가 말한다. "지금도 다시 그 생활로 완전히 돌아갈 수 있어요. 지금 당장이라도. 2014년에 넉 달 동안 다시 안 좋아졌죠. 2015년 4월에 돌아왔어요. 근데 그거 알아요? 난 아름다운 인생을 살고 있어요. 긍정적인 사람들에게 둘러싸여 있어요. 수업이 끝나면 헬스장에 갈 거예요. 그다음에는 맛있는 걸 먹을 거고요. 샤워를 하고 잠자리에 들죠."

"거참 끝내주는 인생이군!" 한 남자가 말한다.

"그래요." 그가 고개를 끄덕인다. "심지어 10시에는 알코올중독자 모임에 갈지 몰라요. 난 망할 쓰레기거든. 나한텐 일할 곳이 있어요. 난 당신들을 고칠 필요가 없죠. 난 나를 고쳐야 해요. 내가 문제니까. 그리고 난 여러분 모두가 성공하기를 바라지만 그거 알아요? 사실 오른쪽에 있는 남자는 성공하지 못할 거예요. 하지만 왼쪽에 있는 남자는 해낼 거예요. 여러분 중에서 성공하는 사람은 10퍼센트예요. 나는 2년 동안 그 자리에 앉아 있었어요. 성공하지 못했죠. 마약을 포기하기도, 건강하지 못한 관계와 길거리 생활을 끊기도 싫었어요. 난 엉망인 채로 지냈어요. 그리고 여러분 때문에 내가 밤잠을 설칠 일도 없어요. 그게 밑바닥처럼 단단한 진실이에요. 난 능력자도 아니고 보모도 아니에요. 그러니까 여러분이 매주 여기 와서 잠이나 자고 싶으면 난 기분이 별로예요. 여러분이 여기에 뭣 때문에 왔든 간에 똑같은 상황이 다시 벌어질 거거든요. 끝도 없이 여러 번. 여러분이 이걸 모르면 지난번에 했던 일을 그대로 하게 되는 거예요. 그리고 난 그냥 새 구경하러 나온 사람처럼 앉아 있기만 하는 거죠. 감옥은 타호호수 같아요, 여러분. 항상 열려 있어요. 이곳에 있으세요. 정신 똑바로 차리고."

그리고 이는 지미를 세 번째 이야기로 이끈다. 나는 딱 한 번 들어보았고 가족 중 누군가에게 한 번도 확인할 수 없었던 이야기. 그의 오장육부를 가장 심하게 뒤집어놓는 이야기. 긴 이야기도, 아주 새로운 이야기도 아니다. 하지만 그는 그날을 자기 인생에서 가장 고통스러웠던 날이라고 부른다. "열두 살 때였어요." 그가 말한다. 그의 딸이 성폭행을 당했다. 그들 모두가 아는 누군가에게.

"심각한 판단을 해야 했죠." 그가 남자들에게 말한다. "가서 이 개새끼의 대가리를 때려눕힐지. 나한텐 정당한 이유가 있었으니까요, 그렇잖아요? 그러고 나면 30년 정도 썩겠죠. 그렇지만 그건 대수가 아니에요. 어차피 난 개잡놈이니까. 난 어떤 시설에 가든 편안하게 지내요. 이 개새끼를 죽일까 말까?"

그가 그 소식을 접한 순간에 자신의 판단이라고 **생각**한 것은 그거였다. 그 자식을 죽일까 말까. 하지만 그는 그게 전혀 자신의 판단이 아니리는 걸 깨달았다고 말한다. 진짜 판단은 '내가 그걸 내 문제로 여기고 이 개자식을 죽이러 갈까, 아니면 내 딸의 문제로 여기고 딸을 위해 그 옆에 있을까?'였다. 만일 그가 그 자식을 죽일 경우 그는 딸이 자신을 가장 필요로 하는 순간에 딸과 함께 지내지 못한다.

"젠장" 새로 온 한 남자가 속삭인다.

"집에 갔을 때 여러분의 반려자가 겁내지 않는지 한 명 한 명 확인할 거예요." 지미가 나지막하게 이야기한다. "나는 피해자를 위해 최전선에서 일하는 사람이에요. 그리고 여러분이 더 나은 인생을 살기를 바랍니다. 그래야 이 세상에 안전하게 사는 여자가 한 명 더 생기니까요."

THE MIDDLE

PART 3　가운데

막을 수 있는 죽음

로키가 미셸과 아이들을 살해한 바로 그즈음, 미국 반대편에서는 도러시 권타 코터Dorothy Giunta-Cotter라는 여성이 자신을 학대하는 남편 윌리엄에게서 도망치는 중이었다. 그녀는 막내딸 크리스틴Kristen을 데리고 메인에 있는 한 쉼터로 피신했고, 임시접근금지명령을 신청했지만 지역 판사에게서 막 기각당한 상태였다. 판사는 도러시가 매사추세츠 주민이기 때문에 자신에게는 보호명령을 발급할 사법권이 없다고 주장했다.

그래서 도러시는 자신의 고향인 매사추세츠 에임즈버리에 있는 한 가정폭력센터의 긴급전화로 연락했다. 진 가이거Jeanne Geiger 위기관리센터에 전화한 건 처음이었고, 그곳의 누구도 그녀의 이력을 알지 못했다. 그녀는 대변인 켈리 던과 이야기를 나누었다. 던은 원래 일요일 근무를 하지 않았지만 그날은 근무 중이었고, 전화기 너머로 들려오는 도러시의 목소리에는 흔치 않은 일촉즉발의 상황에 처해 있음을 직감적으로 느끼게 하는 뭔가가 있었다. 던은 도러시와 크리스틴이 지낼 곳을 세일럼의 한 쉼터에서 찾아냈다. 그날 시간이 지난 뒤에 던은 쉼터에서 모녀를 만났고, 도러시가 이야기하는 상상할 수도 없는 지독한 상황에 귀를 기울였다.

그들은 장장 네 시간에 걸쳐 이야기를 나눴다. 던은 엄마가 수십 년간 이어진 극도의 학대를 세세하게 털어놓는 동안 줄곧 방 문 밖에 앉아 있던 크리스틴의 초인적인 인내심을 지금도 기억한다. 그날 던이 들은 도러시의 이야기 가운데 일부는 아직도 다른 사람에게 말하지 않는다(그날 도러시에게 그렇게 하겠다고 약속했고 지금도 지키고 있다). 윌리엄은 도러시를 계단 아래로 밀쳤고, 눈에 멍이 들 정도로 때렸고, 납치해서 밤새 어떤 창고에 가둬놓았고, 임신 중일 때 구타했고, 죽이겠다고 위협했고, 그녀를 차에 태우고 아무도 그녀를 발견할 수 없는 인적이 없는 먼 곳으로 가기도 했다. 흔치는 않지만 도러시가 응급실을 찾았을 때는 윌리엄이 가끔 그녀의 진통제를 갖다 버리곤 했다. 그는 도러시가 직장에 다니는 걸 허락하지 않았고, 그녀는 두 딸 외에는 자기 인생이라는 게 거의 없다시피 했다. 윌리엄은 케이블 설치 기사였기 때문에 뉴잉글랜드에 있는 모든 쉼터의 위치를 안다며 그녀에게 겁을 주었다.

도러시는 법에 따라 아버지는 자기 아이들을 만날 권리가 있다는 사실 역시 알고 있었다. 양육권 합의를 하거나 방문 일정을 잡으려면 윌리엄과 꾸준히 협상을 해야만 할 것이었다. 그러니까 그녀가 학대를 증명할 수 있다 해도 – 사실 그녀는 경찰에 한 번도 신고를 한 적이 없기 때문에 증명할 방법도 없었다 – 법의 시각에서는 윌리엄에게 권리가 있었다. 그녀는 최소한 같은 집에 있으면 딸들을 보호할 가능성은 있는 거라고 판단했다. 그래서 그녀는 돌아가고 또 돌아갔다.

하지만 도러시는 이번에는 끝이라고 던에게 맹세했다. 이번에는 윌리엄이 선을 넘었다. 열한 살인 크리스틴을 처음으로 학대한 것이다. 그는 크리스틴이 숨을 쉴 수 없을 때까지 가슴을 내리누르며 앉아 있었다. 도러시는 더 이상 참을 수가 없었다. 많은 학대 피해자들에게 아이가 피해를 당하는 사건은 종지부를 찍는 힘이 된다. 성인이 다른 성인을 학대하는 것은 아이를 학대하는 것과 차원이 다르다. 이 순간 피해자는 이제 할 만큼 했다는 판단을 내릴 때가 많다.

많은 학대자들이 그렇듯 윌리엄은 시스템을 주무르는 법을 아는 약은 사람이었다. 그들이 메인으로 도망친 이후 윌리엄은 크리스틴의 학교에 아내가 정신적으로 불안정하고 자신의 동의 없이 아이를 데려갔다는 편지를 보냈다. 그는 만일 도러시가 크리스틴의 학교 서류를 달라고 하면 – 크리스틴을 다른 곳에 등록시키려면 이전 학교의 서류가 필요했다 – 즉시 자신에게 연락을 취해야 한다고 학교에 일러두었다. 그는 편지에서 이 일은 코터 집안에서 벌어진 학대의 결과가 절대 아니라고 언급했고, 학교는 이 말을 이상하게 여겨서 지역 경찰에 연락을 취해 함께 이 상황에 대해 이야기를 해보자고 제안했다. 동시에 윌리엄 코터William Cotter는 에임즈버리 경찰서에 가서 릭 폴린Rick Poulin이라고 하는 경찰에게 실종 신고를 했다. 폴린은 코터가 아내가 신용카드를 사용할까 봐 걱정했다고 내게 말했다. "실종 신고에 대해서는 아주 방어적이었어요. 제 안에서 경고벨이 울렸죠." 폴린은 학교 직원들과 이야기를 나눈 당사자이기도 했고, 심지어 진 가이어 위기관리센터로 가서 그곳의 한 대변인과 이야기를 나누기도 했다. 사건은 뭔가 찝찝했지만 그들이 아는 한 아무도 법을 어기지 않았다. 그 가족 중 누구에게도 전과도, 학대 이력도 없었고, 윌리엄이 경찰의 레이더에 걸릴 이유가 전혀 없었다. 도러시는 아직 메인에서 긴급전화로 연락을 취하지 않은 상태였고, 윌리엄은 훌륭한 시민인 것 같았다.

대변인 던은 윌리엄이 전형적인 학대자의 행동을 따른다고 말한다. 그들은 피해자에게 자신이 시스템을 자신들에게 유리하게 주무르는 법을 알고 있음을 보여주고 싶어 한다. 던은 윌리엄이 학교에 보낸 그 편지로 "연기를 피워서" 메인에 있던 도러시를 "뛰쳐나오게 하려 했던 것"이라고 말했다.

던은 도러시에게 쉼터에서 지내면서 접근금지명령을 신청하고 난 뒤에 – 바로 다음 날 제일 먼저 하려고 하고 있었다 – 위기관리센터 변호사와 상담을 하고 전략을 짜보자고 이야기했다. 그러자 도러시는 던을 아연하게 만든 말을 던졌다. **난 쉼터하고는 끝이에요.**

도러시는 뉴잉글랜드에 있는 쉼터란 쉼터는 다 들락거렸다. 펜실베이니아까지 간 적도 있었다. 그리고 매번 결국 되돌아왔다. 영원히 숨을 수가 없었기 때문이다. 윌리엄은 절대 그녀를 그냥 놔두지 않았다. 절대이혼에 합의하지 않았다. 그녀가 어디에 있든 무엇을 피해 도망 다니든 아이들은 학교에 등록시켜야 했다. 그녀의 친정 가족들은 매사추세츠에 살았다. 어떻게 어머니와 자매를 놔두고 떠날 수 있단 말인가? 그녀의 가장 친밀한 지원 네트워크를. 언젠가는 딸들을 키우며 생계를 꾸리기 위해 일자리도 가져야 했다.

도러시는 자신은 아무 잘못도 없는데 왜 항상 자신이 떠나야 하느냐고 던에게 말했다. 그녀는 윌리엄이 어쨌든 쉼터의 위치를 대부분 안다고 믿었고, 그래서 그에게서 몸을 숨기는 것도 의미가 없었다. 그녀는 가지 않겠다고 했다. 이번에는, 다시는 숨지 않으리라. 나중에 던은 이때를 "이런 젠장 맞을" 순간이라고 불렀다. "쉼터를 거부하는 여성에 대한 계획은 없었어요." 그녀가 내게 말했다. **"쉼터가 우리의 계획이었으니까요."**

도러시와 크리스틴은 그 일요일 밤을 세일럼의 쉼터에서 보내고, 다음 날 던과 센터의 변호사와 함께 법원에 갔다. 법원은 접근금지명령을 승인했지만 한 가지 단서가 있었다. 윌리엄이 판사에게 차고에 가야 작업 도구들을 쓸 수 있다고 말했던 것이다. 그래서 판사는 윌리엄에게 아침에 집에 가서 도구를 가지고 나왔다가 저녁에 다시 반납하는 걸 허락했다. 이례적인 결정이었지만 윌리엄은 학대자로서 아무런 기록이 없었고, 그와 도러시가 결혼 문제를 해결하는 동안 고용 상태를 유지할 수 있어야 한다고 보았던 것이다.

법원의 명령이 발부되자 윌리엄은 집을 나왔다. 그리고 도러시와 크리스틴이 다시 집으로 들어갔다.

도러시의 집은 지상층 차고 위에 지어진 2층집이었다. 옆에는 이웃들을 위한 작은 주차 공간이 있었는데, 이웃집들은 워낙 다닥다닥 붙어 있어서 사이에 손 하나 넣기도 힘들었다. 도러시의 임대주택은 흰색 판자로 마무리된 외벽에 테두리는 녹색이었다. 금방이라도 부서질 것 같은 나무 계단이 출입문이 두 개인 좁은 현관으로 이어졌다. 위기관리센터는 자물쇠를 교체하고 보안 시스템을 설치했고, 도러시와 딸들에게 핸드폰을 주었다. 그리고 도러시에게는 비상 대응 목걸이도 줬다. 하지만 어느 날 밤 도러시가 요리를 하다가 실수로 버튼을 누르는 바람에 경찰차 여섯 대가 출동했다. 그녀는 너무 당황해서 목걸이를 풀어서 침실에 걸어두었다.

도러시가 다시 집에 돌아온 지 열흘이 지났을 때 차를 가지러 차고로 내려갔다. 한 슈퍼마켓에서 구직 면접이 있는 날이었다. 접근금지명령이 유효한데도 윌리엄이 난데없이 나타나 뒤에서 그녀를 붙잡더니 손으로 입을 막았다. "조용히 안 하면 쏠 거야." 그는 그녀에게 경고했다. 큰딸 케이틀린Kaitlyn이 다투는 소리를 들었고, 차고로 달려 내려왔다가 엄마가 아빠에게 인질로 잡혀 있는 모습을 보았다. "엄마 입에서 피가 나고 있었어요… 그리고 겁을 먹은 것 같았어요." 케이틀린은 나중에 진술서에 이렇게 적었다. "나는… 아무 일도 없는 걸 확인하려고 엄마랑 아빠랑 같이 서 있었어요." 두 시간 반 뒤 윌리엄이 떠났다. 다음 날 도러시는 경찰서에 가서 로버트 와일Robert Wile이라고 하는 형사에게 윌리엄이 접근금지명령을 어겼다고 신고했다. 그녀와 와일은 이야기를 한참 나누었다. 와일이 그녀를 만난 건 처음이었다. 그녀는 와일에게 남편에 대해 이야기했다. "남편한테 이야기할 때마다 남편은 나한테 겁을 줘요."

와일은 도러시가 차분하고 이성적이었다고 말했다. 그녀는 쉼터에서 지내면 두 딸과 한 방을 써야 하는데 그러면 남편이 그들을 찾아냈을 때 셋 다 살해할 가능성이 높아진다고 말했다. 그녀의 집에서는 "그냥 나만 당할" 가능성이 더 크다고 말했던 것으로 그는 기억한다. 와일은 말문이 막혔다. "그녀는 기본적으로 '난 내 죽음을 준비 중이에요, 그런데 당신은 뭘 하고 있죠?'라고 나한테 묻는 것 같았어요." 와일이 내게 말했다. "그래서 할 말을 잃었죠."

와일이 도러시를 만났던 시기에 그는 거의 20년간 경찰에 몸담으면서 형사로 경력을 쌓고 있었다. 그는 가장 섬뜩한 범죄 현장에 제일 먼저 출동할 때가 많았다. 매사추세츠 에임즈버리는 차량에 탑승한 상태에서 총을 쏜다든지, 갑자기 강도가 돌변해서 살인을 저지르는 것 같은 무차별적인 범죄는 보기 힘든 곳이었다. 한 시간 거리에 있는 보스턴에서는 무차별적인 범죄가 일어났지만 에임즈버리는 작은 중앙 광장과 빨간 벽돌을 깐 인도가 매력적인, 뉴잉글랜드의 식민지풍 미학을 뿜어내는 매사추세츠의 노동계급 도시 중 하나였다. 하지만 그곳에는 에식스 카운티에서 가정폭력 발생 빈도가 가장 높다는 미심쩍은 특징이 있었다. 그리고 그들이 겪은 살인은 범인과 피해자가 서로 아는 사이였다는 점에서 거의 항상 사적인 폭력이었다. 와일의 입장에서 '집안 싸움'은 못마땅했다. 경찰에 몸담고 있는 사실상 모든 사람이 그렇듯 그는 시시한 부부 싸움을 뜯어말리려고 경찰 일에 뛰어든 게 아니었다. 그의 태도는 기본적으로 '지금 정난하는 겁니까? 나를 이 집으로 **다시** 불러들이다뇨?'였다. 그리고 아무리 도러시의 사건이, 자신의 미래에 대한 그녀의 체념한 듯한 태도가 그에게는 상당히 심각해 보였다 해도, 당시의 그는 그 상황을 '집안 싸움'으로 해석했다.

와일은 코터의 체포 영장을 발부했다. 2002년 3월 21일, 변호사를 대동한 윌리엄이 뉴베리포트 지방 법원에 출석했다. 던은 코터가 자신이 무슨 짓을 하고 있는지 분명히 아는 사람이라고 말했다. 그는 시스템을 알았고, 그래서 금요일이 거의 끝나갈 무렵에 모든 법적 공방을 준비하고서 나타난 것이었다. 그의 과거 기록에는 교통 법규 위반 두어 건과 은행 잔고 부족이 전부였다. 케이블 설치 기사로 안정된 직업이 있었고 동네 청소년 스포츠팀에서 코치로 활동했다. 그날 판사는 그가 수십 년간 도러시를 학대했다는 사실을 몰랐고, 그가 어떻게 접근금지명령을 위반했는지 세세한 내용을 몰랐고, 그가 한때 아내를 스토킹했다가 납치했다는 사실을 몰랐다. 그는 도러시가 임신 중이었을 때 윌리엄이 그녀를 계단 아래로 밀쳤다는 사실이나, 그가 전화선으로 도러시의 목을 졸랐다는 것도 몰랐다. 그날 법원에 있었던 검사에게는 20년간의 학대를 시간순으로 정리한 도러시의 진술서도 없었다. 코터가 그날 오후에 법정에 나타날 거라는 걸 와일이 알았더라면 법정에 출석해서 판사에게 더 많은 정보를 주었을 것이다. 법원에 있는 누군가에게 연락해서 코터에 대해 경고할 수도 있었지만 와일에게는 도러시가 그를 만나러 온 날 작성한 진술서밖에 없었다. 그는 그녀가 남편을 무서워한다는 것을 알았지만 학대가 어느 정도인지는 몰랐다. 던은 알았지만 그녀와 와일은 한 번도 서로 연락을 취해본 적이 없었다. 던은 도러시의 인생 마지막 몇 주 동안에야 그녀가 받은 학대에 대해 알게 되었지만, 그녀에 대해 경찰에게 한 번도 이야기하지 않았다. 당시 와일 형사는 켈리 던이나 수잰 듀버스를 포함해서 지역 가정폭력대응기관에 있는 대변인 중 누구도 알지 못했다. 켈리와 수잰 두 사람이 와일의 궤적에서 중요한 사람이 되는 것은 나중 일이었다. 법원에 있던 그 누구도 코터를 레이더망으로 포착할 정도로 충분히 알지 못했다.

종종 삶과 죽음이라는 가장 큰 차이를 만들어내곤 하는 시스템 내부의 이런 위태로운 공백(형사법정과 민사법정의 소통 부재를 포함해서)은 매사추세츠의 이 특정 카운티에서뿐만 아니라 미국 전역의 주와 카운티에 여전히 끈질기게 존재한다. 친밀한 반려자의 폭력이 형사법정이 아니라 민사법정에서 다뤄지는 일이 너무나도 많다는 사실만 봐도 우리 사회가 아직도 그것을 어떤 식으로 바라보는지에 대한 통찰을 얻을 수 있다. 미국 최초의 '가정법원'은 뉴욕 버팔로에서 시작되었다. 당시에는 가족들이 형사법정을 찾을 필요 없이 이혼과 자녀 양육권과 관련된 문제를 해결할 수 있는 장소가 생긴다는 것이 엄청난 사법 개혁인 것 같았다. 하지만 이후 몇십 년 동안 이는 가정폭력이 형사 문제로 다뤄지기보다는 양육권이나 이혼처럼 다른 가족 문제들과 함께 뭉뚱그려지는 결과를 낳았다. 어떤 낯선 남자가 전화선으로 다른 남자의 목을 졸랐다고, 다른 남자를 계단 아래로 밀었다고, 너무 심하게 때려서 눈 주변의 뼈가 부서질 정도였다고 상상해보라. 가정폭력에서는 이런 폭행이 일상이지만, 이런 일이 가정폭력이라는 맥락에서 발생했을 때 진지하게 여기는 검사를 나는 아직 한 번도 만나보지 못했다. "충격을 받았어요, 길거리나 술집 패싸움에서도 하지 않을 일을 가족에게 하다니 말이에요." 앤 타마샤스키라고 하는 오하이오의 전직 검사는 내게 이렇게 말했다. 윌리엄 코터가 법원에 출석한 날 그는 500달러를 지불하고서 출석한 지 몇 분 만에 보석으로 풀려났다.

딛새 뒤, 윌리엄은 직진용 조끼를 입고 호신용 스프레이와 수갑과 탄띠와 길이가 짧은 산탄총으로 무장하고 도러시의 집에 도착했다. 케이틀린은 친구의 집에 있었다. 크리스틴이 자기도 모르게 앞문을 열었다.

도러시는 윌리엄의 목소리가 들리자마자 침실로 들어가 방어벽을 쳤다. 윌리엄은 크리스틴을 밀치고 들어가 침실문을 부쉈고 몇 초 만에 도러시를 끌어냈다. 크리스틴은 위층으로 달려가 이웃집에 전화를 했고, 그 이웃이 911에 신고를 했다. 크리스틴이 아빠를 경찰에 신고하는 심리적 부담을 덜어주기 위해 던이 미리 짜놓은 계획이었다. 경찰이 몇 분 만에 도착했다.

나는 가끔 이 중요한 순간에 현장을 정지시킨다. 도러시는 아직 살아서 폭력적인 남편에게 인질로 붙잡혀 있고 경찰이 그곳에서 총을 빼들고 준비 중이다. 이제 경찰서에서는 이 가족을 안다. 폴린 경찰관 때문에, 그리고 도러시가 와일 형사를 만나러 왔었기 때문에. 이제 와일은 코터가 위험하다는 사실을, 어쩌면 대부분의 상황보다 더 위험할 수 있다는 사실을 이해했고, 이를 주위에 공유하여 경계하도록 했다. 그리고 이 순간, 윌리엄이 살아 있다. 도러시가 살아 있다. 긴급출동요원은 통화 중이다. 경찰이 거기 있다.

도러시가 와일 형사와 함께 경찰서에 앉아서, 그녀가 자신의 집에서 어떻게 죽게 될지를 이야기했을 때 상상했던 장면이 이것이었을까? 그녀는 인생을 절반도 살지 못한 서른두 살이었다. 외모가 1940년대 배우처럼 화려했던 그녀는 헤디 라마[오스트리아 출신 미국 배우이자 발명가]나 로레타 영[1940년대 할리우드 인기 배우] 같았다.

도러시는 열다섯 살이었던 운명의 그날, 그녀에게 첫눈에 반했다며 다가온 소년을 만난 그날을 기억할 시간이 있었을까? 어린 날의 자신을 원망했을까? 주변 문화가 어린 소녀들을 사랑을 향해 어떻게 떠미는지, 사랑이 모든 걸 정복한다고 어떻게 속삭이는지를 생각해본 적이 있을까? 어째서 사람들은 사랑의 패배에 대한 이야기를 더 많이 하지 않는지 의아했던 적이 있을까? 나는 사랑이 모든 걸 정복한다고 믿지 않는다. 이 세상에는 사랑보다 더 강해 보이는 것이 아주 많다. 의무. 분노. 두려움. 폭력.

나는 열한 살의 크리스틴이 침대 밑에 숨어서 무슨 일이 벌어지고 있는지 보지 못한다고 상상한다. 자신이 아버지를 들어오게 했다는 생각이 감당하기 힘든 무게로 그녀를 짓누르리라. 그녀는 친구가 문 앞에 온 것이라고 생각했을 것이다. 나는 크리스틴의 나이쯤에 어머니를 잃었다. 암이었고, 품위 있는 죽음이었다. 만일 그런 게 있다면. 하지만 나는 크리스틴이 느꼈을 격렬한 절박함을, 엄마를 보호하기 위해 그 순간의 사나운 열기 속에서 보이지 않는 신에게 했을지 모르는 약속을 조금은 이해한다. 그리고 나는 이 점 역시 이해한다. 죽음의 순간이 아무리 끔찍해도, 그 소름 끼치는 마지막 몇 분이 아무리 뇌리에서 떠나지 않아도, 상실은 아직 오지 않은 세월의 누적으로 규정되리라는 것을. 그것의 크기, 그것의 잔인한 영원함, 이 세상 크기만 한 철문은 눈 깜박할 새에 닫혀버린다.

현장이 다시 움직인다. 긴급출동요원이 경찰의 도착을 확인하기 위해 다시 크리스틴에게 전화를 했을 때 윌리엄이 아래층 전화기를 집어 들었다. 그는 그 긴급출동요원에게 경찰을 물리라고, 그러지 않으면 "누군가가 아주 심하게 다칠 거"라고 말했다. 그의 목소리는 엄격했지만 이상할 정도로 차분했다. 마치 아직도 이 모든 게 그가 충분히 감당할 수 있는 일이라는 듯이, 마치 이건 그냥 엄청난 오해이고, 자신이 처리할 개인적인 문제라는 듯이. 그 집 문에 처음 다가선 사람은 데이비드 노이스David Noyes 경찰관이었다. 그는 도러시의 비명 소리를 들었다. "그가 나를 죽이려고 해요! 그가 나를 죽이려고 해요!" 노이스는 빙단조끼를 입고 공이치기를 뒤로 당겼다. 비가 내리고 있었다. 그들 모두 우의를 입고 있었다. 방탄조끼와 장비 벨트와 우의 때문에 민첩하게 움직이기가 힘들었다. 긴급출동요원은 당연히 경찰을 물리지 않았다. 노이스가 문을 발로 차서 넘어뜨린 바로 그 순간 윌리엄이 도러시에게 총을 발사했다. 노이스는 발포 섬광이 너무 강렬해서 잠시, 하지만 윌리엄이 자기 자신을 향해 총구를 겨누기 충분한 시간 동안 앞을 볼 수가 없었다고 말했다. 긴급출동 신고 전화에 이 모든 상황이 녹음되었다. 도러시의 비명 소리가 배경에 깔리다가 쾅 하더니 갑자기 그녀의 목소리가 끊기고 나서 남자들이 고함을 치며 명령하는 소리. 그 모든 혼란스러운 소음 가운데 하나의 울부짖음이 귀에 꽂힌다. **"안 돼애애애애애애애!"** 열한 살 소녀가 수화기에 대고 지르는 비명 소리.

　　도러시가 살해당했다는 소식이 경찰서 전체로, 다음에는 이웃과, 가족과, 친구와, 언론과, 가정폭력 대응 네트워크로, 그다음에는 법원과 윌리엄을 보석으로 풀어준 판사에게로 퍼져나가면서 온 도시가 애도에 잠긴 듯했다. 그녀를 알지 못했던 사람들도 그녀를 알았던 사람들만큼이나 충격을 받았다. 도러시의 사건은 에임즈버리에서 세간의 관심을 가장 많이 받는 살인 사건이 되었다. 케이틀린과 크리스틴은 동시에 양친을 잃었다. 도러시의 어머니와 자매와 친정 가족 전체가 모두 말할 수 없는 충격을 받았다. 그리고 던과 듀버스가 보기에 그것은 당연한 결과였다. "도러시가 살해당한 뒤에 우리는 제도에 대한 걱정에 빠졌어요." 듀버스가 내게 말했다. 그들이 도러시가 전쟁터의 최전선에서 야영하는 경우를 제외하면 그 누구보다 위험한 상황이라는 것을 알았다는 점도 괴로움과 죄책감을 덜어주지는 못했다. 사실 오히려 그 때문에 괴로움과 죄책감이 더 커졌던 것 같다.

　　내가 던에게 이유를 묻자 그녀는 주저 없이 대답했다. 도러시의 죽음이 "즉각 예방 가능해" 보였기 때문이라고. 가장 확실한 사례, 도러시처럼 자신이 살해당할 것을 예상했던 사람들, 자신이 지독한 위험에 빠져 있음을 분명하게 아는 사람들을 구할 수 없다면 그들이 하는 일은 다 무슨 의미인가? 쉼터 역시 마찬가지였다. 어째서 그들의 유일한 대답은 기본적으로 무고한 피해자를 데려다가 가둬버리는 것일까? 나중에 신문 사설들은 지역 경찰과 윌리엄 코터를 보석으로 풀어준 판사를 매섭게 비판했다. 일부 논설위원들은 판사의 사임을 요구하기도 했다. 당시 진 가이거 위기관리센터 총책임자였던 듀버스는 어째서 표준 대응 절차가 실패했는지 분석하기 위해 지방검사와 와일 형사를 비롯한 경찰서 직원들과의 면담을 요청했다. 자기 일을 정확하게 하지 않은 사람은 아무도 없는 것 같았다. 표준 지침을 따르지 않은 사람은 쉼터로 돌아가기를 거부했던 도러시 본인밖에 없었다. 던이 보기에 이건 그들의 표준 지침이 잘못되었다는 의미였다.

던은 2003년 이 분석을 진행하던 와중에 샌디에이고로 날아가서 한 가정폭력 컨퍼런스에 참석했다. 기조 연설자는 재클린 캠벨이었다. 캠벨은 위험평가에 대해 이야기했다. 연설을 듣던 던에게는 캠벨이 전달하는 내용뿐만 아니라, 캠벨이 이 정보를 정량화해서 위험도의 증가를 설명하는 새로운 방식에 깊은 인상을 받았다. 가정폭력 살인 사건의 최대 지표는 앞서 일어난 물리적인 가정폭력이라고 캠벨이 말했다. 그건 당연한 소리 같다. 하지만 상황이 고조되고 있음을 알아차리지 못할 때가 많다. 그리고 그녀의 평가는 자살 위험이나 총에 접근 가능함 같은 위험 행동의 순위를 어떻게 매길지 보여주었다. 캠벨이 반려자에게 살해당한 여성의 절반이 최소한 한 번은 경찰이나 형사사법 시스템에 도움을 구한 적이 있다고 이야기하는 동안 던은 귀를 기울였다. 이는 위험 지표의 목록을 작성할 기회였다. 타임라인을 따라 표현된 살인 사건의 위험도는 예를 들어서 피해자가 학대자에게서 떠나려고 시도할 때나, 임신이나 새로운 직장, 이사처럼 집안 상황이 바뀌었을 때 치솟는다고 캠벨이 말했다. 피해자와 가해자가 헤어지고 난 뒤 3개월은 위험도가 높게 유지되다가 그다음 9개월은 약간 내려가고, 1년이 지나면 상당히 하락한다.

던에게는 낯선 다른 위험 지표들도 있었다. 목조름은 얼굴에 주먹질을 하는 것과는 다른 폭력의 범주라는 점 같은. 또는 학대자는 임신한 반려자를 대할 때 두 부류로 나뉘는 경향이 있다는 것 같은. 하나는 학대가 점점 심해지는 쪽이고, 다른 하나는 그 9개월 동안 학대를 완전히 중단하는 쪽이었다. 반려자의 일상 활동 대부분을 통제하는 것도 그렇지만 강제적인 성관계도 위험 지표이다. 캠벨이 연설을 이어갈수록 청중석에 앉은 던은 점점 심란해졌다. 그녀의 마음속을 떠다니는 생각 때문에. '도러시도 그랬어. 도러시도 그랬어. 도러시도. 맞아. 도러시. 도러시, 도러시, 도러시.'

그녀는 위험평가 도구에 대해서 처음으로 배웠다. 캠벨은 이 도구는 응급실에서만 사용해야 한다고 생각해왔다. 던은 도러시에 대해 사후 위험평가를 해보았고 그녀가 18점을 받았을 거라는 걸 알게 되었다. 미셸 먼슨 모저와 거의 같은 점수였다. 도러시는 가정폭력 살인에서 가장 위험도가 높은 범주에 속했지만 아무도 그 사실을 알지 못했다. 그녀의 죽음이 그렇게 즉각 예방 가능해 보였던 까닭이 이것이었음을 던은 깨달았다. **정말로 막을 수 있는 죽음이었던 것이다.** 표준 지침으로는 충분하지 않았다. 도러시가 살해당한 이후 처음으로 던은 실낱 같은 희망을 느끼기 시작했다.

던은 샌디에이고에서 돌아온 뒤 듀버스와 함께 캠벨의 연구를 이용해서 어떤 가정폭력 사건이 살인으로 끝날 가능성이 높은지를 예측하는 방법을 바로 고민하기 시작했다. 던의 목표는 두 가지였다. 하나는 고위험 사례에 대처하기 위한 행동 계획을 만드는 것, 다른 하나는 최대한 피해자들을 쉼터 밖에서 지내게 하는 것. 그들은 살인 잠재력이 있는 사건들, 대기 중인 도러시들을 규명하는 프로그램을 고안할 필요가 있었다. 그리고 만일 이런 피해자에게 점수를 매기고 분류할 수 있다면, 그들이 구축할 보호 장치는 캠벨이 규명한 것과 동일한 위험도의 타임라인을 따라 적용할 수 있었다. 위험도를 예측할 수 있으면 예방할 수 있는 것이 당연했기 때문이다. 그들은 볼티모어에 사는 캠벨을 매사추세츠로 초청해서 자신들의 구상을 설계하고 이행하는 작업을 함께해달라고 요청했다. 이듬해 던과 그녀의 직원들은 에임즈버리와 뉴베리포트의 경찰, 지방검사, 보호관찰관과 가석방 담당관, 학대자 개입 상담사, 병원 대표들과 만났다. 그들은 소통의 장벽을 허물고 정보를 유통하는 것이 중요한 문제임을 알았다. 다양한 관청에서 모두가 (법원의 판사, 경찰서의 형사, 위기관리센터의 대변인, 학교의 사회복지사, 응급실의 간호사 등등) 서로 다른 정보를 조금씩 가지고 있는 게 아니라 윌리엄과 도러시에 대한 정보를 전부 가지고 있었더라면 도러시가 살아 있을 가능성이 아주 높았다. 윌리엄은 보석으로 석방되지 못했으리라. 그는 총을 반납해야 했으리라. GPS가 달린 발찌를 찼으리라. 던과 듀버스는 이 모든 공백을 어떻게 메울지 생각해내야 했다. 그들은 모든 시나리오를 염두에 두고 안전 계획에 어떤 서비스를 넣을 수 있을지를 검토했다. 보호관찰관이 판사가 더 많은 정보를 열노록 노출 수 있을까? 경찰이 신고를 받고 출동했을 때 위험 요인을 부분적으로라도 규명할 수 있을까? 응급실에서 잠재적인 가정폭력 피해자를 규명하는 데 도움을 줄 수 있을까? 경찰이 보고서를 위기관리센터 대변인과 공유할 수 있을까? 학대자개입모임이 정보를 위기관리센터와 공유할 수 있을까? 매 단계에서 그들은 실행 방식, 법적인 문제, 프라이버시 기준, 그리고 무엇보다 어떻게 관료주의의 경계를 넘어서 정보를 공유할 수 있을지에 대한 이야기를 나누었다. 그들은 법령집과 프라이버시 관련 법을 샅샅이 뒤졌고, 적법하게 다른 기관과 공유할 수 있는 정보와 그렇지 않은 정보가 무엇인지를 공부했다.

정보를 공유한다는 것은 담을 쌓고 지내던 부문들이 서로 소통한다는 의미였다. 어쩌면 가장 심각한 문화적 장벽은 경찰과 위기관리센터 사이에 존재하는 것일 수 있다. 이 두 기관에 존재할 수 있는 모든 젠더화된 고정관념은 개인 수준에서 해결하는 수밖에 없었다. 던의 사무실에서는 주로 여성들이, 경찰서에서는 주로 남성들이 근무했다. 와일 형사는 고위험대응팀이 만들어지기 전에는 지역 경찰들이 던과 위기관리센터의 다른 대변인들을 '남자들은 우릴 증오해 클럽'이라고 생각했다고 내게 말한 적이 있었다. "우린 그 사람들을 상대하지 않았어요." 그가 말했다. 경찰들은 공통적으로 위기관리센터 같은 곳에서 일하는 여자들은 '우리를 좋아하지 않는다'고 느꼈기 때문이다. 던은 이런 묘사를 듣고 웃음을 터뜨렸다. "우리는 페미나치였어요. 그리고 그들은 초과근무만 걱정하는 밥맛없는 놈들이었고요." 그녀가 내게 말했다. 하지만 대변인과 경찰은 서로 이야기를 나누면서 각자가 상대하는 독특한 문제와 장벽들에 대해 알게 되었다. 던은 와일과 이야기를 나누면서 경찰들이 같은 집에 출동하고 또 출동하는 과정에서 어떻게 불만을 갖게 되는지를 이해하기 시작했다. 그리고 와일 같은 경찰들은 피해자들이 처한 곤란한 환경을 이해하기 시작했다. 던은 경찰이 찾아가면 적개심을 보이고 학대자의 편을 드는 피해자들이 경찰이 아니라 학대자에게 메시지를 보내는 방식으로 안전 조치를 취하곤 한다는 것을 설명할 수 있게 되었다. **내가 충성하는 거 보이지? 경찰이 가고 나면 제발 나 죽이**

지 마.

이 새로운 시스템에서는 위기관리센터가 소통의 중심 역할을 맡게 될 것이었다. 그들은 관련된 가능한 모든 조직에서 한 명을 대표로 정하고 하나의 팀을 구성했다. 응급실, 사법기관, 교도소, 경찰, 대변인, 그리고 그 사이에 있는 다른 여섯 개 정도의 기관까지. 그들은 매달 모여서 고위험으로 보이는 사례를 논의하고, 비밀 유지 의무와 건강 정보 관련 법의 복잡한 경계 안에서 각각의 잠재적인 살인 사건에 대해 자신들이 아는 바를 최대한 공유하기로 결정했다. 각 기관의 각개전투는 더 이상 유효한 방식이 아니었다. "살인 사건은 틈새에서 일어나요." 던은 나중에 이렇게 말했다.

2005년 초 미국 최초의 공식적인 가정폭력고위험대응팀이 사건을 접수하기 시작했다. 그들의 최우선 과제는 틈새를 메우는 것이다.

쉼터의 제자리

여성운동을 통해 가정폭력이 전국적인 문제로 부상했던 시절만 해도 쉼터는 가장 실행 가능성이 큰 해답처럼 보였다. 피해자를 위험 상황 밖으로 피신시키는 것. 아내를 구타하는 행위를 금지하는 법이 없는 주가 많을 때였다. 친밀한 반려자의 폭력은 사적인 가정사로 치부되었고, 가정폭력에 대한 연구에는 그런 사건이 학대자를 도발한 피해자의 잘못이라는 인식의 잔재가 여전히 남아 있었다. 폭력적인 행동에 대한 책임은 그 행위의 당사자인 남성에게 있다는 생각이 전국적인 논의의 장에서 일부나마 자리를 차지하게 된 것은 그 이후 수십 년이 지난 뒤였다. 쉼터 만들기는 친밀한 반려자의 폭력에 대응하여 전국에서 조직된 최초의 시도였고, 1960년대, 70년대, 80년대, 심지어는 90년대까지도 위험한 상황에 처한 여성들에게 제공된 유일한 해법이었다. 1964년 캘리포니아는 알코올에 중독된 반려자에게 학대를 당한 여성 피해자를 위한 쉼터를 열었다. 구타당한 여성만을 위한 최초의 쉼터를 제공한 곳은 보통 메인과 미네소타로 알려져 있긴 하지만 말이다. 쉼터는 두말할 나위 없이 여성 수천 명의 목숨을 구했고 지금도 그 사실에는 변함이 없다. 40년의 시간이 흐르는 동안 쉼터 운동은 확대되었고, 지금은 3,000여 곳의 쉼터가 있다.[1]

쉼터의 정의는 아주 다양하다. 하룻밤 호텔방 침대 신세를 지는 것을 의미할 수도 있고, 스무 세대가 거주하는 집단주택일 수도 있다. 인구 밀도가 높은 도시에서는 작은 공동주택 건물이나 모텔 형태의 1인용 거주시설일 때도 있다. 대도시 밖에 있는 쉼터는 주택가에 있는 단독주택일 때가 많은데 이런 집에서는 피해자와 자녀들이 방 하나를 배정받고 주방과 욕실과 식당과 거실을 다섯에서 여덟 세대와 공유한다. 통금 시간과 집안일에 대한 규정도 있다. 기본적으로 12세 이상의 남자아이와 반려동물은 쉼터에 들일 수 없었고, 안전상의 이유로 피해자의 고용주를 비롯한 친구나 가족과의 연락은 대부분 삼가도록 한다. (지금 뉴욕에서는 미국 최초의 100퍼센트 반려동물 친화형 쉼터를 만들고 있고, 아칸소는 2015년 미국 최초의 남성용 쉼터를 개관했다.) 쉼터는 단순히 안전하게 잠을 자는 장소를 의미하지 않는다. 과거의 삶에서 완전히 발을 빼는 것을, 아이들이 이전의 삶에서 완전히 발을 빼게 만드는 것을 의미한다. 시야에서 사라지는 것을 의미한다.

도러시가 쉼터를 거부했을 때 바로 이 부분이 켈리 던의 눈에 들어왔다. 켈리 던은 내게 쉼터의 "더러운 작은 비밀"은 그것이 "복지행 차표"라는 점이라고 내게 말한 적이 있었다. 어떤 여성이 쉼터가 필요한데 가장 가까운 자리가 주 경계 너머에 있을 경우, 그게 일자리나 아이의 학교나 친구들을 남겨놓고 떠나야 한다는 걸 의미한다 해도 그 자리에서 수락해야 했다. 던은 25년간 일을 하면서 쉽사리 떠나지 않는 이미지 중 하나는 여행 가방을 든 여자들이 아이들을 데리고 도롯가에 서서 주 경계를 넘어 그날 밤 이용 가능한 쉼터 잠자리가 있는 유일한 장소로 데려다줄 버스를 기다리는 모습이라고 이야기했다. 그건 너무 심란한 풍경이다. 어쩔 수 없을 때도 있지만 그래도 여전히 고통스럽다.

쉼터에서 지내기를 거부하는 피해자가 갈수록 늘고 있다고 던이 말했다. 그들은 직장을 계속 다닐 수 있는지 아니면 연로한 부모님을 돌볼 수 있는지를 걱정한다. 병원 예약이나 친구와의 저녁 약속에 갈 수 있을지, 집안의 가보를 가져올 수 있을지, 페이스북이나 인스타그램에 글을 쓸 수 있을지를 묻는다. "그 모든 질문에 대한 대답은 '안 된다'예요." 던이 말했다. "쉼터는 이런 식으로 형사사법 시스템이 빠져나갈 구멍을 만들어줬어요. 그들은 '피해자가 정말로 그렇게 두렵다면 쉼터로 갈 거예요'라고 말하곤 하죠. 그리고 여자들이 쉼터에 가지 않으면 우린 정말로 그렇게 두려운 게 아니라고 넘겨짚어요." 그녀는 도러시를 통해 이런 추측이 얼마나 위험할 수 있는지를 배웠다.

최근 몇 년 동안 쉼터와 임상치료 제공자들은 학대 피해자들의 필요를 더 잘 수용하기 위해 노력했다. 취업은 종종 장려한다. 비용을 감당할 수 있는 쉼터는 정교한 보안 시스템을 설치했다. 일부 쉼터에서는 이제 10대 남자아이들이 어머니와 함께 지내는 것을, 가족들이 반려동물을 데려오는 것을 허용하고, 친구와 가족과의 연락을 허락하는 곳도 있다. 매사추세츠 세일럼의 지원 단체인 학대치유변화의노력Healing Abuse Working for Change 전임 대표인 캔디스 월드론Candace Waldron은 어느 날 오후 내가 그들의 최신식 쉼터를 방문할 수 있도록 주선해주었다. 그 쉼터는 도러시와 크리스틴이 묵었던 골목 안쪽의 작은 집 대신 들어선 곳이었다. 전에 있던 쉼터는 워낙 바다와 가까워서 모래가 좁은 인도를 가로질러 날아들 정도였다. 우아하게 개조된 앤 빅토리아 여왕 건축 양식의 건물은 대로변에 위치한다. 보안 카메라가 치밀하게 설치된 이 새 쉼터에는 여덟 세대가 지낼 수 있는 방과 세 곳의 독립적인 조리 공간이 있었다. 장난감이 쌓여 있는 어린이 놀이방 한 곳과 엘리베이터 한 대, 밝은색으로 칠한 복도와 계단에는 꽃그림이 걸려 있었다. 뒷마당에는 작은 모래밭이 있었다. 쉼터치고는 크고 경쾌한 분위기였지만 대부분의 집에서 느낄 수 있는 사람의 손길 같은 것이 없기도 했다. 가족사진이나 포스터, 아이들의 작품, 장식용 소품, 장난감, 책, CD 같은 것들.

최고 수준의 쉼터였다. 놀이 공간이 제공되고, 보안이 철저하고, 상태도 괜찮다. 하지만 아무리 좋은 쉼터라 해도 쉼터는 완전한 붕괴를 상징한다. 그런데도 쉼터에 비판적인 목소리를 내는 던 같은 대변인들은 주류가 아니다. "가정폭력계에 내놓기에는 별로 인기 있는 의견이 아닌 거죠." 그녀가 말했다. 대부분의 쉼터가 예산 부족에 만성적으로 시달리고, 주나 카운티의 변덕스런 재정 상태에 따라 문을 열고 닫는데도, 쉼터가 피해자와 가족들에게 손쉽게 한숨을 돌릴 곳도, 장기적인 해법이 되지 못한다는 증거가 많은데도 말이다.

이런 문제들을 지적하는 〈뉴요커〉의 내 기사에 대해 한 독자는 다음과 같은 글을 적었다.

> 미국 최초의 쉼터 중 한 곳을 설립한 사람으로서 나는… 쉼터가 사실상 '복지행 차표'라는 주장에 반대한다. 고위험대응팀은 중요한 혁신이지만 그들이 접촉하는 건 이미 경찰이나 피해자지원서비스 제공자에게 알려진 극소수의 피해자들뿐이다. 그 모델은 쉼터를 비롯, 가정폭력을 예방하는 포괄적인 접근법의 일부일 때 가장 효과가 있다. 쉼터는 대다수가 만성적인 학대와 빈곤과 홈리스 상태를 견뎌온 개인과 가정에 안전한 주택과 트라우마지원서비스를 제공한다. 생존자들은 그 장소에서 생애 처음으로 안전함을 느낀다고 말한다. 지원서비스는 교육과 취업과 안정적이고 저렴한 주택을 구하는 방법을 강조한다. 사실 25개가 넘는 지역 기관들의 협력 네트워크인 우리의 고위험대응팀은 다른 선택지가 없는 순한 경우에 가족들을 쉼터로 보내왔다.[2]

나는 이분의 의견에 동의할 수 없다. 그러므로 나는 두 가지 현실이 불편하게 공존하고 있음을 시인해야 한다. 하나는 쉼터가 필요하고 목숨을 구한다는 현실이고, 다른 하나는 쉼터가 최악의 처방이라는 현실이다.

던 역시 쉼터가 때로는 필요하다고 인정한다. 그녀는 가해자에게 움직임을 감시할 수 있도록 GPS 발찌를 차라는 법원 명령이 내려진 진행형의 한 사건에 대해 설명했다. 가해자는 발찌를 차는 날 보호관찰 사무소에 나타나지 않았고 효과적으로 도주하여 잡히지 않았다. 피해자 입장에서는 쉼터가 가장 안전한 선택지였다. 하루나 이틀 정도 안정을 찾는 데는 쉼터가 도움이 될 수도 있다. 하지만 던은 쉼터를 규칙과 통금 시간이 엄격한 여성용 감옥이라고 묘사하고, 집과 친구의 친밀함을 박탈당한 아이들은 거기서 트라우마가 생길 수도 있다고 말한다. 내가 매사추세츠에서 봤던 것 같은 최고 수준의 쉼터에서마저 트라우마가 있는 사람들이 서로 좁은 공간에서 부딪히며 지내게 된다. 한 가족에게 큰 침실 하나가 할당되는 경우가 일반적이다.

다른 범죄에서 피해자가 상황을 반전시키기 위해 노력해야 할 뿐만 아니라 심지어 시민으로서의 자유를 빼앗긴다고 상상해보라고 던은 말했다. "쉼터는 구타당한 여성의 목숨을 구했어요. 하지만 내가 보기엔 이게 우리의 대답이라는 건 본질적으로 부당해요."

요즘에는 피해자를 자신의 공동체 안에서 지낼 수 있게 하고, 피해자 주위에 일종의 안전 장벽을 세우려는 움직임이 있다. 이런 방법 중 하나를 전환의 집transitional housing이라고 한다. 전환의 집은 좀 더 장기적인 주거를 제공하고 대부분의 경우에는 더 많은 자율이 가능하다는 점에서 쉼터와 다르다. 요즘에는 많은 도시에 전환의 집이라고 할 만한 곳들이 있기 때문에 나는 전환의 집이 실제로 어떤 모습인지, 그리고 쉼터와는 어떻게 다른지 확인하기 위해 페그 핵실로Peg Hacksylo라는 여성을 만나러 갔다. 핵실로는 워싱턴 DC에 있는 안전한주택지역동맹District Alliance for Safe Housing의 전임 대표이자 전국에서 본받을 모범으로 칭찬받는 전환의 집 프로그램의 설립자이다.

여름 오후였다. 건물 바깥에는 표지판을 비롯해 그곳이 어떤 곳인지 알 수 있는 단서가 전혀 없었다. 건물 주변을 두르고 있는 울타리 뒤쪽 옆마당에는 작은 어린이용 놀이터가 있었다. 안에서 문을 열어줘야 들어갈 수 있다는 말은 미리 들었다. 입구에는 카메라가 있었고 그 건물이 차지한 블록 주변의 주요 지점마다 카메라가 설치되어 있었다. 보도 양쪽에는 기어오르는 게 거의 불가능할 정도로 높은 철 울타리가 솟아 있었다.

건물은 젠트리피케이션이 가장자리에서 안쪽으로 조금씩 밀려들어 오고 있는 워싱턴 DC의 각박한 동네 중 한 곳에 자리하고 있다. 저렴한 주택을 찾기는 훨씬 어려워진 상태였다. (워싱턴 DC는 미국에서 물가가 다섯 번째로 비싼 도시이다.) 이 글을 쓰는 시점에 침실 한 개짜리 아파트 평균 임대료가 한 달에 2,200달러를 넘는다.[3] 임대료는 미국의 모든 도시가 골머리를 앓는 문제이지만, 저렴한 주택이 빠르게 사라지고 있는 샌프란시스코, 뉴욕, 보스턴, 워싱턴 DC, 시카고, 로스앤젤레스 등이 특히 심각한 상황이다.

"가정폭력 피해자가 도시에 있는 가족주택기관에 가서 도움이나 거처를 얻기 위해 가정폭력 때문에 집이 없다고 설명을 하면 그 사람들은 '가정폭력 쉼터로 가세요. 여기선 그런 일을 안 다루니까요' 하고 말하곤 했어요." 핵실로가 내게 말했다. "그런네 가성폭력 쉼터 시스템은 워낙 영세하고 수용할 수 있는 인원이 많지 않아서 … 피해자가 가정폭력 쉼터에 들어갔다가 쉼터에서 지낼 수 있는 기간이 만료되면 다시 가족주택기관에 가서 '저기, 집이 필요해요'라고 이야기하게 돼요. 그러면 (주택기관은) '쉼터에서 지내나요?' 하고 묻죠. 그러면 피해자가 '네' 하고 말할 거잖아요. 그러면 주택기관 사람은 '아, 그럼 당신은 집이 없는 게 아니에요' 하고 말하는 상황이 벌어지게 되는 거예요."

핵실로는 이러한 문제를 해결하기 위해서 기본적으로 생존자들을 그들에게 주택을 제공하는 일체의 프로그램에서 퇴거시킴으로써 홈리스로 만들 수밖에 없는 관행이 있었다고 말한다. 그렇게 해야 그들이 적법하게 지금은 집이 없고 그래서 주거지가 필요하다고 말할 수 있기 때문이다.

많은 경우 이는 홈리스 상태와 폭력과 쉼터의 무한 순환으로 귀결되었다. 오늘날에도 워싱턴 DC 반가정폭력동맹DC Coalition Against Domestic Violence을 필두로 한 특별 대책반의 보고에 따르면 워싱턴 DC 내 홈리스 여성 가운데 가정폭력이 홈리스 상태의 직접적인 원인인 경우가 3분의 1이었다.

핵실로의 사무 공간은 벽은 자주색, 천장은 빨간색이다. 그녀는 마치 둥둥 떠 있는 것처럼 보이게 해주는 올리브색 리넨 원피스를 입고 있었다. 머리카락은 알록달록한 스카프를 넣고 같이 땋았다. 그녀는 2006년에는 이 도시에 쉼터가 두 곳뿐이었고, 이 두 곳을 합쳐서 여성과 아이만 (남성은 불가능했다) 잘 수 있는 48개의 침대가 제공되었다고 말했다. 그사이에 경찰서에는 가정폭력 신고 전화가 한 해에 3만 1,000건 이상 밀려들었다. (1991년까지 워싱턴 DC에서는 가정폭력이 범죄가 아니었다.4) 워싱턴 DC의 두 주요 기관(루스의 집House of Ruth과 자매의 집My Sister's Place)을 통해 매년 1,700명의 피해자들이 약간의 도움을 받았다. 필요와 실제 서비스 사이의 격차는 너무 크고 압도적이었다.

그즈음 핵실로는 자매의 집 부대표직을 내려놓고 여성폭력방지처에서 일하게 되었다. 가정폭력지원모임들로 구성된 한 연합 조직이 워싱턴 DC 시 의회에 쉼터의 필요성이 절실함을 설득하고 난 뒤, 의회는 안전한 주택을 추가적으로 만들 의지가 있는 사람이면 누구에게든 100만 달러를 제공하기로 배정해놓은 상태였다. 어떤 비영리 조직이든 가장 중대한 과제가 자금 조달이라고 한다면 이건 식은 죽 먹기 같았다. 거액이 들어 있는 은행 계좌가 확실하고 거대한 사회적 필요를 해결하려는 사람에게 사용되기를 기다리고 있었던 것이다. 모든 조건이 다 갖춰져 있었다. 필요 그리고 자금.

하지만 이 돈을 쓰겠다고 나서는 사람이 없었다.

막대한 자금이 있는데 신청자가 없는, 보기 드문 상황이었다.

워싱턴 DC의 가정폭력 대응 네트워크가 돌아가는 상황에 밝았던 핵실로에게 그 이유를 알아내는 임무가 주어졌다. 그녀는 일련의 포커스 그룹을 만들고 4개월에 걸쳐서 문제가 뭔지 알아내기 위해 노력했다. 알고 보니 화가 날 정도로 단순한 이유였다. 기존의 가정폭력대응기관들은 업무가 너무나도 과중했고, 모두 시급한 일들이었기 때문에 아무도 이런 거대한 새 프로그램을 집행할 엄두를 낼 수 없었던 것이다. 당연히 비전이 부재했던 게 아니었다. 그보다는 모든 기관들이 개별적으로, 그리고 집단적으로 인력 부족에 시달렸던 것이었다. 그래서 핵실로는 상사에게 가서 이야기했다. "이건 내 열정이고, 내 사랑이에요. 괜찮으시면 제가 직접 비영리 조직을 만들어서 해볼게요."

핵실로는 그 일을 떠올리며 웃음을 터뜨린다. "비영리 조직을 시작한다니 정말 퇴행적이었죠."

하지만 그녀는 6개월 만에 이사회를 꾸렸고, 비영리 지위를 승인받기 위한 서류를 제출했고, 자금 보증인을 구했고, 보조금 제안서를 작성했고, 매입할 건물을 찾았다. 그녀는 자신은 종교적인 사람이 아니지만 그 많은 일들이 그렇게 일사천리로 맞아떨어졌다는 사실은 "자신보다 거대한 무언가가 진행 중"이라는 의미로 다가왔다고 내게 말했다.

2007년 7월, 핵실로의 새로운 가정폭력대응기관인 안전한주택지역동맹은 내가 2017년 여름에 방문한 건물을 계약했다. 그들은 그것을 코너스톤주택프로그램Cornerstone Housing Program이라고 불렀다. 건물을 개조하고, 직원을 고용하고, 생존자들과 그 아이들을 받을 수 있을 정도로 프로그램 계획을 세우기까지 그 후 3년이 더 걸렸다. 그러는 동안 핵실로는 포커스 그룹 작업을 더 진행하면서 자신이 이미 알고 있던 사실을 확인했다. 그것은 바로 많은 생존자들이 결국 홈리스를 위한 쉼터에 가게 되거나, 주택 대안이 없어서 학대자에게 돌아간다는 사실이었다. 연구에 따라 다르지만 홈리스 여성 중에서 가정폭력을 당한 이력이 있는 경우가 25퍼센트에서 80퍼센트 사이이다. 그리고 상황은 악화되고 있다. 경찰이 소란 행위 소환장을 발부할 수 있는 도시에서 가정폭력은 퇴거의 주요 사유가 된다. 매튜 데스몬드는 자신의 책《쫓겨난 사람들 Evicted》에서 밀워키에서는 가정폭력 소란 행위 사건이 다른 모든 유형의 소란 행위 소환을 합친 것보다 더 많고, 이런 소환장을 발부받은 집주인의 83퍼센트가 임차인을 퇴거시키거나 퇴거시키겠다는 위협을 했다고 밝혔다. 이는 학대당한 피해자가 다음에 경찰에게 신고할 가능성이 적어질 뿐 아니라 퇴거를 통해 이중으로 피해를 당할 때가 많다는 뜻이기도 하다. 나중에 데스몬드는 가정폭력 살인 사건이 자꾸 늘어나자 밀워키의 경찰서장이 당혹감을 감추지 못했다고 말한다. 그리고 그의 표현에 따르면 "그 경찰서의 자체 규정은 구타당한 여성들에게 악마의 거래를 제시했다. 입 다물고 학대를 당하든가, 아니면 경찰에 신고하고 퇴거를 당하든가."[5]

코너스톤이 문을 열자 주택이 필요한 피학대 여성뿐만 아니라 다른 가정폭력대응기관이나 사회복지서비스기관의 대변인들에게서 걸려온 전화가 빗발쳐서 핵실로는 깜짝 놀랐다. 그들은 "여기 (가정폭력) 피해자가 있는데 뭘 해야 할지 모르겠어요" 하고 말했다. 핵실로는 홈리스를 위한 서비스와 가정폭력지원서비스가 얼마나 각자의 영역에만 파묻혀 있는지를, 이런 집단들이 협력을 위한 소통을 얼마나 하지 않는지를 깨닫기 시작했다. "그 결과 피해자들이 틈새로 빠지고 있었던 거예요." 그녀는 너무나도 많은 피해자들이 처하게 되는 고난의 순환을 언급하며 이렇게 말했다.

핵실로는 코너스톤을 꾸려가느라 바쁜 와중에도 분산형 부지 전환의 집을 알아보기 시작했다. 분산형 부지는 기본적으로 안전한주택지역동맹이 의뢰인들에게 임대하기 위해 집주인과 협상을 벌이는 단위이다. 워싱턴 DC처럼 집값이 터무니없이 비싼 곳에서는 이런 분산형 부지가 지속적으로 필요하고, 핵실로는 적정 가격의 주택과 의지가 있는 집주인을 찾기 위해 시 경계 너머로 멀리멀리 나가야 했다. 동시에 미국 전역의 전환의 집이 이제는 생존자들에게 안정된 삶을 일구는 경로를 제시하고 있는 상황이다 보니 주택도시개발처는 전환의 집이 너무 비용이 많이 든다고 주장하면서 발을 빼고 있다고 핵실로는 말한다. 대신 주택도시개발처는 소위 '급속한 재수용rapid re-housing' 쪽으로 방향을 바꿔 가정폭력 생존자들이 4개월 또는 6개월 단위로 보조금이 제공되는 주택을 드나들게 만들고 있다.

핵실로는 대부분의 사람들에게는 이 방법이 너무 단기간이라고 말한다. 이들에게는 상당한 부채가 있거나, 학대자 때문에 신용이 완전히 바닥이거나, 오랫동안 직업을 갖지 못한 경우가 많다. 학위나 직업 훈련을 마치고 싶어 하는 경우도 있다. 안전한주택지역동맹에서는 임대료를

2년간 보장해준다. 때에 따라 이후 6개월 연장 신청을 할 수도 있고, 그 다음에는 다시 2년간 부분적으로 보조금이 제공되는 주택으로 도움을 주는 프로그램이 있다. 그러고 난 뒤에도 시간이 충분치 않을 때가 있다고 한다. 나는 미셸 먼슨 모저와 그녀가 자신의 생존을 위해 품었던 긴 관점에 대해 생각한다. 그녀는 학교에 다니고, 주변을 정리해서 그 집을 아버지로부터 구입하고, 천천히 자기 이름으로 신용을 쌓고, 간호사 일자리를 가지려 하고 있었다. 4개월에서 6개월 동안 그녀가 이 많은 일을 할 수 있었을까?

핵실로는 크게 좌절감을 느끼지만 자신이 바라는 세상이 아니라 존재하는 세상 속에서 일해야 함을 알고 있다. 그녀는 자신이 갈 수 있는 곳이면 어디서든 전환의 집을 만들 것이다. 지금은 지역동맹에서 만들어낸 것을 바탕으로 전국 모델(안전한주택전국동맹National Alliance for Safe Housing)을 준비하고 있다. 2013년에는 새로운 시범 프로그램을 진행하다가 가정폭력에서 살아남기에 대해 생각하는 방식이 완전히 바뀌게 되었다고 내게 말했다. 생존자회복기금Survivor Resilience Fund이라고 하는 프로그램으로 생존자를 돕기 위한 공동출자기금 같은 것이었다. "일반적으로는 피해자가 상황을 벗어나고 싶으면 집을 나와 가정과 연을 끊고 새출발을 해야 한다고 생각하는데, 그건 쉼터로 간다는 의미이고, 그러다가 보조금이 나오는 다른 장기주택으로 옮기고, 새 직장과 새 학교를 찾고, 자신의 삶을 완전히 새로 복구한다는 의미예요." 그녀가 내게 말했다. 도러시 퀸타 코터 같은 사람들이 정확히 이런 상황이었다. 하지만 핵실로는 이 시범 프로그램을 통해 자신의 주택을 유지할 능력은 있지만 단기적으로 재정이 위기 상태인 생존자가 많다는 사실을 알게 되었다. 어쩌면 보증금과 첫 달 임대료를 낼 수 있는 목돈이 충분치 않을 수도 있고, 옮겨간 집에 세간살이를 구비할 방법이 없을 수도 있다. 학대자가 생존자의 이름으로 카드 빚을 냈을 수도 있다. 어떤 상황이건 생존자회복기금은 이들이 최초의 커다란 재정적 장애물을 넘어서 자신의 공동체 안에 머무를 수 있는 방편이 되어준다.

"내 입장에서 이건 완전한 패러다임 전환이었어요. 저는 사회생활을 하는 내내 쉼터와 전환의 집에서 일했으니까요." 그녀는 기본적으로 그들이 제공하는 돈은 생존자가 사적인 폭력의 결과로 홈리스가 되는 것을 피할 수 있도록 도움을 준다고 말한다. 하지만 핵심로는 회복기금을 통해 기존의 생각이 항상 옳은 것이 아님을, 다시 말해 생존자는 자신의 공동체를 떠나지 않고 싶어 할 수 있고, 학대자와 관계를 완전히 끊기를 원치 않는 생존자도 많다는 사실이 입증되었다고 생각한다. 생존자들은 안전을 원하지만 동시에 아이들이 엄마와 아빠 모두와의 관계를 유지하기를 바라기 때문에 회복기금은 이런 이들에게 원래 있던 공동체 안에서 자기 집을 유지할 방편을 제공하고, 많은 경우에는 형사사법 시스템과 거리를 둔다. 핵심로의 말에 따르면 "생존자들에게 소득이 생기면 필연적으로 더 나은 지위에서 스스로의 안전과 정의를 요구하게 된다."

인터뷰를 마치기 전 핵심로는 내게 코너스톤을 간단히 보여주었다. 코너스톤은 2010년에 문을 열었고, 지금은 원룸형 스튜디오와 침실이 별도인 유닛(원베드룸 유닛) 43개를 갖추고 있다. 안전한주택지역동맹은 2년간 임대료를 대준다. 생존자들이 재정 상태를 정리하고 부채를 갚고 가급적이면 어느 정도 저축까지 해서 알코올이나 약물중독 같은 사사의 문제를 해결하고 아이들을 학교에 보내기에 충분한 시간이라고 핵심로는 말한다. 유닛 중 한 곳에는 텔레비전이 딸린 작은 피트니스룸이 있다. 어린이용 실내 공동 놀이 공간은 두 곳인데, 하나는 어린아이들을 위한 곳이고 다른 하나는 좀 더 큰 아이들을 위한 곳이다. 야외 운동장도 딸려 있다. 한 주에 두 번 어린이 트라우마에 대한 교육을 받은 자원봉사자들이 와서 아이들과 함께 놀고, 코코란예술디자인학교를 다녔던 두 사람이 운영하는 비영리 기구가 미술 치료를 진행한다. 지하실 벽에는 전문적으로 설치된 아이들의 작품이 늘어서 있는데 핵실로의 말에 따르면 코너스톤은 아이들이 도슨트로 참여하는 공동체 미술 전시를 정기적으로 진행한다고 한다. 개별 주거 공간은 바닥이 원목이고 효율 높은 주방이 새로 설치되었으며 동네가 내다보이는 커다란 창으로는 후텁지근한 여름날의 햇살이 흘러 들어온다.

코너스톤은 당장 필요한 것을 제공한다. 아름다운 거주 공간은 아니지만 자율성이 돋보인다. 핵실로는 대학을 졸업하고 처음으로 얻는 아파트와 비슷하다고 말한다. 하지만 모든 것을 공유하고, 모든 것을 다른 사람들과 협상해야 하는 쉼터와는 완전히 달라 보인다. 가족들은 프라이버시를 존중받고, 한 시기에 이곳에서 거주하는 60여 명의 아이들 대부분이 그게 가정폭력 프로그램의 일환이라는 사실조차 알지 못한다. 이 주거 공간은 눈에 보이는 희망의 상징 같다. 폭력이 없는 미래가 이들을 위해, 이들의 아이들을 위해 존재할 수 있다는 희망. 이런 식으로 생각할 수도 있을 것이다. 힘을 기르려면 주체성이 뒷받침되어야 한다고.

화염 속에서

나는 길쭉한 타원형 회의 테이블 주위에 연녹색 집기들이 자리 잡고 있는 뉴베리포트 시내의 한 회의실에 앉아 있다. 머리카락 끝이 노란 켈리 던은 테이블 중앙인 내 왼쪽에, 검은 치마와 단화 차림으로 앉아 있다. 그녀 앞에는 마닐라지 파일이 한 무더기 놓여 있다. 카키색 반바지에 조깅화를 신은 와일 형사는 휴가에서 막 돌아온 뉴베리포트의 호위 애덤스 경사의 대각선 자리에 앉았다. 와일은 여름의 끝임을 알리는 듯 온몸이 짙게 탔다. 밖에서는 메리맥 강이 대서양과 합류하고, 흰 범선들이 어디서나 볼 수 있는 뉴잉글랜드의 여름 풍경 속에서 청록색 물 위에 흔들린다. 광고판은 고래 탐조 관광과 플럼 섬 여행을 홍보한다. 한때 쇠락한 제조업 공장 도시였던 뉴베리포트는 젠트리피케이션이 진행되어 이제는 고급 옷가게와 유기농 식당, 갤러리가 넘쳐난다. 보호관찰관, 가석방 담당관, 메리맥 경찰서, 학대자개입프로그램, 지역 병원의 대표자들이 우리와 함께 테이블에 둘러앉아 있다. 던과 그녀의 동료 케이트 존슨이 이 모임을 주재한다.

내가 뉴베리포트에 온 것은 소통이 시스템을 개선할 수 있음을 추상적인 차원에서 이해하는 것도 중요하지만, 고위험대응팀이 현장에서 피해자를 위험에서 벗어나게 하기 위해 어떤 식으로 전략을 짜는지 정확하게 확인해보고 싶었기 때문이었다. 나는 던의 담당 사례에 나오는 등장인물의 신원을 밝히지 않고, 건강정보관련법 기밀 조항의 적용 대상인 보건 분야 팀원의 말은 인용하지 않는다는 데 동의했다. 세부 내용이 경찰 보고서 같은 공공 기록의 일부일 경우 그것을 사용했지만 그렇지 않은 조건에서는 해당 세부 사항이 다양한 사례에서 나타나는 경우에만 포함했다. 가령 학대자가 CD를 부러뜨려서 그걸로 아내의 목을 긋겠다고 위협한 사건이 있는데, 엄청나게 특수해서 커플의 신원이 드러날 것 같지만, 알고 보니 던은 이런 특수한 위협을 자주 접한다(스트리밍서비스가 시작되면서 전만큼 자주 일어나지는 않겠지만 말이다. 조금 우스꽝스러운 소리 같을 수도 있지만 아마 사실일 것이다. 스포티파이[세계 최대의 음원 스트리밍 업체]가 생명을 구한다). 이렇게 우리는 피해자의 안전을 유지하면서도 내가 고위험대응팀의 운영 방식을 직접 확인하는 데 합의하게 되었다.

사건은 대체로 던의 팀이나 경찰의 한 부서를 통해 일임되고, 그 팀은 각 사건을 어느 팀원에게 배당할지를 투표로 정한다. (사건은 수년 동안 유효할 수 있다.) 전체 가정폭력 사례 중에서 약 10퍼센트가 고위험군이다. 이들은 각 사건에 어떤 변화가 있는지를 면밀히 살핀다. 임신을 했는지, 헤어지려는 시도가 있었는지, 학대자가 보호관찰이나 가석방이 끝났는지, 접근금지명령을 위반했는지, 실직을 했는지, 페이스북에 자극적인 글을 올렸는지. 그들은 캠벨의 위험 지표를 가지고 사례의 이력과 가해자의 행동 패턴을 들여다본다. 던은 그 전날 자신의 사무실에서 내가 자신이 매일 어떤 일을 처리하는지 감을 잡을 수 있도록 이름을 지운 경찰 보고서 수십 개를 건넸다. 나는 위기대응센터에서 사용하지 않는 방에 들어가 부드러운 소파에 앉았다. 복도에는 백색 소음 기계가 일제히 윙윙거렸다(의뢰인들이 대변인을 만나는 동안 프라이버시를 유지하기 위한 조치였다). 은은한 색깔과 부드러운 조명이 요가원을 연상시켰고, 보고서 내용이 안긴 공포와 충격적인 대비를 이루는 것 같았다.

"내가 어떻게 주방 바닥에 있게 되었는지는 분명하지 않지만 다음 순간 내가 기억하는 것은 (X가) 내 위에서 두 손으로 목을 조르고 있었다는 것이다.""(X는) 전에 날 죽여서 상자형 냉동고에 집어넣은 뒤 내 시체를 자신의 배로 끌고 나가서 물고기 밥으로 주겠다는 위협을 했다. 날 죽이고 내 시체를 자신의 오수 정화조에 넣겠다고 말하기도 했다.""(X는) 그녀를 여러 차례 난방 파이프에 대고 지졌다.""(그는)… 그녀의 내장을 끄집어내고 사슴처럼 매달아서 피를 흘리게 하겠다고 했다.""내가 다른 여자를 집에 데려오겠다고 결정하면 넌 내가 너에게 그녀와 함께하라고 지시하는 걸 하게 될 거야. 난 너의 주인이고 넌 나의 노예니까. 네가 내 말대로 하지 않고 날 행복하게 만들지 않으면 난 널 죽일 거야.""(X는) 차에 있는 그녀의 CD를 박살 내서 그녀가 운전하는 동안 그걸로 그녀의 목을 긋겠다고 위협하는 등 (그녀의) 목숨을 종종 위협한다…""(X는) 총을 가지고 그녀를 인질로 삼았다… (그리고) 자신이 1킬로미터 이상 떨어진 곳에서 '준비'를 해서 '그녀를 없앨 것'이라고 말했다."

앞서 나는 그 팀의 지시로 전남편인 학대자가 GPS 감시 장치를 차게 된 한 의뢰인과 이야기를 나누었다. (그녀는 매사추세츠 주소보안프로그램의 일환으로 1년 이상 보호를 받았다.) 그녀는 "그에게는 잃을 것이 있는 사람이 갖추기 마련인 편집력이 없다"고 내게 말했다. 나는 제임스 볼드윈James Baldwin의 저서 《단지 흑인이라서, 다른 이유는 없다The Fire Next Time》가 떠올랐다. "어떤 사회든 가장 위험한 피조물은 잃을 게 없는 남자다."

내가 참석한 날 던과 존슨에게는 논의할 사건이 14건이다. 그들이 맞닥뜨린 첫 번째 문제 중 하나는 의료 정보의 프라이버시와 관련이 있다. 전남편에 의한 심각한 목조름 사건이었다. 그 여성은 위기대응센터에 신고를 했고, 남자를 상대로 접근금지명령을 받았고, 고위험군에 이름을 올렸다. 그리고 그는 보호관찰 대상이 되었다. 하지만 지난주 그가 그녀에게 연락을 해서 자살을 하겠다고 위협했다. 그녀는 응급의료요원에게 연락을 했고 그는 병원에 실려 갔다. 그 뒤 그는 보호관찰 위반으로 투옥되어 억류 상태였다. 이 팀에서는 그가 석방되면 벌어질 일을 놓고 전략을 수립해야 한다. 그를 강제로 정신병동에 위탁할 수 있을까? 병원에 그의 행실에 대한 단서가 있을까? 병원 대표인 모 로드Moe Lord는 그가 병원에 왔을 때 당연히 거기 있었을 것이고 고위험팀 회의 초반부터 그의 이름을 알아보았을 텐데도 거의 침묵으로 일관한다. 건강정보관련법 때문에 거의 아무 말도 할 수 없기 때문이다. 그녀는 던에게 그의 행실에 대해 이야기할 수 없다고 말한다. 그녀는 병원에 GPS 발찌를 차고 오는 남자들을 종종 접하고 그게 그들이 보호관찰 중인 학대자임을 의미할 수 있다는 사실을 안다는, 일반적인 수준의 이야기를 한다. 미심쩍은 부상을 당한 여성들도 종종 보지만 환자가 그녀에게 상의를 하지 않는 한 그녀는 접근금지명령 위반에 대해 경찰에 신고조차 할 수 없다. 그래도 그녀가 이 자리에 있는 것은 이런 사건들에 대한 감이 있으면 피해자로 알려진 사람이 그녀의 응급실로 실려 왔을 때 개입하기 위해 노력할 수 있기 때문이다. 그녀는 최소한 던의 기관에 대한 정보를 알려주고, 그 피해자가 어떻게 구체적인 도움을 얻을 수 있는지 알려줄 수 있을 것이다.

"(학대자가) 퇴원할 때 경찰에 연락을 취할 메커니즘이 있나요?" 던이 로드에게 묻는다.

"우리가 학대자의 퇴원 사실을 알고, 그가 말해도 된다고 허락을 할 경우에는요." 로드가 말한다.

"그러면 그가 거기서 그냥 걸어 나올 수 있는 거군요?" 던이 병원을 가리키며 묻는다. 이건 위험한 시나리오다. 그는 접근금지명령을 어겼고 피해자는 그를 경찰에 신고한 적이 있으므로 상황이 고조되어 그가 훨씬 더 격분할 가능성이 높다.

로드가 고개를 끄덕인다.

던의 얼굴에 좌절감이 번진다. 그녀는 앞에 놓인 파일을 힐끗 내려다본다. 집중하느라 이마에 주름이 잡혔다. 그녀는 스트레스를 받으면서도 언제나 흔들림이 없고 꿋꿋한 이미지였다.

회의에 참석한 보호관찰관이 피해자가 경찰에 신고한 뒤 자신을 만나러 왔다고 말하고, 알고 보니 와일 형사는 그 학대자를 알고 있다. 그는 다른 피해자들이 고발한 이력을 제시한다(나는 그 정보를 여기에 밝힐 수 없다). 와일은 평생 이 지역에서 살았다. 그는 이 마을에 사는 모든 가정을 아는 것 같고, 회의에서는 종종 이 가족 저 가족에 대해, 그들이 어떤 문제를 겪다가 헤쳐 나온 세월에 대해, 또는 마약중독에 시달리던 시기에 대해, 어떤 형이 두 블록 떨어진 가족의 어떤 누나와 결혼을 했는데 이제는 그 아이의 아이들이 문제를 일으키고 있다는 사실에 대해 종종 늘어놓곤 한다. 그는 '얼간이'라는 단어를 좋아한다.

"나는 이 예외가 타라소프Tarasoff 경고[1969년 버클리대학 상담센터에서 한 학생이 상담사에게 여자친구를 살해할 계획을 털어놓았고 그 후 2개월 뒤 실제로 살인을 감행한 사건을 놓고, 내담자가 제3자에게 치명적인 해를 끼칠 것으로 예상되는 상황에서는 대상자에게 경고를 해줄 의무가 있다고 내려진 법원의 판결을 말함]에 해당할 거라고 생각하고 싶어요." 마침내 던이 입을 연다. 그녀는 피해자가 위험하다고 믿을 만한 상황일 때 정신 건강 종사자에게 요구되는 경고를 언급한다. 그냥 "경고의 의무"라고 부르기도 한다.

로드는 고개를 끄덕이며 이 말을 생각해보더니 이렇게 말한다. "제가 그걸 알게 된다면요." 그녀가 그들의 담당 사건을 통해 알아본 학대자가 풀려나자마자 피해자에게 위험을 가할 수 있다고 믿을 만한 상황임을 알게 된다면, 이라는 뜻이다. "나는 우리가 그냥 핑곗거리를 찾는 게 아닌가 싶네요." 던이 로드에게 말한다. "미래에 더 위험한 사례가 있으면, 보호관찰관을 통해서 영장이 있다는 말을 들으면, 그땐 아무 일도 할 수 없어요. (하지만) 주어진 정보를 조금만 다르게⋯ 그가 그녀의 목숨을 위협했다는 걸로 듣는다면, 그건 타라소프[의 경고를 적용할 수 있는 사례]가 되는 거죠."

로드가 그 가능성에 대해 고개를 끄덕인다.

이 팀은 각 사건에 대해 계획을 조율하여 전략을 수립한다. 때로는 경찰이 추가적으로 순찰을 하거나 가정 방문을 한다. 그들은 집에 있는 자동차나 조명을 켜고 끄는 데 남다른 점이 없는지 확인할 것이다. 어떤 경찰이 내게 들려준 이야기에서 그는 자신이 감시하던 집의 위층 창문에 불이 켜지는 것을 보고 그 집에 들러 피해자에게 별일 없는지 물었다고 한다. 알고 보니 그녀의 아이가 다락의 불을 켠 것이었다. 경찰은 차를 몰고 떠났다가 한 바퀴 돌아 다시 왔다. 학대자가 경찰이 순찰하는 모습을 지켜보고 있다가 모퉁이를 돌자마자 나타나는 건 일반적인 스토킹 수법이기 때문이다. 하지만 이 지역의 경찰들은 고위험대응팀을 통해 이 전략을 빤히 알고 있다. 그래서 이 경찰은 차를 몰고 한 바퀴를 돈 다음 떠난 지 2분 만에 다시 그 집으로 갔고, 차에서 막 내리고 있던 학대자를 발견했다.

학대자에게 GPS를 채우거나 들어갈 수 없는 배제 구역(일반적으로는 마을 전체)이 설정될 때도 있다. 고위험대응팀은 피해자를 전환의 집에 갈 수 있게 알아보거나, 법률 비용과 대리인을 지원하거나, 안전 교육을 제공하기도 한다. 자물쇠를 교체하거나 아이들과 피해자에게 새 핸드폰을 줄 수도 있다. "피해자의 장기적인 건강을 신경 쓴다면 그들이 살해당하지 않게 하는 것만으로는 충분하지 않아요." 던이 말한다. "가해자가 감옥에 가면 피해자는 육체적으로는 안전할 수 있지만 지원이 사라져서 생활이 해체될 수 있어요. 피해자를 폭력이 일어나기 전의 상태로 다시 복원시켜야 해요."

던에게는 이것이 중요하다. 피해자에게는 자체적인 문제가 있을 때도 많다. 중독, 빈곤, 실업 같은. 던은 인생의 모든 측면을 고치려고 하지 않는다. 그들이 위험을 벗어나서 실업이나 중독 같은 더 전방위적인 문제에 대한 해법을 생각할 수 있는 공간으로 가게 하려고 한다. 어쩌면 이 중 일부를 해결할 수 있는 감정적이고 육체적이고 정신적인 공간을 제공하려고.

던은 "가정폭력에서 핵심은 경범죄일 때 해결하는 것"이라고 말한다. 가정폭력에서 이보다 더 도전적인 요소 중 하나는 학대가 더 고조되지 않게 하는 것이다. 하지만 이렇게 하려면 친밀한 반려자의 폭력 사건에서는 일반적인 경우보다 경범죄를 훨씬 진지하게 다룰 필요가 있다. 타리 라미레스와 클레어 조이스 템퐁코 같은 샌프란시스코의 사건처럼. 이런 사건에서 극단적인 폭력 중 일부는 경범죄이고, 그래서 학대자는 충격적일 정도로 가벼운 선고를 받는다. 라미레스는 고작 6개월형을 받았다. 돈테 루이스마저도 여자친구를 납치하고 그녀가 입에 거품을 물고 기절할 정도로 머리를 세게 때렸는데도 겨우 4개월형을 받았다. 그리고 라미레스 같은 많은 범인들은 경범죄에서 곧장 살인으로 직행한다. 하지만 사법기관의 입장에서는 가해자를 무엇으로 기소할지, 그리고 행위를 중단시키려는 시도로 법원이 어느 정도 강하게 대응할 수 있는지가 고민이다.

고위험대응팀에게 가장 효과적인 도구 중 하나는 58A 또는 위험도 심리dangerousness hearing라고 하는 매사추세츠 보석 규정이다. 표준적인 보석 심리는 범죄자의 도주 위험을 판별하려고 하지만, 개인이나 공동체에 충분한 위협이 된다고 판단될 경우 지방검사는 58A를 요청할 수 있고 그러면 피고는 아무리 전과가 없다 해도 경범죄 국면에서 재판까지 보석 없이 억류될 수 있다. 이 법령을 이용했더라면 윌리엄 코터의 석방을 막고 도러시의 목숨을 구할 수도 있었겠지만, 당시에는 가정폭력 사건에서 거의 사용되지 않았고 그래서 던의 레이더에도 걸리지 않았으며, 코터 부부의 상황에 대한 세부 정부들은 기관별로 흩어져 있었다. 매사추세츠에서는 범인을 180일 동안 억류할 수 있다. "많은 폭력이 기소 여부를 결정하는 절차와 그에 대한 처리 사이에서 일어나요." 던이 말한다. "우린 범인을 억류해서 피해자가 억류당하지 않게 하죠." 이렇게 분명한 위험도 법규가 있는 주는 거의 없기 때문에, 이제 던은 교육을 할 때 대변인들에게 이와 유사한 보석 규정을 자기 주에서 찾아보라고 독려한다. 많은 대변인들이 뭘 어떻게 찾아야 할지 몰라 당황스러워한다. 다시 주로 돌아가서 보석 규정을 찾아봐도 실망할 뿐인 게 거의 확실하지만. 2018년 4월 펜실베이니아는 판사가 구체적으로 가정폭력 학대자의 위험도를 참작하는 것을 허용하는 규정을 통과시킨 두 번째 주가 되었다.[1]

58A는 예방적인 구금이라고 알려진 보석 법규 범주에 속하고, 던은 전국에서 진행하는 교육에서 58A 같은 규정이 있는 주에 사는 다른 대변인을 만나본 적이 거의 없다고 말한다. 사실 대부분은 어떻게 하면 자기가 속한 사법구역 내에서 이런 법규를 통과시킬 수 있을지를 묻는다. "사실 많은 주에 예방적 구금 법규가 있어요." 지역사회와 함께 효과적인 보석 집행과 관련된 일을 하는 옹호 집단인 공판전사법연구소 Pretrial Justice Institute의 최고경영자 셰리스 파노 버딘Cherise Fanno Burdeen이 말했

다. "하지만 심각할 정도로 제대로 활용되지 못하죠. 시스템은 제2의 수단을 사용하지만 안타깝게도 그게 항상 작동하는 건 아니어서 위험한 사람들이 매일, 아무런 감시도 받지 않고 감옥을 나와요."

예방적 구금 법규는 피고가 다른 사람이나 공동체에 충분히 위험하다고 판단될 경우 재판이 열리기 전까지 구금할 수 있도록 한 1984년 보석개혁법이라고 불리는 연방 법안에서 나온 것이었다. 위험도에 대한 판단에는 범죄의 성격, 피고에게 불리한 증거, 전과 같은 요인들이 포함된다. 매사추세츠에서는 이를 가정폭력 사건에 사용하는 경우가 눈에 띄게 증가하긴 했지만 조직폭력배나 마약 사건에 사용하는 경우가 가장 많다.

이런 심리가 얼마나 자주 열리는지는 아무도 추적하지 않고 있지만 예방적 구금 법규가 이행되는 방식과 근거는 주마다 약간 다르다. 하지만 예방적 구금을 이용할지 여부를 둘러싼 논란은 공통적이다. "헌법은 예상되는 행위에 대한 처벌을 못마땅해하는 경향이 있어요." 하버드 사법연구소Harvard Criminal Justice Institute 소장인 로널드 설리번 주니어Ronald S. Sullivan Jr.가 내게 말했다. "우리는 입증된 과거의 행동을 처벌합니다. 우리가 사람들을 감옥에 가두는 건 그들이 위험할 거라고 생각하기 때문이죠." 하지만 비영리 기구인 애퀴타스의 법률 자문인 빅토리아 크리스티앤슨Viktoria Kristiansson은 위험도 심리는 "판사가 증거를 분석하기 위한 상이한 맥락을 자동적으로 제공한다"고 주장하며 위험도 심리의 중요성을 언급했다.

재판 전까지 학대자를 억류할 경우 피해자가 쉼터 밖에서 지내는 데 도움이 되었다. 피해자들은 대안적인 주거지를 찾고, 돈을 모으고, 조언을 구하고, 어쩌면 일자리를 구할 시간을 벌 수 있다. "우리는 체포가 그 자체로, 그리고 저절로 예방적이라는 걸 알아요." 던이 내게 말했다. "점점 고조되는 폭력의 악순환을 교란하려는 거죠." 학대자를 재판 전까지 잡아둘 경우 피해자는 재판과 함께 위험 수위가 다시 고조되기 전에 전열을 가다듬으며 자신의 생활을 추스를 시간을 벌게 된다. 던은 그것이 자신들의 성공에 중요했다고 말한다. 그리고 던의 담당 사건 가운데 GPS 발찌로 모니터되는 범죄자는 폭력 행위를 단 한 건도 다시 저지르지 않았고, 약 60퍼센트가 그녀의 관할구역 내에서 위험도 심리를 이용하여 재판 전에 억류되었다. 고위험대응팀이 만들어지기 전에 58A가 얼마나 많이 사용되었는지에 대한 자료는 없지만, 던은 개인적인 경험을 바탕으로 도러시가 살해되기 전에는 "3년에 다섯 번 정도"를 본 것 같다고 말했다. "이제는 한 달에 두 번이에요."

그날의 마지막 사례는 한 이민자 여성과 그녀를 학대하는 반려자다. 그는 지금 공갈 폭행 때문에 감옥에 있지만 – 이 때문에 그의 이민 지위가 위태롭다 – 이 부부에게는 지금 학대자의 가족과 미국 밖에서 머물고 있는 어린 자녀가 있다. 학대자의 가족은 만일 학대자에 대한 고소를 취하하지 않으면 이 젊은 엄마는 아이를 다시는 보지 못할 수 있다고, 그리고 그녀가 아이와 상봉하기 전에 반려자가 강제추방을 당해도 역시 아이를 다시는 만나지 못할 거라고 위협했다. 이는 그녀가 증언을 할 경우 아이를 잃을 위험을 감수해야 한다는 의미였다. 사실상 그녀는 검찰 측에 전혀 설 수 없을 것으로 보인다. 이런 상황은 피해자도 검사도 어떻게 할 수가 없다. 아직은 일어나지 않았지만 고위험대응팀은 그녀가 진술을 철회할 거라고 확실하게 예상한다. 애덤스 경사는 체포 당일 밤에 작성된 진술서에 나온 이 부부의 이력을 설명하는데, 대부분은 내가 여기에 적을 수 없는 내용이다. 그가 그녀를 너무 고립시켜서 그녀가 자신의 핸드폰으로 그를 제외한 누구에게도 전화를 하지 못하게 하고 그들의 집 안에 카메라를 설치해서 그녀를 감시했다는 정도의 이야기를 제외하고는.

와일은 "지방검사 사무실에 작업해볼 만한 걸 안겨줄" 몇 가지 추가적인 기소를 덧붙여 그 고소를 수정해보면 어떨지 제안한다. "한 사건에 여덟 또는 아홉 가지 기소 사항이 있으면, 그녀가 증언대에 굳이 서지 않아도 될 거고, 그러면 그는 그중 일부에 대해 탄원을 할 거예요." 와일은 여기서 몇 가지 다른 요소들을 언급하고 있다. 일차적으로는 학대자를 폭력 사건뿐만 아니라 최대한 많은 혐의로 기소하여, 일종의 형량 협상을 하게 만드는 것이다. 마약 기소가 가능한가? 집에 불법적인 무기나 총기는 없나? 이 경우 최소한 **일부** 기소가 유지될 가능성도 높아진다. 와일이 언급하고 있는 또 다른 요소는 증거 기반 기소라고 하는 것이다. '증인'보다는 '증거'를 근거로 삼는다는 뜻이다. 검사가 법원에 증거를 충분히 제출하면 증인이 출석해 학대자 앞에서 증언할 필요가 없어진다. 이런 증거에는 사진, 참고인 진술서, 증인 진술, 과거 기록, 또는 911 테이프 같은 것이 있다.

이 방식을 이용할 경우, 예를 들어 당시 지방검사였던 스테이시 테니와 미셸의 가족이 그 뱀을 찾았더라면 미셸의 증언이 있건 없건 로키모저를 고발할 수 있었을 것이다. 로키가 미셸의 할아버지 총으로 가족 모두를 위협했을 때에 대한, 아니면 로키가 미셸이 학교를 오가는 길에 그녀를 스토킹하거나 아이들을 미끼로 삼기 위해 납치를 했던 숱한 사례를 가족들이 알았더라면 그에 대한 진술서를 덧붙일 수도 있었으리라. 재판에 앞서 위험하다는 이유로 그를 억류할 수 있었더라면 그가 일을 하다 말다 하고, 마약을 하다 말다 한다는 사실을 알게 되었으리라. 2001년에 정보를 공유하고 관료제의 경계를 넘어서 상황을 좀 더 완벽하게 파악하기 위해 애쓰는 고위험대응팀이 있었더라면 여러 근거를 토대로 다르게 행동할 수 있었으리라.

가정폭력 사건에 대한 증거 기반 기소는 미셸이 고소를 취하했던 시기에도 존재했다. 권력과 통제기구를 창립한 미네소타 딜루스의 대변인 엘런 펜스는 1980년대부터 이 방식을 지지하고 있다. 하지만 당시 샌디에이고의 기소 검사였던 케이시 그윈이 그녀의 노력을 알아차리고 이런 사례를 자신의 관할구역 안에서 재판으로 하나하나 가져오기 시작한 뒤에야 가정폭력에서 증거 기반 기소 움직임이 현실적으로 탄력을 받았다. 그윈은 딜루스로 가서 펜스를 만났고, 그녀의 주장을 파악한 뒤 샌디에이고로 돌아와서 조 데이비스라고 하는 현직 판사를 상대로 때맞춰 자신의 첫 증거 기반 가정폭력 사건 기소를 시도할 수 있었다. 데이비스의 여자친구는 이미 증언을 취소했고 그 뒤 종적을 감췄다. 하지만 그윈은 어쨌든 기소를 밀어붙였다.

그리고 지역 언론과 텔레비전 카메라 앞에서 그는 패소했다.

굴욕적인 패배였다. 상대가 판사였기 때문에 재판 전 과정에 이목이 집중되었다. 그윈은 "웃음거리가 되었어요. 내가 무슨 짓을 하고 있는지 몰랐죠" 하고 내게 말했다.

하지만 그 재판 이후 당시 샌디에이고 시 담당 검사였던 존 위트John Witt가 그의 사무실로 찾아와서 한동안은 그들 두 사람 모두에게, 그들 전체 사무실에 힘든 시기가 되겠지만 자신은 그윈이 시도했던 일의 의미를 믿는다고 이야기했다. "그가 저 보고 밖에 나가서 이런 사건에서 어떻게 이길 수 있을지 생각해보라고 하더라고요." 그윈이 말했다.

그는 모든 가정폭력 사건의 911 테이프를 요청하기 시작했다. 이전에는 한 번도 해본 적 없는 일이었다. 그리고 경찰에게는 사건 현장, 피해자, 심지어 가해자가 경찰 차량 뒤에서 격분할 경우에는 가해자까지 모든 것을 사진으로 찍어달라고 요청했다. 그윈은 존재하는 증거는 아무리 하찮은 거라도 원했다. 그는 지역 경찰서 인원 점검 시간에 찾아가서 경찰들에게 더 많은 증거를 모아달라고 부탁했다. 한 경사가 그가 요청하는 모든 임무가 헛소리라고, 그윈은 절대 이런 사건을 기소하지 못할 거라고 말하자 그윈은 경찰에게 이런 사건이 어떻게 해결되는지를 알려주는 통보 시스템을 만들었다.

그윈은 연달아 21건의 사건에 도전했다. 모두 가정폭력 경범죄였고, 모두 피해자 증언이 없었다.

이 중에서 17건을 이겼다.

1994년 여성폭력방지법이 통과되었을 즈음, 그윈은 전국의 검사들에게 가정폭력 사건에서 증거 기반 기소에 대해 교육을 했다. (엄밀하게 말해서 모든 재판이 증거를 기반으로 한다는 점에서 이를 증거 기반 기소라고 부르는 것은 약간 잘못된 호칭이다.) 그는 피해자의 협력 없이도 살인자를 기소할 수 있으면 학대자 역시 기소할 수 있다고 열렬히 신봉하게 되었다. 1996년 그윈은 샌디에이고 시 담당 검사로 선출되었고 자기 집무실 전체 인력의 10퍼센트를 가정폭력 전담팀으로 만들겠다는 선거 공약을 지켰다. 지금도 전국의 사법기관들이 그에게 교육을 받으러 찾아온다. 그윈은 1980년대에는 가정폭력 사건의 5퍼센트 미만을 기소하는 데 그쳤지만 1990년대 말 일부 사법구역에서는 이런 사건의 80퍼센트를 기소하게 되었다고 말했다.[2]

그러다 2004년 크로퍼드Crawford 판결이 나왔다.

크로퍼드 대 워싱턴 사건에서 대법원은 증인이 증언을 할 수 없는 상태(가령 아프거나 사망한 상태)가 아니면 재판에서 증인에 대한 반대 심문이 필요하다고 판결했다. 법원은 피고에게는 고소인을 상대할 헌법상의 권리가 있고, 재판에 출석하지 않은 증인의 증언 진술서는 전해 들은 말에 불과하다고 밝혔다. 그리고 전해 들은 말은 인정되지 않았다.3 이는 몸은 건강해도 너무 겁에 질려서 법원에 출석하지 못하는 피해자의 진술을 검사가 더 이상 사용할 수 없다는 의미였다.

크로퍼드 판결 이후 주 법원이 재량에 따라 인정 가능한 증거를 판결할 여지가 아직 있긴 하지만 일반적으로 봤을 때 크로퍼드 판결은 증거를 기반으로 가정폭력 사건에 대처하려는 전국의 움직임에 심대한 타격을 안겼다. 요즘에는 증인이 협조하지 않을 경우 (사건의 무려 70퍼센트에서 이런 일이 일어난다) 법원 절차에서 911 테이프나 피해자 진술은 잘 받아들여지지 않는다.4 "증거 기반 기소의 장벽은 증거의 문제가 아니에요." 그원이 말했다. "이런 사건에서 승소할 가능성의 문제도 아니에요. 문화적 규범과 가치의 문제예요. 그리고 그 핵심에는 믿을 수 없을 정도로 거대한 여성 혐오가 있죠."

뉴베리포트 모델(고위험대응팀)에 대한 비판 중 하나는 자원이 희소하고 가정폭력 신고 전화가 끊이지 않는 정신없는 도시 환경에 맞춰 규모를 확대하기가 어려우리라는 것이다. 에임즈버리 전임 경찰서장 마크 가뇬Mark Gagnon은 이런 비판을 일축한다. "지역의 규모가 커지면 자원도 늘어나는 법이에요. 다른 규모에서도 할 수 있어요." 던은 규모 확대의 어려움을 인정하지만 그건 영역을 관리 가능한 사법구역으로 나누는 문제라고 말한다. 프레이밍햄, 린, 캠브리지 같은 매사추세츠 도시 지역들은 던과 와일의 교육을 받고 고위험대응팀을 개발했다. "나는 이 모델의 장점 중 하나는 피해자를 위해 상황을 바꿀 뿐만 아니라 **모든 사람**을 위해서도 상황을 바꾼다는 점이라고 생각해요." 프레이밍햄 폭력에 반대하는 목소리의 전임 대표이자 고위험대응팀 대표인 메리 지어내키스Mary Gianakis가 말했다. "그건 바퀴에 있는 모든 살들이 가정폭력에 접근하는 방식을 바꿔놓아요. 가해자에게 분명한 메시지를 전달한다고도 생각해요. 우리가 공동체로서 그런 종류의 폭력을 그냥 보고만 있지 않는다는 메시지를요. 그건 중요한 메시지예요. 문화를 바꾸는 거니까요."

지금까지 켈리 던과 로버트 와일은 전국에서 수만 명을 교육했다. 그리고 캘리포니아부터 루이지애나, 플로리다, 일리노이 등지에서 활동하는 모임들이 교육을 요청했다. 연구를 진행한 건 캠벨이었지만 이론을 실천으로 옮긴 건 듀버스와 던이었다고 캠벨이 말했다. "그들은 제 연구에서 정보를 얻었고 지금은 제가 그들의 노력에서 정보를 얻어요." 조바이든이 부통령으로 재직하던 2010년 10월 가정폭력 의식 고양의 달을 기념하는 백악관 행사에서 수잰 듀버스의 공을 치하하며 에임즈버리 프로그램을 지지했다. 바이든은 그 자리에 모인 사람들에게 "우리는 기존의 관행이 있던 자리에 이런 종류의 성공을 복제할 필요가 있습니다"라고 말했다.

던이 보기에 그들의 성공은 힘들어 보이는 문제도 협력과 정보 공유, 그리고 순도 높은 경계심을 통해 상대적으로 낮은 비용으로 해결 가능하다는 것을 보여준다. "도러시의 사건 때 우리는 화염 속에 있으면서 화재 경보기를 찾고 있었어요." 던이 말했다. "그리고 그건 불가능한 일이에요. 이미 가동 중인 시스템이 필요한 일이니까요." 2005년 에임즈버리에 고위험대응팀이 만들어지기 전에는 에임즈버리에서만 1년에 가정폭력 살인 사건이 평균 한 건 일어났다. 그들이 출범한 이후로 듀버스와 던이 맡은 사건 중에 살인 사건은 단 한 건도 없었다. 하지만 던에게 그만큼 중요한 것은 그들이 쉼터로 보낸 생존자가 10퍼센트 미만이라는 점이다. 2005년 이전에는 이 수치가 90퍼센트를 웃돌곤 했다. 듀버스에게 있어서 피해자가 추방당하는 것이 아니라 보호받는 모델을 만드는 건 당연하다. "참 어이없는 일이죠." 그녀가 내게 말했다. "우리처럼 하는 게 사실 돈이 적게 들어요. 살인 사건 수사와 기소와 징역형에 비하면 훨씬 적게 들죠."

2012년 말 워싱턴 DC 법무부의 여성폭력방지처는 치명도평가프로그램이라고 하는 메릴랜드의 또 다른 프로그램과 함께 고위험대응프로그램의 사례를 다른 지역에서도 똑같이 모방하도록 하는 데 50만 달러를 배정했다. 처음에는 버몬트 러틀랜드, 뉴욕 브루클린, 플로리다 마이애미 등 전국 12개 현장이 고려 대상이었다. 결국 여성폭력방지처로부터 던의 프로그램을 똑같이 실시할 수 있는 허가를 받은 시범 지역은 단 한 곳, 오하이오 클리블랜드뿐이었다.[5]

오하이오주에서는 2016년 7월 1일부터 2017년 6월 30일 사이에 115건의 가정폭력 살인 사건이 있었고,[6] 2016년 한 해에만 7만여 건의 가정폭력 신고를 받았다(이 중에서 기소가 된 것은 절반이 조금 넘는다).[7] 클리블랜드 고위험대응팀을 이끄는 두 집단 중 하나인 쿠야호가 카운티 피해자증언지원센터에서 일하는 팀 베인레인Tim Boehnlein은 "7만 건이라는 건 가정폭력의 영향을 받으며 살고 있는 사람들이 얼마나 많은지를 보여준다"고 말했다. (다른 하나는 가정폭력과 아동옹호센터Domestic Violence and Child Advocacy Center이다.)

클리블랜드시 경찰국은 다섯 개의 지구로 나뉜다. 내부에 있는 세 개의 지구에는 가정폭력 전담 경찰관이 있지만 제1지구나 제5지구(가장 동쪽과 가장 서쪽 지역)는 매일 밀려드는 가정폭력 신고를 감당할 역량이 부족하다. 그래서 클리블랜드시는 2016년 10월부터 새로운 고위험대응 실험을 이 두 지역에 집중시킨다.

던은 클리블랜드에서 진행된 교육을 마치고 막 집으로 돌아온 어느 오후 내게 전화를 해서 이렇게 말했다. "당신이 만나야 할 사람이 있어요. 아무것도 묻지 말고 그냥 가봐요."

유일무이한 존재

푹신한 짙은 갈색 소파가 주를 이루는 침침하고 연기가 자욱한 한 아파트에서 맨발의 아기가 울부짖는다. 내가 여기서 조이라고 부를 이 정신없는 곱슬머리 아기는 금속으로 된 주방 의자를 넘어뜨린다. 또 다른 남자아이가 의자를 바로 세운다. 아기는 의자를 다시 넘어뜨리고 의자 등받이를 여러 차례 뛰어넘는다. 주방에는 텔레비전이 켜져 있다. 테이블 위에는 먹는 사람이 없는 질척한 치리오스 시리얼 한 그릇. 내 건너편에는 피부가 창백하고 신경 쓰일 정도로 말이 없는 사춘기 남자아이가 있다. 나는 그 아이를 마크라고 부를 것이다. 마크는 자폐증이 있는 동생이 만드는 소음에 익숙하다. 마크에게는 남다른 보살핌이 필요한 형제자매가 더 있다. 아기는 거실로 씩씩하게 들어와서 엄마의 무릎을 향해 달려간 다음 엄마가 작은 테이블 위에 올려둔 명함을 가져간다. "조이" 엄마 옆에 앉아 있는 형사가 말한다. "조이, 지금은 그 명함을 가져가면 안 된단다."

마르티나 라테사Martina Latessa 형사는 특색 없는 도시의 억양으로 이야기한다. 어쩌면 브롱크스 줄신 같기도 하다. 동해안, 척박한 동네의 말투. 하지만 그녀는 지금 우리가 있는 클리블랜드 밖에서는 한 번도 살아본 적이 없다. 조이는 그녀의 말을 무시한다. 아이가 그녀의 말을 이해하는지는 분명하지 않다. 그녀는 아이를 보며 미소 짓는다. "내 말이 들리니, 조이? 그 명함 가져가면 안 돼." 그녀가 말한다. 조이는 명함을 손에 들고 다시 맨발로 주방을 향해 깡총깡총 뛰어간다. 아이는 주방 바닥에서 트램펄린을 타고, 엉덩이로 착지한 뒤 내게는 보이지 않는 곳으로 사라진다. 조이가 방 밖으로 나가자 라테사 형사의 얼굴이 다시 진지해지고 아이 엄마를 바라본다. "당신의 사건이 저한테 배당된 이유는, 제가 가정폭력팀이기 때문이에요. 저는 (이 집이 위치한) 제5지구 소속이 아니에요. 저는 살인사건경감전담팀Homicide Reduction Unit이라고 하는 특별팀 소속이에요." 그녀가 뱉은 단어들이 대기에서 가늘게 떨린다.

살인사건.

경감.

전담팀.

이제 그녀에게 아이 엄마의 관심이 완전히 집중된다. 나는 아이 엄마를 그레이스라고 부를 것이다. 그녀는 헐렁한 스웨터를 끌어 내려 손을 덮고 소파에 몸을 웅크리고 있다. 그녀는 마르티나에게 완전히 집중한다. 마크는 마르티나의 반대편에 앉아서 혹같이 튀어나온 무릎 사이에 손을 넣고 문지르며 엄마의 얼굴을 바라본다. 마크는 돌처럼 창백하다.

"내가 당신의 사건을 맡는다는 건 당신이 살해당할 위험이 가장 높은 상태라는 거예요, 알겠어요? 이해하시겠어요?"

그레이스의 얼굴에서 눈물이 흘러내리기 시작한다.

"듣기 불편한 얘기지요?"

그녀가 고개를 끄덕인다.

주방에서 조이가 꽥꽥 소리를 지른다. 귀청을 찢고 신경을 긁는 꽥꽥 소리. 우리는 너무 오래 사용해서 스프링이 마모된 부드러운 소파에 앉아 있고, 기니피그 한 마리가 가까운 선반 위에 놓인 우리 안에서 코를 씰룩거린다.

"내가 일을 할 수 있게 도와주셔야 해요." 마르티나가 그녀에게 말한다. "그래야 내가 당신과 당신의 아이들을 지킬 수 있어요, 알겠죠?"

그레이스가 고개를 끄덕이며 소매로 코를 훔친다. 그녀는 머리카락을 뒤에서 하나로 묶었다. 누군가 조이를 뒤쪽 침실로 데려가고 거기서는 꽥꽥 소리가 잘 들리지 않아서 잠시 마음이 놓인다. 하지만 잠시 후 조이가 다시 와서 의자 등받이를 뛰어넘어 다닌다.

"힘들 거예요." 마르티나가 말한다. 그녀는 조이 때문에 당황하지 않았을 뿐만 아니라 아예 아이의 소리가 들리지 않는 것 같다. "그리고 이 일은 사라지지 않을 거예요. 당신은 당신의 인생을 되찾을 거고 오늘부터 인생을 되찾기 시작할 거예요, 알았죠?"

그레이스가 고개를 끄덕이고, 끄덕이고, 끄덕인다.

마르티나가 갑자기 마크를 향해 몸을 돌린다. "네가 저걸 예뻐해주니?"

나는 그녀의 말을 따라가지 못한다. 한 박자 뒤에야 그녀의 말을 이해한다. 저 초조해하는 기니피그.

"네." 마크가 반은 대답하듯, 반은 질문하듯 속삭인다.

"저 동물에게 못되게 굴지 않는 게 좋아." 그녀가 말한다. 그녀는 펜으로 기니피그를 가리키며 마크를 향해 씩 웃는다. 이런 전환이 얼마나 자연스러웠는지는 잠깐이면 충분히 파악할 수 있다. 이 방에 대한 그녀의 감정 독해 능력. 그녀는 엄마가 살해당할 위기에 놓여 있다고 그 어린 소년 앞에서 막 이야기했고, 엄마는 흐느끼고 있다. 아이에게는 자신을 통제할 줄 알아야 하고, 모든 질문에 대한 답이 있어야 하는 어른이 흐느끼며 무너져 내리는 모습보다 더 두려운 건 없다. 마르티나는 주변을 읽고 섬세한 감정의 날을 자연스럽게 다루는 데 재능이 있다. 그녀는 분위기를 가볍게 만든다. 그리고 만일 당신이 사춘기 아들 앞에서 이 도시의 다음 살해 피해자가 될 가능성이 제일 높다는 이야기를 막들은 사람이라면, 이 틈을 이용해 잠시 자신을 추스를 수 있다. "저 아이한테 항상 먹을 것과 물을 주는 게 좋을 거야." 마르티나가 '아이들과 농담을 할 줄 아는' 아주 공식적인 경찰의 목소리로 이렇게 말한다. 마크가 씩 웃는다. 그는 무릎을 턱까지 끌어당기고 거기에 고개를 올려놓고서는 경외감과 수줍음이 뒤섞인 표정으로 그녀를 바라본다.

그러고 난 다음 그녀는 범죄자 식별용 사진을 들고 다시 그레이스를 바라본다. "이게 그 남자인가요?"

마르티나 라테사가 일을 얼마나 효과적으로 하는지를 이해하려면 그녀 책상 위에 놓인 작은 플라스틱 동물 인형에 대해 생각해보는 게 도움이 될 수 있다. 앞에서 보면 그 인형은 개구리의 몸을 하고 있고 뒤에서 보면 카멜레온이다. 색이 워낙 화려해서 정체가 뭔지 단서를 찾는 건 무의미하다. 자연에서 볼 수 있는 건 아닌 것 같다. 보는 각도에 따라 모습이 다르고 전체로 봤을 때는 그 자체가 독립적인 범주 같다. 마음을 놓이게 하면서도 재미있고 약간은 우스꽝스럽기도 하다.

너무 깊이 들어가지 않아도 마르티나의 세상에서 비유를 찾을 수 있다.

그녀는 클리블랜드에서 고위험 사례를 전담하는 두 명의 가정폭력 형사 중 한 명이다. 직함이 좀 투박하긴 하지만 말하자면 고위험 가정폭력 형사인 것이다. 이 자리는 생긴 지 얼마 되지 않았다. 그녀와 그녀의 동료 그레그 윌리엄스Greg Williams가 아마 미국에서 유일할 것이다. (가정폭력 전담 형사나 경찰관이 있는 곳은 많지만, 대도시의 고위험 사건만 다루는 사람을 만나보지는 못했다. 켈리 던은 마르티나와 그레그가 유일한지 확신하지 못했지만 어쨌든 그녀도 다른 사람들을 한 번도 만나본 적이 없었다.) 그래서 그 직함 역시 전무후무하다.

마르티나는 자신의 업무에 초자연적으로 보일 정도로 잘 맞다. 내가 만나본 중에서 가정폭력 사건을 가장 효과적으로 다루는 경찰인 것 같다. 내가 그녀에게 이 점을 언급하자 그녀는 "거짓말!"이라고 말한다. 하지만 빨개지는 얼굴을 보면 그녀의 본심이 드러난다. (그녀는 경찰서에서 사람들에게 나를 소개할 때 "이쪽은 클리블랜드 경찰을 증오하는 레이철 스나이더예요" 하고 말한다. 내 최고의 방어는 그녀를 스틸러스 팬[펜실베이니아 피츠버그가 연고지인 농구팀. 마르티나는 오하이오 클리블랜드의 경찰이므로 타 지역팀의 팬이라는 것이 일종이 약점이 될 수 있다]이라고 부르는 것임을 알게 되었다.) 이것은 그녀가 가진 카멜레온 같은 자질을 보여준다. 얼마 되지 않는 순간에 그녀는 그레이스가 처한 믿을 수 없는 위험을 전달하고, 사춘기 소년에게는 마치 다른 날이라는 듯 허물 없이 농담을 하고, 조이에게는 다치지 않게 조심하라고 일러줄 수도 있다. 나를 포함한 대부분의 사람들은 자폐아가 있으면 그냥 그 아이를 무시할 가능성이 높다. 아니면 누가 잠시 그 아이를 봐줄 수 있는지 물어보거나. 마르티나는 아이에 대해서도 솔직하게, 하지만 마음이 상하지 않도록 부드럽게 이야기한다. "당신의 인생이 얼마나 복잡한지 알겠어요. 하지만 그게 내 일에 지장을 주진 못할 거예요." 나중에 그녀는 문에 발을 들이는 순간 조이에게 자폐증이 있다는 걸 알았다고 내게 말했다.

솔직히 말해서 마르티나가 여자라는 점이 내게는 아주 유의미하지만 그녀의 상사인 샤모드 윔벌리는 그렇게 생각하지 않는다. 윔벌리는 자기 일을 잘하기만 하면 젠더는 중요하지 않다고 믿는다. (그리고 마르티나는 세 명 몫의 일을 하는 것 같다.) 하지만 내가 보기에 그녀가 주로 여성들과 대화하는 여자라는 점은 중요하다. 그녀가 피해자를 경찰서와 법원과 위기관리센터 같은 관료주의의 미로로 끌고 다니기보다는 피해자의 집이나 친구와 가족의 집에서 피해자들을 만난다는 점도 유의미하다. 그녀가 농담을 하고, 삶의 다른 부분에 대해 물어보고, 재촉하지 않고 같이 시간을 보낸다는 것도 유의미하다. 그녀가 유일한 사람, 심각하게 제한된 자원이라는 사실 역시.

마르티나는 클리블랜드 서쪽 지역에서 아이가 열셋이고 부모가 한 쌍인 가정에서 성장했다. 조카가 너무 많아서 마흔이라고 대충 반올림해서 얘기한다. 처음으로 그녀를 만났을 때 그녀는 자신이 아리엘 카스트로의 뒷마당이 보이는 집에서 자랐다고 말했다. 그 집에는 그가 납치한 미셸 나이트, 어맨다 베리, 지나 데제서스가 10년간 갇혀 있었다. 뉴스가 보도되었을 때 아무도 믿지 못했다. 화살을 쏴서 맞출 수 있을 정도로 가까운 집이었다. 그 동네는 손바닥만 한 곳이라서 모두가 한 다리만 건너면 그 소녀들을 알았다. 그들이 어떻게 그냥 사라졌는지에 대한 이야기가 그 세월 내내 나오곤 했다.

우리는 마르티나가 어린 시절을 보낸 집을 차로 지나친다. 박공지붕에 외장재가 나무인 제2차 대전 이후 스타일의 2층집이었다. 그녀는 어두운 파란색 잠복근무용 차를 몰고 있다. V형 8기통 엔진에 고급 시트, 탱탱한 스프링, 전면의 라디오가 한 번씩 지직거리며 경찰 암호를 내뱉는 차. 그녀는 곱슬거리는 머리카락을 올림픽 체조 선수처럼 흐트러짐 없이 하나로 꽉 묶고 있다. 그녀는 자동차의 속도를 늦추고 길 건너 카스트로의 뒷마당이었던 곳을 가리킨다. 그 이후로 그 집은 철거되었다. 납치된 세 소녀가 발견된 2013년에 마르티나는 이미 클리블랜드 경찰로 18년을 근무한 형사였다.

마르티나가 어렸을 때 바로 옆집 이웃이 살해당하는 사건이 있었다. 비둘기를 먹고서 그 뼈를 그녀의 집 뒷마당에 던지곤 했던 닉이라는 이름의 남자. 남자의 성은 기억하지 못한다. 살인범은 알고 보니 마르티나 언니의 남자친구와 그의 친구들이었다. "그들은 25년을 복역했어요. 지금은 출소했죠." 그녀가 내게 말했다. 그 살인 사건으로 그녀는 두려움에 사로잡혔다. 거리에는 경찰과 응급 의료진들이 가득했고, 검시관도 왔다. 그러다가 갑자기 그들 모두가 떠났고 그녀는 울기 시작했다. 그녀는 집들을 세어보았다. 닉의 집이 그 블록에서 첫 집이고 그녀의 집이 두 번째였다. 그녀는 자신의 가족이 다음 순서라고 생각했다. 다음 날이면 누군지는 몰라도 닉을 살해한 사람이 와서 그녀와 나머지 가족들을 죽일 거라고. 강력계 경찰이 그녀가 우는 모습을 보고 다가와서 그녀의 집 앞 현관에 나란히 자리를 잡고 앉았다. 그는 자신이 와서 그녀가 잘 있는지 확인하겠다고 약속했다. 그녀는 바로 그날, 그 순간 경찰이 되고 싶다고, 그것도 강력계 경찰이 되고 싶다고 마음을 먹었다고 한다.

이건 30년에 걸친 꿈이다. 잘 믿기지 않는 이야기다. 기자를 의식하고 꾸며낸 것처럼. 하지만 클리블랜드에 수차례 와서 마르티나와 여러 날을 같이 보내다 보니 이웃의 살인 사건이 그녀의 마음 앞쪽 어딘가에 자리하고 있다는 게 분명해진다. 그녀는 수년간 그 사건을 찾아보려고, 그 강력계 형사의 이름을 알아내려고 애를 썼다. 하지만 1980년대의 살인 사건 서류 작업은 지금과는 완전히 다른 비전산 방식이었고, 그녀는 아직 아무것도 찾지 못했다. 가끔 복도에서 아는 사람(특수팀 경찰이나 순찰 경찰, 교육 중인 신참)을 만나면 옆집 이웃의 살인 사건이 대화에 끼어들곤 한다. 어느 날 그녀가 나를 강력계로 데려갔고 안에 들어서면서 방 전체에 대고 말했다. "아직 내 자리 있지? 이쪽은 클리블랜드 경찰을 싫어하는 레이철 스나이더야." 이건 그녀가 항상 하는 농담이다. 그녀가 얼마나 강력계로 가고 싶어 하는지를 보여주는. 한 형사가 그녀를 부르더니 그녀가 항상 이야기하고 다니는 오래된 사건 파일을 찾았는지 물어본다. 그녀는, "아니"라고 말하지만 곧 언젠가 손으로 쓴 낡은 파일이 보관된 지하실로 힘차게 걸어 내려갈 것이다. 법원에 출석해야 하는 어느 날 아침, 그녀는 오랜 멘토 한 명을 우연히 마주친다. 그는 이제 은퇴해서 가끔 법원 보안요원으로 일한다. 그녀는 그에게 자신이 강력계에 갈 수 있는 가능성에 대해, 다음 공석이 생겼을 때 그녀가 갈 수 있을 거라고 생각하는지에 대해 묻는다. "넌 왜 거기서 일하고 싶어하는 거야?" 그가 묻는다. "거긴 해결할 일이 아무것도 없어. 다 죽었다고." 그는 자신에게 '당신의 날이 끝날 때 나의 날이 시작된다'고 적힌 티셔츠가 있다고 내게 말한다. (몇 달 뒤 나는 이 문구를 샌디에이고의 한 은퇴한 경찰에게 이야기했더니 그는 "그래. 모든 경찰서에 그 셔츠가 있을걸" 하고 말했다.)

마르티나와 책상을 맞대고 있는 가정폭력 대변인 린 네스빗Lynn Nesbitt은 마르티나가 떠난다는 건 생각하고 싶지도 않다고 말한다. 그리고 마르티나 자신조차도 그 생각을 하면 가슴이 아픈 듯하다. 그녀는 그렇게 말하진 않지만 내가 보기에 그녀는 자신이 유일무이한 존재라는 걸 아는 것 같다. 그녀는 칭찬에는 얼굴을 붉히면서 빈정거림으로 일축한다. (그녀가 즐겨 하는 말은 "이 망할 거짓말쟁이"와 "개똥 같은 소리"이다.) 그녀는 항상 남자의 세계에서 일하는 여자 중 한 명이었고, 지금은 아마 경찰에서 일한 이후 처음으로 여자라는 사실이 유리하다. 그녀는 내가 남자들에게서는 한 번도 보지 못한 방식으로 피해자가 말을 하게한다. 그녀와 같은 팀에 있는, 그녀만큼 유능한 다른 형사들조차도 그녀처럼 피해자의 협조를 이끌어내지는 못한다. 통계에 따르면 일부 사법구역의 가정폭력 사건에서 피해자의 협조는 겨우 20퍼센트 수준이다. 그리고 미국의 많은 경찰들이 아직도 피해자가 협조하지 않으면 검찰 기소는 고사하고 보고서조차 쓸 필요가 없다고 믿는다.

마르티나는 어린 시절 가톨릭 학교를 다녔고 교복을 입고 하라는 건 다 했다. 착한 소녀였다. 하지만 그녀가 살던 동네는 거칠고 위험했다. 학교에서 집으로 걸어올 때는 쓰고 버려진 주삿바늘을 넘어 다녔다. 그게 뭔지는 모호하게만 알았다. 다른 아이들은 그녀에게 대마초를 피우고 싶은지, 맥주를 마시고 싶은지, 이런저런 마약을 해보고 싶은지 물어보곤 했고 그녀의 대답은 언제나 한결 같았다. 아니, 아니, 아니. 그녀는 아홉 살에 강력계 형사가 되겠다는 생각이 머리에 박혔고, 그 이후로 하루도 흔들려본 적이 없으므로. 그녀는 반듯한 생활을 유지했다. 빈민가에 살았지만 마음만은 빈민가가 아니었다. 그녀의 부모도 싸웠지만 폭력은 전혀 아니었다. 그녀는 아버지가 주장이 강했지만 사실 그걸 받쳐준 건 어머니였다고 말했다.

열 살인가 열한 살이던 어느 날 오후, 나이 많은 친척 집에 있는데 그녀의 남편이 집에 들어와서 그녀를 때리기 시작했다. 마르티나는 겁을 집어먹었다. 집 밖으로 뛰쳐나가 공중전화를 향해 달렸다. 그녀는 오빠에게 전화를 걸어서 무슨 일이 벌어지고 있는지 이야기했다. "경찰에 신고한다는 생각은 떠오르지도 않았어요." 그녀가 말했다. 그녀의 오빠가 왔고 그들은 다시 그 집으로 들어갔지만 그땐 이미 그 남편이 떠나고 없었고, 마르티나의 친척은 다 괜찮다고 별일 아니라고, 그냥 잊으라고 말했다.

마르티나의 인생에서 경찰 일 다음으로 제일 중요한 요소는 스포츠다. 그녀는 고등학교 3학년 때 친구가 한 일로 누명을 썼고 (그게 뭔지는 내게 말하려 하지 않았다) 농구팀에서 쫓겨났다. 그때 그녀는 세상이 무너지는 경험을 했다. 농구는 중학교 때부터 인생의 중심이었다. 아이가 열셋인 그녀의 집에서 그녀는 가장 재능 있는 운동선수였다. 소프트볼에서 골프까지 모든 운동에 타고난 재능이 있었지만 당시 그녀는 농구에 꽂혀 있었다. 그녀는 친구를 통해 클리블랜드 공공 레크레이션센터가 운영하는 지역 리그에 대해 알게 되었다. 그녀는 재능이 있었기 때문에 고등학교 3학년 1년간 도시 전역에서 펼쳐지는 지역 리그의 경기에 참여했고, 가톨릭 학교의 보호를 받는 소녀였던 그녀에게 그것은 세상물정에 대한 집중 수업과도 같았다. 갑자기 일생 동안 그녀 주위에서 살았지만 항상 낯선 사람이었던 이웃들이 그녀의 친구가 되었다. 그녀는 성이 코지올Koziol인 자매들의 가족(모두가 그녀만큼이나 스포츠에 대해 진지했다)과 친구가 되었고 그중 한 명이었던 메리앤 코지올Maryanne Koziol이 큐들 레크레이션센터 – 나중에 타미르 라이스라는 어린 남자아이가 살해당하는 바로 그곳이다 – 에서 어린이 코치 자리를 제안했다.

"그 코지올 자매들 덕분에 내가 강해졌어요." 그녀가 말한다. 그녀는 예닐곱 살짜리들로 이루어진 시시한 리그에서 코치를 맡았고 여름 티볼 프로그램을 운영했다. 그러다가 시간이 더 지나서는 어린 소녀들과 10대의 코치를 맡았다. 소프트볼, 배구, 그녀를 필요로 하는 곳이면 어디든. 그녀는 학대당하는 아이들, 부모가 약물중독자인 아이들, 위탁가정에서 지내는 아이들을 만났다. 가차 없는 가난과 폭력 속에 갇힌 아이들. 그녀는 처음으로 거리의 언어를 접했고, 마약상들이 그냥 돌아다니면서 사업을 광고하는 동네를 보았다. "코지올 자매들과 일하면서 나중에 경찰이 되어 마주하게 될 것들을 미리 접했다고 볼 수 있죠." 그녀가 말한다. "빌어먹을. 그들 덕분에 강해지지 않았더라면 절대로, 결단코 해내지 못했을 거예요."

자매 중 한 명인 수 코지올Sue Koziol이 여자 플래그 풋볼을 했고 마르티나에게 한번 해보라고 권했다. 그녀는 수월하게 팀을 짰고, 이후 10년 동안 미국 전역의 시합에 나가서 11개 전국 대회에서 우승을 거머쥐었다. 그 이후 그녀는 전국여자풋볼연맹 소속팀인 클리블랜드퓨전 선수로 뽑혔다. 태클 풋볼. 내가 구글에서 그녀를 처음으로 검색했을 때 퓨

전 선수 시절 경력에 대한 기사가 떴는데, 그때까지만 해도 나는 여자 태클 풋볼 리그가 있다는 것도 몰랐다. (그녀는 이제는 태클 풋볼에서 은 퇴했지만 아직 코치로는 활동한다.) 그녀가 공식 팀에 소속되어 배운 교훈들은 경찰 일을 하면서 아주 요긴하게 쓰였다.

"스포츠 경기를 하려면 코치를 받아야 해요." 그녀가 말한다. 우리가 이야기를 나누는 그녀의 사무실에는 닉슨 행정부 시절부터 쓰던 공업적인 분위기의 회색 책상과 바퀴 달린 갈색 사무용 의자가 있다. 그녀는 이야기를 나누는 동안 등을 기댄다. 나는 반쯤 부서진 바퀴 의자에 자리를 잡고 그녀의 책상과 윌리엄스의 책상 사이에 어색하게 앉아 있다. 그녀 뒤편에 앉아 있는 윌리엄스는 눈알이 튀어나올 것처럼 부라렸다가 다시 제자리에 집어넣으며 나에게 자신의 장기를 뽐낸 적이 있었다. "다른 사람의 조언과 비판을 받아들이는 법을 배워야 해요. 그냥 입 닥치고 다른 사람이 가르쳐주는 걸 받아들이는 거죠." 그녀가 말한다.

이건 생존자들과 함께 있을 때 쓰는 방법이기도 하다. 마르티나는 피해자를 약하거나 힘 없는 존재로 대하지 않는다. 그녀는 그들에게 왜 눌러앉아 있었냐고, 왜 결혼을 했냐고, 왜 임신을 했냐고 묻지 않는다. 그녀는 그들에게 그들과 아이들이 처한 상황을 알려주지만 궁극적으로 그녀가 할 수 있는 가장 중요한 일은 이야기를 들어주는 것이다. "이런 가정폭력 피해자들에게는 발언권이 전무해요. 집에서 의견을 낼 수가 없거든요. (학대자는) 이들에게 입 다물라고, 자기한테 말 걸지 말라고 해요. 그래서 내가 피해자와 같이 앉아 있으면 그들은 힘들게 이야기를 끄집어내요. 그레이스의 경우에도 그랬잖아요. 그녀는 울음을 터뜨리고 이야기를 하려고 애를 써야 했지만 가끔은 어깨에서 짐을 내려놓으면 기분이 한결 낫잖아요. 나는 그들에게 그런 기회를 주려고 하는 거예요."

그녀 앞쪽의 책상에는 카멜레온-개구리-도마뱀 인형이 놓여 있고 그 옆에는 다양한 수사 단계에 있는 사건 파일이 쌓여 있다. 그들의 사무실에 있는 베이지색 전화기는 너무 오래되어서 바니 밀러[1975년부터 방영된 경찰 시트콤] 시대로 거슬러 올라갈 정도다. ("우리가 사건을 지연시키기는 하지만 어디로 보내지는 못해요." 앞서 그녀는 내게 이렇게 말했다. "사람들은 우리가 그냥 게으르다고 생각하죠.") 그녀의 동료 한 명이 후무스를 가져왔는데, 마르티나는 그건 지나치게 정성스러운 음식이라고 생각한다. 그녀는 마운틴듀와 시리얼을 편애한다. 내가 함께 있을 때 같이 식사를 하러 간 적은 딱 한 번뿐이었고, 그마저도 내가 너무 배가 고파서 내 눈에서 생기가 전혀 느껴지지 않는 게 아닐까 의심스러울 정도였기 때문이었다. "좋은 수사관에게 뭐가 필요한지 말하라고 한다면 인내심이라고 생각해요." 그녀가 말한다. 그러고 난 뒤 아마도 나를 위해 이렇게 덧붙인다. "내가 지금 당장 악담을 하면 당신은 내가 악담을 하는 걸 처음으로 듣게 될 거예요(그녀가 말하는 "처음"이란 50번을 의미한다). 하지만 경찰과 형사들이 그냥 입 닥치고 듣기만 해야 할 때가 있어요."

그녀의 책상 옆 벽에는 캘빈 쿨리지[미국 30대 대통령]의 말이 적혀 있다. **강자를 끌어내림으로써 약자를 일으켜 세울 수 있으리라 기대하지 마라.** 그 옆에는 클리블랜드 캐벌리어스[클리블랜드가 연고지인 NBA 소속 농구팀] 선수의 몸에 마르티나의 머리를 포토샵으로 붙여놓은 포스터가 붙어 있다. 만일 누군가 캐벌리어스를 모욕하면 마르티나는 그 사람을 때려눕힐지 모른다. 이 포스터는 TJ라고 하는 동료 형사가 만든 것이다. 그는 사무실에 있는 모든 사람에게 비슷한 포스터를 만들어주었다. 한번은 TJ가 2016년 한 해 동안 자신이 맡은 사건 파일을 내게 보여주겠다고 했다. 우리는 별도의 사무실로 갔고, 파일 보관용 서랍장을 하나둘 끌어냈고, 다시 그의 사무실로 돌아갔다. 그는 회의 테이블 아래 놓인 여러 개의 상자를 가리켰다. 업무를 개시한 첫 해에 그들은 1,600건의 위험도를 평가했고, 이 중 약 절반이 고위험 사건으로 분류되었다. 그들은 팀을 꾸리기 전에 한 달에 약 30건의 고위험 사건을 맡게 되리라고 추정했다. 그런데 업무를 개시한 첫해인 2016년 10월 이들에게는 80여 건이 밀려들었고 그래서 모두 충격을 받았다.[1] 지금은 매달 평균 약 50건 정도다. 클리블랜드의 폭력은 종류가 다양하다. 조직 폭력배, 마약, 강도 살인 등. 하지만 무엇보다 클리블랜드의 폭력은 가정폭력이다.

가장 위험한 시간

마르티나는 그레이스의 집에서 그녀에게 범죄자 식별용 사진을 보여준다. 가정폭력 대변인인 린 네스빗이 그레이스의 반대편에 앉아 있다. 그레이스는 자신의 반려자가 맞다는 것을 확인한다. 나는 그를 바이런이라고 부를 것이다. 그레이스는 자기 앞에 놓인 종이에 서명을 한다. 마르티나가 바이런과 그레이스에 대한 보고서에 사용할 서류다.

"보기만 해도 메슥거려요." 그레이스가 말한다.

"알았어요." 마르티나가 이렇게 말하며 그 종이를 무릎에 올려두고 있던 클립보드 상자에 넣어 치운다. "이제 다시는 그를 볼 필요 없어요." 마르티나는 조이의 끊이지 않는 꽥꽥 소리, 텔레비전, 심지어는 그레이스의 눈물까지 무시하고 빈 보고서를 꺼내 그레이스에게 이야기를 해달라고 청한다.

"전부 다요? 아니면 그냥…" 그레이스가 묻는다.

"전부 다요." 마르티나가 말한다.

마르티나는 보고서를 세세하게 쓰기로 명성이 자자하다. 가정폭력 사건에서 경찰 보고서는 끝없고 불가해해 보이는 시스템 안으로 첫발을 떼는 것과 같다. 하지만 핵심적이다. 불완전한 보고서는 기소 가능한 혐의가 기소되지 못함을, 그래서 가령 로키 모저처럼 살인을 저지를 수 있는 가장 위급한 신호를 많이 드러낸 학대자가 시스템에서 손쉽게 누락될 수 있음을 의미하기 때문이다. 마르티나는 자신이 실시한 숱한 교육에서 순찰 대원들에게 부족한 것보다는 지나치게 자세한 게 더 낫다고 꾸준히 각인시키고 있다고 말한다. 내가 전국에서 이야기를 나눠본 검사들은 경찰 보고서의 철두철미함을 그들이 주장을 내세우는 데 필요한 가장 중요한 요소로 꼽았다.

이건 아마 내가 흔히 듣는 일반적인 불평이기도 할 것이다. 경찰 보고서가 구체성이 떨어지고, 모호하고, 지독하게 못 썼고, 세부 사항이 없다는. 그리고 그 결과 검사들은 논거가 약해지거나 종종 논거가 전혀 없는 상황에 놓인다. 예를 들어서 목졸림예방교육연구소에서 나온 보고서를 보면, 경찰들은 목졸림 부상을 식별하는 법을 제대로 교육받지 못하다 보니 사건을 저평가하는 상황이 벌어진다. 기억상실, 쉰 목소리, 배뇨나 눈 공막의 빨간 반점 같은 목졸림 부상들은 그 자리에서 식별이 쉽지 않기 때문이다.[1] 경찰 보고서가 부실하면 검사는 쓸 수 있는 증거가 별로 없다.

나는 마르티나 같은 사람이 모저의 집에 갔더라면, 미셸에게 자기 사무실로 오라고 하지 않고 직접 거기에 갔더라면, 그리고 그 아이들을 보고, 로키가 그녀를 통제하는 모습을 보고, 미셸에게 시스템이 그녀를 보호해주리라는 믿음을 줄 수 있었더라면 어떻게 되었을까 생각한다. 그들의 집에 가서 그들이 어떤 환경에서 지내는지를 직접 보는 게 중요하다고, 마르티나가 내게 말한 적이 있었다. "그레이스를 하루 종일 여기에 붙잡아둘 수도 있었지만 그녀에게 편안한 곳으로 가고 싶었어요." 그녀가 말했다. "그런 장소에서는 그들이 어떤 사람인지, 이 모든 게 어디서 일어났는지를 알 수 있거든요. 난 항상 '이 의자에서 엉덩이를 떼고 그녀의 집에 가서 직접 사진을 찍지 않으면 형사로서 부끄러운 줄 알아야 한다'고 말하곤 해요."

그레이스가 마르티나를 위해 이야기를 시작한다. 그녀와 바이런은 여러 해 동안 같이 살았다.[2] 두 사람에게는 아이들이 있고 그녀에게는 이전 관계에서 얻은 아이들도 있다. 닷새 전 술에 취해 퇴근해서 집에 온 바이런은 앞문에서 소란을 피우며 총이 어디 있냐고 물었다. "침대 아래" 그녀가 그에게 말했다. 바이런은 밖에 나가 차에서 작업 장비를 비워냈고, 그래서 그녀는 침대 아래서 총을 꺼내서 그에게 주려고 밖으로 나갔다. 그녀를 본 바이런은 자동차로 그녀를 칠 것처럼 막무가내로 굴기 시작했다. 그녀는 그가 심각한지 아니면 장난을 치는지 그의 기분을 가늠할 수가 없었다. 그는 술에 취하면 파악이 힘들어졌다. 그녀는 잠에 겨워서 제정신이 아니었다. 그래서 "총을 위로 치켜들었고" 그게 "그를 뒤집어놓았다"고 말했다. 마르티나는 총을 정확히 어떤 동작으로 쥐었는지 그녀에게 다시 묻는다. 그를 향해서? 그가 있는 방향으로? "아뇨, 내 머리 위로요." 그녀가 말한다.

"그다음엔 어떻게 되었죠?"

"날 죽일 것처럼 날뛰기 시작했어요. 그래서 집에 들어가서 총을 침대 아래 다시 넣었죠." 그는 그녀를 따라 들어와서 총이 어디 있는지 물었다.

그런데 초인종이 울렸고, 이 때문에 혼란이 가중되고 적개심이 심해졌다. 새벽 2시쯤 되는 오밤중이었다. 최근에 누군가 초인종을 누르고 나서 도망치는 짓을 하고 있었다. 한 번도 나가본 적은 없었다. 하지만 바이런은 최근에 그레이스가 바람을 피운다고 몰아세우고 있었고, 그는 그 초인종을 자기 주장의 근거로 들곤 했다. 그녀는 누가 초인종을 누르는지 몰랐고 그들 중 누구도 나가서 확인해보지 않았지만 지난 몇 주 동안 여러 차례 그런 일을 겪는 중이었다.

마르티나는 그레이스에게 그게 누군지 아느냐고 묻는다.

"전혀요."

바이런이 침대 아래서 총을 꺼냈다. 그레이스는 이제 잠이 달아나서 정신이 초롱초롱해졌다. 조이는 소파에서 잠들어 있었다. "그가 그걸 뒤로 당겼어요." 그레이스가 손으로 공이치기를 당기는 모습을 흉내 낸다. 그녀는 정확한 단어를 모른다.

"그건 '약실을 채운다'고 해요." 마르티나가 말한다. "그가 약실에 총알을 넣었군요."

그레이스가 고개를 끄덕인다. 그녀의 아들 마크가 손을 무릎 사이에 끼우고 눈을 바닥에 고정한 채 손가락을 꼭 맞물려 움켜쥐고 있다. 조이는 계속 비명을 지르며 때려눕힐 수 있는 다양한 종류의 가구 위에서 점프를 한다.

"그러다가 그가 나를 침대에 눕혔어요." 그레이스가 말한다. "그러더니 그걸 내 관자놀이에 갖다 댔어요." 그녀는 이야기를 하면서 울지 않으려고 애쓰느라 코를 훌쩍이고 스웨터 소맷부리를 잡아당겨서 얼굴을 문지른다. "그 끝이 움직이는 걸 느낄 수 있었어요. 모르겠어요. 그걸 어떻게 말해야 할지 모르겠어요."

"펜 끝을 딸깍 누르는 것 같던가요?" 마르티나가 자신의 펜으로 시범을 보이며 말한다.

그레이스가 고개를 끄덕인다. "그가 그랬어요. '네가 날 엿 먹이면서 돌아다니는 걸 알아. 난 널 위해 거기 있었던 유일한 사람이야. 그런데 넌 날 엿 먹이는구나.' 그는 계속해서 우리가 오늘 밤 뉴스거리가 될 거라고 말했어요."

마르티나는 몇 초에 한 번씩 끼어들어서 하나하나를 분명하게 확인한다. 그가 어느 쪽 관자놀이에 총을 댔죠? 얼마나 오래 지속됐죠? 아이들은 어디 있었어요? 초인종은 얼마나 오래 울렸어요? 그가 뭐라고 하던가요? 당신은 뭐라고 했나요?

그레이스는 계속 이야기를 이어간다. 바이런은 그들이 뉴스거리가 될 거라고, 자신은 그녀에게 신경을 써준 유일한 사람이라고 이야기하고 또 이야기했고, 그녀는 그의 말을 듣고 있었지만 사실 제대로 들리지 않았다. 그가 총을 그녀의 관자놀이에 대고 있어서 총이 딸깍거리는 소리가 들렸고, 그래서 그냥 눈을 꼭 감고 누워서 기도밖에 할 수 없었다고 말했다.

"뭐라고 기도했어요?" 마르티나가 묻는다.

"머릿속으로 아이들에게 작별 인사를 하고 사랑한다고 말했어요. 그가 날 죽일 거라고 확신했거든요." 여기서 그녀는 다시 울음을 터뜨리고 린이 그녀에게 휴지를 건넨다. 마크 역시 조금 울고 있지만 참으려 노력하고 있다. 마크의 가슴이 약간 들썩이는 게 눈에 들어온다. 성인기를 코앞에 두고 있는 마크는 엄마를 구하고 싶다는 기분과 자신을 보호해줄 엄마가 필요하다는 기분 사이에 낀 어린 남자다.

나는 여기 이 순간에서 멈춰서 한계를 넘어선다는 게 얼마나 쉬운 일인지, 진짜로 이해한다는 건 얼마나 중요한지 짚고 넘어가고 싶다. 위험평가는 위험이라는 추상적 개념이 현실의 무한한 변수를 통해 변주되는 인생을 일종의 수학적 계산식으로 단순화한다. 마르티나의 질문은 경찰, 대변인, 심지어는 검사 같은 많은 사람들이 지나치는 세부 사항들을 파고든다. 이들은 사실에 대해, 폭력적인 순간에 대해서는 차례차례 물어보지만 그 사람이 그 순간에 무엇을 생각하거나 느꼈는지에 대해서는 묻는 걸 놓치기 쉽다. 하지만 마르티나는 그레이스의 대답을 통해서 바이런이 위험하고, 다른 사람의 목숨에 별로 신경을 쓰지 않는다는 사실뿐만 아니라, 그레이스가 취약하다는 사실 역시 알게 된다. **그녀**는 자신이 죽을 거라고 생각했다. 이 지점은 피해자가 자신의 상황이 얼마나 위험한지 모른다는 말이 틀렸음을 드러내곤 한다. 피해자들은 모른다기보다는 자신이 알고 있음을 알지 못한다. 일종의 인지부조화 상태인 것이다. 마르티나는 그레이스가 그때 알고는 있었지만 완전히 의식하지는 못했던 사실, 그녀가 자신의 위험 판단 능력을 신뢰할 수 있다는 점을 강조할 것이다. 그녀는 미셸이자 도러시이다.

바이런이 그녀를 죽일 의도가 없었다 해도 그는 술에 취해 있었고 총의 공이치기를 뒤로 당겨놓았기 때문에 실수로 방아쇠를 당길 수도 있었다고 그레이스가 말한다.

"그가 당신이 기도하는 걸 들을 수 있었나요?" 마르티나가 묻는다.

"아뇨." 그레이스가 말한다. 그녀는 고개를 젓는다. 마르티나는 그녀가 마음을 가라앉히도록 놔둔다. 마르티나는 뒤쪽 침실에 있던 또 다른 남자아이에게 조이를 지켜보라고, 그를 거실에서 데리고 나오라고 부탁한다. 잠시 후 그레이스가 입을 연다. 그가 그녀의 머리채를 잡고 침대에서 끌어내서 손바닥으로 내리쳤다고. 아니면 주먹질을 했거나. 그녀는 정확히 기억하지 못한다. 그건 세 차례였다. 주먹 또는 손바닥으로. 그녀의 눈 주위에 자국이 있지만 이제는 희미해졌다. 그녀는 일주일 가까이 경찰에 신고할 수 없었다. 그가 그 주 내내 일을 하지 않았고 집에서 그녀를 지키고 있었기 때문이다. 킷 그루엘이 말한 소극적인 인질 상태. 바이런은 그 후 그녀에게 손찌검을 할 필요가 없었다. 그는 이미 그녀의 기를 완전히 눌러버렸다.

그 주 내내 그녀는 그와 함께 생활하면서 그에게 복종하고, 그의 말을 듣고, 모든 게 괜찮다는 듯, 그녀가 괜찮다는 듯, 그가 한 일이 괜찮다는 듯 행동했다. 오랫동안 그녀의 사랑이 그의 폭력보다 더 컸지만 이번에는 그가 무섭다는 생각밖에 들지 않았다(바이런이 폭력을 휘두른 그 다음 날 처음으로 그녀에게 꽃을 사다 주었다). 그녀는 닷새를 들여서 아직은 자신이 그를 용서할 정도로 충분히 사랑한다는 믿음을 주는 데 성공했다(어쩌면 처음 얼마간은 그녀 역시 계속 그렇게 믿고 싶었는지 모른다). 그녀는 살기 위해, 그리고 아이들을 살리기 위해 그를 사랑하는 척 했다. 그리고 자유의 기회가 주어진 순간, 바이런이 일을 하러 떠난 바로 그 순간 도망쳤다. 아이들을 데리고 마을 밖으로. 그게 어제였다. 그녀는 최대한 빨리 경찰에 신고를 했고 그들은 차를 보내서 그녀에게 보고서를 받아 왔다. 그리고 출동한 경찰은 그레이스를 고위험군으로 평가했기 때문에 그 보고서가 오늘 아침 마르티나의 책상 위에 올라왔고, 그래서 여기 모든 사람이 모이게 된 것이다. 그레이스는 집을 나온 지 아직 하루가 되지 않은 상태였고 다음에 무슨 일이 벌어질지 알지 못했다. 남은 인생인지, 임박한 죽음인지.

그레이스는 그가 그녀를 때렸을 때 자신이 바닥에 쓰러졌고 기절한 척했다고 말한다. 그러고 난 뒤 마르티나와 린에게 그냥 혼잣말하듯 앞서 여러 해 동안 뇌손상이 있었다고 언급한다. 지금은 대부분 괜찮아졌지만 그가 그녀를 심하게 때리면 예전의 손상 부위가 악화되어서 뜻하지 않게 죽게 될까 봐 겁이 났다고 했다. 하지만 그녀가 죽은 척하면서 바닥에 누워 있었더니 그가 그녀의 행동을 꿰뚫어 보았다. 그는 그녀를 팔 밑으로 안아서 들어 올린 뒤 벽에 쿵 소리가 나도록 던지고 나서 이렇게 말했다. "죽은 척하고 싶어? 알았어. 네가 죽은 척하고 싶으면 내가 당장 널 쏴주지."

그때 조이가 방 안으로 뛰어 들어와 엄마의 정강이로 기어오르며 무릎에 있던 마르티나의 명함을 낚아챈다.

"조이" 마르티나가 말한다. "조이, 그 명함 가져가는 거 아니야!" 하지만 그녀는 아이를 보며 미소를 짓고 있다. 그녀는 클립보드 상자를 열어서 명함을 한 장 더 꺼내 그레이스에게 건넨다.

나중에 마르티나는 그레이스의 상황이 얼마나 위험한지를 정말로 보여준 건 그녀가 기절한 척하고 있었던 부분이라고 내게 말한다. "나한테는 그 부분이 모든 걸 보여줬어요." 마르티나가 말했다. "기절한 척해야 했던 적 있어요?" 사람들은 대규모 총격 사건 이후 종종 그들이 살아남기 위해 어떻게 죽은 척하고 있었는지 묘사하곤 한다. 예를 들어서 서덜랜드 스프링스에서 로잰 솔리스라는 피해자는 미디어에서 "저는 죽은 척했고 덕분에 목숨을 구했어요" 하고 말했다.3 올랜도 펄스 나이트클럽 총격 사건에서는 마커스 고든이라는 한 젊은 남자가 "바닥에 누워 있었어요. 총소리가 들렸어요. 저는 죽은 척했어요" 하고 말했다.4 오리건, 트리니다드 토바고, 미시시피, 노르웨이, 잉글랜드에서 총격 사건 피해자들은 똑같이 이렇게 말한다. "나는 죽은 척했어요." 친밀한 반려자의 테러 피해자들에게 그것은 자동적인 생존 반응이다. 그들은 죽은 척하고, 죽은 척하고, 또 죽은 척한다.

그레이스가 이야기를 마치자 마르티나가 세부 사항을 짚으면서 이야기를 전부 다시 확인한다. 이번에는 그레이스에게 다시 이야기해주면서 자신이 제대로 이해했는지 확인하는 것이다. "당신이 하지도 않은 말을 지어서 하고 싶진 않아요." 마르티나가 말한다. 그가 처음으로 때린 건 당신에게 총을 겨누기 전인가요, 후인가요? 당신을 침대에 내리꽂은 게 먼저인가요, 벽에 던진 게 먼저인가요? 손바닥으로 때렸나요, 주먹으로 때렸나요? 그 뒤에는 무슨 일이 있었나요? 당신이 경찰에 신고하지 않겠다고 맹세하지 않으면 조이를 데려가겠다고 했나요? 맞아요. 맞아요. 맞아요. 그레이스가 이야기하는 동안 마르티나가 메모를 휘갈겨 적는다.

그레이스는 그가 그다음 날 사 온 꽃을 다시 언급한다. 그때 그녀는 진짜로 겁에 질렸다. 그가 전에는 그녀에게 꽃을 사다 준 적이 없었기 때문이다. 그는 사과하지 않았다. 하지만 그녀에게 그 꽃을 사다 주었다. 나는 마르티나의 사무실에 있던 포스터가 떠올랐다. 분홍색과 흰색 꽃이 관 위에 놓여 있고 **그는 그녀를 150번 때렸다. 그녀는 꽃을 한 번 받은 게 전부다**라고 적혀 있던 포스터가. 바이런은 그녀에게 만일 경찰에 그를 신고해서 그가 잡혀 가면 지역 조직폭력배를 시켜서 그녀를 추적할 거라고 말했다. 줄루스. 그는 그들이 그에게 빚진 게 있다고 말했다.

"똥멍청이 같으니라고." 마르티나가 바이런을 두고 말한다. 그녀는 줄루스에 대해 전부 알고 있다. "그들은 조직폭력배와는 달라요. 주로 사교적인 모임이라고요. 난 경찰의 관점에서 줄루스에 대해서는 걱정하지 않지만 그렇다고 해서 거기에 절대 미친 얼간이가 없다는 의미는 아니죠."

그레이스가 고개를 끄덕이지만 그렇다고 이 말을 완전히 수긍하는 기색은 아니다. 네스빗은 의사에게 진찰을 받았는지 묻는다(받지 않았다고 한다). 조이가 거실로, 주방으로, 뒤편의 침실로, 마치 도마뱀처럼 이리저리 뛰어다닌다. 마르티나가 마크에게 슬며시 묻는다. "조이를 잠깐만 뒤로 데려갈래?"

그들이 사라지자 마르티나는 소파 끝에 걸터앉아 그레이스를 바라본다. "지금이 당신에게 가장 위험한 시간이에요." 그녀가 말한다. "그래서 우린 서둘러 영장을 발부받을 거예요." 일요일이지만 영장은 바로 발부될 것이다. 마르티나는 자신의 핸드폰 번호를 적는다. 사실 두 번째 핸드폰이다. 자신이 만나는 피해자 전용 핸드폰. 그녀는 그레이스에게 밤이건 낮이건 아무 때나 전화해도 된다고 말한다. 이후 나는 마르티나와 함께 여러 곳을 다니면서 피해자를 한 명씩 방문하며 여러 날을 보냈는데, 그녀는 그들 하나하나에게 밤이건 낮이건 아무 때나 주 7일

24시간 개의치 말고 연락하라고 말했다. "그래서 우리가 바이런을 체포할 거예요." 마르티나가 말한다. "당신은 이제 내 팀 소관이에요. 하지만 보호명령이 칼까지 막아주는 건 아니에요. 총알을 막아주지도 않아요. 그러니까 그가 눈에 띄면 경찰에 신고해야 해요. 나한테도 알려줘야 하고요. 나한테 울면서 전화해도 괜찮고, 전화해서 예전으로 되돌리고 싶다고 말해도 괜찮아요. 그를 사랑하겠지만 그런 충동이 들면 나한테 전화해야 해요."

그레이스는 두려움과 안도감 속에 울면서 고개를 끄덕이고 있다. 그녀는 이번에는 되돌리지 않을 거라고 맹세한다. 안 그럴 거라고 맹세한다.

조이가 고개를 휘저으면서 방으로 돌진해온다. "조이! 무슨 일이야?!" 마르티나는 조이가 오랜만에 만난 조카라도 되는 것처럼 말한다. 마크가 방으로 미끄러지듯 들어와 동생을 붙잡아 데리고 나간다. 아주 짧은 순간. 타이밍이 희극적이다. 역동적인 한 쌍.

이제 네스빗이 그레이스를 상대로 위험평가를 시작한다. 그가 당신의 목을 조른 적이 있나요? 임신 중에 때린 적이 있나요? 그에게 총이 있나요? 그가 약물중독인가요? 그가 일거리가 없거나 충분치 않은 상태인가요? 그의 아이가 아닌 아이가 집에 있나요? 그가 당신을 살해하겠다고 위협한 적이 있나요? 자살하겠다고 위협한 적은요? 아이들을 해치겠다고 위협한 적은요? 가정폭력 때문에 체포될 뻔했던 적이 있나요? 같이 산 이후로 당신이 그를 떠났던 적이 있나요? 그가 당신을 질식시키려 한 (목을 조른) 적이 있나요? 그가 당신의 모든 또는 대부분의 일상 활동을 통제하나요? 그가 계속 질투심을 표출하나요? 그가 당신을 죽일 수 있다고 생각하나요?

네, 네, 네, 네, 네. 모든 질문에 대답은 네였다. 대답이 쌓이면서 감정의 강도 역시 높아진다. 그녀의 얼굴이 일그러지고, 그녀는 흐르는 눈물을 계속 닦아낸다. 나는 그녀가 자신이 되돌아갔던 모든 순간을, 아마 자책으로 이어졌을 모든 결정을, 어쩌면 경찰에 신고하지 않았던 모든 기회를 생각하고 있다고 상상한다. 나는 그녀가 아이들의 얼굴을 떠올리고, 어쩌면 바이런의 성난 표정을 상상하고, 자신이 어쩌다가 이 지경에 이르렀는지 의아해하고 있다고 상상할 수 있다. 가정폭력 피해자 가운데 누구도 (남자든, 여자든, 어른이든, 아이든) 자신이 그런 상황에 처할 사람이라고는 상상조차 해보지 못한다. 우리가 피해자를 떠올릴 때 어떤 모습을 그리든 그 이미지 하나하나에 대한 한 가지 보편적인 진실이 있다. 그것은 바로 그게 우리 자신이라고는 전혀 생각하지 않는다는 점이다.

주먹질은 말도 안 된다고 생각할 수도 있다. 데이트 상대가 주먹질을 한다면 끝내버릴 거라고. 하지만 주먹질은 그런 식으로 등장하지 않는다. 시간을 두고 진화한다. 반려자가 당신의 화장을 마음에 들어 하지 않을 수도 있다. 아니면 도발적인 옷차림을. 어쩌면 그는 당신을 지키기 위해서라고 말할 것이다. 그러다가 몇 달 뒤 어쩌면 그는 전보다 조금 더 큰 소리로 고함을 칠지 모른다. 어쩌면 뭔가를, 포크나, 의자나, 접시를 던질 수도 있다. (만일 그 접시가 벽에 부딪혀서 깨졌고 그 파편이 당신의 얼굴에 상처를 냈다면 대법원은 그것을 '의도적인 학대'로 간주할 거라는 점은 지적해둘 만하다.5) 그러다가 몇 주 그리고 몇 달간 좋은 시기와 별로 안 좋은 시기가 뒤섞여 흐르는 가운데 당신은 그가 당신을 쳐다보는 다른 남자들에 대해 뭐라고 생각하는지를 알게 될 수 있다. 심지어는 그걸 칭찬이라고 느낄 수도 있다. 하지만 그러다가 거기에 자신과 함께 집에서 좀 더 시간을 보내라는 요구가 따라붙을 수도 있다. 이 역시 아마 당신을 '보호'하기 위해서일 것이다. 그리고 그는 당신의 말 많은 어떤 친구가 자신을 좋아하지 않는다는 것을 알게 된다. 그리고 당신이 알아차리기도 전에 그 친구가 당신의 삶에서 사라진다. 그러다가 2, 3년이 지나고 그는 일자리를 잃고 기분이 안 좋은 상태로 집에 와서 당신을 벽으로 밀친다. 그리고 당신은 그게 그 사람이 아니라고, 그럴 리가 없다고 생각한다. 당신은 이미 그와 한참을 같이 보냈다. 누구든 일자리를 잃으면 기분이 안 좋을 것이다. 그리고 그는 사과를 했다. 그럼 된 거 아닌가? 진심으로 후회하는 것 같았다. 그러다가 손바닥으로 때리고 손등으로 밀치고 그릇을 한 번 더 던진다. 하지만 통제도 학대도 한 번에 일어나 주먹질처럼 때려눕히지 않는다. 라돈처럼 시간을 두고 천천히 새어 나온다.

미국에서 피해자의 15퍼센트에서 40퍼센트 사이를 (어느 연구를 참고하느냐에 따라 달라진다[6]) 차지하는 피학대 남성은 훨씬 심각한 오명에 시달린다. 남성들은 쉼터를 알아보는 경우가 거의 없다. 경찰에 신고하는 일도 거의 없다. 여성에게 가정을 지켜야 한다고, 어떤 희생을 치르더라도 사랑을 찾고 사랑을 받아야 한다고 몰아세우는 바로 그 문화는 학대 상황에 놓인 남성에게 무력감과 수치심을 안기고, 네가 피해자라면 그건 네가 약하고 진짜 남자가 아니기 때문이라고 말한다. 바로 그 문화는 그들에게 외부의 위협이나 내부의 고통에 대한 반응으로서 폭력은 용납 가능하지만 눈물은 그렇지 않다고 그들에게 말한다. 그 문화는 피해자와 가해자 모두를, 학대자와 피학대자 모두를 한계 속에 가둔다.

동성의 반려자라고 해서 더 나은 것도 아니다. 그들 역시 경찰이나 대변인 센터에 자신들의 상황을 신고하는 경우가 거의 없다. 이성애자 커플에 비해 LGBTQ 커플 내의 폭력이 일반적으로 훨씬 자주 나타나고 트랜스젠더와 양성애자는 모든 집단 가운데 가장 높은 비율로 폭력

을 경험하는데도 말이다.7

그레이스의 점수는 아주 높다. 일부 피해자들에게는 그게 어떤 의미인지, 그들이 어느 정도의 위험에 처해 있는지를 설명해줘야 한다. 하지만 그레이스는 아니다. 그녀의 눈물을 보면, 가로젓는 고개를 보면 그모든 '네'라는 대답이 무엇을 의미하는지 정확히 알고 있음을 알 수 있다. "내가 뭐가 잘못된 걸까요?" 그레이스가 마치 한숨을 쉬듯 조용히 말한다. "어째서 난 그 남자한테 공감을 느끼는 걸까요? 바이런에 대해 이야기하는 게 뭔가 나쁜 짓을 하는 기분이 들어요."

"여전히 그를 사랑하는 건 상관없어요." 네스빗이 그레이스의 다리 쪽으로 손을 뻗으며 말한다. "그렇지만 지금은 우리가 개입했고 우린 당신과 당신 아이들에게 필요한 도움을 줄 거예요." 그러더니 그녀는 사실일 수도 있고 아닐 수도 있는 이야기를 들려준다. 네스빗은 한때 같은 팀이었던 한 형사가 유당불내증이었다고 말한다. 그런데 그가제일 좋아하는 음식은 아이스크림이었다. 그는 아이스크림을 사랑했다. 하지만 그는 아이스크림을 먹기만 하면 아팠다. 운명의 장난도 아니고 어떻게 이럴 수가 있단 말인가? 그렇다고 해서 그가 이제는 아이스크림을 먹고 싶지 않게 된 것도 아니었다. 그냥 그는 자신이 아이스크림을 먹으면 아플 거라는 걸 아는 것뿐이었다. 그레이스는 네스빗의 말을이해한다.

"이번엔 어느 때보다도 힘든 일이 될 거예요." 마르티나가 말한다. "가장 용감한 일이기도 하고요." 그 순간 나는 그녀가 그레이스에게 격려의 연설을 할 거라고, 그녀가 정말로 그 남자를 떠날 수 있도록 사랑을 거칠게 공격하리라고 생각한다. 하지만 그녀는 그렇게 하지 않는다. 대신 아이들에 대해, 아이들이 목격한 학대에 대해, 그레이스가 그들에게 책임이 있다는 사실에 대해 이야기한다. "우리가 아이들에게 만들어주는 환경은 나중에 아이들이 성장했을 때 크나큰 영향을 미칠 거예요." 마르티나가 말한다. "그러니까 이 꼬마 소년들이 다른 사람들에게 이런 행동을 시작할 수도 있잖아요."

그레이스가 눈을 문지른다. "알아요, 알아요."

하지만 마르티나는 그렇게 쉽게 그녀를 놓아주지 않는다. "당신이 이 일을 하는 건 아이들에게 이렇게 하면 안 된다고 알려주려는 거예요, 그렇죠?"

그레이스가 고개를 끄덕거린다.

나중에 나는 마르티나에게 그레이스가 정말로 바이런과 헤어질 수 있을 거라고 생각하는지 묻자 그녀는 고개를 끄덕인다. 그녀는 피해자가 준비되었다는 것을 알아볼 수 있을 때가 있다고 생각한다. 피해자였던 이들이 생존자로 바뀌는 때. 가정폭력 관련 문헌들은 피해자가 가해자를 정말로 떠나기 전에 평균 일곱 차례 시도를 한다고 이야기한다.[8] 하지만 그게 아주 정확한 건 아니다. 피해자는 정말 육체적으로 가해자를 떠날 수 있게 되기 전, 때로는 몇 년 동안, 먼저 마음이 떠나 있기 때문이다. 그리고 그레이스의 경우 바이런에 대해 얼마나 공포를 느끼던, 이별이 얼마나 많은 슬픔을 불러오건, 아이들이 그녀 없이 자란다는 생각이 지금 그녀의 결정에서 원동력이 되었다. 바이런이 이미 결정적인 역할을 했던 것이다.

하지만 마르티나는 이런 종류의 약속에 있어서는 도박을 하지 않는다. 그녀는 피해자들이 되돌아가는 모습을 숱하게 보았다. 그래서 그레이스가 모든 이야기를 마쳤을 때 마르티나는 기록을 서류철에 정리해 넣고 나서 소파에서 자세를 고쳐 잡고 그레이스를 바라보며 이렇게 말한다. "당신에게 내 언니 얘기를 해줄게요. 실화예요. 찾아보면 나올 거예요."

아무런 방해가 없는 자유

마르티나에게는 브랜디Brandi라고 하는 언니가 있었다. 브랜디는 클리블랜드에서 두어 시간 떨어진 오하이오 워런에 살았다. 두 사람은 연락을 많이 하는 사이는 아니었지만 2015년 어느 여름날 브랜디의 딸 브레샤Bresha가 마르티나의 집 현관 앞에 나타났다. 브레샤는 이모에게 수년간 이어진 아버지의 학대에 대해 쏟아놓았다. 잔인하고 몸서리쳐지는 이야기였다. 그는 브랜디와 브레샤와 나머지 아이들을 다른 가족들에게서 완전히 떼어놓았다. 마르티나는 그게 고립 전략이라는 걸 알았다. 그리고 일부 학대에 대해서는 이미 알고 있었다. 몇 년 전 브랜디는 심각하게 구타당한 뒤 발작과 뇌졸중으로 병원에 실려 갔다. 상태가 얼마나 안 좋았던지 신부가 병원으로 종부성사[천주교 신자가 생전에 마지막으로 치르는 의식]를 하러 왔을 정도였다. 마르티나는 병원으로 문병을 갔었다. "왼쪽이 완전히 마비되었어요." 마르티나가 말한다. "그리고 내가 거기 갔었다는 걸 기억하지도 못했어요."

그 일이 있고 나서 브랜디는 남편을 6개월 동안 떠나 어머니의 집에서 아이들과 함께 지냈다. 하지만 그 뒤 결국 되돌아갔고, 마르티나와 가족들은 거의 연락을 하지 못했다. 브레샤가 마르티나의 집 앞에 나타나서 돌아가지 않겠다고 한 그날까지는. 브레샤는 마르티나와 함께 지내게 해달라고 매달렸고, 자신이 돌아가면 아버지가 그들 모두를 죽일 거라고 말했다. 마르티나는 사회복지부서와 경찰에 연락을 했고, 모든 인맥을 총동원했다.

브랜디는 남편에게 맞아서 늑골과 손가락이 부러졌고 눈에 멍이 들었다.[1] 브랜디는 남편이 자기 코도 한 번 부러뜨렸다고 생각한다. 하지만 치료는 전혀 받지 않았다. 조너선Jonathan은 그들의 돈과 사회생활과 직장생활(부부는 같이 일했다)을 통제했다. 그녀는 자기 소유의 차가 없었고, 자기 이름으로 된 은행 계좌도 없었다. 브랜디는 너무 두들겨 맞아서 자신을 위하는 방법을 생각할 수가 없었고, 결정을 내리는 법을 몰랐고, 아이들을 안전하게 지키는 방법도 몰랐다. 마르티나는 자기가 본 중에서 최악의 가정폭력 사건이라고 말하곤 한다.

1년 뒤 브레샤가 다시 집을 나왔다. "이젠 작은 성인의 모습을 갖춘 아이가 내 집에 왔어요." 마르티나가 그레이스에게 말한다. "그리고 아이에게 칼자국이 있다는 걸 알아차렸어요. 브레샤는 열네 살이었죠."

마르티나는 브레샤가 자살 충동을 느꼈고 병원에 입원해야 할 정도였다고 말했다. 브레샤는 모든 사람에게 아버지가 있는 집으로 돌아가느니 차라리 죽는 게 낫다고 이야기했다. "7월 28일이었어요." 마르티나가 말한다. "브레샤가 아버지의 총을 집어 들고 잠들어 있는 아빠를 쏴 죽였죠."

그날 마르티나는 일찍 일어나서 작은 개들을 밖으로 풀어주고 난 뒤 여러 개의 문자와 부재 중 전화가 와 있는 걸 알게 되었다. 오전 5시 36분이었다. 오전 5시 36분은 경찰 보고서를 많이 쓰는 사람이 기억할 만한 그런 세부 사항이다. 그녀는 뭔가 잘못되었다는 걸 알았지만 정확히 뭔지는 알고 싶지 않았다. 그녀의 가족들은 마르티나의 한 조카가 의도치 않게 약물을 과용해서 목숨을 잃은 사고의 후유증을 아직도 앓고 있었다. 마르티나에게 음성 메일을 남기던 조카의 목소리가 갑자기 중간에 그냥 끊어졌다. 알고 보니 조카가 안 좋은 약물을 복용하고 정신을 잃은 뒤 토사물이 넘어와서 질식사한 것이었다. 마르티나는 그 일로 몹시 힘들었다. 그 둘은 가까웠고 조카에게는 어린아이가 셋이 있었다. 온 가족이 마르티나에게 연락해서 그들을 도와주라고 한 것 같았다.

그녀는 개들을 다시 집 안으로 들이다 언니가 진입로에 차를 대는 모습을 보았다. 아주 끔찍한 일, 공포감이 배 속을 망치로 때리는 것 같은 기분이 들 정도로 큰일이 일어났다는 신호였다. 언니가 마르티나에게 소식을 전했다. 브레샤가 아버지를 총으로 살해했다고.

마르티나는 뒤로 휘청이다가 넘어질 뻔했다고 기억한다.

소식을 듣고 몇 분 뒤 마르티나의 전화가 울렸다. 브레샤였다. "아무 말도 하지 마." 브레샤가 하는 모든 말이 법원에서 사용될 수 있기 때문에 마르티나는 이렇게 말했다. "한마디도 하지 마. 내 이름도 말하지 마. 내가 거기 갈 때까지 말하면 안 돼."

마르티나는 자동차를 몰고 고속도로를 무시무시한 속도로 질주해서 워런으로 갔다. 그녀가 경찰서에 도착했을 때는 이미 브레샤의 소식이 뉴스로 보도되었다. 삽시간에 오하이오 전체로 퍼졌고, 그날이 저물기도 전에 〈뉴욕 타임스〉에서부터 영국의 〈데일리 메일〉까지 주요 뉴스로 다뤘다. 결국 〈피플〉지와 〈허핑턴 포스트〉 같은 매체들까지 이 뉴스를 보도했다.

이야기가 워낙 강력해서 그레이스의 거실 안에 마치 수증기처럼 고여 있는 것 같다. 그레이스의 눈은 주근깨가 박힌 마르티나의 얼굴에 박혀 있다. 마침내 마르티나가 침묵을 깬다. "그러니까 당신의 아이들이 이 모든 걸 본다는 건… 내가 이 일이 당신 아이들에게 영향을 미친다고 말을 할 때는 당신이 그 집 밖으로 후딱 나와서 지내야 하는 거예요.

당신은 아이들을 안전한 환경에 두어야 해요. 당신이 그렇게 못하면 내가 개입할 거예요."

그레이스는 약속한다. "나는 몇 년 동안 이 일을 겪었어요. 이젠 끝이에요." 그녀는 자신이 이 집을 떠나지 못했던 이유 중 하나는 쉼터가 무서웠고 다른 갈 곳이 없었기 때문이라고 말한다. 지금은 전남편 중 한 명과 함께 지내고 있고 위층에는 그녀의 친구가 산다.

"돈이나 음식 때문에 돌아가서는 안 돼요." 마르티나가 그건 자신들이 도와줄 수 있다고 약속하면서 이렇게 말한다.

"나중에 당신이 나한테 전화를 해서 마음이 바뀌었다고 말할 수도 있다고 생각하지만 난 당신에게 그러지 말라고 설득할 거예요. 난 내 일을 하는 거라는 것만 알아두세요. 아동서비스국에도 신고를 할 거고요."

그레이스가 처음으로 반쯤 미소를 짓는다. 그녀는 마르티나에게 자신은 완전히 확신한다고 말한다. 이번에는 돌아가지 않으리라고.

마르티나의 조카와 언니의 이야기는 내가 그녀와 나눈 대화의 절반을 차지한다. 그녀에게 그 이야기는 옆집 이웃 살인 사건만큼이나 항상 그녀를 따라다니고 우리 주변의 공기만큼이나 매 순간 존재한다. 그녀는 검사들이 브레샤를 성인 자격으로 재판을 하고 싶어 했지만 자신은 그랬다간 브레샤의 인생이 끝이라는 걸 알았다고 말한다. "그 아이는 시스템에 갇힌 또 한 명의 어린 흑인 여자아이일 뿐이었어요." 그녀가 내게 말했다. 마르티나는 언니 브랜디에게 브레샤를 위해 자신의 힘으로 할 수 있는 모든 것을 하겠다고 약속했지만 대신 브랜디는 마르티나의 지시를 따라야 했다. 마르티나는 조카의 변호사 비용을 마련하기 위해 고펀드미GoFundMe[미국의 크라우드펀딩 플랫폼] 페이지를 열었다. 그녀는 언론에, 자신이 이야기할 수 있는 모든 사람에게 어떻게 된 일인지 알렸다. #지금브레샤를석방하라FreeBreshaNow 해시태그는 사법기관와 법집행에서 인종차별의 상징일 뿐만 아니라, BLMBlack Lives Matter 운동의 슬로건이 되었다. 클리블랜드 법원 앞에서 여러 달 동안 시위가 벌어졌고 결국에는 미국 전역의 도시로 번졌다.

조너선의 누이인 탈레마 로런스는 〈바이스 뉴스〉와의 인터뷰에서 브레샤가 무방비 상태로 잠들어 있는 아버지를 살해했기 때문에 그녀는 살인자라고 말했다. 조너선의 가족들은 브레샤가 "자신의 문제"와 자신이 저지른 짓을 해결하기 위해 정신 건강 상담이 필요하다는 말도 했다. 그들은 브레샤가 싸움이 한참 고조되던 와중에 살해한 게 아니기 때문에 가정폭력은 살인과 "아무런 관련이 없다"는 주장을 고수했다. 대변인들에게는 피학대자가 잠들어 있는 학대자를 살해하는 이 시나리오가 낯설지 않다. 잠은 싸움꾼이 반격을 할 수 없는 흔치 않은 순간이다. 잠은 반격을 할 용기를 힘들게 쥐어짠 피학대 여성들이 학대자를 살해하곤 하는 기회다. (폭력적인 상황에서 자기 방어를 위해 살인을 저지르는 사람도 있다.) 오늘날 미국 전역의 많은 여성들이 가정폭력 이력을 법원에서 자기 방어로 사용하지 못해서 감옥 신세를 진다.

조너선이 폭력을 저질렀다는 증거는 상당히 많았다. 2011년 브랜디가 조너선의 폭행으로 입원을 하고 난 뒤 그녀는 보호명령을 발부받았다. 그녀는 조너선을 떠나려고 시도하면 자신과 아이들을 죽이겠다고 한 그의 협박과 수년간 이어진 폭행, 고립, 통제에 대해 이야기했다. 그녀는 화장실을 써도 되는지 물어보기 위해 한밤중에 그를 깨워야 했다고, 그녀가 바람을 피운다는 그의 피해망상이 너무 심했다고 말했다. 보호명령이 발부된 뒤 그녀와 세 아이들은 당시 부모님이 살던 오하이오 파마의 집으로 들어갔다. 그 6개월이 마르티나가 브랜디와 많은 연락을 하고 지낸 유일한 시기였다.

결국 조녀선은 브랜디에게 이제는 상황이 달라질 거라는 확신을 주었다. 그리고 보호명령이 취하되었다. 마르티나는 브랜디가 돌아갈 때 어머니가 흐느껴 울었다고 기억한다. "우린 그가 언니한테 저지른 끔찍한 일에 대해 이제야 알게 된 상태였어요. 난 '엄마, 언니는 앞으로 열 번은 더 이럴 거야' 하고 말했어요." 마르티나가 말했다. "그들은 항상 돌아가거든요."

마르티나는 언니를 조녀선에게서 억지로 떼어놓을 수 없음을 알았다. 브랜디가 마르티나의 관할구역 내에서 살았더라면 언니 주위에 몇 가지 보호 장치를 만들었겠지만 마르티나는 다른 곳에 살았고, 해당 지역 경찰서에는 가정폭력 전담 부서나 심지어 한 명의 전담 경찰관도 없었다.[2] (법원 대변인은 한 명 있었다.) 마르티나는 워런 경찰서에 가서 자신이 누구인지, 자기 언니가 누구인지, 그 가족에게 어떤 이력이 있는지 이야기했다. 그리고 그들에게서 자신들이 할 수 있는 일을 하겠다는, 더 자주 순찰을 돌면서 자신들의 존재를 알리겠다는 약속을 받아냈다. 마르티나는 이 약속이 별로 미덥지는 않았지만 브랜디가 직접 결심을 하기 전까지는 자신이 할 수 있는 게 많지 않다고 느꼈다. 내가 이야기해본 모든 가정폭력 전문가들은 이것이 핵심 단계라고 말한다. 피해자가 이제 할 만큼 했다고 결론을 내려야 하는 것이다. "그래서 그다음 몇 년간 우리는 경찰에 전화를 걸어서 확인을 했어요." 마르티나가 말한다. "그들은 조녀선 앞에서 언니에게 질문을 했어요. 언니는 아무 말도 하지 않았고요."

이는 일생 동안 폭력에 노출된 삶에서 비롯된 장기적인 부작용이다. 뇌가 전적으로 생존만을 지향하도록 재설계되는 것이다. 끊이지 않는 공격에 반응하던 뇌는 계속 위험 신호를 보내 코르티솔과 아드레날린과 다른 스트레스 호르몬의 수치를 높여 광범위한 심신 건강 문제를 일으킨다. 일반적으로는 (의식의) 분열이 흔하게 나타나지만 만성적인 가정폭력의 피해자는 감정적인 문제부터 육체적인 문제까지 폭넓고 장기적인 문제를 겪을 수 있다. 장기적인 인지력 상실, 기억력 문제, 수면장애가 있을 수 있고, 부주의나 과민함에 시달릴 수도 있다. 일부 연구자들은 섬유근통과 심각한 소화기 문제를 포함한 일군의 육체적 질병을 해소되지 않은 트라우마와 연결한다. 베셀 반 데어 콜크Bessel van der Kolk는 자신의 책《몸은 기억한다The Body Keeps the Score》에서 "뇌가 하는 가장 중요한 일은 가장 비참한 조건하에서도 생존을 보장하는 것이다… 비록 안락함의 근원과 공포의 근원이 동일하다 해도 공포는 애착의 필요성을 증가시킨다"고 말한다. 반 데어 콜크는 지금은 군인의 외상후스트레스가 가장 많은 관심을 얻고 있긴 하지만 가정폭력을 비롯한 트라우마의 피해자는 "국가적인 행복의 가장 큰 위협 요인"이라고 믿는다.[3]

마르티나는 가정 문제는 경찰이 받는 여타 신고와는 다르다고 내게 말했다. 다른 문제는 신고를 접수하고, 체포를 하고, 보고서를 작성하면 그 사람과는 끝이라고 볼 수 있다. "순찰차에 타고 있으면 사람들의 악몽 속으로 초대를 받는 거나 다름없어요." 그녀가 말한다. "가정 문제는 달라요. 사건은 적어도 에너지가 훨씬 많이 들어가요." 마르티나는 피해자를 워낙 자주 만나서 서로 이름을 부르는 경우가 많다. 피해자의 입장에서 사건은 감정적으로 복잡하고, 여기에 중독 문제와 돈 문제까지 있을 때가 많다. 마르티나는 어떤 사건에서든 의뢰인에게 조언을 하거나 검사를 만날 때 이 모든 점을 고려해야 한다. 장애물이 피해자 자신에게서 비롯되는 경우도 있다. 하루는 마르티나와 함께 열여덟 살인 소녀를 방문한 일이 있었다. 그녀의 위험평가 점수는 7점이었다. (클리블랜드팀은 캠벨의 20개짜리 문항을 자신들에게 맞춰 수정했고 그래서 이들의

415

평가는 총 11개 문항이었다.) 특별히 높은 점수는 아니었지만 마르티나는 피해자가 어릴 때 폭력을 해결하는 것이 얼마나 중요한지 알고 있다. 대변인들은 폭력의 순환이 어릴 때, 그러니까 10대, 심지어 사춘기 때 시작되는 일이 많다며 몇 년째 경고하고 있다. 그리고 이 10대 소녀는 형사에게 기소를 원치 않는다고 이야기했다. 마르티나는 자신이 그녀의 마음을 돌려놓지 못하더라도 이 소녀와 직접 얼굴을 맞대고 이야기하고 싶었다. 사실 마르티나의 주된 목적은 이 소녀를 법원으로 데려가는 것도 아니었다. 그보다는 훨씬 단순한 목적이었다. 마르티나는 이 소녀에게 최소한 한 명의 어른으로부터 학대는 정상이 아니라는 말을 들려주고 싶었던 것이다.

소녀는 어머니와 함께 살면서 고등학교에 다니고 있었다. 우리가 그곳에 갔을 때 그녀의 남자친구의 형이 그 집에 있었다. 소녀는 마르티나가 방문하기 전에 욕을 퍼부으며 당신 일이나 알아서 하라는 음성 메시지를 남겨놓았다. 마르티나는 어쨌든 그녀에게 다시 전화를 걸었고, 소녀가 기소를 원치 않더라도 그쪽으로 가겠다고 말했다.

"네 남자친구가 너한테 무슨 짓을 하면 내가 실패자처럼 보이겠지, 그렇지?" 그 집에 도착한 직후 마르티나가 소녀에게 말했다.

"그렇겠죠." 소녀가 말했다. 소녀의 목에는 커다란 상처가 있었는데 그녀는 그게 학교에서 어떤 여자아이와 싸우다가 생긴 거라고 말했다.

"넌 걔가 무섭니?" 마르티나가 그녀에게 물었다.

"그러니끼, 이뇨." 소녀가 말했다. "우리가 싸울 때만 그래요. 그렇지만 그게 정상이에요. 아빠 때문에 다 겪어봤어요."

마르티나는 메모를 멈추고 소녀를 빤히 바라보았다. "그건 정상이 **아니야**. 그렇게 말하지 마." 그녀가 말했다. "그건 정상이 아니야. 내 말 들어. 네가 겁을 먹는다면 그건 좋아. 넌 겁을 먹는 게 **당연해**. 어린 소녀니까. 내 명함 가지고 있다가 그 남자가 널 건드리면 나한테 연락해."

그러고 난 뒤 마르티나는 다른 방에서 건들거리고 있는 남자친구의 형을 쳐다보았다. "저 애가 그 형이구나. 너희 놈들은 뭐가 문제니?"

"너희 놈들이라뇨." 그가 말했다. "내 문제는 따로 있는데요."

"하지만 네 동생은 미친놈이지, 그렇지?" 그녀가 말했다. 그녀는 눈알을 부라리진 않았지만 그렇게 했다 해도 이상할 건 없을 것 같았다.

"미친놈이 아닌 사람이 있어요?" 그가 말했다. "당신 눈에는 다 그렇게 보이잖아요."

소녀의 어머니는 출근 준비를 하며 욕실에 있었다. 우리는 가구가 단 한 점도 없는 거실 옆, 주방 테이블 곁에 서 있었다. "사람들을 때리면 안 되지." 마르티나가 그에게 말했다. "동의하니?"

"동의해야죠." 그가 말했다. "누구 말씀인데."

그건 물론 전혀 동의하지 않는다는 소리로 들렸다.

결국 법원은 대중의 압력에 못 이겨 마르티나의 조카를 아동 자격으로 재판했다. 그녀는 1년간 소년원에 들어갔다가 2018년 2월에 석방되었다. 그녀가 착실하게 행동하면 21세가 되었을 때 전과가 말소될 것이다. 하지만 마르티나에게는 아직 끝이 아니다. "브레샤는 첫 14년간 학대를 당했고 마지막 2년간은 감금 상태였어요. 그래서 **아무런 방해가 없는** 자유의 상태였던 적이 사실상 없었어요." 그녀가 말한다. 그녀는 한 주에 한 번 정도 조카와 이야기를 한다. 그리고 언니 브랜디는 이 세상에서 혼자 움직이는 법을 천천히 배우고 있다. 마르티나는 그녀에게 기본적인 금융 상식을 가르쳤고 브랜디가 혼자서 딸을 보러 다녀올 수 있도록 차를 구해주었다. 딸이 있던 곳은 그녀의 집에서 몇 시간 거리였기 때문이다. 마르티나에게는 브레샤가 성인이 되었을 때 학대 관계의 피해자로 전락하지 않게 하는 것이 실존적인 걱정거리다. 그리고 그것은 시간만이 아는 문제다.

마르티나는 브랜디와 브레샤를 통해 범죄 행위의 특정한 감정적, 심리적 역학 관계에 몰입하게 되었다. 그 자리에서 상황을 볼 수 있다는 건 이례적이다. 마르티나는 앉아서 민간인에게 할 일을 지시하고, 그 모든 게 쉽다는 듯이 말하고, 이런 문제가 자기와는 상관없다는 듯이 행동하는 그런 경찰이기만 할 수는 없다. 그녀는 거의 모든 각도에서 이 문제와 씨름한다. 공적인 각도, 사적인 각도, 전문가로서의 각도, 개인으로서의 각도. 그녀는 법원에 앉아서 재판을 참관했다. 하루하루 브랜디의 시각과 브레샤의 시각과 조녀선의 시각에서 생각한다. 범죄와 처벌만이 아니라 폭력의 끔찍하고 소름 끼치는 피해에 대해. **너는 인생을 다시 시작할 것인가, 한다면 어떻게 할 것인가, 그리고 아이들에게 네가 내린 것과는 다른 선택을 하게 할 것인가, 한다면 어떻게 할 것인가**에 대해. 심신의 공포를 드러내는 원형적인 표현 방식에 대해.

그레이스의 집을 나서기 전 마르티나는 몇 분간 안전 계획을 세운다. 그들은 일정에 대해, 그레이스의 일에 대해 이야기한다. 그것을 조금 변경할지, 아니면 직장으로 가는 경로를 바꿀지, 아니면 바이런이 쉽게 추적할 수 없도록 안전한 문으로 드나들지. 그녀는 마크를 다시 방으로 불러서 만일 학교를 오가다가 바이런을 보면 최대한 빨리 가장 가까운 집으로 날려가서 경찰에 신고해야 한다고 말한다. "이렇게든 그에게서 도망쳐야 해. 문을 열고 곧장 안으로 들어가서 경찰에 신고해. 야단법석을 떨어. 다른 사람의 차에 올라타도 돼. 그런 건 상관없어. 이건 널 겁주려는 게 아니야, 마크. 하지만 내가 원치 않는 건 그가 널 붙잡고 나서 엄마한테 이야기하는 거야. 그러면 문제가 커진단데."

조이가 주방에서 거실 바닥 쪽으로 철썩 눕는다. "조이?!" 마르티나가 환하게 미소를 지으며 말한다. "무슨 일이야?"

그는 마르티나를 무시한다. 원숭이처럼 엄마에게 매달린다.

"그가 당신을 죽이려고 할 거예요." 마르티나가 그레이스에게 말한다. "그냥 하는 말이 아니에요. 지금이 가장 잔혹한 시간이에요. 생각을 해봐요, 그의 세상이 송두리째 무너져버린 거예요, 알겠어요? 당신은 그의 샌드백이었고 그 총의 목표물이었어요."

그레이스는 휴지로 조이의 얼굴을 훔친다. 마크는 마르티나의 솔직함에 전혀 놀라는 것 같지 않다. 의붓아버지의 폭력이 이미 그에게는 익숙한 것이다.

마르티나는 그레이스에게 법원까지 가는 버스표를 준다. 그레이스에게는 차가 없기 때문이다. 마르티나는 그레이스가 효율적으로 행동할 수 있도록 그레이스의 핸드폰 단축 번호에 911을 설정해준다. 마르티나는 당신은 자유를 찾아가는 중이라고, 자신의 인생을 되찾는 중이라고 그레이스에게 상기시킨다. "당신이 했던 잘못된 행동을 생각하지 말아요. 잘한 행동을 생각해요." 그녀가 말한다. "당신은 경찰에 신고했어요. 나를 만나는 것도 승낙했어요. 내가 사진을 찍을 수 있게 해줬어요. 그래서 우리가 보호명령을 받았잖아요. 이젠 영장이 나올 거예요." 우리가 떠날 때쯤 그레이스는 미소를 지으며 마르티나에게 약속을 하고 있다. 조이는 다시 주방으로 가서 의자 등받이 위에서 쿵쿵 뛰고 있다.

마르티나는 집을 나서기 전 방충망으로 된 문 앞에 서서 그레이스를 향해 몸을 돌린다. 그녀는 그레이스가 신고했을 때 왔던 경찰에 대해, 처음으로 신고를 접수한 경찰에 대해 묻는다. "그들이 당신에게 친절했나요?" 마르티나가 묻는다.

"아" 그레이스가 말한다. "아주 친절했어요."

"좋아요." 마르티나가 말한다. 그녀는 모든 의뢰인에게 이 질문을 똑같이 건넨다. 경찰이 친절했나요? 그들이 자기 일을 하던가요? 그들이 예의를 지켰나요? 아무도 그녀에게 이 질문을 하라고 하지 않았지만 그녀는 그냥 묻는다. 그녀는 클리블랜드 경찰이 오랫동안 부패와 인종 표적 수사로 악명을 떨쳤음을 잘 안다. 장난감 총을 들고 있던 12세 타미르 라이스가 백인 경찰의 총에 맞아 사망한 사건으로 경찰은 근래 다른 어떤 사건보다 전국적인 조명을 많이 받았다. "가장 어려운 일은 경찰에게 누군가의 집에 가서 만나보게 하는 거예요." 그녀는 나중에 내게 말한다. "다들 힘들게 일하지만 내 입장에서는 사람들이 경찰을 어떻게 생각하는지를 알아야 해요. 경찰도 사람들이 어떻게 느끼는지를 알아야 해요."

"기분이 어때요?" 마르티나가 그레이스에게 묻는다.

"온갖 기분이 다 들어요." 그레이스가 말한다. "행복, 슬픔, 성스러움."

바이런은 판사에게 불려가면 GPS 발찌를 차게 될 것이다. 그는 법원에서 중범죄 폭행, 아이들을 위험에 빠뜨림, 납치, 협박 등 온갖 혐의로 기소될 것이다.

나중에 마르티나는 피자를 먹다가 그레이스의 전화를 받는다. 바이런이 그녀의 신용카드를 훔쳐 가서 카드를 긁고 다닌 것이었다. 마르티나는 그레이스가 어떻게 해야 할지 하나하나 알려준다. 신용카드 회사에 연락해서 새 카드를 발급받고 예전 카드를 취소하고 그 모든 걸 기록으로 남긴다. 마르티나는 자신의 보고서에 그 내용을 추가하겠다고 말한다. 이런 일은 그녀의 업무 범위를 넘어서는 것일 수 있지만 어쨌든 그녀는 이런 연락을 받는다. "사건 하나를 처리할 때 문제가 한두 가지가 아니에요." 마르티나가 그레이스와 전화를 끊으면서 말한다. "그렇지만 언니에게 있었으면 했던 그런 형사가 되려고 노력하고 있어요."

1년여가 흐르고 나는 어느 겨울날 늦은 오후 마르티나와 전화로 밀린 이야기를 나눈다. 그레이스는 마르티나가 생각했던 것보다 훨씬 길게 몇 달을 버텼다. 하지만 마르티나의 예상대로 그레이스는 모든 걸 취소했다. 바이런은 교도소에서 복역하는 대신 보호관찰을 받았다. 그리고 그레이스는? 마르티나가 마지막으로 소식을 들었을 때 그녀는 바이런을 다시 받아들였다. 전화를 끊기 전에 마르티나는 마지막으로 예언을 한다. "그녀의 소식을 다시 듣게 될 거라고 확신해요."

미래의 서사를
바꾸는 교란자들

완벽한 정적이 내려앉은 워싱턴 DC. 열려 있을 거라는 이야기를 들은 문을 찾아 법원 본관 주변을 따라 걷는다. 크리스마스를 2주 남겨둔 토요일 밤 10시가 넘은 시각이었다. 눈이 온다는 예보가 있었고, 전형적인 워싱턴 DC 스타일의 지나치게 두꺼운 소금 알갱이 같은 눈발이 예보대로 쏟아졌고, 지금은 내 신발 밑에서 뽀드득 밟힌다. 으스스한 시내의 적막함 속에서 불길한 반향을 일으키는 소리. 나는 검사와 상주 직원들, 그리고 때로는 내셔널갤러리에 있어야 하지만 근처 어딘가에서 방향을 잘못 튼 관광객들로 북적이는 낮 시간에 이곳에서 많은 시간을 보냈었다. 야심한 주말 밤 대도시의 관공서 건물보다 더 음산한 장소는 없을 것 같다. 게다가 나는 열려 있다는 그 문을 찾을 수가 없다.

나는 법원이 차지하고 있는 블록 전체를 한 바퀴 돌았고 다시 지나온 길을 따라간다. 인디애나의 부드러운 석회암으로 만들어진 이 건물은 좁고 긴 창문이 달린 정사각형의 건축물임이 어렴풋이 느껴진다. 나는 마침내 근무 중인 경비를 알아본다. 주 출입구 뒤편에 진을 치고 있어서 어둠과 문틀에 가려 잘 보이지 않았던 것이다.

"당신이 처음 지나갈 때 봤어요." 경비가 놀리듯 말한다. 그는 자신을 "팝콘맨"이라고 소개한다. 이 시간 이곳에 있어야만 하는 불행한 사람에게 간식을 건네는 사람. 실제로 희미한 팝콘 냄새가 공중에 떠 있다. "잠깐만 기다리세요." 그는 이렇게 말하곤 위층 사무실에 전화를 건다.

위싱턴 DC는 거주지로는 이상한 곳이다. 상대적으로 면적이 작은 데 비해 (약 176제곱킬로미터로 보스턴 면적의 3분의 2 정도지만 두 도시 모두 약 70만 명이 거주한다) 분에 넘치는 명성을 갖고 있다. 다른 지역에서 온 사람들이 이야기하는 위싱턴 DC는 재미없고 지루하거나(뉴욕과 로스앤젤레스 사람들), 부패하고 도덕적으로 파산한 사람들이 가득한 곳(다른 모든 지역 사람들)이다. 나는 사람들에게 이곳이 외부인과 확고부동한 유대를 맺고 있는 또 다른 도시인 로스앤젤레스와 아주 유사하다고 즐겨 말한다. 하지만 사실 두 도시 모두 이런 유대와는 완전히 단절된 생활이 가능하다. 대통령의 자동차 퍼레이드 때문에 딸의 학교 견학이 중단된 경험을 제외하면 내가 이 나라의 수도에 살고 있음을 일상적으로 상기시키는 일은 거의 없다. 내게 이 도시의 가장 꾸준한 특징은 이곳이 절대적으로 양분된 상태로 보일 때가 있다는 사실이다. 그러니까 중앙정부가 그 기관이 상주하는 지역의 맥락과 관계가 있을 수도 있고 전혀 없을 수도 있다는 것. 중앙정부는 보수가 다수를 차지하는 반면 시민들은 미국에서 가장 정치적으로 자유주의적인 사람들로 구성된 지금이 바로 그런 사례이다.[1] 지방정부의 정책이 워낙 진보적이다 보니 정부기관에서 일하는 내 친구는 사실상 우리는 사회주의 도시에서 산다고 농담을 한 적이 있을 정도다.

내 입장에서 이는 위싱턴 DC가 거시적인 수준에서는 정책을 바라보고, 미시적인 수준에서는 사람들을 바라볼 수 있는 완벽한 도시라는 의미다. 어떤 도시나 겪는 모든 문제(적정 가격 주택의 부족, 범죄, 빈곤, 폭력, 젠트리피케이션)에 있어 위싱턴 DC는 미국에서 최근에 등장한 혁신적인 프로그램을 많이 포용한다. 미국 전역에서 점점 늘고 있는 다른 마을과 도시처럼 위싱턴 DC는 엘런 펜스와 켈리 던, 킷 그루엘 같은 여러 대변인들이 수년간 지지하면서 가정폭력 영역에 접목시키기 위해 힘

쓴 조화와 소통의 철학을 도시 곳곳에서 채택했다. 내가 이 겨울밤에 긴급대응전화response line라고 하는 그 운영의 핵심 부품을 보기 위해 법원 건물에 와 있는 것도 그 때문이다.

팝콘맨은 내게 엄지를 들어 보이며 전화를 끊더니 엘리베이터로 가는 방향을 알려준다. 문이 5층에서 열리는 순간 나는 순식간에 일련의 대칭을 이루고 있는 똑같은 모양의 복도에서 길을 잃는다. 긴 시간을 그러고 있었던지 모퉁이 너머에서 "저기요?" 하는 목소리가 들린다. 나는 그 사람이 이곳에서 열 시간이 조금 못 되는 시간 동안 있었고 이제 곧 나갈 어떤 여자라는 걸 알게 된다. "걱정 말아요." 여자가 내게 말한다. "다들 길을 잃어요."

디씨세이프DC Safe는 주 7일, 하루 24시간 긴급대응전화를 운영한다. 여기에는 총 30명의 대변인이 있고, 사무실에서 긴급대응전화를 누가 받든 추가적으로 대변인 두 명이 자택에서 대기를 한다. 그들이 여기서 내리는 보호명령은 모두 민사에 해당한다. 고위험대응팀이나 더 큰 규모의 지역조율대응팀과는 달리 그들은 피해자에게 장기적인 결심을 분명하게 내릴 수 있는 장소를 구해준다는 희망을 품고 아주 단기간, 주로 며칠에 초점을 맞춘다. 이 도시의 여덟 구역 중 한 곳에서 발생한 가정폭력 현장으로부터 걸려오는 전화를 받는 건 주로 경찰이다. 그러면 대변인들은 피해자를 위해 당장의 계획을 수립하고 대부분의 경우는 범인이 체포되고 난 직후 다시 피해자에게 전화를 걸어서 이 계획을 상의한다. 이는 긴급대응전화가 무한한 수의 실이 모이는 바퀴의 중심과도 같다는 의미이다. 대변인들은 보호명령이나 체포 영장이나 다른 계류 중인 사건이 있는지 알아보기 위해 경찰용 사건 일람표를 참고할 수 있다. 그 외에도 그들은 상당히 작지만 의미 있는 거의 무한한 방식으로 피해자에게 도움을 줄 수 있다. 그들은 도시 내 온갖 기관들과 다양한 수준으로 파트너십이나 계약을 맺고 있다. 쉼터는 당연하고, 자물쇠 가게, 식료품점, 피해자서비스기관, 호텔, 검사와도 말이다. 경찰관이 긴급대응전화에 연락을 하면 대변인은 며칠 밤을 지낼 수 있는 쉼터를 알아봐주거나, 집에서 도망을 나온 피해자에게 기저귀와 분유로 가득한 가방을 가져다주거나, 가정폭력 부상을 확인하는 교육을 받은 지역 병원의 법의학 간호사에게 피해자를 연결해주거나, 학대자가 모든 돈을 통제하는 경우에는 식료품점 기프트카드를 주거나, 안전한 곳으로 이동할 수 있도록 택시비를 내준다. 대변인들은 의뢰인들이 보호명령을 받을 수 있도록, 전환의 집이나 장기적인 주택을 신청할 수 있도록, 무료 법률 지원을 받을 수 있도록 도와준다.

디씨세이프에서는 가능하면 언제든 대변인이 경찰을 따라 움직이도록 한다. 그들은 전담 경찰과 함께 가정폭력 신고 현장에 나가서 피해자의 필요를 즉각 처리한다. 많은 사법구역들이 가정폭력 대변인들을 경찰서에 두는 경우가 점점 많아지고 있고(뉴욕시와 그 내의 다섯 개 자치구가 2019년까지 모든 관할구역에 가정폭력 대변인을 두는 것을 목표로 삼고 있다), 클리블랜드 같은 일부에서는 이미 수년째 그렇게 하고 있다. 디씨세이프는 대변인들이 워싱턴 DC 전역의 경찰서 안에만 있는 것이 아니라 경찰과 함께 순찰차에 동승하는 절차를 공식화하고자 한다는 점에서 유일무이하다. 궁극적으로 그들은 교대 근무를 할 때마다 모든 순찰차에 대변인을 두고 싶어 하지만 지금 당장은 인력이 없다. 내가 북동쪽 구역에서 순찰차에 동석했던 날 밤에도 다른 구역의 차에는 대변인이 있었지만 우리는 동선이 전혀 겹치지 않았다.

엘리자베스 올즈Elizabeth Olds와 함께 디씨세이프를 공동으로 설립한 나탈리아 오테로Natalia Otero는 위기가 한창 고조되었을 때 피해자는 충분한 정보를 바탕으로 자신의 안전을 위해 결정을 내려야 함에도 그럴 상황이 아닐 때가 많다고 내게 말했다. 피해자와 학대자는 보통 경찰과 위기관리센터를 통해 가족폭력지원서비스기관으로 오게 되지만 응급실이나 학교 행정 직원, 동료, 성직자를 통해 오기도 한다. 그러므로 오테로의 입장에서는 피해자들이 더 질 좋은 정보를 바탕으로 판단을 하고 앞에 있는 장애물을 넘을 수 있게 하는 것이 과제였다. 경찰 보고서에는 신발도, 외투도, 신분증도, 아무것도 챙기지 못하고 도망친 피해자들의 이야기가 넘쳐난다. 내가 샌디에이고에서 인터뷰했던 한 여성은 일주일간 자신의 집에 감금되어 있었다. 그러다가 마침내 남자친구가 그녀를 차에 태우고 편의점으로 갔고, 그가 진입로에 차를 대는 순간 그녀는 차 문을 열고 진입로를 빠져나가고 있던 차를 향해 있는 힘껏 달렸다. 그녀는 돈도, 신분증도, 핸드폰도 없었다. 그 순간 그녀에게는 한 가지 생각뿐이었다. **도망쳐.** 그녀는 어디로 갈지, 어떻게 살지, 심지어는 누구에게 도움을 요청할지도 생각해두지 않았다. 도망쳐야 한다는 단 한 가지 생각 외에는. 피해자들은 혼란과 두려움에 휩싸였을 때는 어려운 질문을 상대하기가 너무 힘들기 때문에 작은 질문에 집중한다. 오테로는 피해자가 하루나 이틀 또는 일주일 동안 기본적인 필요를 해결할 때 자신의 눈에 들어오는 가장 큰 차이는 "그들의 능력 수준"이라고 말했다. "그 정도면 아주 상태가 좋아져서 장기적인 결정도 내릴 수 있어요."

오테로와 나는 법원에서 도보로 2~3분 정도 떨어진 펜 쿼터의 한 식당에서 이야기를 나눴다. 디씨세이프에는 협력 기관이 워낙 많고, 기금도 워낙 많이 필요하고, 진행 중인 계획과 프로그램도 워낙 많아서 그녀는 쉴 새 없이 움직인다. 그녀는 고위험대응팀과 위험평가와 캠벨을 초기부터 쭉 알았다고 말한다. 그녀는 수년간 가정폭력 일을 하고 있지만 원래는 경영학을 공부했다. 조지타운대학교에서 경영학 학위를 받고 졸업한 뒤 이 문제를 사회문제라기보다는 비즈니스에 대한 도전, 필요가 충족되지 않은 시장으로 보고 접근했다. 워싱턴 DC에서는 매년 3만 건의 가정폭력 긴급전화가 걸려오는데 그 신고를 분류하거나 처리할 방법이 전혀 없었던 것이다. "하나의 핵심적인 정보 처리 기관, 도시 전역에 있는 숱한 1차 대응자들의 입구가 되어줄 조직이 필요했어요." 그녀가 내게 말했다. 그리고 그녀는 그곳이 온갖 기록과 검사와 판사에게 접근하기가 용이한 법원 안에 있기를 원했다. 그녀는 2011년 전일제 긴급대응전화를 시작했고 디씨세이프는 이제 연간 8,000여 명의 의뢰인에게 서비스를 제공한다.

나는 디씨세이프 프로그램, 고위험대응팀, 대변인과 경찰의 협력, 학대자개입프로그램 같은 이 모든 지역사회 공동의 대응이 변화를 만들어내고 있다고 믿고 싶다. 우리가 피해자를 대하고 학대자에게 개입하는 방식이 개선되고 있다고, 가정폭력이 가정과 지역사회를 짓밟아놓는 끝없이 많은 방식들을 인식하고 있다고 믿고 싶다. 그리고 이 모든 게 전국적인 실천을 촉구한다고 믿고 싶다. 하지만 글을 쓰는 지금, 내가 오밤중에 찾아갔던 귀신이 나올 것 같은 그 법원에서 여섯 블록도 안 되는 곳에서 국회가 불과 몇 주 전인 9월에 2018년 여성폭력방지법을 재인가하지 않았다는 사실을 떠올리지 않을 수가 없다. 대신 국회는 여성폭력방지법에 이후 3개월 동안 쓰도록 임시 기금을 편성했고, 여성폭력방지법이 양당의 지지로 처음에 통과되었을 때와는 달리 이번에는 공화당의 공동 후원자가 단 한 명도 없다.[2] 그리고 바로 최근에 나는 친밀한 반려자에 의해 살해되는 여성이 2014년 이후로 11퍼센트 증가했음을 알려주는 폭력정책센터Violence Policy Center의 새 보고서를 이메일과 페이스북 게시물로 동시에 확인했다.[3] 이 보고서는 대규모 총격 사건이

나 일가족 몰살이나 다른 여러 죽음과 결합된 사건은 제외하고 단일한 사건만을 다루고 있음을 나는 강조해야 한다. 그리고 이 보고서가 발표되고 나서 겨우 며칠 뒤 현직 대통령이 백악관 잔디밭에 서서 논란 많던 대법원 심리 이후 이렇게 말했다. "미국의 젊은 남자들이 유죄가 아닐 수 있는 일로 유죄가 될 수 있는 아주 무서운 시기입니다." 그가 이 말을 한 날은 가정폭력 의식 고양의 달이 시작된 지 이틀째인 10월 2일이었지만 이에 대한 언급은 전혀 없었다.

우울한 신호는 또 있다. 클리블랜드에서 세간의 이목을 끄는 사건이 발생한 것이다. 가정폭력 전력이 있는 전직 판사 랜스 메이슨이 전처이자 주변인들에게 사랑받던 교사 아이샤 프레이저를 살해한 것이다. 살인 사건이 일어난 셰이커 하이츠는 마르티나의 담당 구역이 아니었다. 하지만 그 일로 나는 한 사람이 만들어낼 수 있는 변화가 얼마나 될까 의문을 품게 되었다. 그 뒤 2018년 11월 19일 월요일에 시카고 머시 병원에서 또 다른 대규모 총격 사건이 일어났는데, 이 사건이 가정폭력에서 시작되었다는 사실은 거의 모든 언론 보도에서 누락되었다. 피해자가 셋이었지만 애초에 목표물은 범인의 전 약혼자였던 타마라 오닐 박사였다. 이 지점을 가장 잘 포착한 헤드라인은 〈허핑턴 포스트〉의 멜리사 젤슨의 기사였다. "타마라 오닐은 자신의 살인 사건 이야기에서 거의 지워지다시피 했다."[4]

내 우려를 자아내는, 특히 눈에 잘 띄지 않는 표지들도 있다. 지금까지 여성 평등에 곧은 의지를 품은 것 같았던 영역에 슬금슬금 기어들어 오는 불편한 여성 혐오. 일단 의회가 그렇다. "개네들 거기를 움켜쥐었다"는 우리의 현직 대통령(도널드 트럼프)이 있는 백악관도 그렇고, 대법원도 마찬가지다. 나는 그러고 싶지 않지만 지금의 정치 상황에 대한 킷 그루엘의 말이 자꾸 떠오른다. "우린 터무니없는 속도로 퇴행하고 있어요."

총기 폭력을 걱정할 이유는 더 많다. 연방법은 주와 사법구역에 스토커를 비롯한 학대자들의 총기 소지를 금지할 권리를 부여하고 있지만 별로 효과가 없다는 근거가 넘쳐난다. 2010년부터 2016년 사이에 미국에서 제조된 총의 수는 550만 정에서 1,090만 정으로 두 배 가까이 늘어났다. 그리고 이 총의 압도적인 다수가 미국 영토 안에 머물러 있다.5 사우스캘리포니아, 테네시, 네바다, 루이지애나, 알래스카, 아칸소, 몬태나, 미주리 등 1인당 총기 수가 많은 주에서 가정폭력 살인 사건이 높은 비율로 발생하는 것은 분명 우연이 아니다.6 데이비드 애덤스는 2007년 자신의 책《그들은 왜 살인을 할까Why Do They Kill》에 실린 한 연구에서 친밀한 반려자 살인으로 복역 중인 남성 14명에게 총이 없었다면 살인을 할 수 있었을지 물었다. 살인을 저지르고 싶으면 어떻게든 방법을 찾아낼 거라는 게 일반적인 주장이지만, 11명이 아니라고, 총을 손에 넣을 수 없었더라면 살인을 하지 않았을 것이라고 말했다.7 2018년 10월에 발표된 한 연구에서 연구자 에이프릴 제올리는 접근금지명령을 받은 사람은 누구든 자동적으로 총기를 반납해야 하는 주를 살펴보았더니 친밀한 반려자 살인 사건이 12퍼센트 적은 것으로 확인되었지만, 이런 상황에서 총을 반납하도록 요구하는 주는 전체 50개 주 중 15개 주뿐이었다.8 이와 유사하게 제올리는 폭력 경범죄로 유죄 판결을 받은 사람은 누구든 – 같이 사는 반려자와 데이트 중인 반려자 모두를 포함해서 (캘리포니아는 이를 "남자친구 허점"을 막는 것이라고 표현한다) – 폭넓게 접근금지명령을 발부하여 총기를 소지할 수 없게 하는 캘리포니아에서는 가정폭력 살인 사건이 무려 23퍼센트나 적다는 것을 확인했다.9 **매달** 친밀한 반려자가 쏜 총에 맞아 목숨을 잃는 미국 여성은 50명이다. 알려지지 않은 더 많은 수의 여성들은 총의 위협 때문에 반려자에게 동조하며 입을 다물고 지낸다. 그리고 다른 방법으로 살해당하는 여성들도 있다. (칼에 찔리고, 목이 졸리고, 달리는 차에서 떠밀리고, 독살당하는 등.) 미국은 총기 폭력에 관한 한 선진국 가운데 여성에게 가장 위험한 나라이다.[10] 이것은 보수 대 진보라는 당파성과는 무관한 문제이지만, 내가 보기에는 많은 사람들이 총기 문제에 그런 식으로 접근한다. 나는 이 문제가 도덕적인 의무 차원의 문제라고 생각한다.

어째서 총이 시민의 목숨보다 더 중요하단 말인가?

나는 사망사건조사팀의 조사에 참여해서 뜨개질을 하던 몬태나의 은퇴한 간호사와 같은 결론을 내리지 않을 수 없다. **그 망할 총을 없애야 해요.**

동시에 나는 희망의 근거가 있다고 생각한다. 내 남성 친구들, 동료들, 남자 형제들, 친구의 남편들을 둘러보면 곳곳에서 동지를 발견할 수 있다. 나는 배려심이 있고, 나와 많은 여성들이 느끼는 불안에 대해 이야기하고, 온 나라에, 심지어는 전 세계에 침투하고 있는 비겁한 여성혐오의 영향을 거부하겠노라고 당당하게 이야기할 수 있는 남자들을 안다. 내가 아는 많은 LGBTQ 사람들과 내가 만나는 젊은 대학생들의 의식이 성숙했음을 본다. 그들 모두가 20년 전의 우리 세대 누구보다도 아는 게 더 많다.

그리고 다른 희망적인 신호들도 많다. 위급한 상황에 놓인 생존자들을 도와주거나, 위험에 빠진 10대와 대학생들을 돕거나, 쉼터 정보를 제공하거나, 행인들이 개입하는 법을 알려주는 다양한 스마트폰 앱이 개발되었다. 사실 이런 앱은 수십 개에 달하고, 이 중 많은 앱을 만드는 데 캠벨이 개입했다.[11] 고위험대응팀이 만들어지던 바로 그 시기에 샌디에이고의 전직 시 담당 검사 케이시 그윈은 변화를 몰고 올 가정사법센터를 시작했다. 가정사법센터는 피해자가 한 말을 또 하지 않을 수 있도록 대변인과 상담기관과 법률서비스와 법 집행관 등 서로 다른 파트너 관계의 기관들은 한 장소에 모아놓는다. 이곳에는 의뢰인을 상대하는 창구가 하나로 통일되어 있다. 그래서 가령 그들은 접근금지명령이나 아동지원서비스나, 직업 훈련이나 경찰 보고서 같은 다양한 업무를 하나의 창구에서 처리한다. 이 프로그램이 워낙 혁신적이어서 부시 행정부는 2,000억 달러를 배정하여 가정사법센터를 다른 곳에도 설치하도록 했고, 이제는 미국과 해외 25개국에 130개가 넘는 가정사법센터가 있다.[12]

그원이 가장 최근에 공을 들이는 대상은 희망캠프Camp Hope이다. 이 여름 캠프는 가정폭력 가정의 아이들을 대상으로 전국의 여러 곳에서 실시한다. 이 캠프의 목적은 폭력의 악순환을 끊는 것이다.

캠벨의 작업은 여전히 유용하다. 전직 메릴랜드 경찰관 데이브 사전트는 캠벨의 위험평가를 그대로 적용하는 대신 경찰관이 현장에서 빠르게 위험도를 판단할 수 있도록 크게 세 가지 질문으로 축소했다. 1. 그/그녀가 당신을 향해 무기를 사용하거나 무기로 위협한 적이 있습니까? 2. 그/그녀가 당신이나 아이들을 죽이겠다고 위협한 적이 있습니까? 3. 그/그녀가 당신을 죽일 수도 있다고 생각합니까?[13] 이 세 문항에 대한 답이 모두 예일 경우 여덟 개의 질문을 추가로 하는 한편, 담당 경찰은 지역 가정폭력 긴급전화에 신고를 해서 피해자를 현장에서 이들과 연결해준다. 타이밍이 핵심이다. 사전트는 가정폭력이 갑자기 살인으로 비화하는 경우가 얼마나 많은지를 알고 있었다. 지역 언론, 경찰 보고서, 기소 서류에는 "그녀를 죽일 생각이 아니었다"는 진술이 넘쳐난다. 사전트는 자신의 모델은 치명도평가프로그램이라고 부르는데, 이는 때로 메릴랜드 모델이라고 불리기도 하며, 30여 개 주와 워싱턴

DC가 이 모델을 사용한다.[14]

가정폭력이라고 하는 이 특수한 폭력을 다루는 방식에 구조적으로 뿌리 깊은 사회문화적 변화가 일어나고 있음을 보여주는 신호는 또 있다. 예를 들어서 지금 미국에는 200개가 넘는 가정폭력 전담 형사 법원이 있다(뉴욕과 캘리포니아가 선봉에 있다). 이런 법원 가운데 왜 피해자가 신고를 취소하거나 법원에 출석하지 않는지 같은 가정폭력 이면의 심리와, 가정폭력 대변인을 법원과 검사 사무실에 아예 상주하게 만드는 것이 유용하다는 사실을 받아들이는 곳들이 늘고 있다.[15] 하지만 이런 법정의 40퍼센트 이상이 아직도 가해자에게 학대자개입프로그램에 참여하라는 명령을 일관되게 내리지 않는다.

우리가 가정폭력 문제를 공중보건 위기로 받아들이고 처리하는 데 큰 진전이 있다는 것에는 의문의 여지가 없다. 여성폭력방지법 하나만으로도 1993년(이 법이 승인되기 전인)부터 2012년 사이에 가정폭력이 64퍼센트 감소한 것으로 평가되곤 한다.[16] 전직 백악관 여성폭력 자문관 린 로즌솔은 이 성공을 지나치게 강조하지 않아야 한다고 경고하긴 하지만 말이다. "열아홉 살짜리가 반려자 발에 차여서 방 반대편으로 날아갈 가능성은 우리가 일을 시작했을 때랑 사실상 똑같아요." 그녀가 말했다. 스토킹은 이제 40여 개 주에서 중범죄 혐의다.[17] 목조름은 45개 주에서 중범죄다.[18] 피해자를 쉼터 밖으로 이끌어 지역사회 안에서 지내게 하려는 움직임도 커지고 있다.

로즌솔은 미국 전여의 고등학교에서 청년이 앞장서다Youth Leads라고 하는 의견 청취 투어를 막 마친 어느 날, 나와 점심 식사를 하면서 이 모든 문제에 대한 폭넓은 견해를 털어놓았다. 그녀는 의견 청취 투어의 목표는 10대 데이트폭력을 해결할 수 있는 최선의 방안을 결정하기 위해서라고 이야기했다. 질병관리센터가 2017년에 발표한 한 보고서에 따르면 800만 명의 소녀들이 18세 전에 강간이나 친밀한 반려자의 폭력을 경험했다. 반면 남자아이의 경우는 그 수치가 절반 정도였다.[19] 이 분야의 전문가들은 데이트폭력을 해결해야 하는 시기는 일찌감치 6학년과 7학년 때부터 시작된다고 지적한다. 로즌솔은 고등학생들과 이야기하면서 젊은이들, 특히 젊은 남성들이 가정폭력과 성폭력에 대해 이야기하는 방식에서 희망을 느꼈다고 말했다. "이 젊은 남자들은 서로와 그리고 여성들과 아주 다른 관계를 맺고 있어요." 그녀는 그 윗세대와 비교하며 이렇게 말했다. "그 문제에 대해서 스스로 질문이 많더라고요. 어떤 대립 같은 게 없이 친구들이 (성폭력에) 개입하게 놔두지 않을 거예요."

우리는 동네 식당에서 식사를 하고 있었는데 식당 주인 앤디 샬랄은 유명 활동가가 넘쳐나는 그 도시에서 인지도가 높은 운동가 중 한 명이다. 로즌솔 뒤편의 화면에서는 그녀의 과거 상사였던 버락 오바마가 남아프리카공화국에서 연설을 하고 있다. 로즌솔은 그 순간 내게 놀라운 말, 그녀가 말을 하기 전까지는 진지하게 생각해보지 못했던 말을 했다. "어떤 면에서 남성들은 여성운동의 최대 수혜자였어요." 그녀가 말했다. "(오늘날) 아이들과 아주 다른 관계를 맺고 있는 그 모든 남자들을 좀 봐요. 요즘 아빠들은 학교 행사에 참여하고 아이들과 대화를 해요. 우리 동네에서는 남자들이 항상 아이들을 어린이집이나 학교까지 데리고 같이 걸어간답니다. 젊은 아빠들이 얼마나 참여하고 있는지를 좀 봐요. 완벽하진 않죠. 아직도 여자들이 많은 면에서 짐을 짊어지고 있고요. 하지만 그들은 변화를 실제로 경험했어요."

지금 생각해보면 공공에 미치는 영향이 그렇게 큰 가정폭력 같은 문제가 사적인 문제로 치부된 적이 있었다는 사실은 상당히 당혹스럽다. 가정폭력은 고립된 환경에서 일어나는 문제가 아니다. 가정폭력은 우리

사회가 직면한 수많은 도전 과제(교육과 보건, 빈곤과 중독, 정신 건강과 대규모 총격 사건과 홈리스 문제와 실업)에 눈에 띄지 않게 속속들이 침투해 있다. 가정폭력이 엄청나게 많은 문제들과 중첩된다는 점을 감안하면 미래를 위한 해법을 상상할 때는 그게 뭐든 간에 이 점을 고려해야 한다. 그 많은 홈리스 가정에서 벌어지는 가정폭력 문제를 해결하지 않고는 홈리스 문제를 해결하지 못한다. 가정폭력이 교육 격차나 빈곤의 근본적인 원인인 경우가 많은 상황을 개선하지 않고는 이런 문제를 성공적으로 해결하지 못한다. 나는 다른 정부 지출에 비해 가정폭력방지법에 상대적으로 미미한 예산이 배정된다는 사실을 생각하면서 "모든 곳에 투자한다"는 로즌솔의 해법을 떠올린다. 그녀의 핵심은 무한한 자원을 쏟아붓는다는 게 아니라 우리의 해법 안에서 가정폭력이 어떻게 이런 다른 숱한 문제들을 촉발하는지 그 복잡한 과정을 인정하는 것이었다.

로즌솔은 미투 운동이 진보의 신호라고 말한다. 그 운동은 난데없이 폭발한 게 아니었다. 사실 그녀에게 이 순간은 가정폭력에 대한 논의가 갑자기 전국 규모에서 시작됐던 OJ 심슨 재판 시기를 연상시킨다. 그 이후로 실질적이고 획기적이며 중대한 변화가 일어났고, 이 책에서 그중 많은 변화를 다루었다. "미투 운동은 수년간 토대 작업을 했기 때문에 일어난 거예요. 많은 사람들이 이런 논의를 해왔기 때문에 이 운동이 일어날 조건이 형성된 거죠." 그녀가 말한다.

데이비드 애덤스 역시 이 순가이 유례없는 기회임을 알고 있다. 그는 최근의 정세에 대해 "실망스럽다"면서도 "하지만 덕분에 젊은 사람들이 에너지를 얻은 것 같아요. 그리고 점점 많은 사람들, 특히 여성과 소수자들이 움직이고 있어요"라고 말했다.

나는 취재 기간 내내 겉으로는 작아 보이던 변화들이 결국에는 생사를 갈라놓고, 좋은 결정과 나쁜 결정을 갈라놓게 된다는 것을 아주 자주 경험했다. 기저귀 한 봉지와 식료품 살 돈, 종이가 아니라 코팅이 된 접근금지명령서, 이른 아침이 아니라 오후에 열리는 재판 시간, 피해자의 방문을 기다리기보다는 피해자의 집으로 찾아가기, 어떤 주장을 향해 한발 앞으로 나아가기보다는 말 그대로 한발 물러서기 같은 것들. 만일 내게 가정폭력계에 일어난 그 모든 변화에 연결된 생각을 하나만 꼽으라고 한다면 나는 소통이라고 답할 것이다. 관료기관들 사이의 소통은 말할 것도 없고 정치 이데올로기와 프로그램 간, 사람과 시스템과 학문 분야 간의 소통 말이다. 내가 전국을 돌아다니면서 확인한 많은 변화들이 이 한 가지 행위로 요약된다. 고위험대응팀, 가정사법센터, 청년 프로그램과 학대자개입프로그램, 법원의 진취적인 계획, 사망사건조사팀과 경찰의 매뉴얼을 비롯한 모든 프로그램의 한 가지 공통점은 돈한 푼 들지 않는 자원, 즉 서로 간의 소통을 활용한다는 점이었다.

나는 워싱턴 DC 긴급대응전화를 찾았던 날 밤 만난 여성을 나오미라고 부를 것이다.[20] 그녀의 많은 동료들이 그렇듯 그녀는 한 주에 나흘 동안 열 시간 야간근무를 한다. 그리고 미국에서 가정폭력 관련 일을 하는 많은 사람들이 그렇듯 나오미는 자기 집에서 처음으로 폭력을 목격했다. 그녀는 어린 시절 어머니와 함께 쉼터를 드나들었다. 그녀는 자라서 엄마와 함께 살았던 한 쉼터에서 자원 활동을 시작했다. 몇몇 대변인들은 지금도 어린 시절의 그녀를 기억했다.

오늘 밤 그녀는 디씨세이프 본부의 파티션으로 구획된 자리에 앉아 있다. 한쪽 벽에는 책이 줄지어 있다.《다음에는 그녀가 이 세상에 없을 거예요Next Time She'll Be Dead》《살아남기를 사랑하다Loving to Survive》《사랑이 상처가 될 때When Love Hurts》 처음 걸려온 전화는 한 여성의 손자가 약에 취한 상태로 집에 와서 식탁 의자를 부서질 때까지 바닥에 집어 던진 집에 출동한 경찰이 건 것이다. 이 여성이 손자와 이런 문제를 겪는 건 처음이 아니다. 경찰은 나오미에게 할머니와 손자의 생년월일, 연락처, 이름을 알려준 뒤 사건의 개요를 전달한다. 나오미는 그것을 전부 데이터베이스에 타이핑한다. 내일 근무를 설 대변인이 이어서 내용을 파악할 수 있도록 모든 고위험 사건에는 나오미(나 근무자면 누구든)가 시스템에 표시를 해둘 것이다. 나오미는 몇 분 만에 경찰과 전화를 끊는다 (많이 심각하지 않은 사건의 경우 경찰은 자신의 근무가 끝날 때까지 기다렸다가 긴급대응전화에 전화를 걸기도 한다). 몇 분 뒤 나오미가 할머니에게 전화를 걸어 (나는 이 할머니를 어마Irma라고 부를 것이다) 자신을 소개한다. "접근금지명령을 신청하고 싶으실까 해서 전화했어요." 나오미가 어마에게 말한다.

어마는 6개월 전에 접근금지명령을 받으려고 했는데, 손자가 실제로 폭력을 행사하지 않았으면 신청 자격이 없다는 말을 들었다고 말한다. "그 애가 도움을 받을 수 있으면 좋겠어요." 어마가 말한다. "그 애 문제가 뭔지는 몰라도 그걸로 퇴거를 당한 것 같아요. 당신이 무얼 해줄 수 있는지 나는 아는 게 없어요."

나오미는 상황이 점점 고조되는 것으로 보이기 때문에 이번에는 어마가 접근금지명령을 받을 수 있을 것이고, 디씨세이프가 그걸 신청할 수 있도록 도울 수 있다고 말한다. 워싱턴 DC에는 매년 돌아가면서 판사가 배정되는 가정폭력 전담 법원이 두 곳 있다.

"그 아이에게 기회를 주려고 노력했어요." 어마가 말한다. "그 아이가 왜 그렇게 화를 내는지 알고 싶었어요."

"그런데 잘 안 된 것 같네요." 나오미가 말한다.

"네, 안 됐어요. 내가 더 노력해야 하나 봐요."

"접근금지명령을 받으면 손자분은 그 집에 오지 못해요." 나오미가 그녀에게 말한다. "손자분이 약물이나 알코올 상담을 받게 해달라고 요청을 하실 수도 있고, 아니면 그냥 일반적인 상담을 신청하셔도 돼요. 그러면 판사님이 그런 규정이 담긴 명령서를 발급하실 거예요." 나오미는 월요일에 어디로 가서 뭐라고 말해야 할지를 설명해준다. 나오미는 어마에게 몇 시간 기다려야 할 수도 있으니 책과 간식을 챙겨 가라고 말한다. "검사실에서 기소할 때 자기들을 도와줄 수 있는지 알아보려고 할 거예요." 나오미가 말한다. "그냥 핸드폰이 켜져 있고 벨소리를 충분히 높여놨는지만 확인하시면 돼요. 검사실에서는 한 번만 전화할 거고 음성 메시지 같은 건 전혀 남기지 않아요. 보통 8시하고 12시 사이에 전화를 해요."

워싱턴 DC에는 학대자가 피해자와 서로 연락을 할 수 있고, 아이를 공동으로 양육하며, 심지어는 계속 같이 사는 것을 허락하는 특이한 보호명령이 있다. 괴롭힘harassing, 폭행assaulting, 위협threatening, 스토킹stalking 금지의 머리글자를 따서 HATS라고 한다. 그러니까 학대자와 피해자가 같은 집에 남아 있을 수 있는 것이다. 이런 종류의 접근금지명령에는 명백한 단점이 있지만 워싱턴 DC처럼 적정 가격의 주택을 구하는 게 모든 사회복지서비스기관에게 최대의 난제인 도시에서는[21] 그런 식의 명령은, 나오미의 표현에 따르면 "난 이걸 진지하게 여기고 있다고 말하는 금을 모래 위에 긋는" 효과를 만들 수 있다. "이건 경고인 거죠." 피해자가 학대자를 집에서 완전히 내보내기를 원치 않는 경우도 있다. 재정과 양육상의 지원이 필요하기 때문일 것이다. "의뢰인들은 종종 '우리에겐 아이가 있어요. 생활비를 같이 내요. 그를 그냥 발로 차서 내쫓을 수는 없어요'라고 말해요. 이런 상황일 때는 (그런 종류의 명령을 신청하려는) 의향이 커지죠."

일 분 이 분, 한 시간 두 시간이 쌓이는 동안 신고가 꾸준히 들어온다. 대부분은 그 할머니와 손자 정도의 상대적으로 낮은 수준의 폭력이다. 비어 있는 사각의 칸막이 공간에서 전화벨은 숨죽인 소리를 내며 울린다. 긴급대응전화 사무실의 밤은 내 예상과는 달리 차분하고 조용하다. 나는 늘어선 전화기 앞에 사람들이 앉아 있고 동시다발적으로 통화가 이루어질 거라고 생각했다. 하지만 그게 아니라 이 단 한 명의 여성과, 단 한 대의 전화, 단 하나의 칸막이 공간이 있을 뿐이다. 나오미는 녹색 눈을 돋보이게 하는 빨간 터틀넥을 입고 있다. 책상 위에는 컴퓨터와 교과서들이 나란히 놓여 있다. 업무가 많지 않은 밤이나 시간이 있을 때는 낮에 듣는 수업을 위해 공부를 한다. 그녀의 목표는 언젠가 심리학자가 되는 것이다.

쉼터에서 지내고 있는 의뢰인 한 명에게서 전화가 걸려온다. 쉼터의 난방 시스템이 작동은 되지만 온도가 15도로 설정되어 있고 아무도 잠긴 온도 조절 장치에 손을 댈 수가 없다는 내용이다. 바로 그 뒤에 걸려온 전화는 접근금지명령을 신청한 여성으로부터 온 것이었는데, 전 남자친구가 자신의 렌터카 열쇠를 훔쳐서 차를 가지고 도망가버렸다고 한다. 열쇠고리에는 그녀의 집 열쇠도 있었는데 복사본도 없는 상태였다. 나오미는 그녀의 집 자물쇠를 바꿀 수 있도록 조치를 하고 난 뒤 쉼터 관리인에게 연락해서 온도 조절 장치를 봐달라고 한다.[22]

이른 새벽 한 경찰이 워싱턴 DC의 잘사는 동네인 북서쪽 지역에서 전화를 건다. 한 여성이 목졸림을 당했지만 살아 있고 안정적이다. 그는 "질식당했다"는 표현을 사용한다. 이 커플은 최근에 헤어졌고 말다툼을 했다. 가해자는 체포되었다. 경찰은 이 여성에게 법의학 검사를 받아보라고 권했지만 (워싱턴병원센터에서 근무하는 법의학 간호사가 대기 중이었다) 그녀는 필요 없다고 말했다고 한다. 나오미는 이 여성에 대해 몇 가지 질문을 한다. 표정은 어떤가요? 사건에 대해서 뭘 기억하나요? 그는 질식이 겨우 몇 초 지속되었고 이 여성은 술을 마시는 중이었지만 자신은 목졸림의 흔적을 찾지 못했다고 말한다. 목소리는 거칠지 않았고 눈에 보이는 반점도 없었다.

나중에 나오미는 그날 밤 대기 중인 다른 대변인에게 전화를 걸어서 그 여성에게 더 단호하게 개입해 법의학 간호사를 만나게 할지 상의한다. 몇 분 뒤 그들은 위험도가 높은 상황이 아니고, 남자가 이미 체포되었으므로 당장은 여성의 안전이 불확실하지 않다고 결론을 내린다.

나는 이 모든 게 참으로 평범하다는 인상을 받는다. 이 모든 상대적으로 경미한 폭력 행위들. 경찰은 전화를 걸어서 긴급출동요원에게 하듯 똑같이 냉정한 목소리로 나오미와 이야기를 나눈다. 이런 일이 있었고, 다음엔 저런 일이. 그러고 나서 다음 사건으로. 긴급대응전화는 경찰 매뉴얼의 일부일 뿐이다. 다시 말해서 더 이상 시스템과 문화 사이에는 무너뜨려야 할 장벽이라고 할 만한 게 없다. 전 과정이 절차에 포함된 것이다. 어쩌면 이런 예사로움이 성공을 가장 잘 보여주는지도 모른다.

나는 다년간 가장 위험한 사건들, 가족을 몰살시킨 남자들, 이미 관련자들에게는 너무 늦어버린 사건을 포기하지 않는 사망사건조사팀, 미셸과 도러시와 결코 생존자가 되지 못한 다른 수천의 피해자들을 위해 일하는 법 집행 인력과 대변인과 가족들을 보았다. 사실 나는 이 어둠 속에서 너무나 많은 시간을 보냈고, 나오미와 함께 보내는 이 밤의 의미를 거의 완전히 놓칠 뻔했다. 아주 오래전 켈리 던이 내게 이야기했지만 사실 그때는 제대로 이해하지 못했던 게 바로 이것이다. 가정폭력 문제를 해결할 수 있는 최선의 방법은 더 큰 일로 비화하기 전에 경범

439

죄 단계에서 흔들어놓는 것이라는. 장기적으로 생각했을 때 나오미에게 한 통 한 통 걸려오는 이 전화, 경찰이 나오미에게 또는 나오미가 의뢰인에게 거는 그 모든 전화가 믿을 수 없는 진보의 신호였다.

나오미는 일찍 퇴근하면서, 교대 시간이 끝날 때까지 전화를 계속 받을 수 있도록 이동 전화를 챙겼다. 그녀는 눈을 상대해야 했다. 워싱턴 DC는 테러리스트의 공격, 정치적 교착상태, 정부 폐쇄 등 온갖 일에 대한 대비가 되어 있다. 하지만 눈은 아니었다. 나는 거의 새벽 3시가 다 되어서 법원을 나왔고, 여전히 내 신발 밑에서 눈이 뽀드득거리는 소리가 조용히 울렸다. 심야 택시 기사를 기다리는 동안 나오미가 진보의 상징인 것은 그녀가 하는 일 때문만이 아니라는 생각이 들었다. 그녀가 진보의 상징인 것은 그녀의 배경 때문이기도 하다. 그녀 자신이 생존자였고, 자기만의 작은 방식으로 폭력의 악순환을 흔들어놓는 방법을 찾아냈다. 과거에 상처를 받은 사람이 사람들의 치유를 돕는 것. 지미에게 그랬듯 이제 그녀에게는 이 시스템 안에 자리가 있다. 그리고 어쩌면 언젠가는 돈테에게도. 내가 샌브루노 감옥에서 몇 년 전에 만난 빅토리아라는 여성에게 그랬던 것처럼. 그녀의 아버지는 그녀를 살해할 계획을 세운 적이 있었다. 내가 가정폭력계에서 만난 거의 모든 사람은 피해자로서 또는 가해자로서 또는 목격자로서, 학대를 경험했다. 해미시 싱클레어와 데이비드 애덤스에게는 폭력적인 아버지가 있었다. 수잰 듀버스는 어느 겨울밤 두 남자에게 강간을 당했다. 재클린 캠벨에게는 자신의 학생이었던 애니가 있었고 마르티나 라테사에게는 언니 브랜디가 있었다. 지미와 돈테에게는 과거의 자신들이 있었다. 이 모든 이들의 뒤에는 또 다른 육체의 그림자, 끔찍한 이야기가 있었다. 하지만 그들 모두가 이제는 미래의 서사를 바꾸는 교란자들이기도 했다.

나는 어떤 이야기가 떠올랐다. 몇 년 전 어느 저녁 나는 어스름 속에 던과 함께 던의 사무실에 앉아 있었다. 여름이었고, 저녁 식사 시간이 한참 지난 때였다. 던은 자기 일 이야기를 할 때는 항상 너무 사무적이었다. 나는 그녀가 수업에서 도로시가 사망한 날 밤의 911 테이프를 재생하고 또 재생하는 모습을 보곤 했고, 그녀는 언제나 그 사건이 무엇을 보여주었는가에 대해, 어떻게 하면 참가자들이 캠벨의 연구 위에 도로시의 이야기를 도식화해서 완벽한 그림을 맞출지에 대해 초점을 맞췄다. 서로가 거울에 비춘 듯 딱 들어맞는다. 모든 위험 지표와 고조의 신호들이 그렇다. 하지만 극단적인 폭력에서 워낙 일반적으로 나타나는 것들도 있다. 첫눈에 빠져 시작된 사랑, 도로시의 젊음, 윌리엄의 병적인 질투. 미셸과 로키의 경우도 이 모든 요소를 도식화할 수 있다. 던은 수업에서 절대 감정을 드러내지 않는다. 그녀는 꼼꼼하고 무표정해서 한때 거의 도달했던 완벽한 변호사의 모습이다.

이날 밤 그녀는 도로시를 만난 날 분홍색 공책에 자신이 적었던 글을 보여주었다. 그녀가 남들에게 잘 보여주지 않던 메모였다. **아주 치명적인 사건**. 나는 듀버스에게서 이 메모에 대해 들은 적이 있었고, 지역 신문에서 읽은 적도 있었다. 나는 그게 보고 싶었다. 던에게 말하지는 않았지만 도로시의 죽음은 나 역시 쉽게 떨칠 수 없었다. 나는 여러 해 전에 〈뉴요커〉에 보낼 도로시에 대한 글을 쓸 때 점심으로 먹을 샌드위치를 사서 도로시의 집이 있던 거리에 렌터카를 세워놓고 차 안에서 그걸 먹으면서 앉아 있곤 했다. 사실 내가 뭘 했던 건지는 모르겠다. 이제 거기에는 그녀의 삶이나 죽음에 대한 증거가 전혀 없었고, 그 거리는 조용하고 목가적이었다. 가끔 나는 바다 냄새가 난다고 확신했다. 풀밭에는 빛바랜 플라스틱 세발자전거가 연극 소품처럼 놓여 있었다. 그 시간이면 나는 인터뷰와 연구 사이에 잠시 짬을 내어 사색에 잠길 수 있었다. 어쩌면 도로시는 내 인생에서도 그림자 육체가 되었는지 몰랐다.

기자가 글을 쓸 때는 살아 있는 사람의 이야기를 다루고, 건강하게 살아서 변화를 만들려는 사람, 정책을 만드는 사람들과 이야기를 나눌 때가 아주 많다. 하지만 가정폭력에서 진짜 대화 상대는 죽은 사람일 때가 많은 것 같다는 생각이 든다.

나는 그날 던의 사무실에 앉아서 만일 도러시가 살아 돌아와서 이 사무실로 다시 걸어 들어온다면 지금 그녀에게 뭐라고 말할지 던에게 물었다.

던은 대답을 하려다가 갑자기 보이지 않는 벽에 몸이 부딪힌 것처럼 말을 멈췄다. 그러더니 책상에서 재빨리 서류 수납함 쪽으로 몸을 움직여서 나는 그녀를 볼 수가 없었다. 나는 그녀가 짧고 날카롭게 호흡하는 소리를, 훌쩍이는 소리를 들었다. "이런 질문을 한 번도 받아본 적이 없어서요." 그녀가 말했다.

나는 아무 말 없이 앉아 있었다.

던은 책상으로 돌아와서 눈을 비볐다. 그러더니 나를 쳐다보며 속삭이듯 말했다.

"미안하다고 말할 거 같아요."

저자의 말

이 책을 집필하고 취재하던 마지막 몇 달 동안 나의 의붓어머니가 호스피스에 들어가셨다. 어머니는 2015년 여름에 직장암 진단을 받았고 2017년 9월에 돌아가셨다. 나는 어머니가 돌아가시기 3주 전쯤 부모님 집에 놓인 병원 침대 옆에 앉아서 어머니가 결혼해서 이룬 첫 가정과 어린 시절 가정 모두에서 학대가 있었다는 이야기를 들었다. (어린 시절의 학대는 그녀의 어머니 쪽 문제가 아니었다. 그녀의 어머니는 아버지가 집을 나간 뒤 그녀를 길렀다.) 그녀와 나의 아버지는 38년간 결혼 생활을 유지하고 있었고, 당시 8년 가까이 미국의 가정폭력을 조사하고 있던 나는 큰 충격에 휩싸였다.

우린 오랜 세월 동안 그다지 가깝지 않았지만 최근에는 같이 지내는 법을 발견한 상태였다. 어째서 어머니는 내게 한 번도 이야기하지 않았을까? 어머니가 그 이야기를 할 수 있을 정도로 충분히 안전한 공간을 만들지 못했던 걸까? 나는 어머니에게 묻고 싶은 게 너무 많았지만 그녀는 현명한 방법으로 나를 방해했다. 그녀는 그 일을 별로 이야기하고 싶지 않아 했고, 솔직히 말하자면 그녀가 내게 이 정보를 밝혔을 즈음 나는 대부분의 사람들보다 가정폭력에 대해 훨씬 많이 알고 있었다. 그녀가 어떤 기억을 공유하고 싶지 않았는지는 몰라도 어쨌든 나는 상상할 수 있었다. 그녀는 자신이 죽어가고 있다는 사실을 알았고, 자기 인생의 어두운 날들에 대해서는 떠올리고 싶지 않았다. 그녀는 나의 아버지에게, 자신의 죽음이 우리에게 야기할 고통에, 손주들이 자라는 모습을 볼 수 없다는 사실에만 몰두했다.

38년간 알고 지냈던 사람이 내게 자신이 학대받은 사실을 숨길 수 있었다는 것이 우리가 학대를 다루는 방식에 대해, 아직도 거기에 딸려오는 수치심과 낙인에 대해 갖는 함의는 무엇일까? 결국 어머니가 돌아가셨을 때 아버지와 나는 주방에 서서 흐느꼈다. 아버지가 암에 굴복하기에는 너무 어린 아내를 잃고 오열하는 이 장면을 나는 두 번째로 목격했지만 이번에는 내가 성인이었고 전보다 훨씬 많은 것을 이해했다. 어머니가 어떤 과정을 겪었는지에 대해, 아버지가 어떤 과정을 겪었는지에 대해. 아버지는 그날, 그리고 그 이후 몇 주간 무너져 내릴 때마다 내게 "더 강하지 못해서" 미안하다며 사과했다. 아버지는 두 번째 아내를 막 암으로 잃고도 공공연하게 눈물을 보일 권리가 없다고 느끼는 것 같았다. 어째서일까? 나는 아버지에게 내가 보기엔 아버지의 눈물이 아버지를 남자로서, 남편으로서, 아버지로서 더 강하게 만든다고, 인간적인 감정을 두려워하지 말라고 이야기했다. 나는 모든 남성에게 이 말을 전할 수 있으면 좋겠다.

내 의붓어머니와의 경험, 그리고 내 아버지와의 경험. 이 두 순간 때문에 나는 이 책을 그녀에게 바친다. 어머니가 돌아가시기 전에 이 말을 전할 수 있었던 것을 감사하게 생각한다.

.

후기

시카고에 있는 친구 집의 거실 창문으로 보이는 풍경은 숨이 멎을 정도로 아름다웠다. 집 밖으로는 노스폰드 자연공원의 6만 제곱미터를 넘는 연못과, 야생동식물 서식지와, 송골매, 수리부엉이 등 200여 종의 조류와 이동성 동물을 끌어모으는 자연 이동로가 펼쳐졌다. 그 집 창문에서는 연못에서 헤엄치는 청둥오리와 캐나다기러기 가족들을 볼 수 있었다. 계절에 관계없이 내가 그곳을 찾을 때마다 친구와 나는 연못 주변을 걷곤 했고, 그러면 친구가 빽빽한 수생식물 안에 숨어 있는 거북을 손가락으로 가리키거나 나뭇조각이 깔린 오솔길을 잽싸게 가로지르는 얼룩다람쥐를 보곤 했다. 때로 왜가리 한 마리가 쭉 뻗은 히커리 나뭇가지에 내려앉기도 했다. 노스폰드 너머에는 레이크쇼어 도로가, 풀러턴 해변의 황금 모래와 미시건 호수가 펼쳐졌다. 길이 480킬로미터에 폭 160킬로미터에 달하는 미시건 호수는 바다나 마찬가지다. 친구 미셸을 생각할 때면 이 풍경이 먼저 떠오른다. 그리고 나는 지금 하루에도 몇 번씩 미셸을 생각한다. 어느 날 아침에 전화 한 통으로 그녀에게 찾아온 상실들에 대해. 그녀는 집을, 자신의 도시를 잃었고, 자신의 변함없던 일상과 안정된 직장과 그 풍경을 잃었다. 그리고 오빠와 그 아내를 잃었다.

미셸의 오빠 제이슨은 국무부에서, 그의 아내 롤라는 상무부에서 일했다. 두 사람을 전 세계로 출장 보내는 잘나가는 직장이었다. 나는 미셸만큼 그 두 사람을 깊이 알지는 못했다. 미셸과는 20년 지기였다. 우리의 우정은 긴 산책을 하는 동안 아주 영적이고 감정이 풍부한 주제를 놓고 대화를 나누면서 깊어졌다. 의미 있는 삶이란 무엇일까? 악마가 사는 세상에서 어떻게 열린 태도와 사랑을 품고 살 수 있을까? 나는 그녀의 지혜를 구했고 (그녀는 시카고에서 예약이 꽉 찬 독립적인 심리치료사였다) 그녀가 말 그대로 몇 시간 동안 이야기를 나눌 수 있는 흔치 않은 사람임을 알게 되었다.

그녀에게는 사랑하는 두 조카딸이 있었다. 제이슨과 롤라의 딸인 그 둘은 여름이면 시카고에서 가끔은 한 달 또는 그 이상 그녀와 함께 지냈다. 두 소녀는 재미있고 멋진 고모와 어울리거나 시에서 열리는 여름 캠프에 가곤 했다. 조카들이 와 있는 여름이면 가끔 미셸은 아이들을 우리가 다 같이 아는 친구의 집으로 데려오곤 했고 어른들이 와인을 마시며 수다를 떠는 동안 아이들끼리 어울려 놀았다. 그 당시 우리는 모두 시카고에 살았다. 대학원 이후에 만나서 친해진 친구 모임. 하지만 그러다가 하나둘 떠났다. 제일 먼저 떠난 건 나였다. 캄보디아로, 그다음에는 워싱턴 DC로. 결국 우리 대부분이 워싱턴 DC로 떠났다. 앤과 마이크, 던과 솔릭, 미셸을 제외한 모두가. 모두 결혼을 하고 아이를 낳고 이사를 다니고 직장이 바뀌면서도 친구로 지냈다. 우리는 아이들을 사촌처럼 키웠다. 미셸이 우리를 보러 오곤 했고, 우리는 그녀에게 이사 오라고 애원했다. 멋진 시카고 사람들은 다 워싱턴 DC로 온다고 말하곤 했다. 때로 나는 그녀에게 이사를 해야 하는 이유를 줄줄이 늘어놓기도 했다. **워싱턴 DC 주민들은 시카고 주민들보다 심리치료가 더 필요하니까! 워싱턴 DC는 기본적으로 뉴욕의 교외지역이니까! 워싱턴 DC에 우리가 있으니까!**

전 세계에서 지내던 제이슨과 아내 롤라가 워싱턴 DC에 다시 자리를 잡았고, 우연히도 당시 내 남편과 내가 살던 동네로 오게 되었다. 그들의 큰딸이 내 딸과 같은 반으로 전학을 왔고, 두 소녀는 부모의 묘한 인연을 알지 못한 채 붙어 다니게 되었다. "너흰 기억하는 것보다 오래 전부터 서로 알았단다." 몇 주간 딸이 새 친구에 대해 이야기를 하고, 결국 내가 퍼즐 조각을 맞췄을 때 딸에게 이렇게 말했다. 그리고 덤으로 미셸은 이제 딸이 새로 사귄 친구의 고모였다. 아이들 모두에게 사랑받는 그런 고모인 미셸이. 세상이 정말 너무 좁은 것 같았다. 제이슨이 우리 집에서 하루를 보낸 자기 딸을 데리러 우리 집에 온 아침, 나는 그에게 말했다. "믿지 못할 거예요. 당신 여동생이 나랑 제일 친한 친구예요." 그가 씩 웃었다. 당신이 그 레이철이군요! 그가 말했다. **미셸**의 레이철. 우리는 이제 미셸에게 여기로 이사 오지 **않으면 안 된다**고 말하곤 했다. 온 우주가 사실상 간청하고 있었다.

 2017년 제이슨과 롤라 사이에 문제가 시작되었다. 나는 그 문제의 본질은 알 수 없었다. 정말로. 그들의 삶과 나의 삶, 그리고 우리 딸들의 삶이 기이하게 포개지는 점이 있다는 점만 빼면 나는 그들 둘과는 친구라고 할 수도 없었다. 한때 미셸은 롤라가 이혼 과정을 거치는 동안 내가 그녀에게 좋은 반면교사가 되어줄지 모른다고 생각했다. (나는 막 이혼 절차를 마친 상태였다.) 미셸은 우리를 연결해주었다. 나는 롤라와 두어 번 술을 마시러 나갔다. 그녀의 화는 명백했고, 나는 그런 종류의 화를 알았다. 그냥 "난 끝이야. 이건 아니야. 여기서 벗어날 거야"라고 말하는 그런 화. 롤라는 사람을 너무 오래 한자리에 묶어두는 이혼의 관료주의 절차들을 이제 막 대면하는 중이었다. 나는 그 관료주의에서 이제 막 벗어난 상태였다. 그녀는 내게 몇 가지를 털어놓았고 그건 사실 내가 상대했던 몇 가지 문제들과 비슷해 보였다(이혼을 원하지 않는 남편과 일을 더 원하는 아내). 하지만 솔직히 그녀에 대해 말하자면 나는 이 묘한 상황 한복판에 놓이고 싶지 않기도 했다. 친한 친구의 오빠와 헤어지려는 여자와 또 친구가 되다니. 뭔가 뒤죽박죽인 느낌이었다. 그래서 나는 어느 정도 거리를 유지하려고 애썼다. 나는 대체로 딸들의 놀이 약속이나 서로의 집에서 자고 오는 일정을 조율할 때, 아니면 학교 소식을 주고받을 때 제이슨과 롤라와 교류했다. 미셸이 워싱턴 DC로 왔을 땐 우리 집으로 왔고 두 조카딸 모두 우리 집으로 와서 파자마 차림으로 밤에 같이 영화를 보고 아침에 팬케이크를 먹으면서 유치한 시간을 보내곤 했다.

2019년 6월 7일, 비행기에서 내린 나는 미셸이 극도의 흥분 상태에서 보낸 음성 메시지를 들었다. 나는 책에 사인을 받기 위해 줄을 서서 내게 자기 이야기를 쏟아놓는 사람들과 함께 이 책의 출판 기념 순회 행사를 한참 하던 중이었다. 나는 그 줄을 사랑했지만 그게 두렵기도 했다. 한 여성은 겨우 몇 달 전에 딸이 살해당했다고 말했다. 또 다른 여성은 눈물을 글썽이며 아이들을 되찾는 걸 도와줄 수 없는지 내게 물었다. 그리고 지금은 워싱턴 DC 탑승교에 서서 내 짐을 기다리면서 미셸이 오빠 집에서 무슨 일이 일어났는데 그게 뭔지는 모르겠다고, 자기한테 전화해줄 수 있냐고 말하는 음성 메시지를 들었다. 긴급 상황이었다. 나는 메시지를 다 듣지도 않고 바로 전화를 걸었다. 미셸은 신호가 가기도 전에 전화를 받았다. 목소리가 그녀의 배 안 어딘가에서 나오는 것 같았다. 내게 익숙하면서도 낯선 목소리, 이제껏 내가 한 번도 들어보지 못한 미셸의 목소리였다. "제이슨 집에 무슨 일이 일어났나 봐." 그녀가 말했다.

내가 무슨 일인지 물었다. "롤라가 다쳤어. 아니면 오빠가 자해를 했거나. 모르겠어." 미셸은 숨을 정신없이 헐떡이는 사이 말을 토막토막 했고, 모든 말을 두 번씩 반복했다. 그녀는 제이슨에게 전화를 하다 하다 롤라에게도 전화를 했지만 두 사람 다 받지 않았다. 미셸은 몇 분 전

448

제이슨에게서 자신과 롤라가 "소녀들을 실망시켰다" 그리고 "그 아이들을 잘 챙겨달라"는 전화를 한 통 받았다. 그는 미셸에게 가능하면 빨리 워싱턴 DC로 오라고 말했다. 그러고는 전화를 끊었다. 그 이후로 제이슨에게는 연락이 닿지 않았다. 미셸은 시카고 오헤어 공항에서 비행기 좌석을 얻으려고 애쓰면서 내게 전화를 걸고 있었다.

나는 탑승교에서 내달렸다. 공항을 가로질러 달렸다. 제이슨과 롤라가 사는 곳에서 두어 블록 떨어진 곳에 살고 있는 전남편에게 전화를 걸어서 그들이 괜찮은지 가서 살펴봐달라고 부탁했다. 그가 도착했을 때 특수기동대가 와 있었다. 전남편 폴은 내게 특수기동대 대장의 전화를 바꿔주었고 나는 그에게 미셸의 연락처와 딸들의 이름, 학교를 알려주었다. 그는 내 정보도 받아 적었다. 공항에서 그곳에 도착했을 때 그들의 집은 범죄 현장으로 지정되었고, 제이슨 또는 롤라(우린 어느 쪽인지 전혀 알 수가 없었다)가 구급차로 병원에 실려 간 상태였다. 그들의 두 딸은 아직 학교에 있었고, 그래서 우린 이후 계획을 이야기했다. 아이들을 어떻게 데려와서 어디로, 얼마나 오래 데려갈지. 미셸이 아이들에게 이야기를 해야 했지만 뭐라고 이야기한단 말인가? 어느 순간 나는 그들의 개를 떠올렸다. 한 이웃이 개를 데려갔다고 했다. 내 딸과 그들의 큰딸 5학년 졸업식이 저녁에 있을 예정이었다. 아이들은 몇 주 전부터 예행연습을 하고 있었다. 졸업식이 끝날 때까지 기다렸다가 이야기할까? 다 같이 졸업식을 건너뛸까? 나는 교장 선생님에게 전화를 걸었다. 제이슨과 롤라의 딸들은 그들의 유모와 롤라의 친구에게 보내놓았다. 그날 이른 오후 미셸이 비행기에서 내려서 곧장 아이들에게 갔다.

나머지 사람들은 우리 집에 천천히 모였다. 먼저 내 전남편과 내 딸, 다음에는 시카고에서 워싱턴 DC로 옮겨온 친구들, 그다음에는 미셸이 도착했고, 미셸의 어머니, 그리고 아동 트라우마 심리치료사인 미셸의 사촌, 그리고 몇몇 다른 친구들이 왔다. 우리는 기습을 당했을 때 느끼는 긴장된 에너지에 가득 휩싸인 채 앉아 있었다. 우리는 우리가 트라우마의 한가운데 있다는 걸 알았다. 뭔가를 할 필요가 있었지만 할 일은 아무것도 없었다. 형사들이 한 번씩 들러서 내 집 사무 공간에서 미셸과 그녀의 엄마를 인터뷰하곤 했다. 누군가가 음식을 주문해야겠다는 생각을 했다. 어쩌면 나였는지도 모르겠다. 나는 몇 주 동안 집을 비웠다가 돌아온 상태였다. 나는 아무리 집에 사람이 가득해도 집을 청소하고 이 혼란에 어떤 질서를 부여하고 싶은 마음이 굴뚝 같았다.

그 전날 밤 나는 클리블랜드에서 출판 기념 순회 행사를 하면서 청중들에게 가정폭력 전담 형사 마르티나 라테사를 소개했다. 겨우 두 주 전에 내 책이 출판되는 걸 보기 위해 직접 워싱턴 DC로 날아왔던 미셸은 그 이후 내가 이런 행사에서 숱한 여성들에게, 거의 항상 여성들에게 들었던 이야기의 당사자가 되었다. 인생과 가족과 공동체가 산산이 부서지는 이야기. 그 아이러니는 우리 모두에게 바로 그 자리에서 명백하게 느껴졌지만 우린 감히 그 말을 입 밖에 내지 못했다. 처음에는. 한번은 큰 행사장에서 출판 기념 순회 행사를 하고 있는데 200명쯤 되는 사람들 앞에서 어떤 사람이 집에 갈 수가 없다고, 바로 그날 살해당할지 모른다는 두려움 때문에 이곳을 떠날 수가 없다고 말했다. 그녀는 자신이 어떻게 해야 하느냐고 물었다. 그녀의 삶은 지금 당장 위기였다. 나는 청중에게 도움을, 그 지역의 자원을, 바로 그 자리에 있는 정중 기운데 그녀와 이야기를 나눌 수 있는 누군가의 이름을 알려달라고 부탁했다. 지금 그 모든 이야기들, 그 모든 공포와 트라우마가 내 집과 내 삶의 한가운데로, (어쩌면 훨씬 중요하게는) 내 딸과 나의 소중한 친구, 그리고 영원히 인생이 바뀌게 될 무고한 두 소녀의 인생 속으로 밀려 들어왔다. 나는 아직도 여기에 적합한 표현을 제대로 찾지 못했다.

우리는 꽤 오랫동안 실제로 무슨 일이 벌어졌는지 알지 못했고, 몇 주가 지난 뒤에야 모든 세부 사항들을 짜 맞추기 시작할 수 있었다. 그날 오후 어느 시점엔가 우리는 롤라가 숨을 거뒀다는 사실을 먼저 알게 되었다. 저녁에는 제이슨 역시 숨을 거뒀다고 했다. 미셸은 이런 식으로 이야기한다. "오빠가 아내의 목숨을 빼앗은 뒤에 자기 목숨을 끊었어." 여기 사용된 언어는 그녀에게 중요하다. 오빠가 저지른 일의 참담함을 인정하면서도, 그의 절박함과 고통을 어떤 식으로든 포착하고 있기 때문이다. 롤라의 친구와 가족들은 분명 다르게 표현할 것이고, 나는 각자가 자신에게 적절한 언어를 찾을 수 있도록 해야 한다고 믿는다. 여기서는 고통의 경중을 따질 수가 없다.

미셸은 6월 7일 자신의 삶에서 걸어 나갔고 다시는 집으로 돌아가지 않았다. 그 모습을 한번 상상해본다. 내가 이 글을 쓰는 동안 그녀는 자연공원이 보이던 시카고 아파트의 문을 막 닫고 있다. 그녀는 6월의 그날, 우리가 아직 그 사건의 전모를 파악하기 전에 들고 나온 기내 휴대용 배낭 하나만 가지고 그해 여름을 보냈다. 너무 큰 내 옷을 입었고, 내 집의 손님방에서 잠을 잤고, 내 신발을 빌려 신었다. 그녀는 당연히 며칠이면 될 거라고 예상했다. 세계가 마법을 부려서 그녀를 완전히 다른 어떤 곳으로 쓸어버린 것 같았다. 그냥 지리적으로 새로운 장소로 이동하기만 한 게 아니었다. 사실 그건 별문제가 아니었다. 이제는 단 한 명의 부양자로서 완전히 새로운 삶을 다시 시작해야 했고, 거기에 딸린 관료적 절차들은 여전히 산적해 있었으며, 미래는 예측이 불가능했다. 그리고 그녀는 어떻게든 일을 새로 시작해야 했다. 이 모든 상황 속에서 그나마 구원이라는 게 있다면 그녀의 영원한 동지인 우리가 모두 여기서, 그녀를 붙들고 있다는 점이다. 그리고 우리는 안다. 그 소녀들에게 미셸이 있어서, 그들이 알고 사랑했던 공동체 안에서, 그들이 알고 사랑하는 고모와 함께 계속 지낼 수 있어서 얼마나 다행인지. 그렇지만.

그렇지만.

이것은 가정폭력 살인 사건과 직접적인 피해자의 이야기이지만, 뒤에 남겨진 사람들의 삶을 헤집으며 관통하는 심적 고충에 대한 이야기이기도 하다. 가족, 친구, 동료, 이웃, 지역사회 전체. 2019년 6월 7일 전까지 나는 내가 미처 알지 못했던 특권을 누리면서 외부자의 입장에서 가정폭력을 보도했다. 우리가 제이슨과 롤라의 일을 알게 되었을 때 내가 맨 먼저 떠올린 사람 중에는 샐리 쇼스타와 세라 모저가 있었다. 두 사람 모두 그 사건을 어떻게 알게 되었는지는 모르겠지만 이메일로 내게 연락을 했고 나는 흐느껴 울었다. 친구들에서부터 재클린 캠벨과 켈리 던 같은 전문가에 이르기까지 내 주위의 그 모든 믿을 수 없을 정도로 훌륭한 사람들 중에서 내가 가장 대화하고 싶었던 사람은 샐리와 세라였다. 그들은 내가 어떤 기분인지 알 것 같았다. 마침내 나는 그 두 사람과 이야기를 나누었다. 그리고 두 사람과의 대화가 내 안의 무언가를 치유하기 시작했다. "당신과 당신의 친구가 느끼고 있을 그 혼란과 슬픔과 분노와 글자 그대로의 고통을 아주 잘 알지요." 세라는 내게 이렇게 적어 보냈다. "당신과 당신의 친구와 무고한 어린 소녀들을 생각하면 내 마음이 미어집니다." 나는 고마움을 표현할 말을 찾을 수가 없었다.

미셸은 이제 나와 가까이 산다. 재미난 고모가 엄마 대신이다. 가끔 나는 그녀를 쳐다보고 ─ 그녀가 눈부시게 아름답다고 얘기했던가? 키가 크고 날씬하고, 우아하고, 검은 머리칼에, 내면의 고요함이 그녀 주

452

위에서 빛을 뿜어낸다 – 그녀를 두 팔로 감싸 안고서 믿을 수 없다고 말하고 싶다. 그 어떤 것도. 그 모든 일을. 검사에서부터 다른 동네 부모들까지 그녀를 만나는 모든 사람들이 그녀가 이 상황을, 상상할 수 있는 최악의 일을 마치 유리에 떨어진 물방울처럼 얼마나 부드럽게 헤치면서 다니는지 경이로워한다. 부드럽고 안정되고 흔들림 없이 미셸은 이제 자신에게 맡겨진 두 소녀 너머로는 절대 움직이지 않도록 온 신경을 모은다. 지금 그녀는 항상 그랬듯 그들을 사랑한다. 모든 부모가 아이를 사랑하듯 전적으로, 한결같이, 모든 주관적인 방법으로.

"가정폭력은 사적인 문제가 아니라 가장 긴급한 공중보건의 문제다." 몇 년 전 내가 이 책의 서문에 썼던 글은 그때와는 다른 촉감으로 내게 다가온다. 가정폭력이 모든 일상을 건드린다는 메시지는 매일 더 긴박하고 더 중요해진다. 이 책이 출간되기 몇 주 전 미국에서는 가정폭력 살인 사건이 2015년 이후로 증가했고, 2017년부터는 33퍼센트 늘어났음을 보여주는 새로운 데이터가 공개되었다.[1]

다른 나라 역시 늘어나는 가정폭력과 싸우고 있다. 지난 10년간 가정폭력과 데이트폭력이 감소했던 캐나다에서는 최근 이런 사건이 "급등"하는 것 같다. 캘거리 경찰서의 한 경사는 지역 기자에게 "전염병"이 한창이라고 말했다.[2] 여성을 상대로 한 폭력이 국가적인 위기 수준이었던 남아프리카공화국에서는 세 시간에 한 명꼴로 여성이 살해당한다. 이는 서유럽에 비하면 다섯 배 높은 비율로 추정된다.[3] 내가 이 글을 쓰는 시점에 프랑스 전역에서는 증가하고 있는 여성 살해 흐름에 맞서 싸우기 위해 경찰, 공무원, 가정폭력 관련 단체가 한자리에 모였다. 〈뉴욕 타임스〉에 따르면 2019년 프랑스는 "끔찍한 기준점"이라고 불리는 100건의 가정폭력 살인 사건에 그 어느 해보다 빠르게 도달했다.[4]

2011년부터 2018년 사이 터키의 여성 살해는 거의 네 배로 늘었다.[5]

UN은 러시아에서 1년에 1만 2,000명의 여성이 살해당하는 것으로 추정한다.[6] 데이터를 확인하기가 힘들고 실제보다 적게 보고되는 게 거의 확실한 브라질에서는 여성 살해가 2018년 이후로 4퍼센트 늘어났다.[7] 스페인에서는 가정폭력과 성폭력이 너무 우려스러울 정도로 자주 일어나서 2019년 9월 20일 단 하룻밤에만 250개 도시에서 운동가들이 거리로 뛰쳐나와 무관심과 태만으로 일관하는 입법가들에게 항의를 표했다. 그들은 그 시위를 "페미니스트 긴급 사태"라고 불렀다.[8] 다른 페미니스트 긴급 사태는 다음과 같다. 중국 정부가 2016년의 가정폭력법을 크게 인정했음에도, 중국 여성들은 학대자들을 상대로 접근금지명령을 발부받는 경우가 거의 없다.[9] 헝가리, 폴란드, 크로아티아의 보수적인 정부들은 10년간 젠더 평등 정책의 측면에서 퇴행했고 여성단체의 지원금을 끊었다.[10] 전 세계에서 법적으로 가정폭력으로부터 보호받지 못하는 여성이 10억 명이 넘는다.[11]

이 책은 미국의 이야기를 들려주고 있지만 친밀한 반려자의 테러와 가정폭력 살인 사건의 증가 양상은 어느 나라건 동일하다. 공격적인 행동, 젠더화된 역할 구분, 강압, 피해자 행동 이면의 심리 상태, 그리고 어쩌면 가장 중요하게는 위험 지표들. 이런 것들이 전 세계 사례에서 등장하고 또 등장한다. 나는 이 책이 포괄적이면서도 길게 이어지는 국제적인 논의의 작은 출발점이 되기를 바란다. 나는 다른 사람들이 우리의 지식과 협력을 심화하는 과제를, 시스템에 영향을 미치는 정책을 개선하고 문화적 서사를 바꾸는 과제를, 우리가 여기서 어디로 나아갈지 경로를 제시하는 과제를 맡아주기를 바란다. 사실 내가 다른 사람들에게 바라는 것은 **이 책의 내용을 철 지난 소리로 만드는** 것이다. 책 한 권이 할 수 있는 일에는 한계가 있고, 나는 내가 이 책에서 언급한 사안 중 어떤 것들은 다른 긴급한 논의와 병행되어야 한다는 사실을 인정한다.

내가 보기에 가장 주목할 만한 내용은 대량 투옥과 아동 개입 전략에 대한 것일 듯하다.

나는 우리가 모든 문제를 체포와 투옥으로 해결할 수 없다고 생각한다. 이 책에서 지적하듯 사람들은 일반적으로 교도소에서 나올 때라고 해서 들어갈 때에 비해 폭력 성향이 **줄어들어** 있지 않다. 나는 가정폭력과 그 이후에 대한 진정으로 처방적인 논의는 교도소 개혁에 대한 논의와 함께 이루어져야 한다고 믿는다. 이 논의에는 회복적 정의를 사용하는 새롭고 더 나은 방법이 포함될 수 있다. 최근에 나는 이런 궁금증이 생겼다. 어째서 우리에겐 위기에 처한 피해자들의 긴급전화처럼 학대자를 위한, 또는 술을 막 입에 대려고 하는 알코올중독자를 위한 긴급전화는 없는 걸까? 왜 우리에겐 학대자개입프로그램을 마친 사람들을 위한 후원자는 없는 걸까? 돈테에게 그런 사람이 있었더라면 그의 인생은 어떻게 되었을까?

나는 아동 프로그램을 통해 가정폭력의 뿌리를 더 잘 해결할 필요가 있다고도 생각한다. 전국에는 피해자 어린이를 돕는 여름 캠프가 있지만 이 모든 활동이 폭력이 벌어진 뒤에 이루어진다. 일부 학교에 개입 프로그램이 있긴 하지만 이 문제를 이미 자원이 부족하고 교사들은 과로로 허덕이는 학교에 그냥 떠넘길 수는 없다. 시스템 차원의 변화는 즉흥적으로 이루어지지 않는다. 그리고 대중매체가 스토킹을 로맨틱하게 그리고 있는 상황에서 젊은 사람들이 병적인 질투를 어떻게 받아들이겠는가? 〈트와일라잇〉 같은 영화가, 남자가 자고 있는 여자를 지켜보는 걸 로맨스로 묘사하는 상황에서?

이 책을 쓸 때 내 과제 중 하나는 가정폭력을 우리가 희망하거나 믿거나 욕망하는 방식대로가 아니라 지금 있는 그대로 볼 수 있는 창을 제시하는 것이라고 믿었다. 나는 이 책에서 처방을 제시하지 않을 생각이었는데, 그 이유 중 하나는 언론인으로서 내 일은 말해진 이야기를 바꾸는 것이 아니라 쓰는 것이기 때문이다. 하지만 지금 이 책을 다 쓰고 난 상황에서 내가 도달한 결론은, 가정폭력 문제는 너무 어마어마하고 인생은 워낙 부서지기 쉽기 때문에 테이블에 아무것도 남지 않을 때까지 모든 것을, 모든 생각을 다 시도해봐야 한다는 것, 그리고 우리는 더 많은 시간과 더 많은 목숨을 잃을 수 없다는 것이다.

이 책에 쏟아진 예상치 못한 반응을 보며 나는 꾸준히 가정폭력 문제를 붙들고 늘어지면서 이 진화 중인 논의 안에서 훨씬 섬세한 이야기들을 전달해야겠다는 생각을 하게 되었다. 많은 나라에서 이 책이 곧 번역될 것이고, 미국 전역에서 독서 모임을 만들어 이 책을 읽거나 법집행관, 판사, 대변인들에게 읽으라고 요구하고 있다. 나에게 이 책의 목표는 단순했다. 현 상황을 흔들어놓을 수 있는 아주 기본적인 책. 그리고 나는 현 상황이 대체로 이 문제를 너무 오랫동안 무시한 것에서 기인한다는 데 모두가 동의할 거라고 믿는다. 책을 읽고 내게 연락을 해온 그 많은 전문가들 덕에 용기를 얻긴 했지만 그렇다고 해서 전문가를 위해 이 책을 쓴 것은 아니다. 나는 피해자에게, 그리고 분명 가해자에게, 그리고 최전선에 있는 대변인들에게 목소리를 부여하기 위해 이 책을 썼다. 하지만 대체로 나는 일반인들, 아무것도 알지 못하고 모든 것을 넘겨짚기만 하는 사람들을 위해 썼다. 자신이 처한 고통의 근원에 의문을 품은 여성. 이것이 아직도 여자의 문제라고 믿는 남성. 완전히 투명인산이 된 것 같냐고 느끼는 LGBTQ 젊은이들. 그리고 나처럼 자신이 미신을 주워섬기고 있다는 걸 알지 못한 채 미신을 신봉하는 사람들을 위해. 이런 면에서 나는 내가 지금 아는 모든 것을 배우기 전의 나를 위해 이 책을 썼다고 볼 수 있다.

2019년 10월

감사의 말

문학적인 저널리즘 작업에서 가장 중요한 요소는 아마 시간일 것이다. 당신이 다른 누군가의 이야기를 전달할 때, 그리고 그 이야기가 그 사람에게 일어난 최악의 일에 대한 것일 때, 엄청나게 많은 시간을 쏟게 될 수 있다. 이런 이유로 나는 내게 시간과 신뢰와 믿음을 내어준 로키 모저와 미셸 먼슨 가족에게 큰 빚을 졌다. 내가 때로 그들 옆에서 울지 않았다고 말한다면 거짓말이 될 것이다. 그래서 샐리 쇼스타, 폴 먼슨, 세라와 고든 모저, 알리사 먼슨, 그리고 멜라니 먼슨에게 가장 깊은 데서 우러나오는 감사의 말을 전하고 싶다. 수년에 걸쳐 경우에 따라 한두 번만이 아니라 여러 차례 시간을 내어준 다음 사람들에게도 감사의 마음을 전한다. 지미 에스피노자, 돈테 루이스, 해미시 싱클레어, 데이비드 애덤스, 닐 웹스데일, 킷 그루엘, 서니 슈워츠, 레지 대니얼스, 레오 브루언, 루스 모건Ruth Morgan, 페그 핵실로, 나탈리아 오테로, 마르티나 라테사, 재클린 캠벨, 리 존슨Lee Johnson, 수잰 듀버스, 켈리 던, 로버트 와일, 케이시 그윈, 게일 스트랙, 실비아 벨라, 조앤 배스콘Joan Bascone, 제임스 길리건, 조앤 매크래컨Joan McCracken, 개리 그레그슨, 윌리엄 키드, 루 존스, 모린 커티스Maureen Curtis, 린 로즌솔. 내 수학 실력을 삼중으로 확인해준 니키 앨린슨Nikki Allinson에게 고마움을 전한다. 이 책이 결실을 맺는 모습을 보지 못하고 세상을 떠났지만 피해자를 위한 한없는 노력을 통해 이 책 곳곳에서 존재감을 드러내고 있는 매튜 데일에게도 각별한 감사의 마음을 전한다.

넉넉한 지원에 대해서는 워싱턴 DC 예술인문학위원회, 아메리칸대학교 인문대, 그리고 특히 루카스워크인프로그레스상을 준 컬럼비아 언론대학원과 하버드대학교 니먼 재단에 감사의 마음을 전하고 싶다. 때로 불가능한 일처럼 보이던 것이 여러분들 덕분에 가능했다.

나는 항상 가족과 친구의 이름을 너무나도 잘 빼먹는데, 언제나처럼 다음 사람들에게 감사의 마음을 전한다. 앤 맥스웰Ann Maxwell, 데이비드 코리David Corey, 안드레 듀버스 IIIAndre Dubus III, 폰테인 듀버스Fontaine Dubus, 데이비드 케플린저David Keplinger, 스테파니 그랜트Stephanie Grant, 대니엘 에번스Danielle Evans, 도널드 러트리지Donald Rutledge, 솔릭 심Soleak Sim, 랜스 리Lance Lee, 잭 피셔Zac Fisher, 라이젠 스트롬버그Lisen Stromberg, 테드 코노버Ted Conover, 마샤 게센Masha Gessen, 케이트 우드솜Kate Woodsome, 엘리자베스 플록Elizabeth Flock, 줄리 깁슨Julie Gibson, 야스미나 쿨라우조비츠Yasmina Kulauzovic, 미셸 리프Michelle Rieff, 탭Tap과 미아 조던우드Mia Jordanwood, 리사 이브스Lisa Eaves, 엘리자베스 베커Elizabeth Becker, 젠 뷰도프Jen Budoff, 톰 하이네만Tom Heineman, 세라 폴락Sarah Pollock, 캐서린 앤 롤런즈Katherine Ann Rowlands, 앨리슨 브로어Alison Brower, 매리엔 리온Marianne Leone, 크리스 쿠퍼Chris Cooper, 리처드 스나이더Richard Snyder, 그리고 조슈아 스나이더Joshua Snyder.

블룸즈버리의 팀은 내가 같이 일해본 사람들 중에서도 가장 재미있고 창의적인 사람들이다. 사라 머큐리오Sara Mercurio, 제나 더턴Jenna Dutton, 니콜 자비스Nicole Jarvis, 발렌티나 라이스Valentina Rice, 마리 쿨먼Marie Coolman, 프랭크 붐발로Frank Bumbalo, 카티아 메지보스카야Katya Mezhibovskaya, 신디 로Cindy Loh, 그리고 엘리스 러바인Ellis Levine. 그들은 자신들의 노력 가운데 가장 중요한 건 항상 작가의 목소리라는 것을 나에게 확실히 이해시켜주었다. 이 책의 모든 쪽에 지혜와 품위를 남겨놓은 내 편집자 캘리 가넷Callie Garnett과 앤톤 뮬러Anton Mueller에게 특히 큰 빚을 졌다.

나는 아메리칸대학교에서 말없이 영감을 선사하는 동료들을 통해 내 지적이고 창의적인 노력에 든든한 지원을 받는 행운을 누리고 있다. 피터 스타Peter Starr, 데이비드 파이크David Pike, 케이트 윌슨Kate Wilson, 패티 박Patty Park, 카일 달건Kyle Dargan, 돌렌 퍼킨스-밸디즈Dolen Perkins-Valdez, 리처드 맥칸Richard McCann, 그리고 데스피나 카코다키Despina Kakoudaki에게 백만 번의 감사 인사를 전하고 싶다. 내가 소통하고 싶은 내 내부 세계의 이야기를 외부 세계를 위해 다듬어줄 사람이 있을지 전혀 확신이 서지 않았을 때 나와 함께 인내심 있게 작업을 해준 〈뉴요커〉의 편집자들에게도 고마움을 전하고 싶다. 앨런 버딕Alan Burdick, 카를라 블루멘크란츠Carla Blumenkranz, 도러시 위켄든Dorothy Wickenden, 그리고 로레타 찰턴Lauretta Charlton.

내 연구조교 몰리 맥기니스Molly McGinnis의 지칠 줄 모르는 도움이 없었다면 이 책은 이런 모습이 되지 못했으리라는 말은 전혀 과장이 아니다. 그녀는 "오늘은 지원하는 연구자가 될까요, 권위적인 편집자가 될까요?" 하고 묻곤 했다. 그녀의 이름을 기억하라. 몰리는 장차 큰 인물이 될 것이다.

수전 레이머Susan Ramer, 23년간 당신을 내 에이전트로 두는 행운을 누리다니. 그 수십 년의 세월은 당신이 없었더라면 내가 지금 이 책을 쓰지 못했으리라는 사실을 증명한다. 내 글을 믿어주고, 내게서 최고를 끌어내기 위해 채찍질을 멈추지 않은 당신에게 감사의 마음을 전한다. 당신의 지문이 내가 쓴 글의 모든 장 뒷면에 숨어 있다.

그리고 마지막으로 재즈Jazz에게. 내가 이 세상에서 사랑하고 가장 아끼는 모든 것을 네 안에서 찾을 수 있다.

※ 아래 자료는 독자의 이해를 돕기 위한 참고용으로, 정확한 사용과 평가를 위해 반드시 전문가의 도움을 받아야 합니다.

위험평가

DANGER ASSESSMENT

재클린 캠벨 박사, 공인등록간호사, 2003; 2019년 업데이트; www.dangerassessment.com

---

폭력적인 관계에서 여성과 남성의 살해 위험을 높이는 데 관련 있는 위험 요인은 여러 가지로 확인되었습니다. 우리는 당신에게 무슨 일이 벌어질지 예측할 수는 없지만, 당신이 학대 상황에서 살해 위험을 인지하고 위험 요인 중에서 몇 가지가 자신의 상황에 적용되는지 알고 있기를 바랍니다.

달력을 이용해서 (전)반려자에게 학대당한 지난해의 대략적인 날짜에 표시하세요.
다음 척도에 따라서 해당 사건이 얼마나 심각했는지 그 날짜에 적어두십시오.

1. 손으로 찰싹 때림, 밀침: 부상 또는 지속되는 통증 없음

2. 주먹으로 때림, 발로 참: 멍, 상처 또는 지속되는 통증 있음

3. '두들겨 팸': 심한 타박상, 화상, 뼈가 부러짐

4. 무기로 위협· 머리 부상, 내부 장기 부상, 영구적인 부상, 유산 또는 질식(질식/목
   조름/호흡 방해를 표시할 때는 해당 날짜에 ⓒ를 추가하세요. 예시: 4ⓒ)

5. 무기를 사용함: 무기 때문에 상처가 생김

   (심각도가 높은 숫자가 어떤 식으로든 해당될 때는 높은 숫자를 기록하세요.)

다음 문항에 예 또는 아니오로 답하세요.(여기서 '그 남자'는 (전)남편, (전)반려자, 또는 현재 당신에게 물리적인 해를 가하는 사람은 누구든 가리킵니다.)

_____ 1. 작년 한 해 동안 육체적 폭력의 강도나 빈도가 증가했나요?

_____ 2. 그 남자가 총을 가지고 있나요?

_____ 3. 작년 한 해 동안 그 남자와 함께 살다가 헤어진 적이 있나요?

    3a. (그 남자와 같이 산 적이 없다면 여기에 표시하세요: _____)

_____ 4. 그 남자가 직업이 없는 상태인가요?

_____ 5. 그 남자가 무기를 사용하거나 치명적인 무기로 당신을 위협한 적이 있나요?(예에 해당하는 경우, 그 무기가 총이었으면 여기에 표시하세요: _____)

_____ 6. 그 남자가 당신을 죽이겠다고 위협하나요?

_____ 7. 그 남자가 가정폭력으로 체포당할 뻔하다가 모면한 적이 있나요?

_____ 8. 당신에게 그 남자의 친자가 아닌 자녀가 있나요?

_____ 9. 그 남자가 당신이 원치 않는데도 강압적으로 성관계를 맺은 적이 있나요?

_____ 10. 그 남자가 당신의 목을 조르거나 숨을 못 쉬게 한 적이 있나요?

    10a. (예에 해당하는 경우, 한 번 이상 그런 적이 있거나 그로 인해 당신이 기절, 까무러침, 어지럼증을 경험한 적이 있으면 여기에 표시하세요: _____)

_____ 11. 그 남자가 불법 약물을 복용하나요? 여기서 약물이란 '각성제'나 암페타민, '메타암페타민', 흥분제, 합성 헤로인, 코카인, '크랙', 길거리 마약 또는 혼합물을 의미합니다.

_____ 12. 그 남자가 알코올중독이거나 주사가 있나요?

_____ 13. 그 남자가 당신의 일상적인 활동을 대부분 또는 전부 통제하나요? 예를

들어서, 당신에게 누구와 친구로 지내도 되는지, 언제 당신의 가족을 만나도 되는지, 당신이 돈을 얼마나 써도 되는지, 당신이 차를 가져도 되는지 지시하나요?(그 남자는 그렇게 하려고 하는데 당신이 저항하는 경우라면 여기에 표시하세요: _____)

_____ 14. 그 남자가 지독하게 그리고 꾸준히 질투심을 드러내나요?(예를 들어서 "내가 널 가질 수 없으면 아무도 갖지 못하게 할 거야" 같은 말을 하나요?)

_____ 15. 임신 중일 때 그 남자에게 구타당한 적이 있나요?(그 남자의 아이를 임신한 적이 없으면 여기에 표시하세요: _____)

_____ 16. 그 남자가 자살하겠다고 위협하거나 실제로 시도한 적이 있나요?

_____ 17. 그 남자가 당신의 자녀를 해치겠다고 위협하나요?

_____ 18. 그 남자가 당신을 죽일 수 있다고 믿나요?

_____ 19. 그 남자가 당신을 따라다니거나 염탐하고, 협박하는 쪽지나 메모를 남기고, 당신의 소유물을 부수거나 당신이 원치 않을 때 전화를 하나요?

_____ 20. 당신이 자살하겠다고 위협하거나 실제로 시도한 적이 있나요?

_____ '예'로 응답한 수를 모두 더하세요.

감사합니다. 위험평가 결과에 대해서는 간호사나 대변인, 상담사와 꼭 이야기를 나누세요.

출처: Campbell, JC. (2004). Danger Assessment.
Retrieved May 28, 2008, from http://www.dangerassessment.org

미주

서문

1. 이것은 네덜란드 헤이그 국제형사재판소와의 혼동을 피하기 위해 공식적으로는 캄보디아 법원 특별상공회의소라고 한다. 비공식적인 대화에서는 캄보디아의 재판소를 그냥 전쟁범죄 재판소라고 부르는 편이었다.

2. United Nations Office on Drugs and Crime, "Home, the Most Dangerous Place for Women, with Majority of Female Homicide Victims Worldwide Killed by Partners or Family, UNODC Study Says," press release, November 25, 2018, https://www.unodc.org/unodc/en/press/releases/2018/November/hom-the-most-dangerous-place-for-women-with-majority-of-female-homicide-victims-worldwide-killed-by-partners-or-family-unodc-study-says.html

3. https://www.un.org/press/en/1999/19990308.sgsm6919.html

4. Krupa Padhy, "The Women Killed on One Day around the World," BBC News, November 25, 2018, https://www.bbc.com/news/world-46292919 다음도 보라: UNODC, "Home, the Most Dangerous Place for Women."

5. UNODC, "Home, the Most Dangerous Place for Women."

6. Callie Marie Rennison, PhD, "Intimate Partner Violence, 1993–2001," Bureau of Justice Statistics Crime Data Brief, February 2003, https://www.bjs.gov/content/pub/pdf/ipv01.pdf

7. 재클린 캠벨과의 이메일 교신.

8. "eight million workdays": National Coalition against Domestic Violence, Statistics, https://ncadv.org/statistics

9. Jing Sun et al., "Mothers' Adverse Childhood Experiences and Their Young Children's Development," *American Journal of Preventive Medicine* 53, no. 6 (December 2017): 882–91.

10. "Women and Children in the Crosshairs: New Analysis of Mass Shootings in America Reveals 54 Percent Involved Domestic Violence and 25 Percent of Fatalities Were Children," Everytown for Gun Safety, April 11, 2017, https://everytown.org/press/women-and-children-in-the-crosshairs-new-analysis-of-mass-shootings-in-america-reveals-54-percent-involved-domestic-violence-and-25-percent-of-fatalities-were-children

11. W. Gardner Selby, "Domestic Violence not Confirmed as Consistent Predictor of Mass Shootings," Politifact, December 2, 2017, https://www.politifact.com/texas/statements/2017/dec/02/eddie-rodriguez/domestic-violence-not-confirmed-precursor-mass-sho

12. Associated Press, "Church Gunman's Wife Says He Cuffed Her to Bed, Said He'd Be 'Right Back' before Rampage," CBS News, August 13, 2018, https://www.cbsnews.com/news/sutherland-springs-texas-church-gunman-devin-kelley-wife-speaks-out

13. Sarah Ellis and Harrison Cahill, "Dylann Roof: Hindsights and 'What Ifs,'" The State, June 27, 2015, https://www.thestate.com/news/local/article25681333.html 다음도 보라: Daniel Bates, "EXCLUSIVE: Charleston Killer Dylann Roof Grew Up in a Fractured Home Where His 'Violent' Father Beat His Stepmother," Daily Mail, June 19, 2015, https://www.dailymail.co.uk/news/article-3131858/Charleston-killer-Dylann-Roof-grew-fractured-home-violent-father-beat-stepmother-hired-private-detective-follow-split-claims-court-papers.html

14. 여기에는 피해자 보상 예산이 포함되지 않았다. Office on Violence Against Women (OVW), "FY 2018 Budget Request at a Glance," http://www.justice.gov/jmd/page/file/968291/download

15. Office of Management and Budget, "An American Budget, Fiscal Year 2019," https://www.whitehouse.gov/wp-content/uploads/2018/02/budget-fy2019.pdf

16. Paul R. La Monica, "Happy Prime Day! Bezos Worth $150 Billion as Amazon Hits All-Time High," CNN Business, July 16, 2018, https://money.cnn.com/2018/07/16/technology/amazon-stock-prime-day-jeff-bezos-net-worth/index.html 내 수학 실력이 너무 형편없어서 5학년 딸의 수학 선생님에게 전화를 걸어 이 수치를 확인받아야 했다. 앨린슨 선생님, 감사합니다!

17. Naomi Graetz, "Wifebeating in Jewish Tradition," Jewish Women: A Comprehensive Historical Encyclopedia, February 27, 2009, Jewish Women's Archive, https://jwa.org/encyclopedia/article/wifebeating-in-jewish-tradition

18. 위의 책.

19. Elizabeth Pleck, *Domestic Tyranny: The Making of American Social Policy against Family Violence from Colonial Times to the Present* (Champaign, IL: University of Illinois Press, 2004).

20. "History of Domestic Violence: A Timeline of the Battered Women's Movement," Minnesota Center Against Violence and Abuse; Safety Network: California's Domestic Violence Resource. September 1998 (copyright 1999). 다음도 보라: Barbara Mantel, "Domestic Violence: Are Federal Programs Helping to Curb Abuse?" *CQ Researcher* 23,

no. 41 (November 15, 2013): 981–1004, http://library.cqpress.com/cqresearcher/cqres-rre2013111503. And Pleck, *Domestic Tyranny*, 17, 21–22.

21. Jackie Davis, "Domestic Abuse," white paper, Criminal Justice Institute, https://www.cji.edu/site/assets/files/1921/domestic_abuse_report.pdf

22. Vivian Acheng, "15 Countries Where Domestic Violence Is Legal," The Clever, May 26, 2017, https://www.theclever.com/15-countries-where-domestic-violence-is-legal

23. Anastasia Manuilova, "Nine Months After New Domestic Violence Law, Russian Women Still Struggle," Moscow Times, November 24, 2017, https://themoscowtimes.com/articles/nine-months-on-russian-women-grapple-with-new-domestic-violence-laws-59686

24. U.S. Department of Justice, Office of the Attorney General, 27 I&N Dec. 316 (A.G. 2018), Interim Decision #3929, Decided by Attorney General June 11, 2018, https://www.justice.gov/eoir/page/file/1070866/download

25. U.S. Department of Health & Human Services, Office on Women's Health, "Laws on Violence against Women," https://www.womenshealth.gov/relationships-and-safety/get-help/laws-violence-against-women

26. National Center for Victims of Crime, Stalking Resource Center, https://victimsofcrime.org/our-programs/stalking-resource-center/stalking-information

27. National Center for Victims of Crime, Stalking Resource Center, "Analyzing Stalking Laws," https://victimsofcrime.org/docs/src/analyzing-stalking-statute.pdf?sfvrsn=2 영국에서는 스토킹이 전통적으로 단순한 "괴롭힘"으로 인식되었다. 매년 스토킹 신고를 하는 여성이 12만 명이고, 전문가들의 주장에 따르면 이 수치는 실제 수치의 약 4분의 1밖에 안 되는데도 말이다. 하지만 미국과는 달리 2012년 영국 정부는 스토킹을 범죄 행위로 기소할 수 있는 법을 통과시켰고 2015년에 이르자 고발 건수는 50퍼센트 증가했다.

28. National Domestic Violence Hotline, "Our History: Domestic Violence Advocates," https://www.thehotline.org/about-the-hotline/history-domestic-violence-advocates

29. Lethality Assessment Program, Development of the Lethality Assessment Program (LAP), https://lethalityassessmentprogramdotorg.files.wordpress.com/2016/09/development-of-the-lap1.pdf

30. http://library.cqpress.com/cqresearcher/document.php?id=cqresrre2013111503#NOTE[21]. OJ 재판이 (인터넷은 말할 것도 없고) 전국 가정폭력 긴급전화보다 시기적으로 앞서기 때문에 그 수치를 전국적으로 추적하지는 못했지만 미국 전역에서 지역적으로, 쉼터와 긴급전화들이 기록적인 수준의 연락을 받았다고 보고했다.

31. Associated Press, "1 Million Women Victims of Domestic Violence in '91," Los Angeles Times, October 3, 1992, http://articles.latimes.com/1992-10-03/news/mn-266_1_domestic-violence

32. Chris Cillizza, "Why Donald Trump Won't Condemn Rob Porter," The Point with Chris Cillizza, February 2, 2018, https://www.cnn.com/2018/02/09/politics/rob-porter-trump-response/index.html and Editorial Board, "What if Donald Trump Really Cared About Women's Safety?" New York Times, February 8, 2018, https://www.nytimes.com/2018/02/08/opinion/trump-porter-abuse-women.html

PART 1

껍딱지 자매

1. 역사가들은 만일 크로족 전사들이 자살을 했다면 그 강의 반대편이었을 거라고 주장하면서 이 이야기를 반박한다. Clair Johnson, "Sacrifice Cliff: The Legend and the Rock," Billings Gazette, December 20, 2014, http://billingsgazette.com/news/local/sacrifice-cliff-the-legend-and-the-rock/article_fc527e19-8e68-52fe-8ffc-d0ff1ecb-3fea.html

아빠는 맨날 살아나

1. 메릴랜드의 경우 스토킹은 항상 경범죄다. 몬태나의 경우 2003년에 통과된 스토킹 법이 중범죄 기소를 허용하기는 해도 초범은 보통 경범죄이다. Montana Code Annotated 2015, 45-5-220. Stalking—exemption—penalty, https://leg.mt.gov/bills/mca/45/5/45-5-220.htm 다음도 보라: Montana Code Annotated 2015, 45-2-101. General definitions, https://leg.mt.gov/bills/mca/45/2/45-2-101.htm 미국 50개 주 모두에서 스토킹이 범죄이긴 하지만 초범일 때도 중범죄 기소를 허용하는 곳은 12개 주 정도밖에 되지 않는다. National Coalition against Domestic Violence, "Facts about Violence and Stalking": https://www.speakcdn.com/assets/2497/domestic_violence_and stalking_ncadv.pdf. 다음도 보라: NCADV, Statistics: https://ncadv.org/statistics 스토킹 피해자가 스토커를 고소할 수 있도록 허용하는 주는 13개뿐이긴 하지만, 40여 개의 주가 스토킹의 중범죄 기소를 허용한다. National Center for Victims of Crime, Stalking Resource Center, "Federal Stalking Laws," 18 USCS § 2261A. Stalking. (2013), http://victimsofcrime.org/our-programs/stalking-resource-center/stalking-laws/federal-stalking-laws#61a

2. Abby Ellin, "With Coercive Control, the Abuse Is Psychological," Well blog, July 11, 2016,

https://well.blogs.nytimes.com/2016/07/11/with-coercive-control-the-abuse-is-psychological

3. Evan Stark, PhD, MSW, "Re-presenting Battered Women: Coercive Control and the Defense of Liberty," Prepared for *Violence Against Women: Complex Realities and New Issues in a Changing World* (Les Presses de l'Université du Québec: 2012), http://www.stopvaw.org/uploads/evan_stark_article_final_100812.pdf

4. Home Office and the Rt. Hon. Karen Bradley, MP, "Coercive or Controlling Behaviour Now a Crime," December 29, 2015, https://www.gov.uk/government/news/coercive-or-controlling-behaviour-now-a-crime

곰이 다가올 때

1. 미셸이 그날 밤에 뭐라고 적었는지에 대한 일부 정보는 〈Billings Gazette〉의 에드 케믹Ed Kemmick이 작성하고 2002년 11월 23일에 실린 "그 검은 밤"이라는 제목의 지역 신문기사에서 가져왔다. 샐리 역시 내게 미셸이 원래 작성한 기록을 보여주었다.

2. Montana Code Annotated 2015, 45-5-206. Partner or family member assault—penalty, http://leg.mt.gov/bills/mca/45/5/45-5-206.htm

3. 켈리 던, 직접 인터뷰, 2011년 7월, 매사추세츠, 뉴베리포트.

살기 위한 선택

1. 캠벨은 총기만이 아니라 그 외의 수단으로 사망한 여성들까지 계산하고 있다. 폭력정책센터에서 발간한 2018년 9월 보고서에서는 매달 사망하는 미국 여성이 50명이라는 통계를 인용하고 있지만 이 수치는 총기에 의해 목숨을 잃은 여성만을 계산한 것이다.

2. Andrew R. Klein, "Practical Implications of Current Domestic Violence Research. Part 1: Law Enforcement," National Criminal Justice Reference Service, unpublished. April 2008, https://www.ncjrs.gov/pdffiles1/nij/grants/222319.pdf

3. Office for the Prevention of Domestic Violence, OPDV Bulletin, Winter 2014, http://www.opdv.ny.gov/public_awareness/bulletins/winter2014/victimsprison.html; State of New York Department of Correctional Services, "Female Homicide Commitments: 1986 vs. 2005" (July 2007).

4. 라티나 레이는 자신의 사건이 재판에 부쳐지기 전에 11년 형을 받겠다고 주장했다. 그녀의 이야기는 다큐멘터리 〈Private Violence〉에 나온다.

5. 이 글을 쓰는 시점인 2013년에는 살인이 에이즈에 아주 조금 밀려서 두 번째 사망

원인이다.

6. "60퍼센트": 실비아 벨라 박사와의 인터뷰. 다음도 보라: Nancy Glass et al., "Non-Fatal Strangulation Is an Important Risk Factor for Homicide of Women," *The Journal of Emergency Medicine* 35, no. 3 (October 2007): 330.

7. Gael B. Strack and Casey Gwinn, "On the Edge of Homicide: Strangulation as a Prelude," Criminal Justice 26, no. 3 (Fall 2011): 2 ("gendered crime").

8. Gael B. Strack, George E. McClane, and Dean Hawley, "A Review Of 300 Attempted Strangulation Cases, Part I: Criminal Legal Issues," The Journal of Emergency Medicine 21, no. 3 (2001): 303–09; interviews with Gael Strack, Geri Greenspan, Jackie Campbell, Silvia Vella, Casey Gwinn.

9. 다음도 보라: Strack and Gwinn, "On the Edge of Homicide."

10. Strack et al., "A Review of 300 Attempted Strangulation Cases."

11. 스트랙은 "범인에 의한 끝에서 두 번째 학대"를 놓고 "폭력의 연속체"라는 표현을 만들었다.

12. 실비아 벨라와의 인터뷰.

13. 노던애리조나대학교 가정폭력연구소 대표 닐 웹스데일과의 이메일 교신.

14. 게일 스트랙과의 인터뷰. 내게 배경 지식 차원에서 자율신경계에 대한 설명을 해 준 사람은 딘 홀리Dean Hawley였다. 다음을 보라: Strack et al., "A Review of 300 Attempted Strangulation Cases."

15. Alliance for Hope International, Training Institute on Strangulation Prevention, http://www.strangulationtraininginstitute.com/about-us

16. 대법원 양형에 대한 배경 지식은 맷 오스터리더Matt Osterrieder가 제공해주었다. 다음도 보라:

• 목조름에 대한 양형 지침은 이 양형위원회 링크의 53쪽을 보라: http://www.ussc. gov/sites/default/files/pdf/guidelines-manual/2014/CHAPTER_2_A-C.pdf

• 미국 양형위원회 양형표(가정폭력에 대해서는 14 레벨에서 시작한다): http://www. ussc.gov/sites/default/files/pdf/guidelines-manual/2014/2014sentencing_table.pdf

• "Acceptance of responsibility": 유죄를 인정하면 2점시 감점된다. 미국 양형위원회 지침서 371쪽 (November 1, 2014): http://www.ussc.gov/sites/default/files/pdf/guidelines-manual/2014/GLMFull.pdf

17. Training Institute on Strangulation Prevention, Strangulation Prevention E-Newsletter, September 2017, http://myemail.constantcontact.com/E-news-from-the-Training-Institute-on-Strangulation-Prevention.html?soid=1100449105154&aid=2vdIhXbn5lM

18. Alexa N. D'Angelo, "Maricopa County Domestic-Violence Deaths Drop after Policy

Change," *Arizona Republic*, March 2, 2015, http://www.azcentral.com/story/news/local/phoenix/2015/03/02/county-attorney-strangulation-protocol/24001897

19. 참고: 여기서는 이 데이터가 14퍼센트에서 60퍼센트가 되었다고 밝히고 있지만, 대니얼 린컨 경사는 이제는 이 수치가 75퍼센트라고 말한다. 그러므로 이 새로운 수치와 60퍼센트라고 밝히는 공개된 연구 결과 사이에는 편차가 있다(가령 National Domestic Violence Fatality Review Initiative Fall 2012 Newsletter의 2쪽처럼: http://www.ndvfri.org/newsletters/FALL-2012-NDVFRI-Newsletter.pdf). 하지만 린컨은 교육을 할 때는 이제 75퍼센트라고 말한다. 이 수치는 그가 마리코파 카운티 검사실에서 입수한 것이다.

20. Institute on Strangulation Prevention September 2017 newsletter

21. 다음도 보라: Alice David, "Violence-Related Mild Traumatic Brain Injury in Women: Identifying a Triad of Postinjury Disorders," *Journal of Trauma Nurses* 21, no. 6 (November 2014): 306-07.

22. 저자와 이메일 교신.

23. 진단과 치료의 장애물에 대한 배경지식은 주로 딘 홀리가 설명해주었다. 게일 스트랙 역시 이를 확인해주었고, 게리 그린스펀Geri Greenspan 검사는 법적 장애물을 이야기해주었다.

거대한 빈틈

1. National Domestic Violence Fatality Review Initiative Review Teams, http://www.ndvfri.org/review-teams

2. Montana Department of Justice, Office of Consumer Protection and Victim Services, Montana Domestic Violence Fatality Review Commissions, September 2015, http://www.leg.mt.gov/content/Committees/Interim/2015-2016/Law-and-Justice/Meetings/Sept-2015/Exhibits/dale-presentation-domestic-violence-review-september-2015.pdf

3. Johns Hopkins Medicine, "Study Suggests Medical Errors Now Third Leading Cause of Death in the U.S.," press release, May 3, 2016, https://www.hopkinsmedicine.org/news/media/releases/study_suggests_medical_errors_now_third_leading_cause_of_death_in_the_us

PART 2

속죄

1. 이 인용문은 해미시 싱클레어와 에드워드 곤돌프의 2014년 4월 전화 대화 가운데 일부를 발췌한 것이다. 싱클레어는 자신의 철학과 커리큘럼을 설명하기 위해 사적인 교신을 통해 이 발췌문을 내게 보내주었다. 곤돌프는《학대자 프로그램의 미래The Future of Batterer Programs》(Boston, MA: North-eastern University Press, 2012)의 저자다.

2. David Frum, "Why Didn't the White House See Domestic Violence as Disqualifying?" Atlantic, February 8, 2018, https://www.theatlantic.com/politics/archive/2018/02/por-ter/552806

3. 분명히 말해두자면 나는 손을 들었지만 산만하게 킬킬대는 초등학생 수백 명의 청중 속에 성인 한 명의 비율이다 보니 끼어드는 게 쉽지 않았다. 그러는 동안 딸은 내가 자신을 부끄럽게 하지 않기를 바라며 자기 자리에서 민망해했다. 물론 기회만 주어졌더라면 나는 딸을 민망하게 만들었을 것이다.

4. 이를 별로 평판이 좋지 않은 NLP 대안 의학 실천과 혼동해서는 안된다. 이 NLP는 한때 암부터 파킨슨병, 일반 감기까지 다양한 질병을 치료할 수 있다는 오해 속에 각광받았다.

어항 안에서 폭력 관찰하기

1. 그녀의 이름은 본명이 아니다. 나는 빅토리아의 아버지의 신원을 모르고, 그날 그녀가 교도소에서 발표한 이야기가 사실인지 확인하지 않았다. (나에게 핵심은 회복적 정의가 어떤 식으로 작동하는지를 관찰하는 것이었다.)

2. 나는 교도소 안에서 소리를 녹음할 수 없었다.

3. 슈워츠의 책《Dreams from the Monster Factory: A Tale of Prison, Redemption and One Woman's Fight to Restore Justice to All》은 폭력중단의 다짐 프로그램의 탄생에 대한 많은 내용을 상세히 다룬다.

4. Bandy Lee and James Gilligan, "The Resolve to Stop the Violence Project: Transforming an In-House Culture of Violence through a Jail-Based Programme," *Journal of Public Health* 27, no. 2, (June 2005): 149-55.

5. 위의 논문, 143-48. 이 이득은 여러 가지가 있지만 프로그램을 이수하지 않았더라면 다시 범죄를 저질렀을 사람을 다시 체포하고 기소하지 않는 데 따르는 이득과 재소자를 수용하는 일반적인 비용 등이었다.

6. 샌브루노의 현 프로그램 책임자는 알리사 라이커Alissa Riker이다. 우리는 2018년 봄에

전화로 전반적인 상황에 대한 대화를 나눴다.

7. Lee and Gilligan, "The Resolve to Stop the Violence Project."

8. Cora Peterson et al., "Lifetime Economic Burden of Intimate Partner Violence among U.S. Adults," *American Journal of Preventive Medicine* 55, no. 4 (October 2018): 433–44.

9. Department of Health and Human Services, Centers for Disease Control and Prevention, National Center for Injury Prevention and Control, *Costs of Intimate Partner Violence Against Women in the United States* (March 2003).

10. Report by Amy S. Ackerman, Deputy City Attorney, Domestic Violence Investigation—December 2001. 다음에서 볼 수 있다: https://sfgov.org/dosw/domestic-violence-investigation-december-2001

11. Caroline Wolf Harlow, PhD, "Prior Abuse Reported by Inmates and Probationers," Bureau of Justice Statistics, Selected Findings, April 1999, https://www.bjs.gov/content/pub/pdf/parip.pdf

치명적인 위험 클럽

1. 그녀의 이름은 본명이 아니다.

2. 2018년 10월, 해미시 싱클레어는 글라이드 커뮤니티센터에서 하던 맨얼라이브 수업을 중단해야 했다. 보호관찰 부서가 보호관찰 대상자 – 그러니까 맨얼라이브와 진행자 훈련을 성공적으로 이수하긴 했지만, 여전히 보호관찰 상태인 동료들 – 가 다른 보호관찰 대상자의 파일에 접근해서는 안 된다는 결정을 내렸기 때문이다. 싱클레어는 샌프란시스코 보호관찰소와 협력 관계는 아니라도, 다른 시설을 찾아 수업을 진행할 예정이다. 이 결정은 에스피노자와 그의 커뮤니티 웍스 동료들이 샌브루노나 다른 지부 사무실에서 진행하는 수업에는 영향을 주지 않는다.

상층에 몰려 있는 사람들

1. 애덤스가 논문을 쓴 이후 여러 해가 지나면서 약간 개선되긴 했지만 여성들은 여전히 가정에서 많은 양의 육아와 가사노동을 하고, 요즘 말하는 "보이지 않는 노동"을 통해 가정을 관리한다. 다음을 보라: Pew Research Center, "Raising Kids and Running a Household: How Working Parents Share the Load," November 4, 2015, http://www.pewsocialtrends.org/2015/11/04/raising-kids-and-running-a-household-how-working-parents-share-the-load 다음도 보라: Jillian Berman, "Women's Unpaid Work Is the Backbone of the American Economy," MarketWatch, April 15, 2018, http://www.marketwatch.com/story/this-is-how-much-more-unpaid-work-

women-do-than-men-2017-03-07

2. 이 수치는 데이비드 애덤스에게서 얻은 것이다.

3. Edward W. Gondolf,《학대자 프로그램의 미래》(Boston: Northeastern University Press, 2012), 237.

4. Aaron Wilson, "Ray Rice's Domestic Violence Charges Dismissed by New Jersey Judge," Baltimore Sun, May 21, 2015, https://www.sun-sentinel.com/sports/bal-ray-rice-completes-pretrial-intervention-in-domestic-violence-case-in-new-jersey-charges-being-dismi-20150521-story.html

5. Deborah Epstein, "I'm Done Helping the NFL Players Association Pay Lip Service to Domestic Violence Prevention," Washington Post, June 5, 2018, https://www.washingtonpost.com/opinions/im-done-helping-the-nfl-pay-lip-service-to-domestic-violence-prevention/2018/06/05/1b470bec-6448-11e8-99d2-0d678ec08c2f_story.html

6. C. Eckhardt, R. Samper, and C. Murphy, "Anger Disturbances Among Perpetrators of Intimate Partner Violence: Clinical Characteristics and Outcomes of Court-Mandated Treatment," *Journal of Interpersonal Violence* 23, no. 11 (November 2008): 1600–17.

7. Ellen Pence, "Duluth Model," *Domestic Abuse Intervention Programs*, Duluth, MN. http://www.theduluthmodel.org

불가해함의 끈질긴 존재감

1. 많은 가족 살해 또는 가정폭력 살인 사건의 범인들은 "목소리를 들었다"고 주장하고 "제정신이 아니었으므로 유죄가 아니라"는 변론을 시도한다. 하지만 이건 거의 효과가 없다. 배심원들은 당연하게도 이런 변론에 회의적이고 제정신이 아님을 입증하기 위해 넘어야 하는 장벽은 아주아주 높다.

2. 이 두 사례가 신문 헤드라인을 장식한다는 사실만으로도 인종 문제가 헤드라인을 어떻게 지배하는지를 알 수 있다. 백인 중간계급 남성이 자신의 백인 중간 계급 아내와 아이들을 살해하는 것은 충격적인 일이다. 흑인 여성과 아이들이 살해당하는 사건은 헤드라인으로서의 가치가 떨어진다. 가족 살해의 사례라 해도 백인 남성이 주로 범인이라는 점을 감안하면 정확한 비교는 어렵다.

3. 나는 이 중 일부 이미지에 대해 회의적이다. 시신 운반용 부대는 일반적으로 전쟁터에서 사용되는데 오핸런은 이런 특수한 작전을 하는 현장에 있어본 적이 없기 때문이기도 하고, 거의 밝혀져본 적이 없는 감정적 경험을 축약한 전쟁의 상징이기 때문이다.

현실과 시나리오

1. A. Jolin et al., "Beyond Arrest: The Portland, Oregon Domestic Violence Experiment, Final Report," Washington, D.C.: U.S. Department of Justice, 95-IJ-CX-0054, National Institute of Justice, NCJ 179968 (1998); E. Lyon, "Special Session Domestic Violence Courts: Enhanced Advocacy and Interventions, Final Report Summary," Washington, D.C.: U.S. Department of Justice, 98-WE-VX-0031, National Institute of Justice, NCJ 197860 (2002); E. Lyons, "Impact Evaluation of Special Sessions Domestic Violence: Enhanced Advocacy and Interventions," Washington, D.C.: U.S. Department of Justice, 2000-WE-VX-0014, National Institute of Justice, NCJ 210362 (2005).

2. Richard Ivone, chief of police. Star-Ledger Staff, "Officer Killed in 7-Hour Standoff Was a Former Commander of Piscataway Police SWAT Team," New Jersey Star-Ledger, March 29, 2011, https://www.nj.com/news/index.ssf/2011/03/as_commander_of_swat_team_pisc.html

3. National Center for Women & Policing, Police Family Violence Fact Sheet: http://www.womenandpolicing.com/violencefs.asp

4. Police Family Violence Fact Sheet.

5. Sarah Cohen, Rebecca R. Ruiz and Sarah Childress, "Departments Are Slow to Police Their Own Abusers," New York Times, November 23, 2013 www.nytimes.com/projects/2013/police-domestic-abuse/index.html 다음도 보라: Florida Department of Law Enforcement, Domestic Violence, Victim to Offender Relationships, www.fdle.state.fl.us/FSAC/Crime-Data/DV.aspx

6. M. Townsend et al., "Law Enforcement Response to Domestic Violence Calls for Service." U.S. Department of Justice, 99-C-008, National Institute of Justice, NCJ 215915 (2006).

7. Shannon Meyer and Randall H. Carroll, "When Officers Die: Under- standing Deadly Domestic Violence Calls for Service," *Police Chief* 78 (May 2011).

8. J. Pete Blair, M. Hunter Martindale, and Terry Nichols, "Active Shooter Events from 2000-2012," FBI Law Enforcement Bulletin, January 7, 2014, https://www.leb.fbi.gov/articles/featured-articles/active-shooter-events-from-2000-to-2012 다음도 보라: J. P. Blair, T. Nichols, and J. R. Curnutt, *Active Shooter Events and Response* (Boca Raton, FL: CRC Press, 2013).

9. 〈Marie Claire〉가 발주하고 Harvard University's Injury Control Research Center가 실시한 미발표 연구.

10. 다음을 보라. Jacquelyn Campbell et al., "Risk Factors for Femicide in Abusive Relation-

ships: Results from a Multisite Case Control Study," *American Journal of Public Health* 93, no. 7 (July 2003).

11. Sheryl Gay Stolberg, "Domestic Abusers Are Barred From Gun Ownership, but Often Escape the Law," New York Times, November 6, 2017, https://www.nytimes.com/2017/11/06/us/politics/domestic-abuse-guns-texas-air-force.html

12. 이런 주가 포함된다: 하와이, 캘리포니아, 네바다, 콜로라도, 루이지애나, 테네시, 미네소타, 아이오와, 일리노이, 메릴랜드, 펜실베이니아, 뉴저지, 매사추세츠, 코네티컷, 로드아일랜드, 뉴욕, 컬럼비아특별구. Everytown for Gun Safety, Gun law Navigator, https://www.everytownresearch.org/navigator/states.html?dataset=domestic_violence#q-gunmath_mcdv_surrender

13. 일부 법이 "남자친구 허점"을 해결하기 위해 자체 법을 작성하긴 했지만 이를 해결할 수 있는 연방 차원의 법은 아직 전무하다.

14. "Disarm All Domestic Abusers," Center for American Progress, March 22, 2018, https://www.americanprogress.org/issues/guns-crime/reports/2018/03/22/448298/disarm-domestic-abusers 다음도 보라: Arkadi Gerney and Chelsea Parsons, "Women Under the Gun," Center for American Progress, June 18, 2014, https://www.americanprogress.org/issues/guns-crime/reports/2014/06/18/91998/women-under-the-gun

15. April M. Zeoli and Daniel W. Webster, "Effects of Domestic Violence Policies, Alcohol Taxes and Police Staffing Levels on Intimate Partner Homicide in Large U.S. Cities," *Injury Prevention* 16, no. 2 (2010): 90 - 95.

16. 다음을 보라. Vigdor study from *Evaluation Review*. 다음도 보라: "When Men Murder Women: An Analysis of 2013 Homicide Data" from the Violence Policy Center (September 2015).

17. 테리사 가비와의 인터뷰.

18. 연간 3만 3,000건이라는 수치의 출처는 Zeoli and Webster, "Effects of Domestic Violence Policies."이다.

19. 에이프릴 제올리와의 인터뷰.

20. David Adams, "Statement before the Joint Committee on Public Safety and Homeland Security," September 13, 2013, www.emergedv.com/legislative-testimony-by-david-adams.html

21. 킷 그루엘의 속기록을 보라.

22. 내가 살고 있는 워싱턴 DC를 비롯한 일부 관할구역에서는 "언론"이 아닌, 일반 대중만 참여를 허락했다. 이들은 내가 목격한 출동에서 알게 된 경찰관을 익명으로 처리한다는 조건하에 내가 따라다니는 걸 허락했다.

PART 3

쉼터의 제자리

1. 전국 가정폭력 긴급전화의 데이터베이스에는 5,000개가 있지만 이 수치는 쉼터와 가정폭력 관련 기관 모두가 포함된 것이다.
2. 독자는 매사추세츠 캠브리지의 전환의 집 대표인 리사 메드닉Risa Mednick이었다. 2013년 8월 5일에 올라온 이 글은 다음 글에 대한 댓글이다. Rachel Louise Snyder, "A Raised Hand," New Yorker, July 22, 2013, https://www.newyorker.com/magazine/2013/08/05/mail-12
3. Michelle Goldchain, "A One-Bed Apartment in D.C. Costs a Median $2,270/Month," Curbed Washinton DC, June 23, 2016, https://www.dc.curbed.com/2016/6/23/12013024/apartment-rent-washington-dc
4. Metropolitan Police Department, The Police Can Help in Domestic Violence Situations, https://www.mpdc.dc.gov/node/217782
5. Matthew Desmond, 《쫓겨난 사람들Evicted》 (New York: Broadway Books, 2016), 191–92.

화염 속에서

1. "Governor Wolf Signs Tierne's Law, Providing Protections for Victims of Domestic Violence," press release, April 16, 2018, https://www.governor.pa.gov/governor-wolf-signs-tiernes-law-providing-protections-victims-domestic-violence
2. Jeffrey Fagan, "The Criminalization of Domestic Violence: Promises and Limits." 형사사법 연구와 평가에 대한 1995년 발표 자료. January 1996. www.ncjrs.gov/pdffiles/crimdom.pdf
3. http://www.federalevidence.com/pdf/2007/13-SCt/Crawford_v._Washington.pdf
4. Brady Henderson and Tyson Stanek, *Domestic Violence: From the Crime Scene to the Courtroom,* Oklahoma Coalition Against Domestic Violence & Sexual Assault, 2008.
5. 브루클린이 자체적인 고위험대응팀을 꾸렸지만 OVW 기금을 받지 않았고, 내가 그 팀에 있는 누구와도 접촉하는 것을 허락하지 않았다.
6. Alissa Widman Neese, "115 Deaths in a Year Paint Grim Picture of Domestic Violence in Ohio," Columbus Dispatch, October 4, 2017, http://www.dispatch.com/news/20171004/115-deaths-in-year-paint -grim-picture-of-domestic-violence-in-ohio
7. 다음을 보라: Domestic Violence Report from the Ohio Attorney General, http://www.ohioattorneygeneral.gov/Law-Enforcement/Services-for-Law-Enforcement/

Domestic-Violence-Reports/Domestic-Violence-Reports-2016/2016-Domestic-Violence-Incidents-by-County-and-Age

유일무이한 존재

1. "In their first year of operation . . . than eighty.": Rachel Dissell, "Cleveland Team Tackles 'High Risk' Domestic Violence Cases to Improve Safety, Reduce Deaths," Cleveland Plain Dealer, January 11, 2019, https://www.cleveland.com/metro/index.ssf/2017/12/cleveland_team_tackles_high_risk_domestic_violence_cases_to_improve_safety_reduce_deaths.html

가장 위험한 시간

1. Gael B. Strack, George E. McClane, and Dean Hawley, "A Review Of 300 Attempted Strangulation Cases, Part I: Criminal Legal Issues," The Journal of Emergency Medicine 21, no. 3 (2001): 303–09.

2. 바이런, 그레이스, 아이들의 신원을 보호하기 위해 몇 가지 세부 사항은 제외했다.

3. Yuliya Talmazan, Daniella Silva and Corky Siemaszko, "Texas Church Shooting Survivors Recall Hiding Under Pew as Gunman Fired," NBC News, November 7, 2017, https://www.nbcnews.com/storyline/texas-church-shooting/shooting-survivor-could-see-texas-gunman-s-shoes-she-hid-n818231

4. Andrew Buncombe, "Orlando Attack: Survivor Reveals How He 'Played Dead' among Bodies to Escape Nightclub Killer," Independent, June 13, 2016, https://www.independent.co.uk/news/world/americas/orlando-attack-survivor-reveals-how-he-played-dead-among-bodies-to-escape-nightclub-killer-a7080196.html

5. Rachel Louise Snyder, "The Court Slams the Door on Domestic Abusers Owning Guns," New Yorker, June 30, 2016, https://www.newyorker.com/news/news-desk/the-court-slams-the-door-on-domestic-abusers owning-guns

6. Bert H. Hoff, JD, "CDC Study: More Men than Women Victims of Partner Abuse," February 12, 2012, http://www.saveservices.org/2012/02/cdc-study-more-men-than-women-victims-of-partner-abuse; Susan Heavey, "Data Shows Domestic Violence, Rape an Issue for Gays," Reuters, January 25, 2013, https://www.reuters.com/article/us-usa-gays-violence/data-shows-domestic-violence-rape-an-issue-for-gays-idUSBRE90O11W20130125; Martin S. Fiebert, "References Examining Assaults by Women on Their Spouses or Male Partners: An Annotated Bibliography," last updated June 2012, http://web.csulb.edu/~mfiebert/assault.htm

7. LGBTQ 커플이나 트랜스젠더 내에서 일어나는 육체적 폭력, 강간, 스토킹에 대한 통계는 다음을 보라: National Coalition against Domestic Violence, Domestic Violence and the LGBTQ Community, June 6, 2018, https://www.ncadv.org/blog/posts/dom estic-violence-and-the-lgbtq-community

8. "50 Obstacles to Leaving: 1-10," National Domestic Violence Hotline, June 10, 2013, http://www.thehotline.org/2013/06/10/50-obstacles-to-leaving-1-10

아무런 방해가 없는 자유

1. Andrea Simakis, "Bresha Meadows' Cousin Says He Also Was Abused by Jonathan Meadows," Cleveland Plain Dealer, updated January 11, 2019, https://www.cleveland.com/metro/index.ssf/2017/05/bresha_meadows_cousin_says.html

2. 2016년을 기준으로 오하이오 워런시는 인구가 4만 명 이하였다. (https://www.census.gov/quickfacts/fact/table/warren cityohio/PST045217#PST045217). 참고로 가장 최근의 미국 인구 조사 수치에 따르면 로버트 와일이 가정폭력 전담 형사로 일하는 매사추세츠 에임즈버리는 그 절반에 못 미치는 1만 6,000명이다. https://factfinder.census.gov/faces/tableservices/jsf/pages/productview.xhtml?src=cf

3. Bessel van der Kolk, 《몸은 기억한다The Body Keeps the Score》 (New York: Penguin, 2014), 46, 61, 135, and 350.

미래의 서사를 바꾸는 교란자들

1. 워싱턴 DC에서는 공화당원이 한 번도 당선되어본 적이 없다. 2016년 대통령 선거에서 워싱턴 DC에서는 91퍼센트가 힐러리 클린턴을 찍었다. 또 다른 자유주의의 요새인 샌프란시스코에서는 84퍼센트였다. "Presidential Election Results: Donald J. Trump Wins," New York Times, August 9, 2017, https://www.nytimes.com/elections/results/ president

2. H.R.6545 - Violence Against Women Reauthorization Act of 2018, 115th Congress (2017-2018) cosponsors: https://www.congress.gov/bill/115th-congress/house-bill/6545/cosponsors 1994년에 통과되었을 때는 공화당 공동 후원자가 15명이었다.: S.11 - Violence Against Women Act of 1993 103rd Congress (1993-1994): https://www.congress.gov/bill/103rd-congress/senate-bill/11/cosponsors

3. Violence Policy Center, When Men Murder Women: An Analysis of 2016 Homicide Data, 2018, http://vpc.org/studies/wmmw2018.pdf

4. Melissa Jeltsen, "Tamara O'Neal Was Almost Erased from the Story of Her Own Murder," HuffPost, November 21, 2018, https://www.huffingtonpost.com/entry/ta-

mara-oneal-chicago-shooting-domestic-violence_us_5bf576a6e4b0771fb6b4ceef

5. Scott Horsley, "Guns in America, by the Numbers," NPR, January 5, 2016, https://www.npr.org/2016/01/05/462017461/guns-in-america-by-the-numbers

6. Carolina Diez et al., "State Intimate Partner Violence-Related Firearms Laws and Intimate Partner Homicide Rates in the United States, 1991 – 2015," *Annals of Internal Medicine* 167, no. 8 (October 2017): 536 – 43, http://annals.org/aim/fullarticle/2654047/state-intimate-partner-violence-related-firearm-laws-intimate-partner-homicide. 다음도 보라: http://annals.org/data/Journals/AIM/936539/M162849ff4_Appendix_Figure_Status_of_state_IPVrelated_restraining_order_firearm_relinquishment.jpeg

7. David Adams, "Statement before the Joint Committee on Public Safety and Homeland Security," September 13, 2013, https://www.emergedv.com/legislative-testimony-by-david-adams.html

8. 캘리포니아, 콜로라도, 코네티컷, 하와이, 아이오와, 일리노이, 매사추세츠, 메릴랜드, 미네소타, 노스캐롤라이나, 뉴햄프셔, 뉴욕, 테네시, 워싱턴, 위스콘신. Everytown for Gun Safety, "Guns and Violence Against Women: America's Uniquely Lethal Intimate Partner Violence Problem," October 17, 2019, https://everytownresearch.org/guns-domestic-violence/#foot_note_12

9. April M. Zeoli et al., "Analysis of the Strength of Legal Firearms Restrictions for Perpetrators of Domestic Violence and their Impact on Intimate Partner Homicide," *American Journal of Epidemiology* (October 2018). 참고: 제올리의 연구에서 말하는 "폭넓은 제한"은 가정폭력뿐만 아니라 폭력 관련 경범죄에서 유죄 판결을 받은 사람이면 누구에게나 해당된다. 주 법 차원에서 이는 더 넓은 범죄 행위를 아우르고, 따라서 딱히 가정폭력 경범죄로 유죄 판결을 받지 않았더라도 일체의 폭력 관련 경범죄를 저지른 사람은 총기를 소지할 수 없다.

10. Everytown for Gun Safety, "Guns and Violence Against Women."

11. 스마트폰앱에 대한 상당히 포괄적인 설명은 전국가정폭력종식네트워크National Network to End Domestic Violence에서 만든 다음 설명서를 참고하라: https://www.techsafety.org/appsafetycenter

12. 가정사법센터를 비판하는 사람들은 똑같이 따라 하려면 비용이 많이 들고, 농촌 지역에서는 현실성이 떨어지고, 관료제 앞에서 주눅이 드는 피해자들이 다가가기 힘들 때가 많다고 말한다. 가정사법센터를 전국적인 규모로 확대하지 못하는 문제도 있다. 대신 설립자들은 가정사법센터를 만드는 데 관심이 있는 지역들은 자신의 지역에 맞춰서 마음대로 응용하는 게 낫다고 생각한다. 비슷한 맥락에서 위기센터 주도로 운영되지 않는 가정사법센터가 많고, 일각에서는 이 경우 피

해자의 목소리와 필요를 전면과 중심에 두지 못하게 된다고 비판한다. 이 수치는 저자가 2018년 10월 케이시 그윈과 개인적인 교신을 통해 얻은 것이다.

13. Maryland Network against Domestic Violence, "Lethality Assessment Program: The Maryland Model," Train-the-Trainer Curriculum for Law Enforcement and Domestic Violence Programs, 2015, https://mnadv.org/_mnadvWeb/wp-content/uploads/2017/07/Train-the-Trainer-PowerPoint.ppt.pdf

14. Lethality Assessment Program: https://lethalityassessmentprogram.org/what-we-do/training-and-technical-assistance

15. Melissa Labriola et al., "A National Portrait of Domestic Violence Courts." U.S. Department of Justice Center for Court Innovation, February 2010, https://www.ncjrs.gov/pdffiles1/nij/grants/229659.pdf

16. Lynn Rosenthal, "The Violence Against Women Act, 23 Years Later," Medium, September 13, 2017, https://medium.com/@bidenfoundation/https-medium-com-biden-foundation-vawa-23-years-later-4a7c1866a834

17. 저자와 연구 보조가 Aequitas.com의 기술 지원을 받아 모은 데이터.

18. 목졸림예방교육연구소가 모은 데이터.

19. Sharon G. Smith et al., "The National Intimate Partner and Sexual Violence Survey," 2010–2012 State Report. National Center for Injury Prevention and Control, Division of Violence Prevention. Centers for Disease Control, April 2017, https://www.cdc.gov/violenceprevention/pdf/NISVS-StateReportBook.pdf

20. 당번 근무 중인 긴급대응전화 소속 대변인들은 학대자로부터 보복을 당할까 봐 자신들의 실명을 밝히기를 원치 않았다.

21. 지난 10년 동안 워싱턴 DC에서는 적정 가격 주택 수천 채가 사라졌고, 2020년에 보조금이 만료될 예정인 1만 3,700채가 더 있다. 2017년 말, 워싱턴 DC는 최근 몇 년 동안 사라진 상당량의 적정 가격 주택의 효과를 상쇄하기 위해 1,000만 달러의 기금을 마련했다. Mary Hui, "D.C. Establishes $10 Million Fund to Preserve Disappearing Affordable Housing," Washington Post, November 26, 2017, https://www.washingtonpost.com/local/dc-establishes-10-million-fund-to-preserve-disappearing-affordable-housing/2017/11/26/242893ea-cbb7-11e7-aa96-54417592cf72_story.html

22. 이 여성은 그 집을 소유 또는 임대하고 있다는 증거를 보여줘야 한다.

후기

1. Laura M. Holson, "Murders by Intimate Partners Are on the Rise, Study Finds," New

York Times, April 12, 2019, https://www.nytimes.com/2019/04/12/us/domestic-violence-victims.html 다음도 보라: Khalida Sarwari, "Domestic Violence Homicides Appear to Be on the Rise. Are Guns the Reason?" News@Northeastern, April 8, 2019, https://news.northeastern.edu/2019/04/08/domestic-violence-homicides-appear-be-on-the-rise-a-northeasternuniversity-study-suggests-that-guns-are-the-reason

2. Anne Kingston, "We Are the Dead," September 17, 2019, Maclean's, http://www.macleans.ca/news/Canada/we-are-the-dead

3. "South Africa's Staggering Domestic Violence Levels Pose a Challenge," France24, April 9, 2019, https://www.france24.com/en/video/20190903-south-africa-staggering-domestic-violence-levels-pose-challenge

4. Laure Fourquet, "As Deaths Mount, France Tries to Get Serious about Domestic Violence," New York Times, September 3, 2019, https://www.nytimes.com/2019/09/03/world/europe/france-domestic-violence.html

5. Alisha Haridasani Gupta, "Across the Globe, a 'Serious Backlash Against Women's Rights,'" New York Times, December 4, 2019, https://www.nytimes.com/2019/12/04/us/domestic-violence-international.html?searchResultPosition=2

6. Christina Asquith, "At Least 12,000 People Killed by Domestic Violence Every Year? Russia's Not Even Sure," PRI's The World, March 10, 2017, https://www.pri.org/stories/2017-03-10/least-12000-people-killed-domestic-violence-every-year-russias-not-even-sure

7. The Brazilian Report, "Femicide Hits All-Time High in Brazil," Think Brazil, October 1, 2019, https://www.wilsoncenter.org/blog-post/femicide-hits-all-time-high-brazil

8. Sam Jones, "'Feminist Emergency' Declared in Spain after Summer of Violence," Guardian, September 20, 2019, https://www.theguardian.com/world/2019/sep/20/mass-protests-in-spain-after-19-women-murdered-by-partners

9. Gupta, "Across the Globe, a 'Serious Backlash Against Women's Rights.'"

10. Andrea Krizsan and Conny Roggeband, "Towards a Conceptual Framework for Struggles over Democracy in Backsliding States: Gender Equality Policy in Central Eastern Europe," Politics and Governance 6, no. 3 (2018): 90–100, https://www.researchgate.net/publication/327657292_Towards_a_Conceptual_Framework_for_Struggles_over_Democracy_in_Backsliding_States_Gender_Equality_Policy_in_Central_Eastern_Europe

11. Gupta, "Across the Globe, a 'Serious Backlash Against Women's Rights.'"

찾아보기

살릴 수 있었던 여자들

2021년 3월 10일 초판 1쇄 인쇄
2021년 3월 20일 초판 1쇄 발행

지은이 | 레이철 루이즈 스나이더
옮긴이 | 성원
발행인 | 윤호권 박헌용
책임편집 | 엄초롱

발행처 | (주)시공사
출판등록 | 1989년 5월 10일(제3-248호)

주소 | 서울시 성동구 상원1길 22, 7층(우편번호 04779)
전화 | 편집 (02)2046-2896·마케팅 (02)2046-2800
팩스 | 편집·마케팅 (02)585-1755
홈페이지 | www.sigongsa.com

ISBN 979-11-6579-470-5 03330